VORWORT

Die Kenntnis der grundlegenden Vorgänge in der Weltwirtschaft ist Voraussetzung für eine rationale Wirtschaftspolitik, die sich nicht mit der nationalen Sicht oder allenfalls der Perspektive der reichen Industrieländer begnügt, sondern nachhaltige Lösungen für die drängendsten Probleme der Weltgemeinschaft insgesamt sucht.

Wer sich über die globalisierte Ökonomie sachlich informieren will, benötigt empirische Informationen. Es nützt aber wenig, eine Vielzahl an Daten über die weltweiten Gegebenheiten zusammenzutragen, ohne dabei zu erklären, wie die Dinge ineinandergreifen. Tut man das, stellt man fest, dass sich bestimmte Muster in den Volkswirtschaften ganz verschiedener Länder wiederholen, weil überall ähnliche wirtschaftspolitische Fehler gemacht werden, die sich wiederum zumeist auf eine ungeeignete Theorie zurückführen lassen. Das Verständnis gesamtwirtschaftlicher Zusammenhänge und eine rigorose Überprüfung der eigenen Thesen anhand empirischer Verläufe würde helfen, die gröbsten Fehler zu vermeiden. Im Text werden die wichtigsten theoretischen Grundlagen angesprochen und anhand von Info-Grafiken veranschaulicht.

Dass man nicht jedem einzelnen Land, ja bisweilen nicht einmal jeder Weltregion in ihrer spezifischen Situation gerecht werden kann, ist unvermeidlich. Es liegt sowohl am Umfang des Themas Weltwirtschaft als auch an der Lückenhaftigkeit der Daten zu zentralen Bereichen. Alle Überlegungen stützen sich auf allgemein verfügbare, möglichst vergleichbare und aus den Quellen der großen internationalen Organisationen stammende Daten.

Nicht berücksichtigt werden Indikatoren zu Institutionen und Machtstrukturen. Ihr Nutzen ist begrenzt, solange nicht einmal Klarheit bezüglich der entscheidenden makroökonomischen Zusammenhänge besteht. Auch auf die Darstellung »weicher« Daten wie Umfragen zu Zufriedenheit, Wohlbefinden oder Freiheit wird verzichtet, selbst wenn das die Beschreibung der Lebenswirklichkeit einschränkt. All diese Faktoren sind wichtig, aber sie lassen sich kaum objektiv messen und weltweit vergleichen. Der Datensatz, der hier vorgelegt und kommentiert wird, liefert ohnehin spannende Einblicke und politisch brisante Erkenntnisse.

In den Kapiteln 1 bis 6 wird die Realwirtschaft aus unterschiedlichen Blickwinkeln betrachtet. Die volkswirtschaftliche Gesamtrechnung liefert dafür einen weitgehend konsistenten Bezugsrahmen, der Aussagen über die regionale Verteilung des Einkommens, seine Entstehung und Verwendung in verschiedenen Teilen der Erde ermöglicht. In den Kapiteln 7 bis 11 werden die monetären Verhältnisse der globalisierten Ökonomie beschrieben und aus ihrer Analyse in Verbindung mit den realwirtschaftlichen Vorgängen wirtschaftspolitische Schlussfolgerungen gezogen. Kapitel 12 wirft einen Blick auf Zunahme und Struktur der Weltbevölkerung, der in Kapitel 13 um die beunruhigenden Perspektiven der Entwicklung des Klimas erweitert wird.

In einem Sonderteil werden die wirtschaftlichen Auswirkungen der durch die Corona-Pandemie ausgelösten Krise mit aktuellen Konjunkturindikatoren beleuchtet. Er schließt mit einem Ausblick auf die wirtschaftspolitischen Erfordernisse zur Überwindung der ökonomischen Krisenfolgen ab.

Die Farbgestaltung des Hefts steht für die Vielfalt der Welt der Wirtschaft und soll das Interesse der Leserinnen und Leser wecken, dient aber vor allem der inhaltlichen Orientierung. Die Farbverteilung, mit der die Weltkarte auf der nachfolgenden Seite versehen ist, findet sich für die einzelnen Länder und Ländergruppen in jedem Kapitel wieder und erleichtert so, regionale Zusammenhänge rasch zu erfassen.

Der **ATLAS DER WELTWIRTSCHAFT** liefert ein Gesamtbild, das starke Hinweise darauf enthält, was in der Weltwirtschaft schiefläuft und was die Staatengemeinschaft dagegen tun sollte. Dabei bleiben auf begrenztem Raum Wünsche offen. Die oft dramatische Ungleichheit innerhalb von Gesellschaften wird in Folgeausgaben genauer in den Blick genommen werden. Dasselbe gilt für den Bereich Gesundheit.

Die große globale Aufgabe ist es, der Masse der Menschen eine Perspektive zur Verbesserung ihres Lebensstandards zu geben und gleichzeitig das Handeln der Menschen in nachhaltige Übereinstimmung mit den natürlichen Ressourcen zu bringen, die unser Planet bietet. Dazu wollen wir einen Beitrag leisten.

Heiner Flassbeck Friederike Spiecker Stefan Dudey
im Oktober 2020

ABKÜRZUNGSVERZEICHNIS

BCI Business Confidence Index (Geschäftsklimaindex)

BIP Bruttoinlandsprodukt

BIZ Bank für Internationalen Zahlungsausgleich (»Bank der Zentralbanken«)

BSP Bruttosozialprodukt

CCI Consumer Confidence Index (Index für das Verbrauchervertrauen)

CH_4 Methan

CO_2 Kohlenstoffdioxid

EU 27 / EU 28 Europäische Union 28 Mitgliedsstaaten bis zum Brexit zum 31.12.2019, danach EU 27

Eurostat Statistikbehörde der Europäischen Union

EWS Europäisches Währungssystem System einer währungspolitischen Zusammenarbeit europäischer Staaten, Vorgänger des Euro 1979-1999

EWU Europäische Währungsunion bezeichnet in diesem Heft die 19 Mitglieder der Eurozone (wenn nicht anders genannt)

EZB Europäische Zentralbank

FED Federal Reserve (Zentralbanksystem der USA)

Gt Gigatonnen

ILO International Labour Organization (Internationale Arbeitsorganisation)

IPCC Intergovernmental Panel on Climate Change (Weltklimarat)

IWF / IMF Internationaler Währungsfond / International Monetary Fund

Mt Megatonnen

NEER nominal effective exchange rate (nominaler effektiver Wechselkurs)

OECD Organisation for Economic Co-operation and Development (Organsation für wirtschaftliche Zusammenarbeit und Entwicklung)

ppm parts per million (Teile pro Millionen Teile)

PPP / PPP-Dollar Kaufkraftparitäten-Konzept (purchasing power parity) bzw. die Bezeichnung der für internationale Vergleichszwecke genutzten Einheitswährung

REER real effective exchange rate (realer effektiver Wechselkurs)

TWh Terawattstunden

UK United Kingdom (Vereinigtes Königreich von Großbritannien und Nordirland)

UN United Nations (Vereinte Nationen)

VGR Volkswirtschaftliche Gesamtrechnung

WAEMU West African Economic and Monetary Union (Westafrikanische Wirtschafts- und Währungsunion)

DIE LÄNDER DER WELT

nach der Regionalgliederung der Weltbank
Einwohnerzahlen 2020

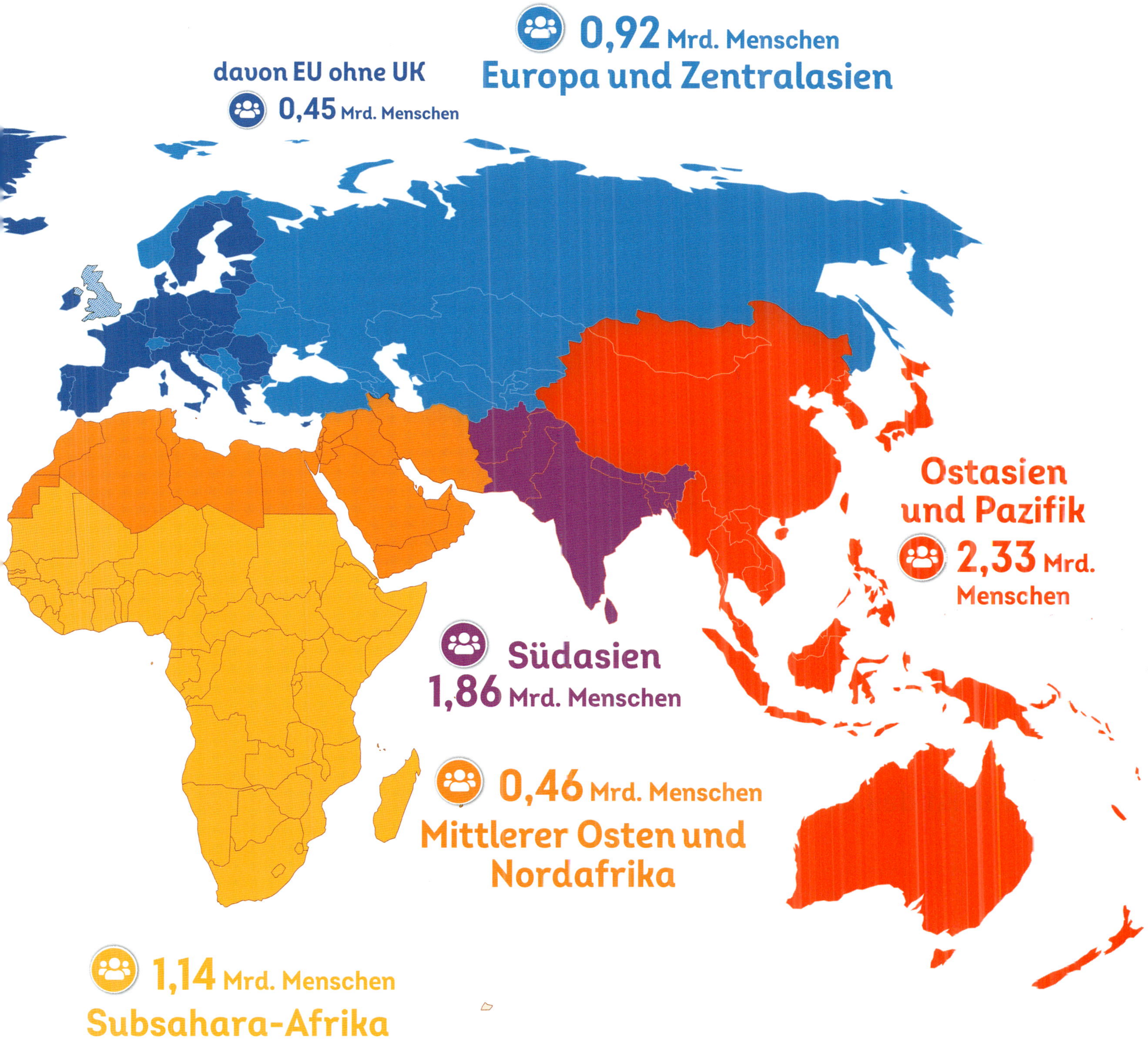

Das hier gezeigte Farbschema dient der Orientierung in allen Kapiteln dieses Heftes.
Die dunkelblau gekennzeichneten Länder gehören zur EU. EU-Daten im Heft beziehen sich auf aktuell 27 Mitgliedstaaten. Falls das Vereinigte Königreich von Großbritannien und Irland (UK) mit einbezogen ist, steht EU 28.

Wie groß ist die Weltwirtschaft?

Entwicklung und Verteilung der Wirtschaftsleistung in der Welt

Wir beginnen mit dem **Bruttoinlandsprodukt**, kurz BIP, dem umfassendsten Begriff für die Entwicklung aller Einkommen in der Welt. Das BIP erfasst den Wohlstand eines Landes nur unvollkommen: Es bildet beispielsweise nicht die Schäden ab, die mit der wirtschaftlichen Einkommenserzielung in der Natur oder in Bezug auf die vorhandenen Rohstoffe angerichtet werden. Auch die Verteilung der Einkommen auf die Bevölkerung eines Landes kommt im BIP nicht zum Ausdruck. Zudem werden sehr ähnliche Sachverhalte statistisch unterschiedlich behandelt (siehe **Info-Box**). Faktoren wie Freizeit, Zufriedenheit, Selbstbestimmung, Freiheit und viele andere, die zum subjektiven Wohlbefinden stark beitragen dürften, werden ebenfalls nicht abgebildet.

Das BIP ist daher kein umfassendes Wohlstandsmaß. Trotzdem wollen wir uns mit ihm befassen, weil es derzeit keine andere Größe gibt, mit der man die materielle Situation verschiedener Länder und der gesamten Welt nach einem einheitlichen Maßstab halbwegs umfassend abbilden und vergleichen kann.

Das gesamte BIP der Welt belief sich im Jahr 2019, also vor der Corona-Krise, auf 142 Billionen internationale PPP-Dollar. Das ist eine schwer vorstellbare Zahl, die aber etwas anschaulicher wird, wenn man bedenkt, dass das deutsche BIP nach dieser Bewertungsmethode in der Größenordnung von 4 Billionen und das der USA bei über 20 Billionen liegt.

Abbildung 1.1 zeigt das globale BIP (in internationalen PPP-Dollar, also nicht preisbereinigt, aber international vergleichbar) im Jahr 2000 und 2019 und seine sich verändernde Verteilung auf sieben Regionen der Welt und einige ausgewählte Länder. Bemerkenswert ist, in welchem Maße Asien einschließlich des pazifischen Raums seine Bedeutung vergrößern konnte – von knapp 30 % auf weit über 40 %. Das spiegelt vor allem das rasche Aufholen Chinas wider. Aber auch die meisten übrigen Länder Asiens wuchsen dynamischer als der Rest der Welt. Diese Dynamik geht am stärksten »auf Kosten« Nordamerikas und der EU, deren Anteil von zusammen gut 45 % auf rund 32 % schrumpft, während sich die Anteile der übrigen Regionen nur wenig verschieben. Man sieht, dass sich die Gewichte zwar verändern, aber in der hier gewählten Gruppierung die »Schwergewichte« noch immer die gleichen wie vor 20 Jahren sind.

Was ist das Bruttoinlandsprodukt (BIP)?

Das BIP eines Landes für ein Jahr ist die **Schätzung aller wirtschaftlichen Tätigkeiten**, die in dem betrachteten Jahr zu einem **Geldeinkommen** aller am Wirtschaftsleben beteiligten Institutionen und Personen in diesem Land geführt haben. Erledigt etwa ein Familienmitglied unentgeltlich Hausarbeit oder Kindererziehung, erbringt diese Arbeit kein Einkommen im Sinne des BIP. Verrichtet diese Aufgaben jedoch eine andere Person gegen Bezahlung, die zuvor an anderer Stelle Arbeitseinkommen bezogen hat, und verdient das vorher für die Familie tätige Familienmitglied nun seinerseits so viel Einkommen wie die für die Familie angestellte Person, steigt das BIP, obwohl de facto die gleiche Menge an Arbeit geleistet wird wie zuvor.

Beim **nominalen BIP** wird die Wirtschaftsleistung in den tatsächlichen Preisen des betrachteten Jahres ausgedrückt. Preiserhöhungen vergrößern folglich das nominale BIP. Will man feststellen, um wie viel sich im betrachteten Zeitraum die Menge der produzierten Güter verändert hat, muss man Einkommensveränderungen, die nur auf Preisveränderungen beruhen, herausrechnen. Man nimmt also eine Preisbereinigung der nominalen Größen vor. Das so berechnete preisbereinigte oder **reale BIP** ist keine wirklich gütermäßig erfasste Größe, sondern nur eine rechnerische Annäherung an das, was hinter dem nominalen BIP an tatsächlicher Menge steht. Üblicherweise wird die Zunahme des realen BIP als das wirtschaftliche **Wachstum** eines Landes bezeichnet.

Für **internationale Vergleiche** muss man die Werte des realen oder nominalen BIP verschiedener Länder in eine **einheitliche Währung** umrechnen. Die Wechselkurse sind allerdings erheblichen Schwankungen unterworfen und bewegen sich aufgrund spekulativer Transaktionen oft weit weg von dem, was man als gerechtfertigten Umrechnungsmaßstab ansehen kann. Um Verzerrungen bei der Umrechnung in eine einheitliche Währung zu vermeiden, verwendet man deshalb für Wohlstandsvergleiche oft sogenannte **Kaufkraftparitäten (Purchasing Power Parities, PPP)** anstelle von Wechselkursen. Die einheitliche Währung, in der die Werte bei dieser Methode angegeben werden, wird als internationaler **PPP-Dollar** bezeichnet.

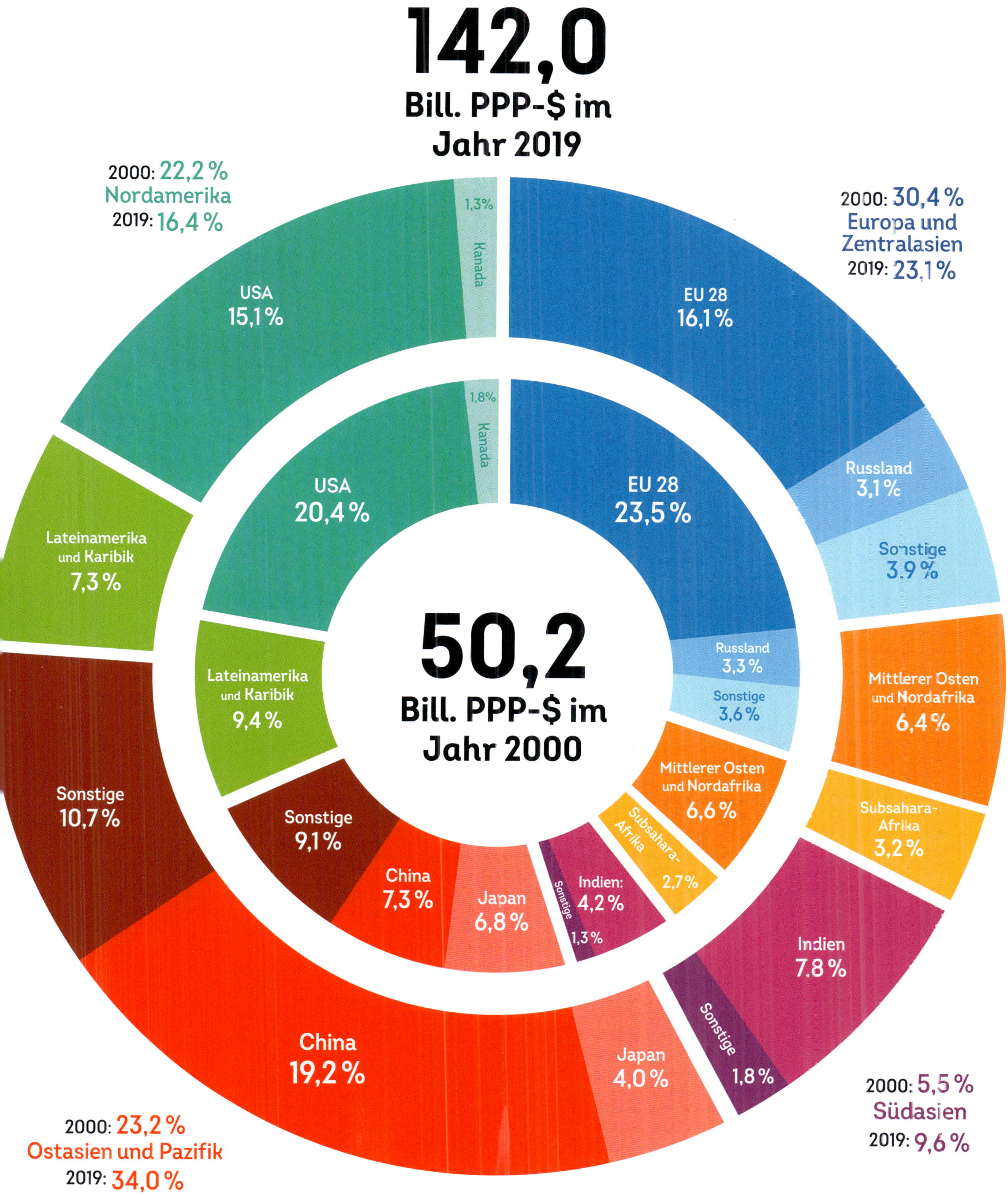

Abb. 1.1: Anteile der Weltregionen am Welt-BIP 2000 und 2019

Abb. 1.2: BIP pro Kopf in den großen Wirtschaftsnationen und der Eurozone

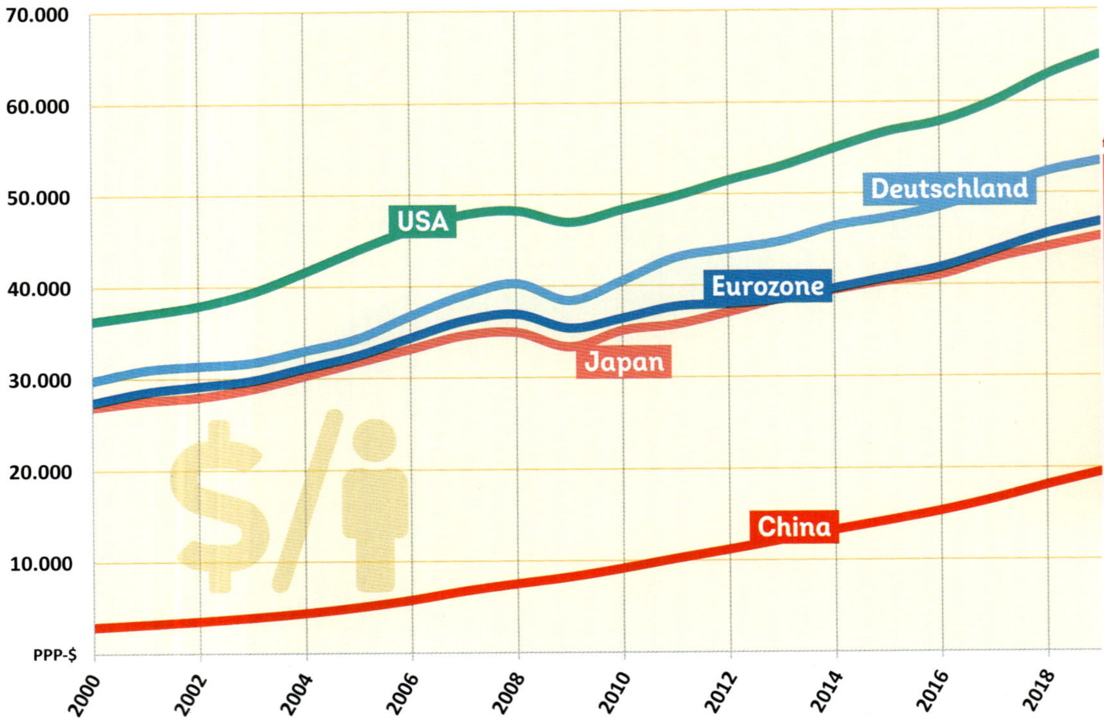

In **Abbildung 1.2** wird dargestellt, wie sich die Wirtschaftskraft in den vier großen Wirtschaftsnationen und der Eurozone pro Kopf der Bevölkerung in den vergangenen zwei Jahrzehnten entwickelt hat. Die Eurozone und Japan legten nach diesem Maßstab weniger zu als die USA und Deutschland, während China erheblich aufholte.

Noch deutlicher wird das, wenn man die Wirtschaftskraft pro Kopf der genannten Länder beziehungsweise der Eurozone an den USA misst, indem man sie ins Verhältnis zueinander setzt (**Abbildung 1.3**). Hier zeigt sich das rasante Aufholen Chinas, das in der westlichen Welt vielen Menschen Angst und vielen Politikern Sorgen bereitet.

Abb. 1.3: BIP pro Kopf im Verhältnis zu den USA

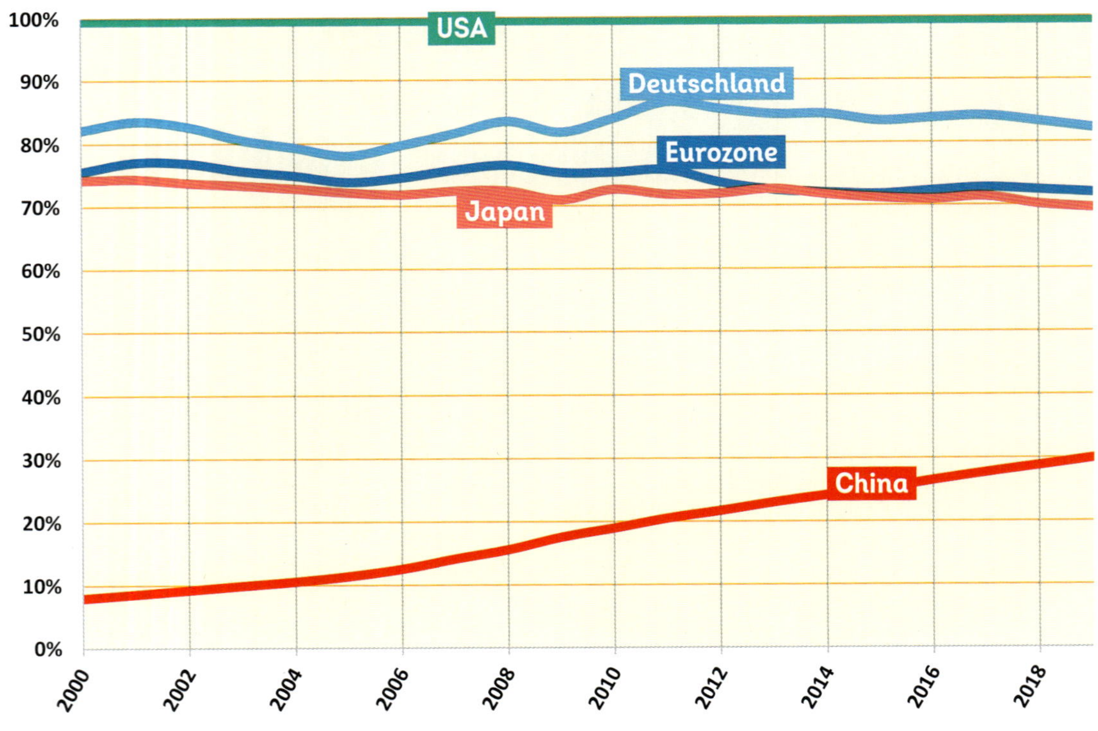

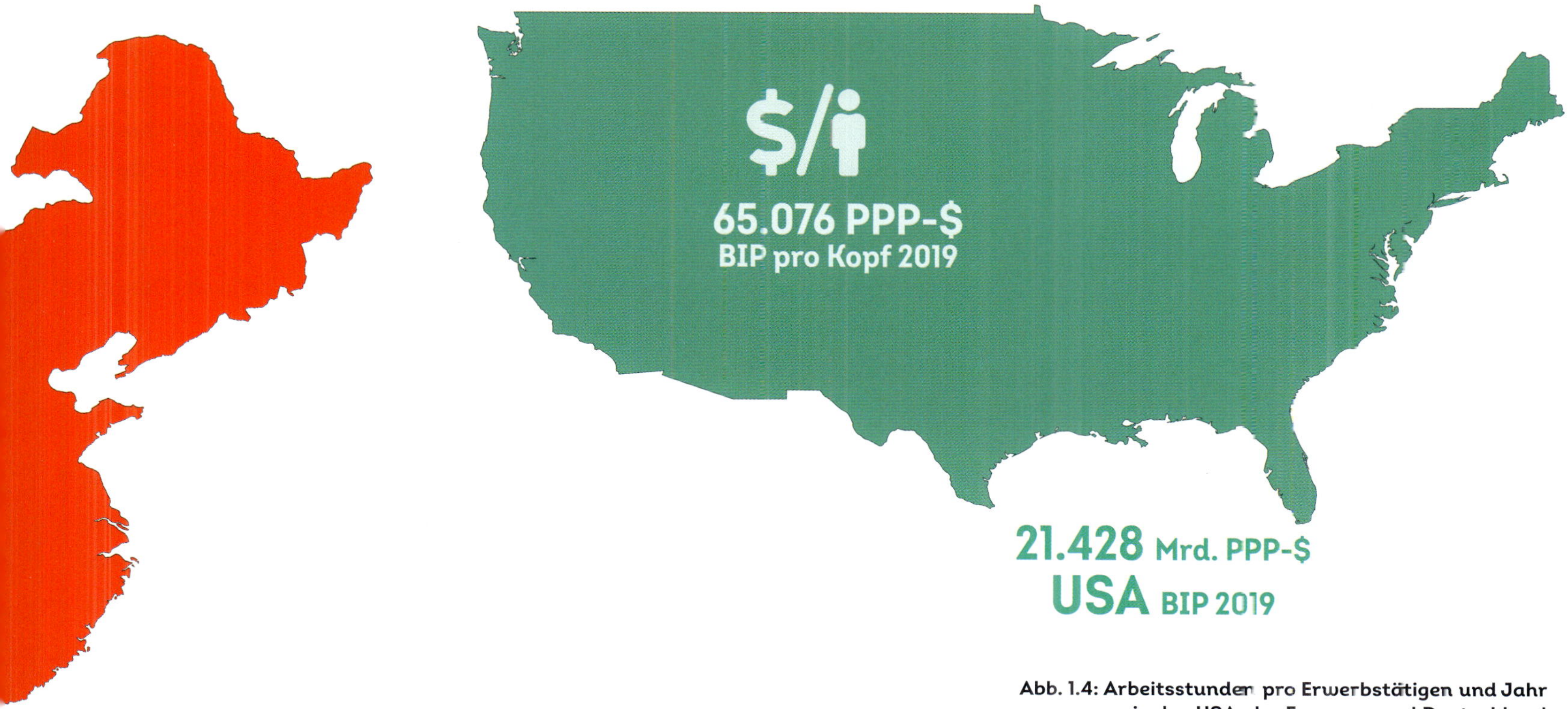

Die Tatsache, dass die USA beim Pro-Kopf-Einkommen absolut gesehen weit vor Europa liegen, sollte man nicht überbewerten. Denn die reine Einkommensbetrachtung unterschlägt, wie unterschiedlich die Arbeitszeiten in beiden Regionen sind. In Europa wird viel kürzer gearbeitet, weil die Arbeitnehmer beispielsweise länger Urlaub haben. **Abbildung 1.4** veranschaulicht die Entwicklung der jährlichen Zahl der geleisteten Arbeitsstunden eines Erwerbstätigen. Bei einer Berechnung der Wirtschaftskraft pro Arbeitsstunde verschwindet der absolute Abstand zwischen Deutschland und den USA fast vollständig. Die Wünsche deutscher Arbeitnehmer richten sich inzwischen im Sinne einer Work-Life-Balance häufiger auf eine kürzere Arbeitszeit bei Verzicht auf sonst mögliche Erhöhungen des Arbeitseinkommens. Die eingangs erwähnte Problematik der Wohlstandsmessung mittels des BIP klingt hier erneut an.

Abb. 1.4: Arbeitsstunden pro Erwerbstätigen und Jahr in den USA, der Eurozone und Deutschland

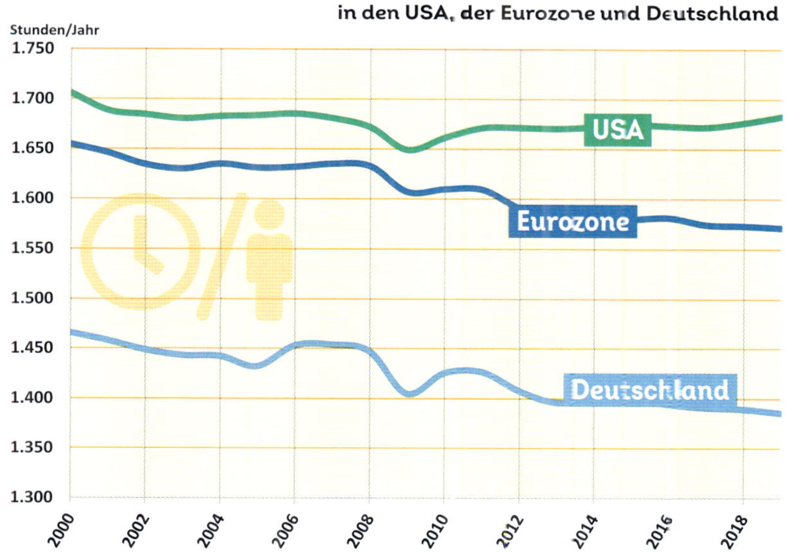

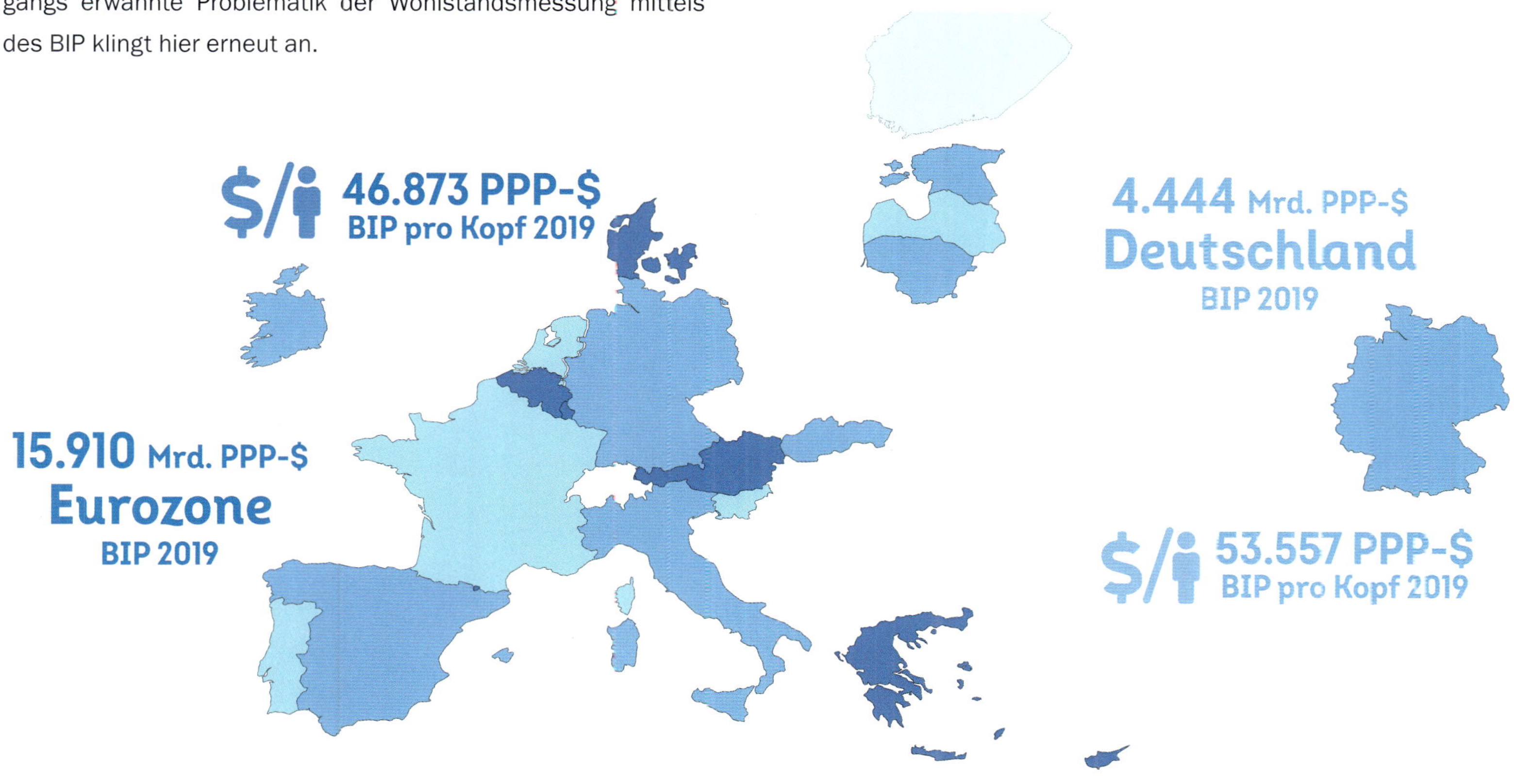

Abbildung 1.5 zeigt die wirtschaftliche Dynamik pro Kopf der Bevölkerung, und zwar auf der rechten Seite in der Welt insgesamt und in den großen Weltregionen, auf der linken Seite in unterschiedlichen Ländern während der vergangenen 20 Jahre. Wegen der internationalen Vergleichbarkeit werden wieder kaufkraftbereinigte, aber nominale Werte in PPP-Dollar verwendet. Prozentual gesehen hat China den größten Sprung gemacht – die kleine Säule, die für das Pro-Kopf-Einkommen der Chinesen im Jahr 2000 steht, ist mit 572 % um ein Vielfaches gewachsen und erreicht im Jahr 2019 den Wert 19.503 PPP-Dollar (Tabelle 1.1). Doch damit ist das Land noch immer in die Gruppe der sich entwickelnden Länder einzuordnen. Indien, die zweite Supermacht in Sachen Bevölkerung, liegt erst bei weniger als der Hälfte des chinesischen Wertes. Augenfällig ist das Aufholen der Republik Korea, die sich in dieser »Rangordnung« seit dem Jahr 2000 weit nach vorn schieben konnte, während Italien relativ gesehen deutlich verloren hat – es ist in dieser Länderzusammenstellung von Platz 6 im Jahr 2000 auf Platz 11 im Jahr 2019 zurückgefallen. Der Reichtum konzentriert sich aber weiterhin in den westlichen Industrieländern.

Lateinamerikanische Länder wie Brasilien, Argentinien und Mexiko sind nur vergleichsweise wenig vorangekommen, was angesichts des Rohstoffpotenzials dieser Region und im Weltmaßstab unterdurchschnittlich wachsender Bevölkerungszahlen erstaunlich ist. Transformationsländer wie Polen oder Tschechien, die nach dem Fall des Eisernen Vorhangs von Plan- auf Marktwirtschaft umgestellt haben, konnten deutlich aufholen. Das gilt ebenso für Russland und die Türkei.

Tabelle 1.1 enthält die zwischen 2000 und 2019 zu beobachtenden durchschnittlichen *jährlichen* Zuwachsraten des *realen*, also preisbereinigten BIP, und zwar insgesamt und pro Kopf. Dabei wird eine Unterteilung in zwei ungefähr gleich lange Zeiträume vorgenommen. In der dritten und sechsten Spalte ist noch das nominale BIP insgesamt und pro Kopf in PPP-Dollar angegeben. Letzteres findet sich in Abbildung 1.5 wieder.

Ist das reale Wachstum eines Landes nur so hoch wie seine Bevölkerungszunahme, erhöht sich rechnerisch der durchschnittliche Wohlstand pro Bürger nicht. So drückte die Zunahme der Bevölkerung in allen Regionen und den meisten einzelnen Ländern das Realeinkommenswachstum pro Kopf unter die Steigerungsrate des gesamten Realeinkommens. Besonders gilt das für Subsahara-Afrika, das weltweit die Region mit dem stärksten Bevölkerungswachstum ist (siehe **Kapitel »Bevölkerung«**). Nigeria, das bevölkerungsreichste Land dort, konnte im vergangenen Jahrzehnt pro Kopf nur eine sehr geringe reale Wohlstandssteigerung erreichen, Südafrika überhaupt keine. Äthiopien gelang zwar im Gegensatz dazu eine wesentlich höhere Dynamik, aber das Einkommensniveau ist mit weniger als einem Siebtel des Weltdurchschnitts im Jahr 2019 in der hier gezeigten Länderauswahl mit

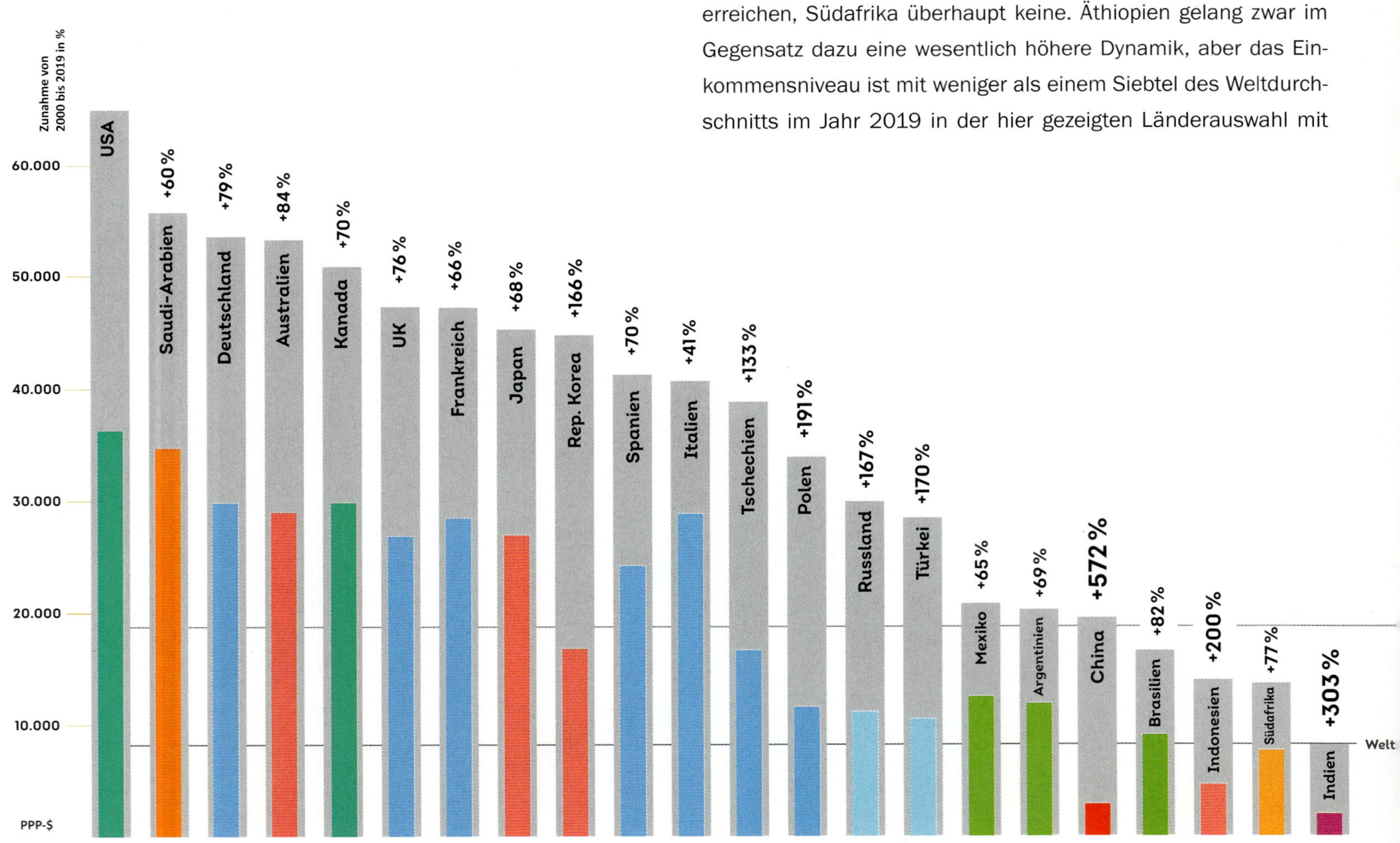

Abstand das niedrigste. Ein Einwohner Äthiopiens erhält im Durchschnitt und kaufkraftbereinigt nur 4 % des Einkommens eines US-Amerikaners oder 6 % eines EU-Bürgers.

China liegt mit 7,3 % beziehungsweise 6,8 % bei beiden Wachstumsmaßstäben auch im zweiten Jahrzehnt weit vor den anderen Ländern. Es hat über Investitionen westlicher Firmen vor Ort sehr viel westliche Technologie importiert. Das erlaubte Sprünge bei der Produktivität der Arbeit, weil man die chinesischen Mitarbeiter rasch anlernen und dann an hochproduktiven Maschinen produzieren lassen konnte. An zweiter Stelle bei der Wachstumsdynamik folgt Indien, das sein reales Pro-Kopf-BIP jährlich um über 5 % erhöht hat.

Was sich in Abbildung 1.5 schon bei der nominalen Betrachtung für die Länder Lateinamerikas andeutete, wird hier in realer Rechnung besonders deutlich: So verzeichneten etwa Brasilien und Argentinien in den letzten neun Jahren ein so geringes reales Wachstum insgesamt, dass daraus pro Kopf ein realer Einkommensrückgang wurde (-0,2 % und -0,7 % jährlich). Auf die Ursachen dafür werden wir in anderen Kapiteln eingehen.

Unter den aufgeführten europäischen Industrieländern fällt die Entwicklung Italiens am schlechtesten aus. Das dortige Pro-Kopf-Realeinkommen ist in beiden Jahrzehnten jährlich leicht gesunken. Frankreich schneidet beim Pro-Kopf-Wachstum zwar positiv ab, aber schwächer als Deutschland, das im ersten Zeitabschnitt einen leichten Bevölkerungsrückgang erlebte. Beide Länder liegen unter dem Durchschnittswachstum der Region Europa und Zentralasien. In den USA steigt das Realeinkommen insgesamt etwas stärker als in der EU 28, und zwar im zweiten Jahrzehnt deutlicher als im ersten. Doch liegen aufgrund einer kräftigeren Zunahme der Bevölkerung in den USA im Vergleich zu Europa die Pro-Kopf-Zuwachsraten in einer ähnlichen Größenordnung.

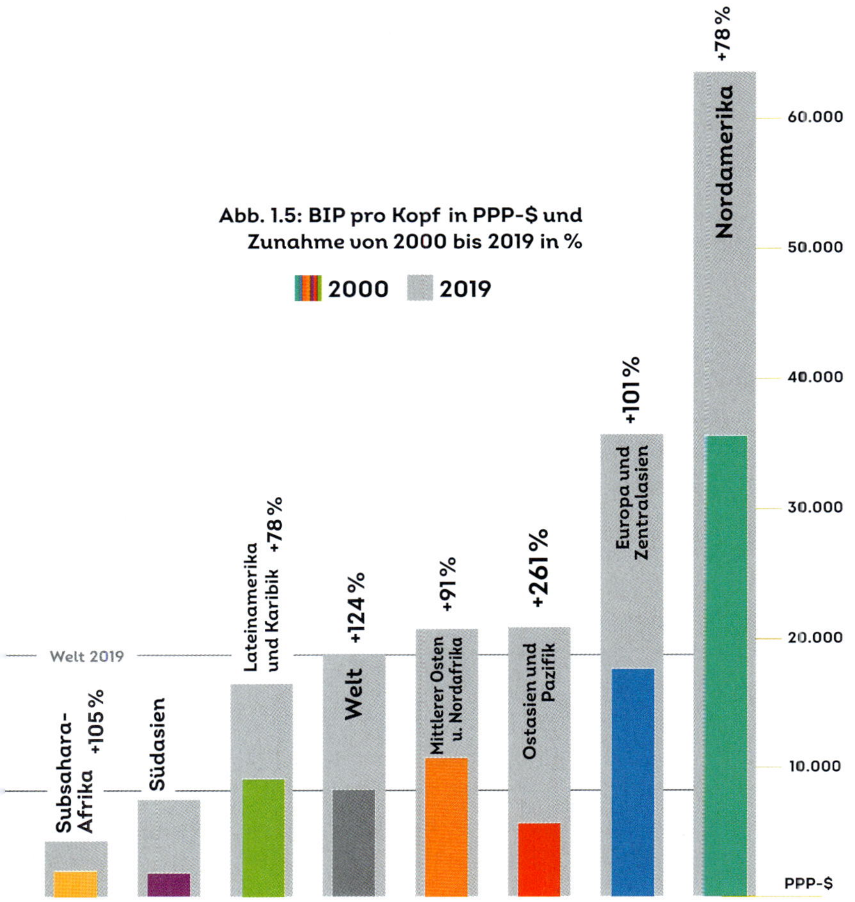

Abb. 1.5: BIP pro Kopf in PPP-$ und Zunahme von 2000 bis 2019 in %

Tabelle 1.1: BIP in Wirtschaftsregionen und einzelnen Ländern 2000 bis 2019

	BIP insgesamt: jährliches reales Wachstum in % 2000-2010	2010-2019	nominal in Mrd. PPP-$ 2019	BIP pro Kopf: jährliches reales Wachstum in % 2000-2010	2010-2019	nominal in PPP-$ 2019
Welt	3,8 %	3,5 %	142.006	2,5 %	2,3 %	18.800
Europa u. Zentralasien	2,3 %	2,0 %	32.789	2,0 %	1,5 %	35.712
EU 28	1,5 %	1,6 %	22.825	1,2 %	1,4 %	44.639
Mittl. Osten u. Nordafr.	4,6 %	2,4 %	9.027	2,3 %	0,8 %	20.754
Subsahara-Afrika	5,7 %	3,5 %	4.614	2,8 %	0,9 %	4.273
Südasien	7,0 %	6,3 %	13.575	5,2 %	4,9 %	7.495
Ostasien und Pazifik	6,1 %	5,3 %	48.247	5,3 %	4,6 %	20.881
Lateinamerika u. Karibik	3,1 %	1,4 %	10.420	1,8 %	0,4 %	16.490
Nordamerika	1,7 %	2,2 %	23.332	0,8 %	1,5 %	63.622
einzelne Länder:						
Deutschland	0,9 %	1,7 %	4.444	1,0 %	1,3 %	53.557
Frankreich	1,3 %	1,3 %	3.062	0,6 %	0,9 %	47.233
Italien	0,3 %	0,1 %	2.455	-0,2 %	-0,1 %	40.669
UK	1,7 %	1,9 %	3.162	1,0 %	1,1 %	47.294
Spanien	2,1 %	1,1 %	1.924	0,7 %	1,1 %	41.230
Polen	3,9 %	3,6 %	1.287	3,9 %	3,6 %	33.900
Tschechien	3,2 %	2,3 %	413	3,0 %	2,1 %	38.821
Türkei	4,0 %	5,5 %	2.362	2,7 %	4,1 %	28.447
Russland	4,8 %	1,7 %	4.390	4,2 %	0,8 %	29.919
Saudi-Arabien	3,4 %	3,2 %	1.901	0,3 %	0,8 %	55.774
Israel	3,2 %	3,6 %	355	1,2 %	1,6 %	39.196
Ägypten	4,9 %	3,8 %	1.391	2,7 %	1,1 %	14.023
Nigeria	8,9 %	3,0 %	1.215	6,1 %	0,3 %	6.048
Äthiopien	8,5 %	9,5 %	244	5,7 %	7,7 %	2.547
Südafrika	3,5 %	1,5 %	805	2,1 %	0,0 %	13.680
Indien	7,5 %	6,6 %	11.043	5,7 %	5,7 %	8.169
China	10,5 %	7,3 %	27.307	9,2 %	6,1 %	19.503
Japan	0,6 %	1,0 %	5.712	-2,0 %	-1,8 %	45.265
Rep. Korea	4,7 %	2,9 %	2.321	4,1 %	2,4 %	44.758
Indonesien	5,4 %	5,3 %	3.736	3,9 %	4,0 %	13.991
Australien	3,1 %	2,6 %	1.362	1,6 %	1,0 %	53.270
Argentinien	3,4 %	0,4 %	912	2,3 %	-0,7 %	20.234
Brasilien	3,7 %	0,7 %	3.481	2,5 %	-0,2 %	16.577
Mexiko	1,5 %	2,4 %	2.616	0,0 %	1,1 %	20.776
USA	1,7 %	2,3 %	21.428	0,8 %	1,6 %	65.076

Wer konsumiert wie viel?

Der Westen dominiert, Asien holt auf

Manche Ziele und Wünsche der Menschen lassen sich nicht mit den Begriffen und Instrumenten der Wirtschaftswissenschaft erfassen. Um sich wohlzufühlen, braucht der Mensch mehr, als Konzepte wie Produktion, Investition oder Konsum beschreiben können. Gleichwohl ist Konsum zweifellos das Ziel jeder wirtschaftlichen Anstrengung der Menschen. Das Wirtschaften war und ist darauf ausgerichtet, die unmittelbaren Bedürfnisse der Menschen zu befriedigen und darüber hinaus die Lebensumstände zu verbessern. Es ist jedoch unbestreitbar, dass heute bedeutende Gruppen in vielen Gesellschaften des Guten zu viel tun oder zu viel haben und der Konsum nicht selten der Status- und Machtdemonstration dient, sogar an Gier grenzt. Deswegen und angesichts der ökologischen Herausforderungen ist der Konsum generell in Verruf geraten. In den reichen Gesellschaften fordern viele, dass der Konsum allgemein eingeschränkt werden sollte.

Das ist verständlich. Aber es sollte nicht darüber hinwegtäuschen, dass Konsum nur das Wort für die Endnachfrage nach Gütern und Dienstleistungen ist, die jede Wirtschaft antreibt. Konsum kann auch in einem ökologischen Sinne vernünftig zusammengesetzt sein. Und es kommt ganz wesentlich darauf an, wie er verteilt ist: Wer kaum das Notwendigste zum Leben hat, kann sich nicht weiter einschränken. Zudem darf die alte Regel nicht übersehen werden, dass, wer nicht konsumieren will, auch nicht produzieren sollte, was zum Beispiel Produktion rein für den Export problematisch macht. Es ist vielleicht theoretisch denkbar, wirtschaftliche Systeme zu konstruieren, die sich ein für alle Mal auf ein bestimmtes Niveau der Produktion und des Konsums beschränken. Mit einer Marktwirtschaft ist das allerdings nur schwer zu vereinbaren, weil der Staat dann auswählen müsste, welche neuen Technologien und welche Investitionsprojekte durchgeführt werden und welche nicht. Das wäre ohne Zweifel eine fundamentale Systemänderung.

Die Abgrenzung von privatem und staatlichem Konsum

Will man den Konsum zwischen Ländern vergleichen, ist neben der gesamtwirtschaftlichen auch eine **Pro-Kopf-Betrachtung** sinnvoll. Die Unterscheidung zwischen privatem und öffentlichem Konsum ist ebenfalls wichtig, da die Bürger eines Landes vom öffentlichen Konsum in der Regel nicht gleichmäßig profitieren. Allerdings gibt es hier die Schwierigkeit, dass Sachleistungen des Staates an Bürger zu deren privaten Konsumzwecken (sogenannte **soziale Sachtransfers**) eine große Rolle spielen. Dazu gehören etwa Ausgaben des Staates für das Gesundheits- und Unterrichtswesen oder auch die Bereitstellung von Wohnraum. Betrachtet man als privaten Konsum nur das, was sich die Bürger eines Landes selbst kaufen, obwohl sie darüber hinaus auch noch das konsumieren, was ihnen der Staat an individuell zu nutzenden Sachleistungen zur Verfügung stellt, wird der eigentliche private Verbrauch unterschätzt.
Das erste bezeichnet man als den privaten und öffentlichen Konsum nach dem *Ausgabenkonzept* (»Wer finanziert was?«), das zweite als den privaten Konsum (**Individualkonsum**) und den öffentlichen Konsum (**Kollektivkonsum**) nach dem *Verbrauchskonzept* (»Wer verbraucht was?«). In Deutschland macht der vom Staat finanzierte Individualkonsum immerhin fast zwei Drittel der öffentlichen Konsumausgaben (nach dem Ausgabenkonzept) aus. Umgekehrt werden ungefähr 20 % des Individualkonsums der privaten Haushalte (nach dem Verbrauchskonzept) vom Staat finanziert.
In internationalen Vergleichen ist die Unterscheidung beider Konzepte aufgrund der Datenlage problematisch. Oft gibt es nur die Aufteilung des gesamten Konsums eines Landes in öffentlich und privat, die sich normalerweise auf das Ausgabenkonzept stützt. Wir verwenden hier trotz der genannten Bedeutung des staatlich finanzierten Teils des Individualkonsums die Daten nach dem Ausgabenkonzept, um auch für Länder mit geringerer Datendifferenzierung Aussagen treffen zu können.
Darüber hinaus ist bei internationalen Konsumvergleichen ähnlich wie beim Bruttoinlandsprodukt wichtig, die **Kaufkraftunterschiede** zwischen Ländern zu berücksichtigen. Das heißt, man vergleicht nicht Konsumbeträge in einer mit dem jeweiligen jahresaktuellen Wechselkurs umgerechneten einheitlichen Währung wie beispielsweise US-Dollar, sondern man vergleicht Beträge, die in Kaufkraftparitäten angegeben sind (**internationale PPP-Dollar**).

Um Entwicklungen im Zeitablauf zu erfassen, sind reale Konsumgrößen aussagekräftig. Man bereinigt dafür die Konsumangaben um die **Preissteigerungsraten**, die Inflation. Will man beides gleichzeitig beurteilen, also Ländervergleiche im Zeitablauf anstellen, muss man beide »Hürden« nehmen: Man muss diejenigen Verzerrungen herausrechnen, die sich aus den Kaufkraftunterschieden ergeben, und diejenigen, die das Inflationsgeschehen mit sich bringt. Nun ist aber das *unterschiedliche* Inflationsgeschehen in den Ländern eine Ursache für die Kaufkraftdifferenzen. Um daher nicht zweimal das Gleiche herauszurechnen, verwendet man konstante Kaufkraftparitäten zu einem Basisjahr (sogenannte konstante PPP-Dollar).

Abb. 2.1: Anteile der Weltregionen am privaten und öffentlichen Konsum 2000 und 2019

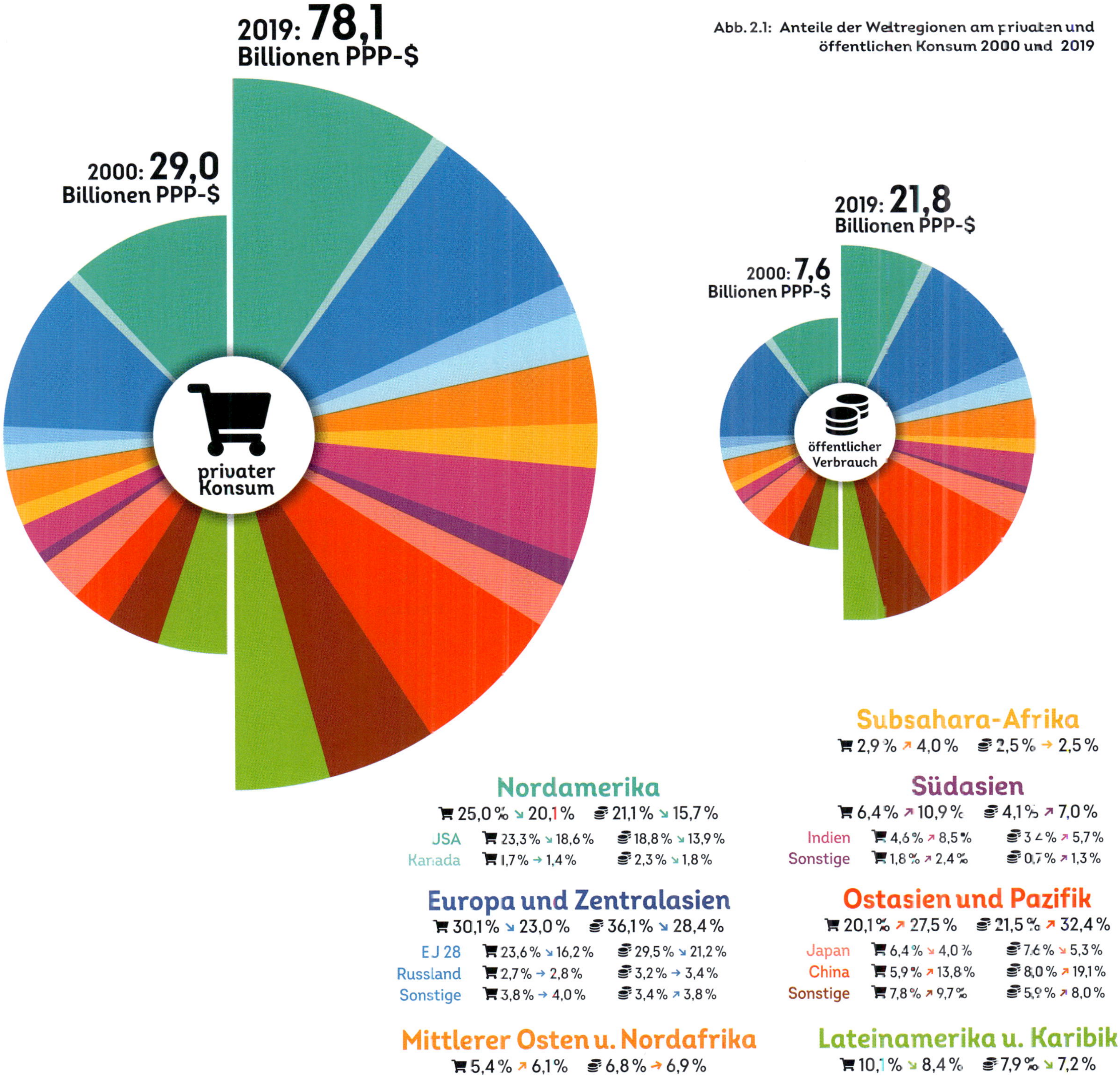

Vor 20 Jahren noch »gönnten« sich Nordamerika und die 28 EU-Länder fast die Hälfte des privaten Konsums der Welt, der bei rund 30 Billionen PPP-Dollar lag (**Abbildung 2.1**, linker Teil). Bis zum Jahr 2019 ist der gesamte Konsum der Welt nominal, also unter Einschluss der Inflationsrate, auf fast 80 Billionen PPP-Dollar gestiegen. Asien insgesamt hat inzwischen einen bedeutend größeren Anteil auf sich gezogen, so dass die beiden großen entwickelten Regionen 2019 nur noch auf ungefähr ein Drittel kamen. Bemerkenswert ist, dass Lateinamerika und die Karibik von 10 % auf 8 % am privaten Weltkonsum zurückgefallen sind und Subsahara-Afrika seinen Anteil nur ganz leicht erhöhen konnte.

Der öffentliche Verbrauch (Abbildung 2.1, rechter Teil), also der Teil des BIP, den der Staat für öffentliche Güter und soziale Sachtransfers verwendet, ist mit knapp 22 Billionen PPP-Dollar im Jahr 2019 nur ungefähr ein Viertel so groß wie der private Verbrauch. In diesem Bereich liegt Europa weit vor Nordamerika, wo man traditionell auf einen geringeren Einfluss des Staates setzt. Der Anteil Asiens einschließlich des pazifischen Raums hat hier noch dramatischer zugenommen als im privaten Bereich. Mit fast 40 % zusammen zeigen die asiatischen Regionen, dass sie verstanden haben, wie wichtig für die wirtschaftliche Entwicklung ein funktionierender öffentlicher Sektor ist.

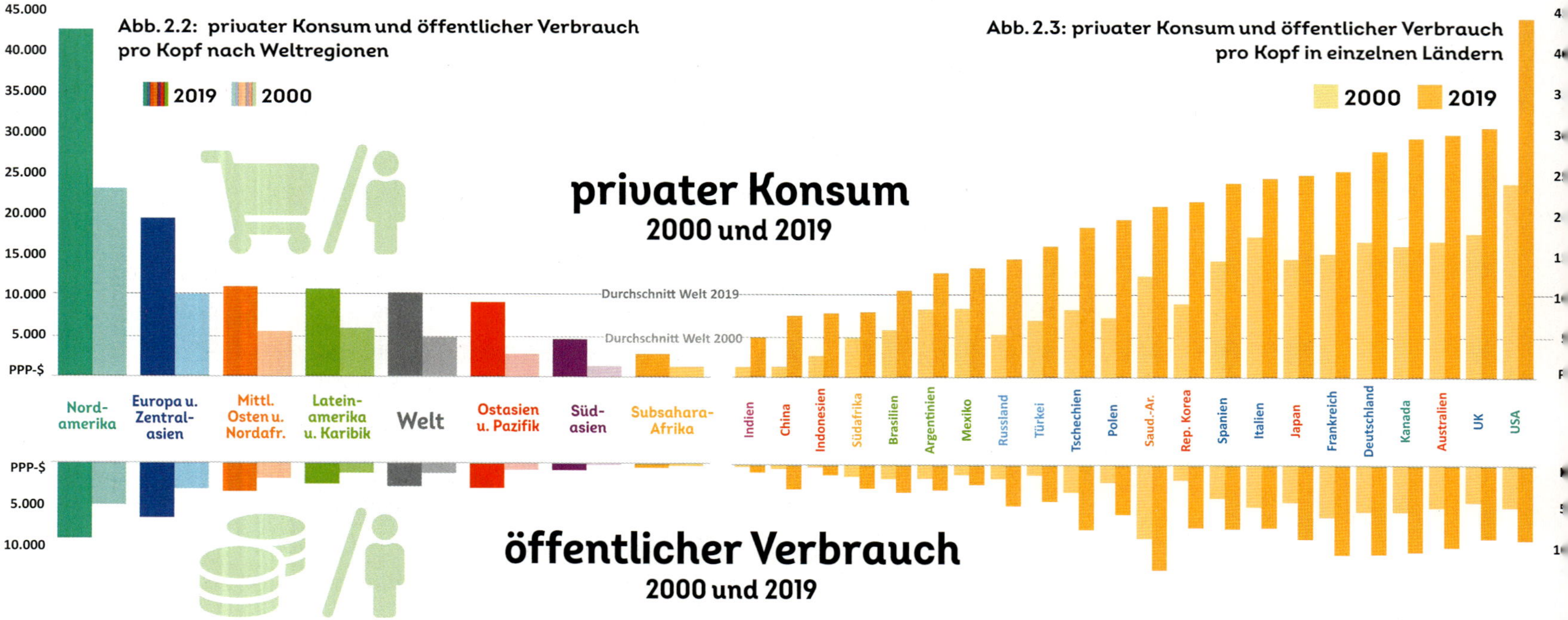

Das zeigt sich auch in **Abbildungen 2.2** und **2.3**, die den privaten Konsum und den öffentlichen Verbrauch pro Kopf in nominalen PPP-Dollar darstellen. Im Vergleich der aufgeführten Länder stehen die USA beim privaten Konsum in beiden Jahren an der Spitze. Im Jahr 2019 gab ein US-Amerikaner im Durchschnitt pro Kopf 44.000 PPP-Dollar aus. Wenn man bedenkt, dass ein erheblicher Teil der US-amerikanischen Bevölkerung weit unter diesem Ausgabenniveau blieb, kann man sich vorstellen, wie horrend die Ausgaben bei den oberen 10 % waren. China hat seit dem Jahr 2000 die weitaus stärkste prozentuale Zunahme des privaten Verbrauchs zu verzeichnen, bleibt aber doch mit deutlich unter 10.000 PPP-Dollar pro Kopf weit hinter dem Niveau der reichen westlichen Staaten zurück.

Beim öffentlichen Verbrauch pro Kopf fallen die USA erwartungsgemäß zurück und Saudi-Arabien, wo die Wirtschaft mit den Öleinnahmen fast vollständig vom Staat kontrolliert wird, übernimmt die Spitze (Abbildung 2.3). Hier sind die Regionen und Länder nicht der Größe nach sortiert, sondern richten sich nach der Rangfolge des privaten Konsums. Auch Frankreich, wo der Staat traditionell eine große Rolle spielt, liegt hier ganz weit vorn. Deutschland hat im Vergleich zum Jahr 2000 seine Position in etwa gehalten. Im Vergleich der abgebildeten Länder steht Italien beim öffentlichen Verbrauch pro Kopf 2019 deutlich schlechter da als 2000, weil die italienischen Regierungen versuchten, den europäischen Stabilitätsanforderungen nachzukommen und die öffentlichen Ausgaben entsprechend einzuschränken.

Beim Tempo der realen, also preisbereinigten Konsumsteigerungen liegen die asiatischen Länder ebenfalls vorn (**Tabelle 2.1**). In China ist der private Konsum pro Kopf auch in der letzten Dekade noch um knapp 8 % pro Jahr gestiegen. Das ist zwar nur ein Durchschnittswert, aber die schnelle Verringerung der Armut

Tabelle 2.1: reales Wachstum des Konsums 2000-2010 und 2010-2019

	privater Konsum		pro Kopf		öffentlicher Verbrauch		pro Kopf	
	2000-2010	2010-2019	2000-2010	2010-2019	2000-2010	2010-2019	2000-2010	2010-2019
Europa	2,4 %	1,3 %	2,1 %	1,1 %	2,0 %	0,8 %	1,7 %	0,6 %
EU 28	1,6 %	1,3 %	1,2 %	1,1 %	2,0 %	1,0 %	1,7 %	0,8 %
Eurozone	1,2 %	0,8 %	0,7 %	0,6 %	2,0 %	0,8 %	1,5 %	0,7 %
Nicht-EU-Europa	7,3 %	1,8 %	7,3 %	1,5 %	1,6 %	0,6 %	1,7 %	0,3 %
Subsahara-Afrika	5,8 %	4,7 %	2,2 %	2,7 %	6,6 %	1,6 %	3,0 %	-0,3 %
Südasien	6,1 %	6,9 %	3,9 %	5,8 %	6,1 %	6,4 %	3,9 %	5,3 %
Ostasien u. Pazifik	4,9 %	5,4 %	4,0 %	4,8 %	5,6 %	6,0 %	4,7 %	5,5 %
Lateinamerika u. Karibik	3,3 %	2,4 %	1,8 %	1,6 %	2,9 %	2,0 %	1,4 %	1,2 %
Nordamerika	2,2 %	2,5 %	1,1 %	1,9 %	2,1 %	0,2 %	1,0 %	-0,4 %
einzelne Länder:								
Deutschland	0,4 %	1,5 %	0,5 %	1,1 %	1,4 %	2,1 %	1,5 %	1,7 %
Frankreich	1,8 %	0,9 %	1,1 %	0,6 %	1,6 %	1,3 %	1,0 %	0,9 %
Italien	0,5 %	0,0 %	0,0 %	-0,1 %	1,1 %	-0,7 %	0,6 %	-0,8 %
UK	1,8 %	1,7 %	1,2 %	0,9 %	2,5 %	1,2 %	1,9 %	0,5 %
Spanien	2,1 %	0,5 %	0,7 %	0,5 %	4,7 %	0,1 %	3,3 %	0,1 %
Polen	3,7 %	2,9 %	3,8 %	2,9 %	3,6 %	2,2 %	3,7 %	2,2 %
Tschechien	2,9 %	2,1 %	2,7 %	1,9 %	2,1 %	1,1 %	1,9 %	0,9 %
Türkei	3,6 %	4,7 %	2,3 %	3,3 %	4,7 %	5,4 %	3,3 %	4,0 %
Russland	9,2 %	1,9 %	9,5 %	1,5 %	1,5 %	0,4 %	1,7 %	0,0 %
Saudi-Arabien	7,3 %	4,4 %	4,2 %	1,9 %	3,6 %	3,2 %	0,5 %	0,8 %
Nigeria	11,6 %	5,8 %	8,8 %	3,0 %	9,6 %	-5,3 %	6,8 %	-7,8 %
Indien	6,6 %	7,4 %	5,0 %	6,0 %	5,7 %	6,5 %	4,1 %	5,1 %
Japan	0,9 %	0,5 %	0,8 %	0,6 %	1,5 %	1,3 %	1,4 %	1,4 %
China	8,8 %	8,4 %	8,2 %	7,9 %	9,0 %	9,1 %	8,4 %	8,5 %
Republik Korea	3,5 %	2,3 %	3,0 %	1,8 %	5,9 %	4,5 %	5,4 %	4,0 %
Indonesien	5,4 %	5,2 %	3,9 %	3,8 %	10,1 %	3,7 %	8,5 %	2,4 %
Australien	3,8 %	2,5 %	2,3 %	0,9 %	3,1 %	3,4 %	1,6 %	1,7 %
Argentinien	3,5 %	0,8 %	2,4 %	-0,3 %	3,4 %	2,2 %	2,3 %	1,1 %
Brasilien	3,8 %	1,3 %	2,7 %	0,5 %	3,0 %	0,7 %	1,9 %	-0,2 %
Mexiko	1,8 %	2,5 %	0,6 %	1,4 %	1,1 %	1,9 %	-0,1 %	0,8 %
USA	2,1 %	2,5 %	1,2 %	1,8 %	2,1 %	0,0 %	1,2 %	-0,6 %
Kanada	3,1 %	2,4 %	2,1 %	1,2 %	2,5 %	1,3 %	1,5 %	0,2 %

in China legt nahe, dass davon auch die Einkommensbezieher in den unteren Gehaltsgruppen profitiert haben und ihren Lebensstandard deutlich erhöhen konnten. Dagegen weist Italien für ein ganzes Jahrzehnt einen leichten Rückgang des realen privaten Konsums pro Kopf aus. Deutschland ist besonders im ersten betrachteten Jahrzehnt schwach, in dem es seine Lohnzurückhaltungspolitik betrieb. Beim Wachstum des öffentlichen Verbrauchs pro Kopf fällt auf, dass die USA und Brasilien – zwei Länder, die durchaus vergleichbare Präsidenten gewählt haben – in den letzten zehn Jahren eine negative Rate aufweisen. Die Frage stellt sich, ob das Resultat oder Ursache der besonderen politischen Lage ist.

Die Konsumquote, also die Relation privater und öffentlicher Verbrauch zum BIP, zeigt noch einmal eine ganz andere Dynamik. In **Abbildung 2.4** wird die Höhe der Konsumquote eines Landes durch die Länge des entsprechenden Strahls dargestellt. Der Pfeil am Ende des Strahls zeigt, um wieviel die Quote im Vergleich der Jahre 2000 und 2019 gestiegen oder gefallen ist. Wiederum nimmt China einen besonderen Platz ein: Seine Konsumquote ist mit 55 % im Jahr 2019 mit Abstand die kleinste und am stärksten zurückgegangen. Das ist erstaunlich angesichts der oben referierten kräftigen Zuwachsraten beim Verbrauch und zeigt, wie intensiv in China investiert wird. Ähnliches gilt für Indien.

Bemerkenswert ist auch die extrem hohe Konsumquote Brasiliens, wo die wirtschaftliche Dynamik und die Investitionstätigkeit schwach waren. Das sollte aber nicht zu dem Schluss verleiten, man könne am Beispiel Brasiliens sehen, dass man viel sparen müsse, um viel investieren zu können. Dass in Brasilien nicht stärker investiert wurde, lag in erster Linie an den Zinsen, die von der Zentralbank zur Bekämpfung der Inflation prohibitiv hochgesetzt wurden (siehe **Kapitel »Zinsen«**). Hinzu kam ein extrem ineffizientes Bankensystem, das den privaten Unternehmen niemals normale Kredite zu angemessenen Zinsen gegeben hat.

Auch Deutschland ist hier auffällig, weil die Konsumquote im Vergleich zum Jahr 2000 deutlich rückläufig ist und das Land eine ganz andere Position einnimmt als vergleichbare europäische Staaten wie Frankreich, Italien oder das Vereinigte Königreich. Das ist den »Reformen« zuzuschreiben, mit denen die rot-grüne Regierung Deutschland im ersten Jahrzehnt des Jahrhunderts modernisieren wollte. Das Ergebnis war einerseits politischer Druck, die Löhne insbesondere im öffentlichen Dienst nicht mehr deutlich zu erhöhen, und das Zurückfahren von öffentlichen Ausgaben (zum Beispiel im Gesundheits- und Bildungswesen), die zwar als Konsumausgaben gezählt werden, in Wirklichkeit aber große Bedeutung für die Konstitution einer Volkswirtschaft und ihre Wachstumsmöglichkeiten haben. Andererseits hat Deutschland durch den Lohndruck seine internationale preisliche Wettbewerbsfähigkeit stark ausgebaut. Das ließ seinen Außenbeitrag, also das, was mehr produziert als im Inland verbraucht und stattdessen im Ausland abgesetzt wird, anschwellen. Im Gegensatz etwa zu China steht daher der Senkung der deutschen Konsumquote keine deutlich angestiegene Investitionsquote gegenüber (siehe **Kapitel »Investitionen«** und **»Handel«**).

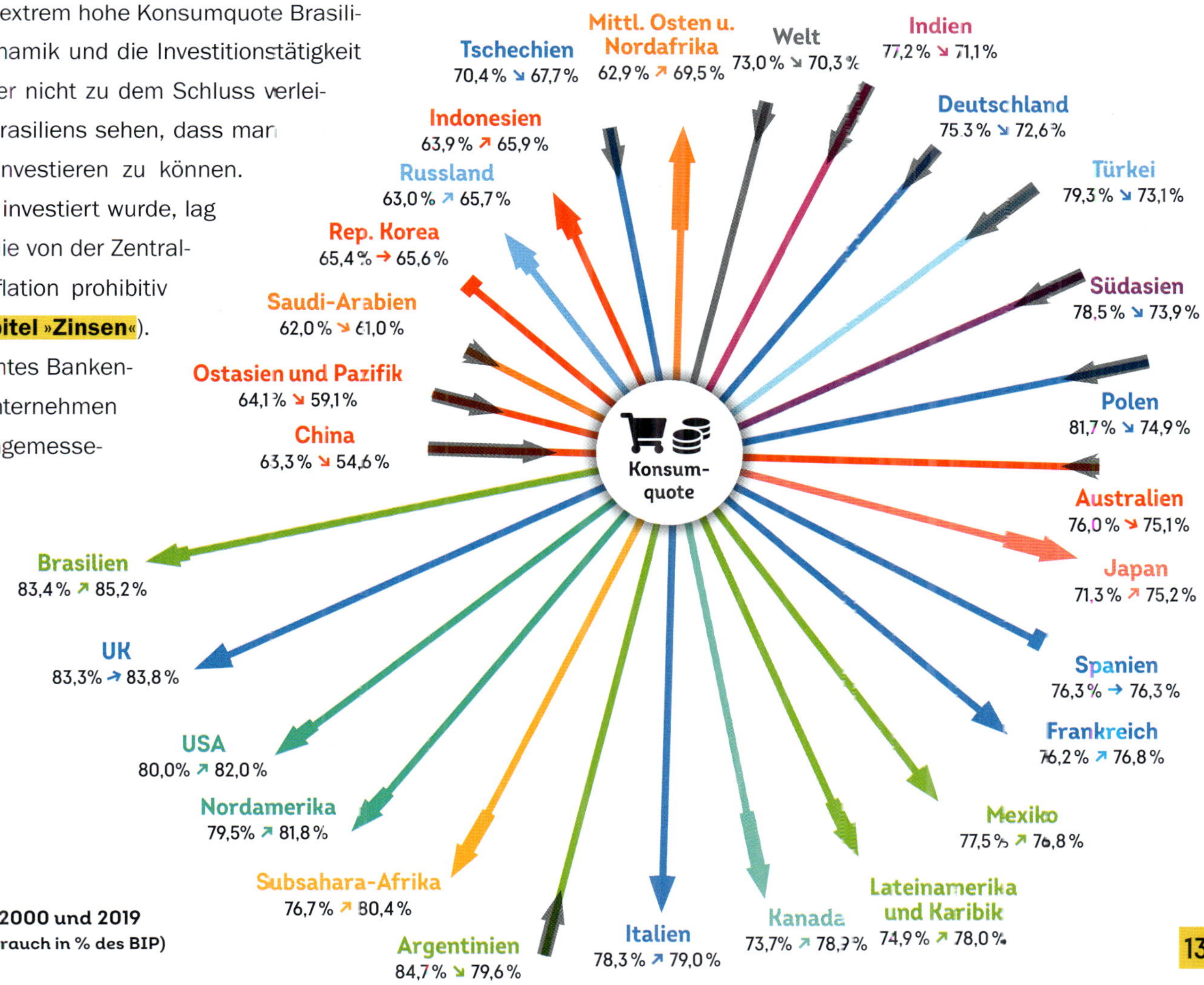

Abb. 2.4: Konsumquoten weltweit 2000 und 2019
(privater Konsum und öffentlicher Verbrauch in % des BIP)

Was treibt die Wirtschaft an?

Investitionen entscheiden über die wirtschaftliche Entwicklung

Die Investitionen, die zusammen mit dem Konsum und der Differenz zwischen Exporten und Importen die gesamte Nachfrage einer Volkswirtschaft ergeben, sind die am stärksten schwankende Komponente auf der Verwendungsseite des BIP. Sie entscheiden über die Vergrößerung des Produktionsapparates und gelten daher als Motor der Wirtschaft. In der Tat sind die unternehmerischen Investitionen der wichtigste Träger neuer Technologien. Sie sollen möglichst produktive Arbeitsplätze und dadurch Einkommenschancen schaffen. Die Dynamik privater Investitionen hängt ihrerseits stark von der allgemeinen Wirtschaftsentwicklung, der gesamten Endnachfrage, ab. Denn letztere bestimmt die Auslastung vorhandener Produktionskapazitäten und dadurch wesentlich die Rentabilität bereits getätigter privater Investitionen. Das wiederum beeinflusst die Erwartungen potenzieller Investoren hinsichtlich zukünftiger Projekte.

Die Stärkung der privaten Investitionsneigung durch Anregung und Stabilisierung der Gesamtnachfrage ist auf der ganzen Welt vornehmlich eine Aufgabe des Staates, nämlich einer angemessenen Wirtschaftspolitik. Natürlich spielen auch öffentliche Investitionen dabei eine Rolle, zum einen als eigenständige Nachfragegröße, zum anderen als »Katalysator« für die Produktivität privater Investitionen – man denke nur an die digitale und die Verkehrsinfrastruktur eines Landes, sein Bildungs- und Gesundheitswesen, aber auch seine Verwaltungsstrukturen. Auf die Überschneidungen mit dem Bereich des öffentlichen Verbrauchs haben wir bereits im **Kapitel »Konsum«** hingewiesen.

Wie schon beim BIP, so zeigt sich auch bei den Investitionen, dass über die vergangenen 20 Jahre Asien enorm aufgeholt hat und nun den größten Teil der weltweiten Investitionstätigkeit bestreitet (**Abbildung 3.1**). Die EU und Nordamerika sind von 57 % im Jahr 2000 auf heute 40 % der gesamten Investitionstätigkeit von derzeit gut 22 Billionen US-Dollar gefallen. Subsahara-Afrika hat sich kaum verbessern können, und Lateinamerika ist zurückgefallen.

Auch bei den Investitionsquoten liegt erwartungsgemäß Asien vorn, und China ist einsame Spitze mit einem Investitionsanteil am BIP von 43 % (**Abbildung 3.2**). Auch Indien und Indonesien haben sich auf über 30 % gesteigert. Am Ende der Skala befindet sich eine sehr heterogene Gruppe von Staaten mit den beiden großen südamerikanischen Ländern sowie dem Vereinigten Königreich, Südafrika und Italien.

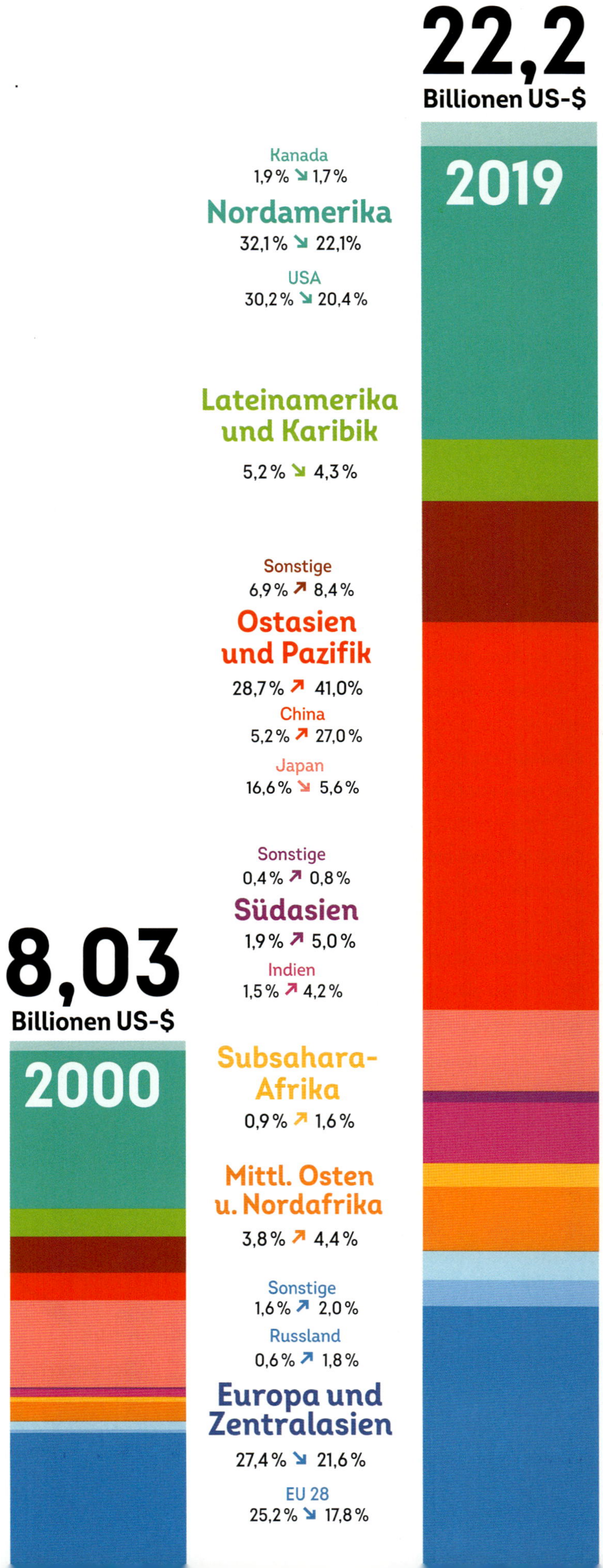

Abb. 3.1: Anteile der Weltregionen an den weltweiten Investitionen 2000 und 2019

Investitionen – die Basis der Produktivität

Je mehr privat investiert wird, desto besser sind Arbeitsplätze technisch ausgerüstet. Je höher die öffentlichen Investitionen ausfallen, desto solider ist die Infrastruktur eines Landes. Beides zusammen genommen führt dazu, dass pro Arbeitskraft und Zeiteinheit mehr produziert werden kann. Das erhöht das potenzielle Einkommen einer Gesellschaft. Der **Kapitalstock**, die Summe der Investitionen, wird wegen des Wettbewerbsdrucks laufend an sich weiterentwickelnde technische Möglichkeiten und sich ändernde Bedürfnisse der Verbraucher angepasst. Klimaschutz etwa benötigt in vielen Bereichen eine Umstellung der Produktionsweise. Der dafür notwendige **Strukturwandel** erfordert eine dynamische Investitionstätigkeit.

Meist rationalisieren Investitionen Arbeitsabläufe und sparen so menschliche Arbeitsleistung ein. Das hat ihnen ganz zu Unrecht den Ruf der »Arbeitsplatzvernichter« eingetragen. Tatsächlich aber sind Investitionen ein wesentlicher Teil der **Nachfrage** einer Volkswirtschaft: Neue Maschinen müssen geplant und konstruiert werden, das Stromleitungsnetz muss an die Anforderungen einer klimaneutralen Wirtschaft angepasst werden. Damit sind viele spezialisierte und gut bezahlte Arbeitskräfte beschäftigt, so dass ein Investitionsaufschwung in der Summe wesentlich mehr **Arbeitsplätze** generiert als vernichtet.

Waren früher Ausrüstungsinvestitionen wie Maschinen und Fahrzeuge wichtig, haben inzwischen Investitionen in **Forschung und Entwicklung** sowie im **IT-Bereich** an Bedeutung gewonnen. Zu Investitionen zählen auch Bauinvestitionen, bestehend aus Wohn- und Wirtschaftsbauten. Rein quantitativ liegen die Wohnbauten in Deutschland in einer ähnlichen Größenordnung wie die Ausrüstungen. Da sie aber im Ergebnis unmittelbar dem Konsumzweck »Wohnen« dienen, sind für die Entwicklung der Produktivität einer Volkswirtschaft die Wirtschaftsbauten aussagekräftiger, zu denen auch die staatlichen Investitionen in die Infrastruktur zählen.

Die internationale Statistik im Bereich Investitionen ist wenig ausgereift. Das erschwert eine länderübergreifend vergleichende Beurteilung der Ursachen für die Dynamik, mit der sich verschiedene Regionen entwickeln. Die **Investitionsquote**, der Anteil der gesamten Investitionen eines Landes an seiner Wirtschaftskraft, ist immerhin ein einfacher Maßstab dafür. Wenn in einem wenig entwickelten Land Teile der Wirtschaft etwa im Bereich der landwirtschaftlichen Selbstversorger (Subsistenzwirtschaft) untererfasst oder gar nicht berücksichtigt werden (Schattenwirtschaft), fällt die statistische Investitionsquote höher aus als die tatsächliche. Diese Problematik ist bei der Interpretation der Daten zu beachten.

Als einheitliche Währung wird zu Vergleichszwecken auf Investitionsdaten in **US-Dollar** zurückgegriffen, da es hier auf die Sicht der Unternehmer ankommt. Sie müssen sich beim Kauf neuer Technologien normalerweise nach den Weltmarktpreisen entsprechend dem jeweils herrschenden Wechselkurs ihres Landes richten. Eine spezielle Preisbereinigung für Investitionen gibt es in den international verfügbaren Statistiken nicht.

Investitionen weltweit

2000-2019

Abb. 3.2: Investitionen in % des jeweiligen BIP in verschiedenen Ländern und Regionen 2000 und 2019

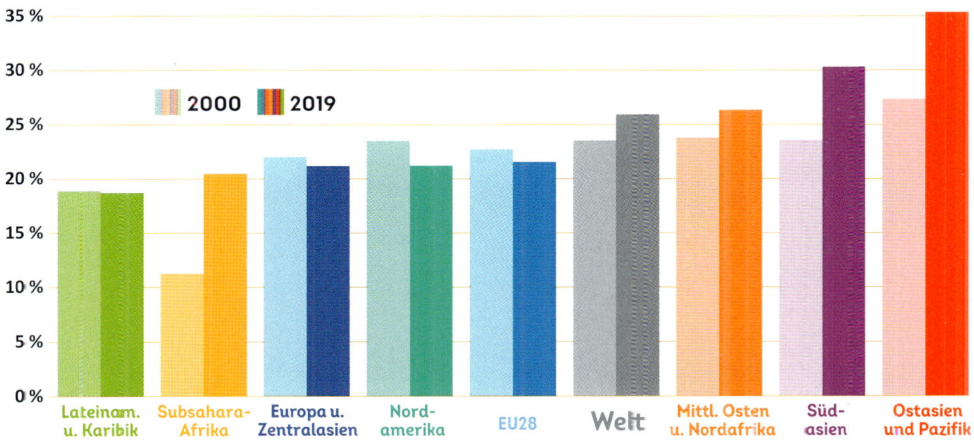

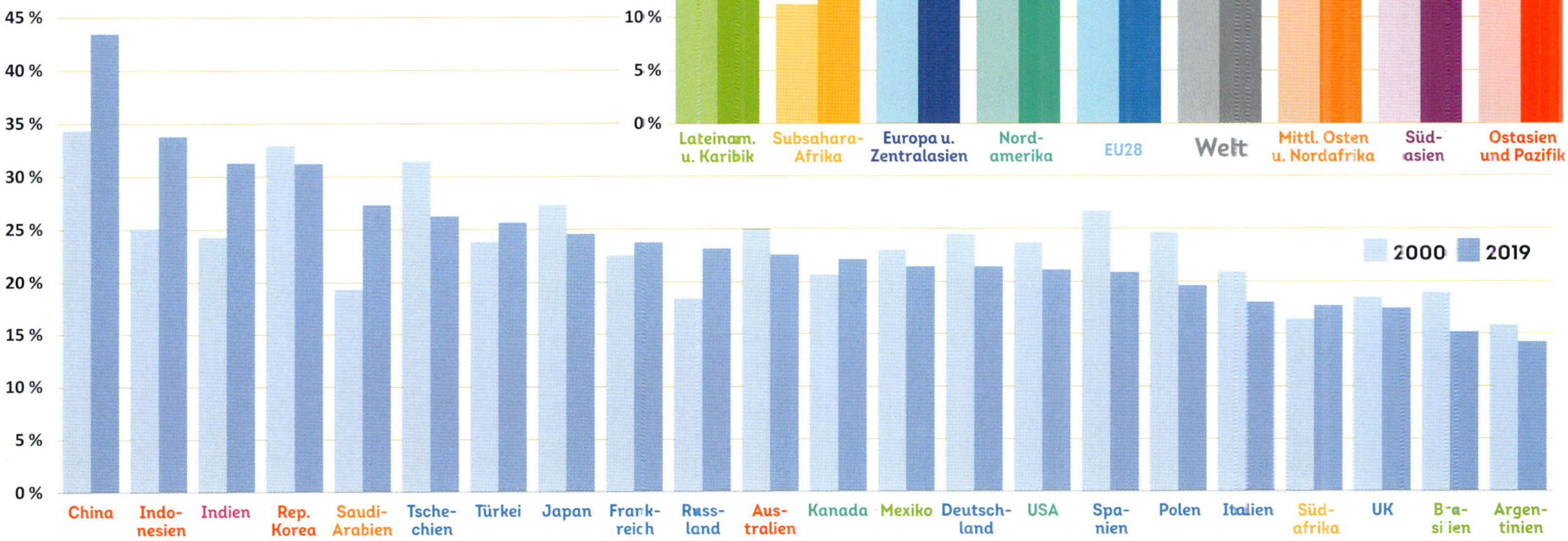

Die enorme Dynamik in Asien und insbesondere in China im Vergleich zur übrigen Welt zeigt sich auch im Verlauf der vergangenen 20 Jahre. In **Abbildung 3.3** sind die absoluten, nicht preisbereinigten Werte der Investitionen in US-Dollar der großen WIrtschaftnationen und der Eurozone dargestellt. China weist zwar zwar die überragende Dynamik auf, aber auch die USA können auf deutlich steigende Investitionszahlen zurückblicken. Europa und Japan bleiben dagegen flach, was bei insgesamt steigenden Preisen für Investitionsgüter auf eine real extrem schwache Entwicklung hinweist.

Betrachtet man den Verlauf der Investitionsquoten für einzelne Länder (Abbildungen 3.4 bis 3.13), treten die Probleme der verschiedenen Regionen deutlich zutage.

Abb. 3.3: Investitionen in den großen Wirtschaftsnationen und der Eurozone in Mrd. US-$ 2000 bis 2019

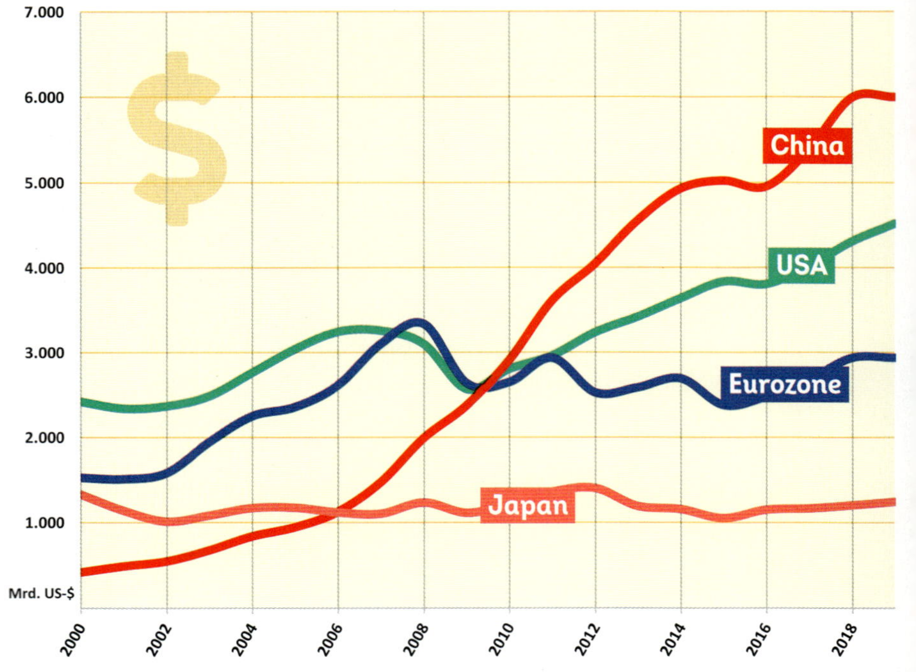

Die großen europäischen Länder einschließlich Deutschland verharren bestenfalls auf den Niveaus des Jahres 2000 (**Abbildung 3.4**). Deutlich ist der Einschnitt der Finanzkrise von 2008/2009 zu erkennen, und man muss konstatieren, dass sich die Investitionsdynamik bis heute kaum erholen konnte. Für Deutschland kann man sogar feststellen, dass die Investitionstätigkeit der Unternehmen (hier nicht gezeigt) seitdem weitgehend stagniert. Frankreich hat schon seit vielen Jahren eine höhere Investitionsquote als Deutschland. Das Vereinigte Königreich hinkt hier schon fast traditionell hinterher.

Abb. 3.4: Investitionsquoten in Deutschland, Frankreich und UK

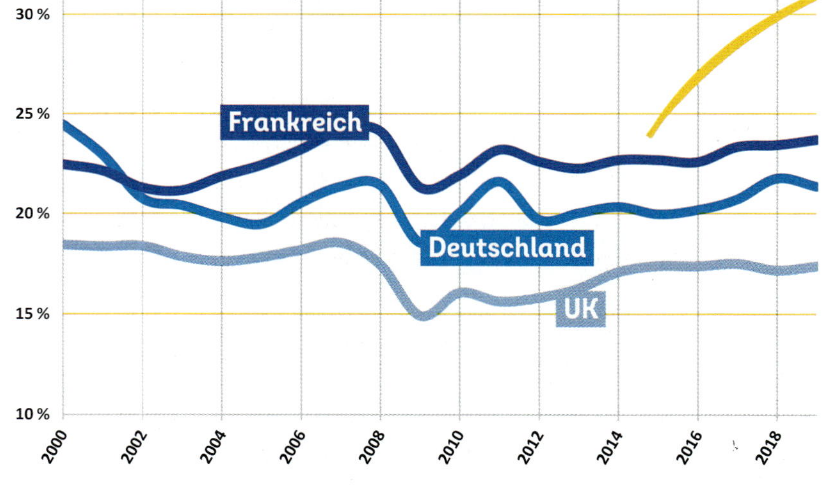

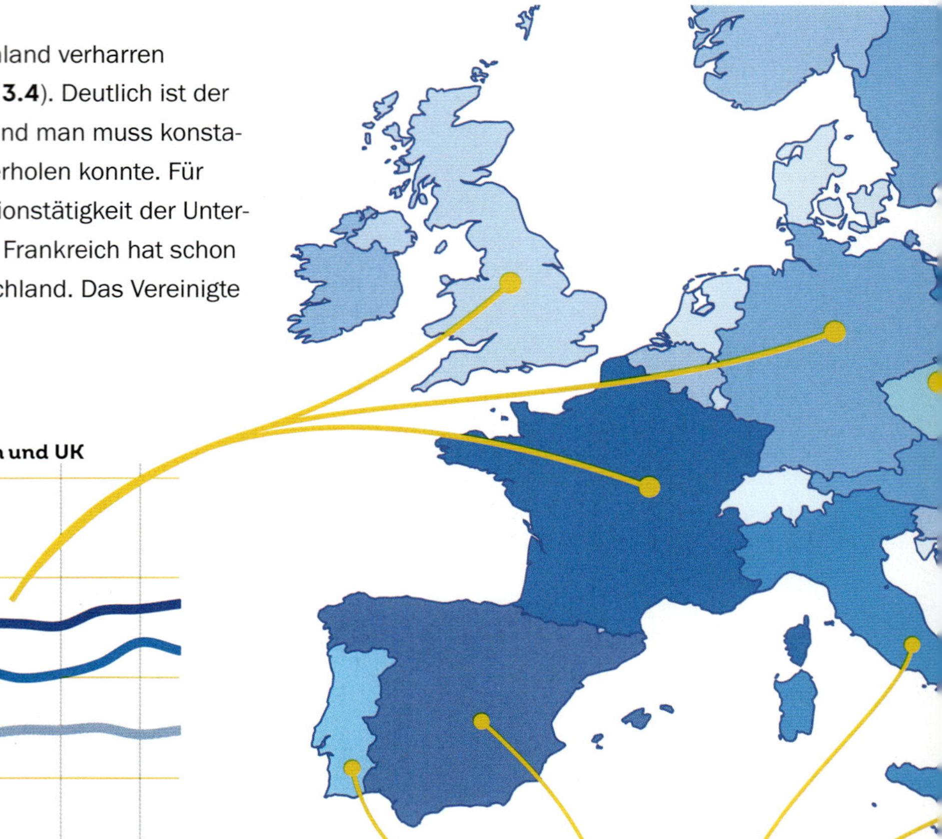

Noch viel ungünstiger sieht es in Südeuropa aus (**Abbildung 3.5**), wo die »Bewältigung« der Eurokrise mithilfe von Austeritätspolitik tiefe und lange nachwirkende Spuren hinterlassen hat. Aber auch Italien, das sich nicht direkt unter einen »Rettungsschirm« begeben musste, sah sich gezwungen, eine Restriktionspolitik zu fahren, die für die Investitionstätigkeit nachhaltig schlecht war.

Europa und Zentralasien

Investitionsquoten 2000–2019

Abb. 3.6: Investitionsquoten in Osteuropa

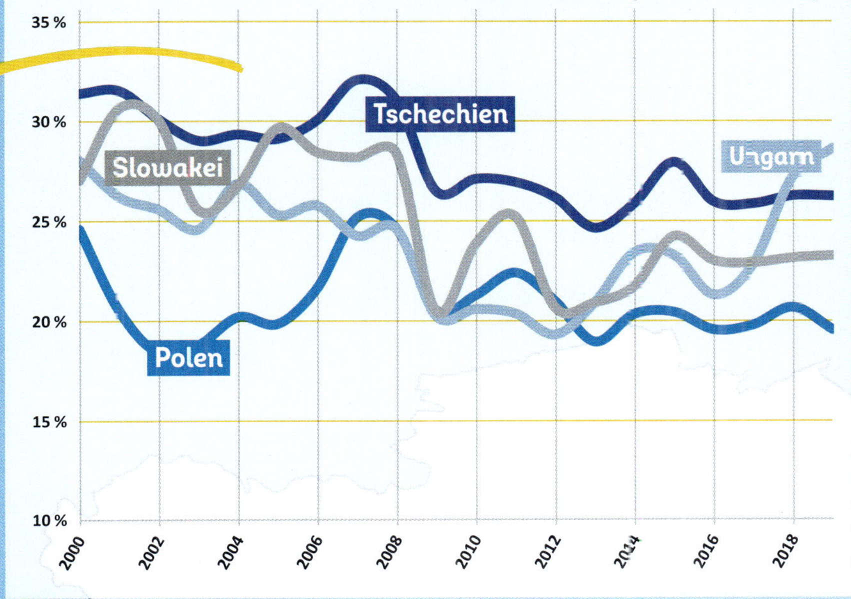

In Osteuropa (**Abbildung 3.6**), wo sich die meisten Länder auch heute noch in einer gewissen Transformation ihrer Volkswirtschaften befinden, liegen die Investitionsquoten auf deutlich höherem Niveau als in West- und Südeuropa, aber sie sind keineswegs vergleichbar mit denen der aufholenden asiatischen Volkswirtschaften. Die höchste Investitionsquote unter den hier ausgewählten Ländern hat Tschechien, und auch in Ungarn, das in den letzten Jahren einen enormen Bauboom erlebte, ist diese hoch. Polen, das größte unter den hier ausgewählten Ländern, weist dagegen mit nur 20 % eine sehr enttäuschende Investitionsquote für ein Land auf, das sich auch noch in einem Aufholprozess befinden sollte.

Abb. 3.5: Investitionsquoten in Südeuropa

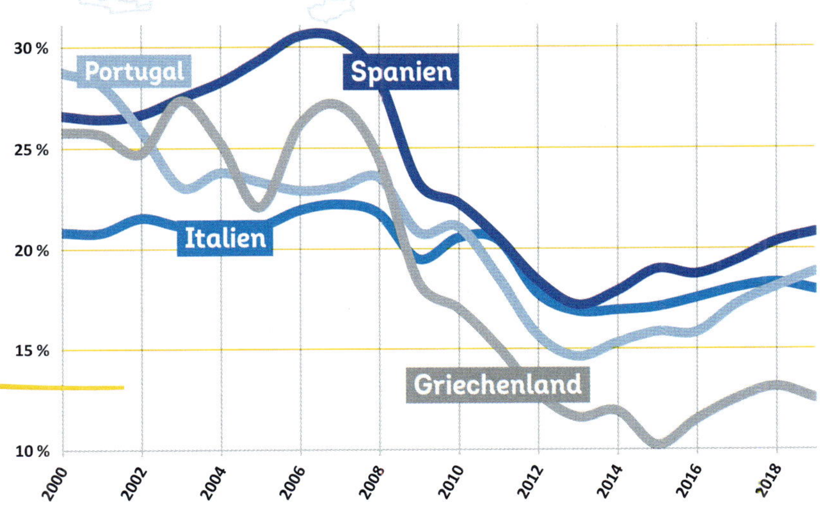

Sieht man von dem Einschnitt in der Finanzkrise 2008/2009 ab, schwanken die Investitionsquoten der USA, Kanadas und Mexikos weniger als die Argentiniens und Mexikos (**Abbildung 3.7**). Sie liegen zudem mit Quoten im Durchschnitt der letzten 20 Jahre zwischen 21 % und 23 % auf einem deutlich höheren Niveau als im südlichen Teil des Kontinents. Allerdings relativiert sich die positive Einschätzung des Umfangs der mexikanischen Investitionstätigkeit, bedenkt man, dass in diesem Land die Bevölkerung zwischen 2000 und 2019 noch stärker gewachsen ist als in Brasilien oder Argentinien, nämlich um fast ein Viertel. Wie im **Kapitel »Arbeitslosigkeit«** angesprochen, dürften einige Arbeitskräfte versuchen, in die USA abzuwandern, um dort eine Beschäftigung zu finden und dem Mangel an Arbeitsplätzen zu entkommen, der mit einer zu geringen Investitionstätigkeit pro Kopf der Bevölkerung zusammenhängt.

Abb. 3.7: Investitionsquoten in Amerika

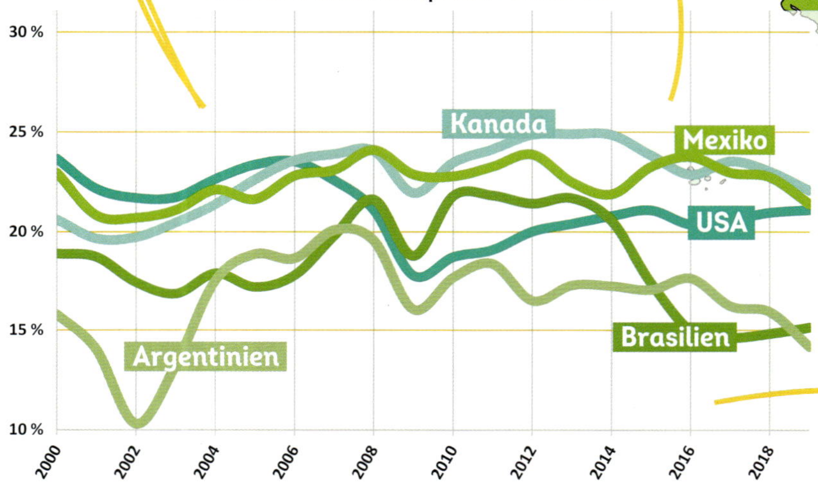

Nord- und Südamerika

Investitionsquoten 2000-2019

In Südamerika sieht die Investitionswelt ganz anders aus als etwa in Osteuropa. Hier gibt es unter den größeren Ländern keines, das eine Investitionsquote von mehr als 25 % verzeichnet (man beachte den Maßstab!). Brasilien und Argentinien, die beiden größten Länder in Südamerika (Mexiko gehört zu Mittelamerika), liegen in den letzten fünf Jahren nur bei oder leicht über 15 %. Dass eine so geringe Investitionstätigkeit bei ohnehin geringem Ausgangsniveau des Kapitalstocks (also der Kapitalausstattung einer Volkswirtschaft) und einem deutlichen Bevölkerungswachstum (um rund ein Fünftel in den letzten 20 Jahren) dramatische politische Folgen hat, sollte niemanden wundern.

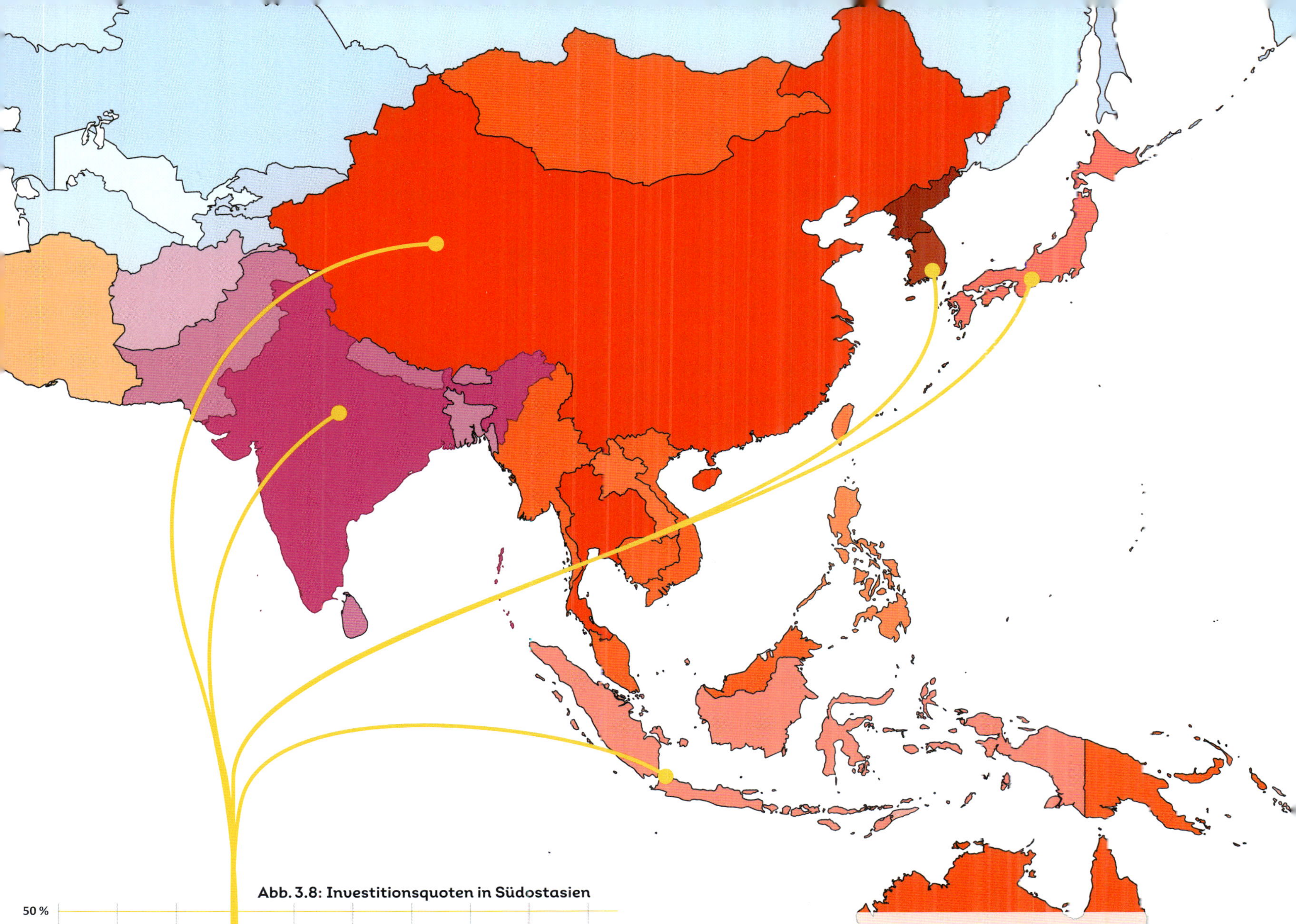

Abb. 3.8: Investitionsquoten in Südostasien

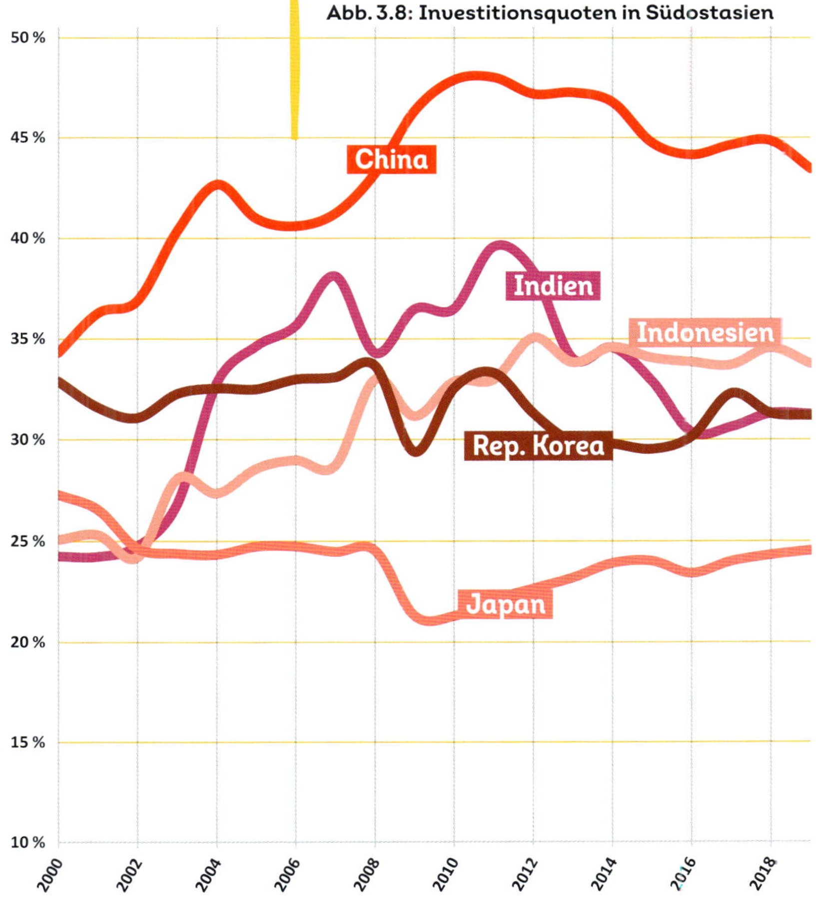

In Asien ist China der absolute Ausnahmefall (**Abbildung 3.8**). Aber auch Indien und Indonesien haben aufgeholt und kommen auf Investitionsquoten von mehr als 30 %. Allerdings ist in Indien die Quote von ihrem Spitzenwert 2011 (40 %) wieder deutlich abgesunken, stabilisiert sich in den letzten Jahren jedoch. Die Republik Korea weist eine sehr stabile Quote von um die 32 % auf. In Japan, das in der Phase der raschen Entwicklung von den 1960er- bis zu den 1980er-Jahren *der* Investitionschampion war, hat sich die Quote hingegen abgeflacht, obwohl 25 %, gemessen zum Beispiel an Deutschland, durchaus noch hoch ist für ein Land, dem man permanente Stagnation nachsagt.

Südostasien

Investitionsquoten 2000-2019

In Afrika sind die Verhältnisse zwischen den über 50 Ländern so unterschiedlich, dass wir durch eine regionale Zusammenfassung der Länder, für die Daten vorliegen, eine gewisse Übersichtlichkeit herzustellen versuchen. Fast alle Länder Afrikas kämpfen mit intransparenten und ineffizienten Bankensystemen, die eine inländische Investitionstätigkeit durch extrem hohe Zinsen oft praktisch verhindern. Nur dort, wo der Staat bereit ist, für angemessene Kreditbedingungen zu sorgen, kann man mit einer privaten Investitionsdynamik rechnen.

Für Westafrika (**Abbildung 3.9**) sind die Ergebnisse der Statistik bis auf Nigeria von hoher Fluktuation gekennzeichnet (man beachte die Skala). Der starke Einbruch in Ghana ab 2011 und der starke Anstieg in Niger bis 2010 sind nur schwer nachvollziehbar und legen Zweifel an der Datenqualität für den gesamten Zeitraum nahe. Erstaunlich ist die extrem niedrige Investitionsquote in Nigeria, dem weitaus größten Land der Region, das zudem ein großer Ölproduzent ist und über erhebliche Einnahmen aus diesem Bereich verfügt.

Abb. 3.9: Investitionsquoten im Westen Afrikas

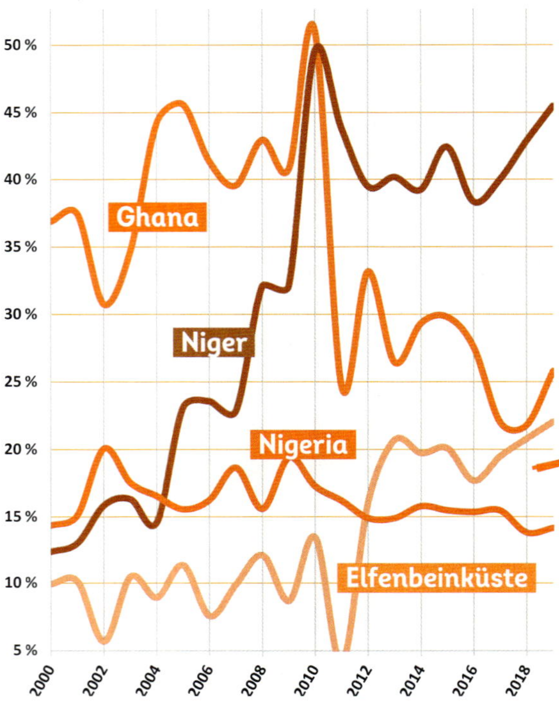

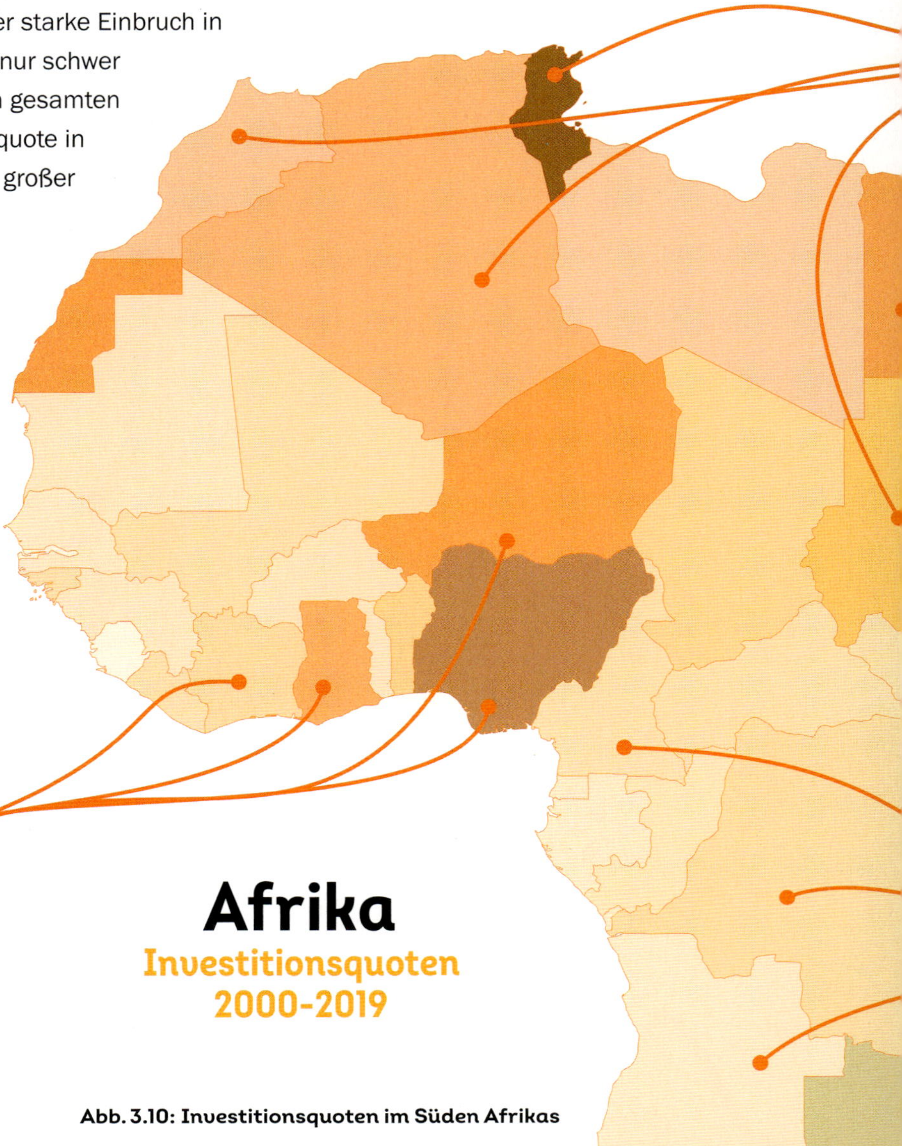

Im südlichen Afrika ist die Republik Südafrika der mit Abstand größte Staat und wirtschaftlich die dominierende Macht. Südafrika kämpft allerdings, nicht unähnlich den großen lateinamerikanischen Ländern, neben hausgemachten Schwierigkeiten mit erheblichen außenwirtschaftlichen Problemen, die sich in häufigen Spekulationen mit seiner Währung, dem Rand, niederschlagen. Südafrika ist es in den letzten Jahrzehnten nicht gelungen, eine stabile und durchgängig florierende Wirtschaft aufzubauen. Das belegt eine Investitionsquote von im Durchschnitt der Jahre unter 20 % (**Abbildung 3.10**). Das ist zwar weniger katastrophal, als die für Simbabwe vorliegenden Daten zeigen, aber doch viel zu wenig für ein Land, das aufzuholen versucht und seiner Bevölkerung genau das auch versprochen hat. Sehr positiv sticht dagegen das kleine Land Botswana hervor, das im Durchschnitt der letzten 20 Jahre eine Investitionsquote von über 30 % zu verzeichnen hat.

Abb. 3.10: Investitionsquoten im Süden Afrikas

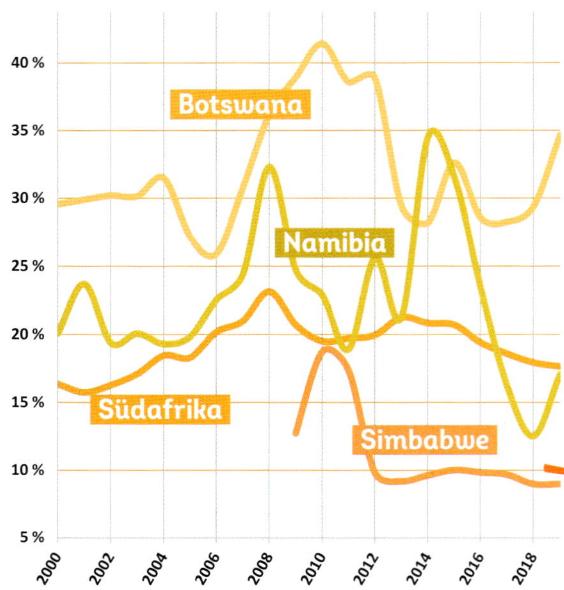

Vergleichbar Südafrika hinsichtlich Größe und wirtschaftlicher Bedeutung ist Ägypten für Nordafrika. Auch hier hat es nach der großen globalen Rezession von 2008/2009 eher Rückschritte als Fortschritte gegeben. Die revolutionären Ereignisse des sogenannten arabischen Frühlings zu Beginn der zweiten Dekade führten nicht zu einer besseren und zugleich gerechteren Entwicklung, sondern endeten in einer erneuten Diktatur, in der das Militär das Sagen hat. Die wirtschaftlichen Ergebnisse dieser Dekade waren katastrophal schlecht, was sich in der niedrigen Investitionsquote Ägyptens niederschlägt (**Abbildung 3.11**). Ähnliches gilt für Tunesien, wo der arabische Frühling seinen Anfang nahm. Dass Algerien und Marokko hohe Quoten vorweisen, hat in erster Linie mit der Bedeutung von Rohstoffen in diesen Ländern zu tun, ist aber nicht Ausdruck einer eigenständigen und tragfähigen wirtschaftlichen Rolle in der Region. Wie aussagekräftig die Daten für die Krisenregion Sudan/Südsudan sind, muss an dieser Stelle offenbleiben.

Abb. 3.11: Investitionsquoten im Norden Afrikas

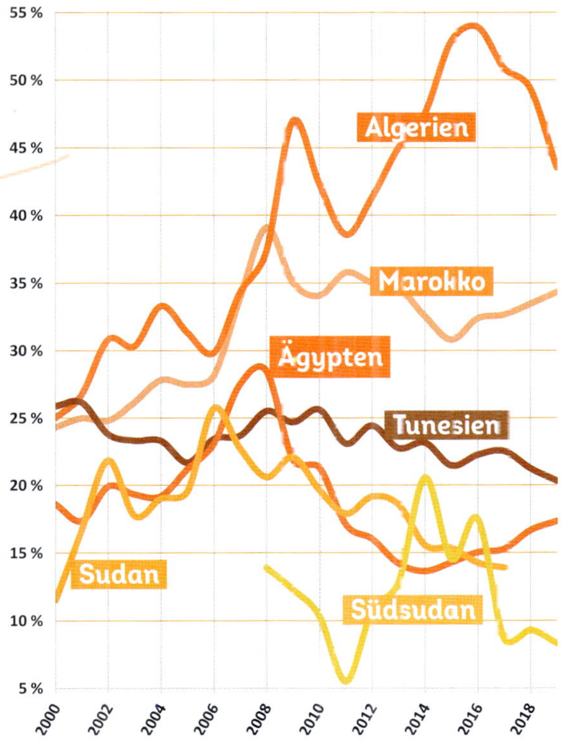

Abb. 3.12: Investitionsquoten im Osten Afrikas

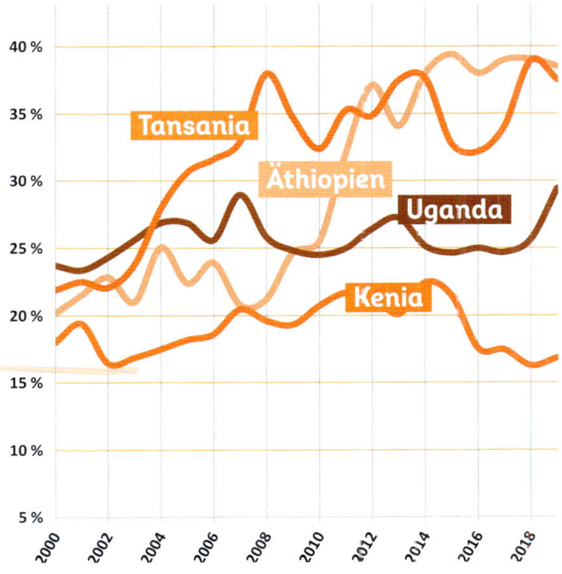

In Ostafrika gibt es mit Äthiopien eine wirkliche Erfolgsgeschichte. Das Land verzeichnete in den vergangenen zehn Jahren sehr hohe reale gesamtwirtschaftliche Wachstumsraten, was sich auch in einer starken Zunahme der Investitionsquote niederschlägt (**Abbildung 3.12**). Ähnliches gilt für Tansania. Beide Länder haben allerdings immer noch ein sehr geringes Einkommensniveau und sind agrarisch geprägt. Ob sich diese aufholende Entwicklung fortsetzen lässt, bleibt abzuwarten. Kenia ist dagegen in der gleichen Region ein Beispiel für vielfältige Probleme, die sich in einer für ein solches Land extrem geringen Investitionsquote niederschlagen.

In den drei zentralafrikanischen Ländern, für die Daten vorliegen, ergibt sich ein sehr unterschiedliches Bild (**Abbildung 3.13**). Die Demokratische Republik Kongo ist seit Jahrzehnten in (Bürger-)Kriege verstrickt. Der Rohstoffreichtum der Region scheint sich eher als Fluch denn als Segen für das Land zu erweisen. Die seit dem Tiefpunkt 2001 langsam auf etwas über 20 % zunehmende Investitionsquote ist in den vergangenen fünf Jahren wieder deutlich abgefallen auf zuletzt 12 % – ein katastrophal geringer Wert für den flächenmäßig zweitgrößten und gemessen an der Bevölkerung viertgrößten Staat Afrikas.

Kamerun kann hingegen auf ein Jahrzehnt einer recht stabil hohen Investitionsquote von knapp 30 % zurückblicken, was mit einem jahresdurchschnittlichen Wachstum der Wirtschaft von 4 % in den beiden vergangenen Jahrzenten korrespondiert und auch mit der geringen Inflationsrate (durchschnittlich 2 %) zusammenhängen dürfte (siehe **Kapitel »Preise«**, Abb. 8.1). In Angola lag die Investitionsquote ausweislich der vorliegenden Statistik in den ersten 15 Jahren dieses Jahrhunderts im Schnitt bei 30 %, ist aber seit 2016 deutlich gefallen auf inzwischen 20 %. Spiegelbildlich dazu hat sich das gesamtwirtschaftliche Wachstum von gut 7 % pro Jahr zwischen 2000 und 2014, das auch auf Erdölexporten beruhte, seither in einen Schrumpfungsprozess (durchschnittlich etwa -1 % pro Jahr) verkehrt.

Abb. 3.13: Investitionsquoten in Zentralafrika

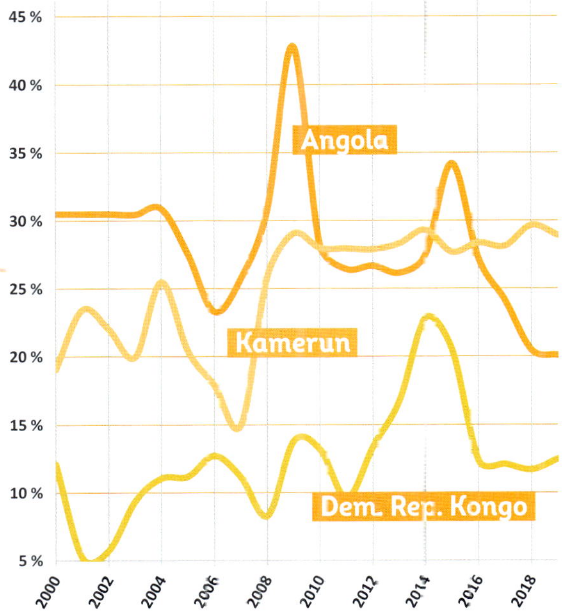

Internationaler Handel – Triebfeder der Weltwirtschaft?

Export ist Konsum oder Investition in einem anderen Land

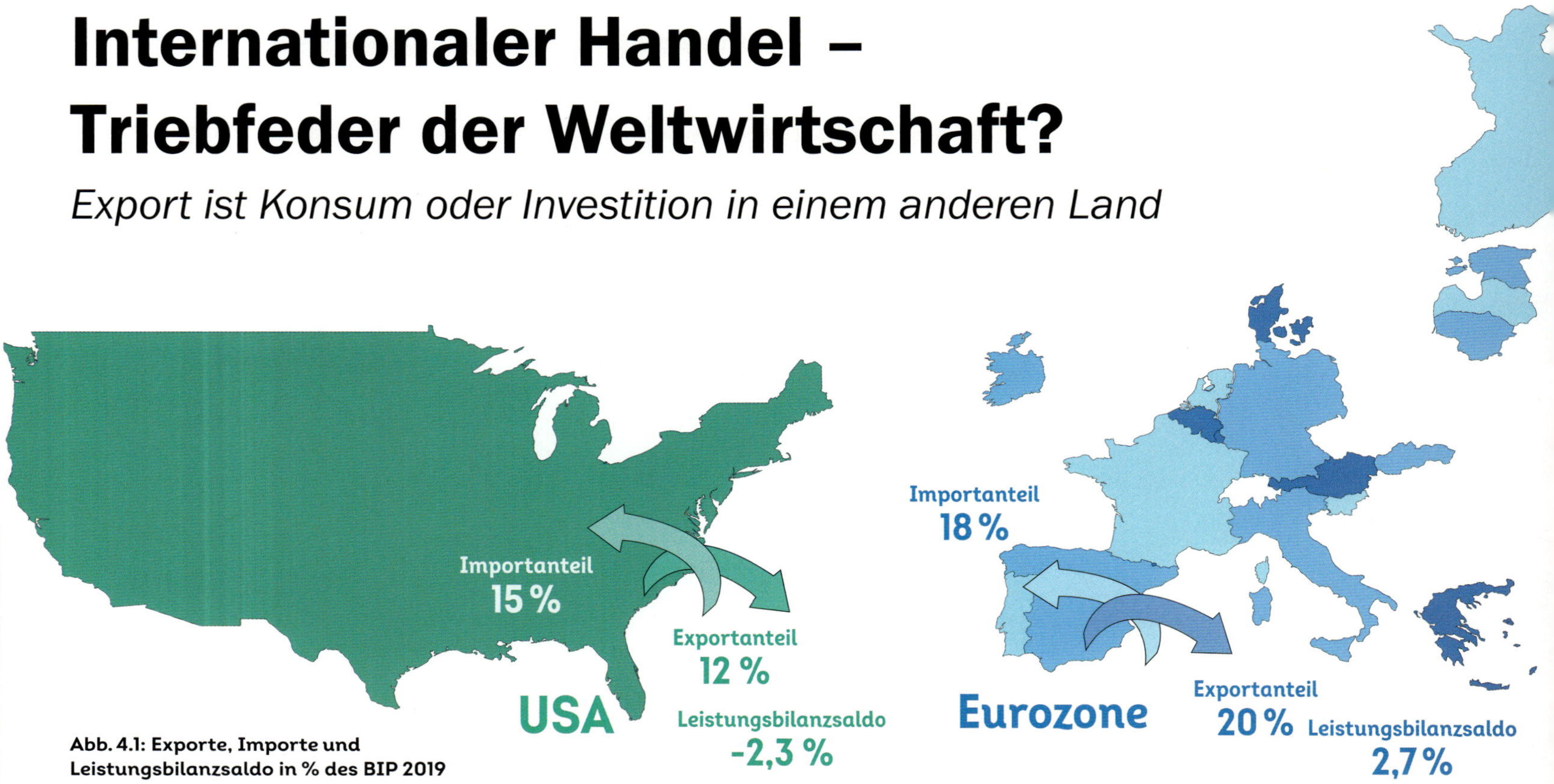

Abb. 4.1: Exporte, Importe und Leistungsbilanzsaldo in % des BIP 2019

Von Kurt Tucholsky stammt der schöne Satz: »Was die Weltwirtschaft angeht, so ist sie verflochten.« Was den internationalen Handel angeht, könnte man in Anlehnung daran sagen, »so ist er weniger wichtig, als man denkt«. Dass er kein Motor eigener Art für die Weltwirtschaft ist, kann man derzeit gut erkennen: Sind in jedem einzelnen Land Konsum und Investitionen aufgrund der Corona-Krise rückläufig, bricht auch der Außenhandel ein.

Um die Bedeutung des internationalen Handels einordnen zu können, muss man sich gedanklich auf die Weltebene begeben. Auf dieser Ebene gibt es nur Konsum und Investitionen irgendwo auf der Welt, von denen Anregungen für die (Welt-)Wirtschaft ausgehen können – der internationale Handel entfällt als eigenständige »Antriebs«-Kategorie. Er spielt allenfalls für den Welt-Transportsektor eine Rolle (und noch dazu eine recht bedenkliche in Hinblick auf seine ökologischen Folgen).

Gäbe es eine Weltregierung, bräuchte sie sich über den Handel auf der Welt so viel und so wenig Gedanken zu machen, wie sich heute eine nationale Regierung Gedanken darüber macht, ob die regionalen Handelsströme innerhalb ihres Landes das Wachstum und die Entwicklung anregen. Da gibt es die Verkehrsplanung, den Länderfinanzausgleich und etwas Regionalpolitik, aber nicht die Vorstellung, dass der Handel zwischen Bayern und Bremen den entscheidenden Faktor für die Wirtschaftsdynamik in Bayern und Bremen oder gar der ganzen Republik darstellt. Austausch und Verbreitung von Wissen und Technologie durch Handel kann förderlich sein für ein »aufholendes« Land (indem es seine Produktionsweise verbessert) wie auch für ein »führendes« Land (indem es neue Absatzmärkte findet). Das ist aber nicht automatisch der Fall und vor allem nicht allein unter der Bedingung des sogenannten Freihandels.

Hinzu kommt, dass unser Wissen darüber, ob die Handelsströme, so wie sie sich heute darstellen, effizient und wohlstandserhöhend sind, äußerst beschränkt ist. Oft wird der internationale Handel schon dann als effizient angesehen, wenn er relativ frei stattfindet. Diese Schlussfolgerung ist aber sicher falsch. Denn viele der Voraussetzungen, die von der klassischen Handelstheorie unterstellt werden, um die Effizienz des freien Handels herleiten zu können, sind in der Weltwirtschaft faktisch nicht gegeben. Eine der wichtigsten Bedingungen ist, dass kein Land auf Dauer Überschüsse oder Defizite im internationalen Handel haben darf. Denn das ist Ausdruck von absoluten Vorteilen in weiten Bereichen der handelbaren Güter, die einen wirklich freien und effizienten Handel verhindern. Genau diese Bedingung aber ist seit vielen Jahren in wichtigen Ländern nicht erfüllt, wie wir hier empirisch ausführlich dokumentieren.

Wenden wir uns also diesem Teil der Weltwirtschaft zu und fragen, welche Nationen besonders vom Handel profitieren und ob das gerechtfertigt ist. Sollte sich der Handel für ein und dieselben Länder viele Jahre lang als vorteilhaft und für andere spiegelbildlich dazu als nachteilig erweisen, wäre einfach zu erklären, warum der internationale Handel von den einen als Motor der Wirtschaft

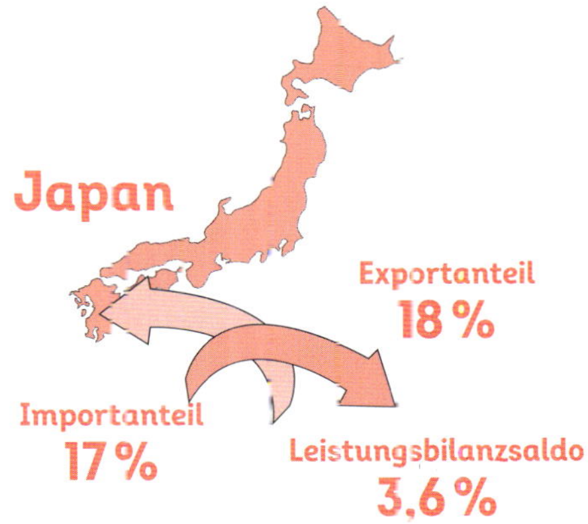

Abb. 4.2: Exporte in % des BIP in den USA, China, Japan und der Eurozone von 2000 bis 2019

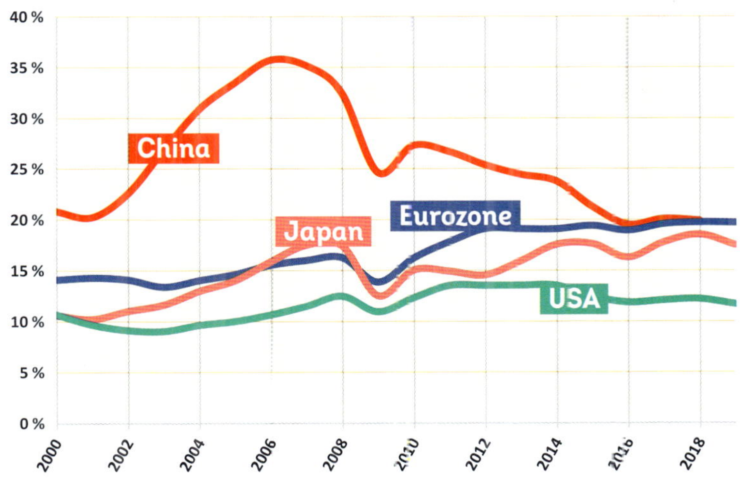

(genau genommen nämlich ihrer Wirtschaft) gepriesen und die Freihandelsdoktrin verbissen verteidigt wird, während sich die anderen wundern, warum dieser Motor nicht in gleicher Weise auf ihre Länder positiv wirkt. Betrachtet man zunächst die Exportquoten großer Wirtschaftsregionen als Indikator für die Handelsverflechtung (**Abbildung 4.2**), fällt auf, dass diese Anteile nicht so groß sind wie oft vermutet. Die USA liegen bei nur 12 %. Offenbar betreibt diese große Volkswirtschaft vor allem mit sich selbst Handel – sie ist eine relativ geschlossene Volkswirtschaft.

Doch auch Japan, die Eurozone und seit vier Jahren auch China weisen einen Exportanteil von nur knapp 20 % auf, was erstaunlich

Was ist der Unterschied zwischen Exportquote, Außenbeitrag und Leistungsbilanzsaldo?

Konsum, Investitionen und die Differenz zwischen Exporten und Importen sind die Nachfrage- oder Verwendungskomponenten, die das BIP eines Landes ergeben. Das BIP als Ausdruck dessen, was im Inland produziert wird, kann logischerweise von der Verwendungsseite her gesehen wertmäßig nicht den Teil der Endnachfrage noch einmal extra enthalten, der sich auf ausländische Güter erstreckt, die Importe. Die stecken schon teilweise im Konsum, in den Investitionen oder auch in den Exporten, wenn diese ausländische Vorleistungskomponenten enthalten. Daher müssen die Importe von der Summe aus Konsum, Investitionen und Exporten abgezogen werden, um tatsächlich nur das zu erfassen, was im Inland hergestellt wird. Summiert man die Konsum-, die Investitions- und die **Exportquote** eines Landes, ergibt das deshalb zusammen mehr als 100 % des BIP, wenn das betrachtete Land gleichzeitig Güter importiert. Dennoch ist die Exportquote ein aussagekräftiges Maß dafür, wie sehr ein Land in die Weltwirtschaft eingebunden ist.

Die Differenz zwischen Exporten und Importen von Waren und Dienstleistungen nennt man den **Außenbeitrag** eines Landes. Ist er positiv, wird in dem Land mehr produziert und von dort verkauft, als zu Konsum- und Investitionszwecken im Land selbst nachgefragt wird. Ist der Außenbeitrag negativ, wird die inländische Nachfrage per Saldo auch vom Ausland bedient. Der Außenbeitrag beleuchtet die Abhängigkeit eines Landes vom internationalen Handel noch einmal anders als die Exportquote, weil er direkt den **Nachfragesaldo des Auslands** gegenüber dem Inland dokumentiert: Produziert das Land mehr, als es selbst verbraucht, und ist daher auf einen Nachfrageüberschuss des Auslands angewiesen? Oder verbraucht das Land mehr, als es produziert, und ist deshalb auf einen Angebotsüberschuss des Auslands angewiesen?

Vom Außenbeitrag zu unterscheiden ist die **Leistungsbilanz**, die nicht exakt in das dreiteilige Schema der volkswirtschaftlichen Gesamtrechnung (VGR) von Entstehung, Verwendung und Verteilung des BIP passt. Die Leistungsbilanz bildet im Wesentlichen Finanzierungssalden zwischen In- und Ausland ab, wobei sie Komponenten der Verwendungs- und der Verteilungsrechnung der VGR umfasst. Eine ihrer vier Teilbilanzen ist die **Handelsbilanz**, die den Warenverkehr zwischen In- und Ausland erfasst. Die zweite Teilbilanz ist die **Dienstleistungsbilanz**, die den Austausch von Dienstleistungen zwischen In- und Ausland enthält. Darunter fällt etwa der Auslandstourismus. Die Salden dieser beiden Teilbilanzen zusammen ergeben den Außenbeitrag. Hinzu tritt als dritte Teilbilanz noch die **Bilanz der Primäreinkommen**, die den Austausch von Erwerbs- und Vermögenseinkommen zwischen In- und Ausland dokumentiert. Dazu gehören die Arbeitseinkommen von Grenzpendlern und Dividendenzahlungen ausländischer Unternehmen an inländische Aktionäre und umgekehrt. Als vierte Teilbilanz folgt die **Übertragungsbilanz**, die laufende Transfers zwischen In- und Ausland erfasst. Dazu gehören beispielsweise die Überweisungen von Gastarbeitern in ihre Heimatländer. Ist der Saldo der Leistungsbilanz eines Landes negativ, verschuldet sich das Land im Ausland. Ist er positiv, macht das Ausland Schulden im Inland.

Abb. 4.3: Exporte, Importe und Leistungsbilanzsaldo in % des BIP 2019

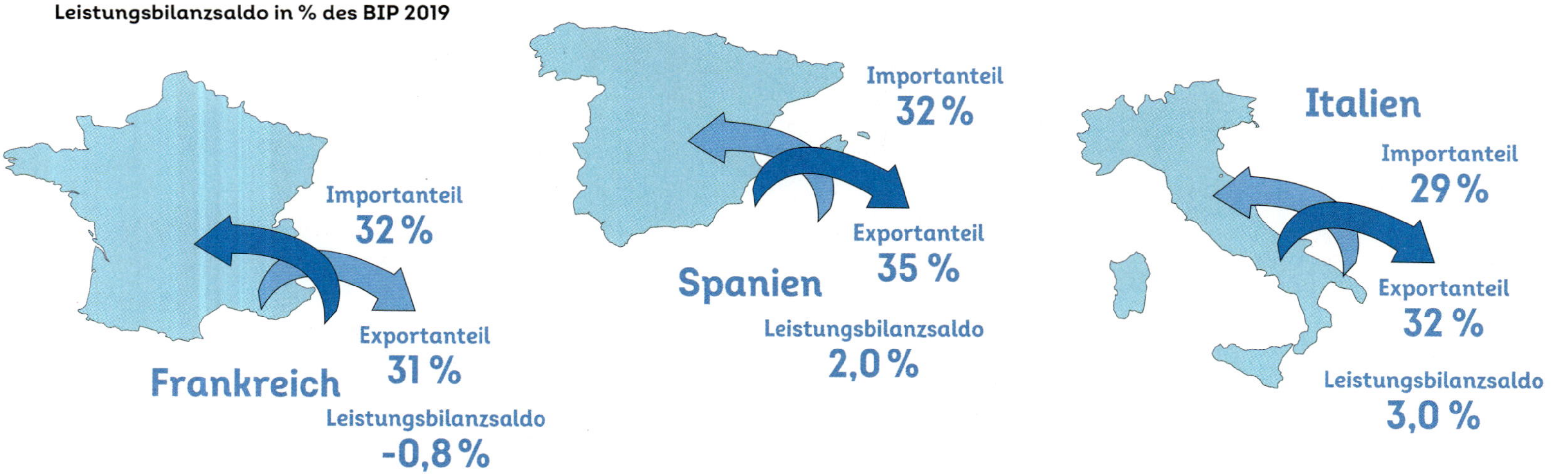

ist, wenn man bedenkt, für wie wichtig die Politik den globalen Handel üblicherweise hält. Bei China ist interessant zu sehen, wie sehr sich das Land in den vergangenen 15 Jahren von einer reinen Exportorientierung weg und hin zu einer normal in die Weltwirtschaft integrierten großen Nation bewegt hat.

Das Bild ändert sich nur leicht, wenn man mittelgroße Nationen, die eine gewisse räumliche Nähe zueinander haben, betrachtet – das Niveau des Handelsvolumens liegt etwas höher, weil eben mehr Austausch zwischen »Nachbarn« stattfindet. Allerdings gibt es eine beachtliche Ausnahme (**Abbildung 4.4**): Während Frankreich, Italien und Spanien bis zur Finanzkrise eine Exportquote von 25 bis 30 % aufwiesen, lag bereits damals Deutschland klar oberhalb davon und steigerte seine Quote auf 44 %. Nach 2009 legten auch die anderen drei großen europäischen Volkswirtschaften bei ihren Exportquoten zu, aber nur auf einen Wert zwischen 32 und 35 %. Deutschland erhöhte seine Quote noch weiter auf sage und schreibe 47 %.

Vor 20 Jahren wies Deutschland noch eine durchaus normale Exportquote von etwas über 30 % auf. In den ersten zehn Jahren der Währungsunion löste sich die größte Wirtschaftsmacht Europas von ihren Konkurrenten und stieg zu einer weitgehend vom Export und den Exportinteressen dominierten Volkswirtschaft auf. Das lässt sich nur durch die von der Politik herbeigeführte Lohnzurückhaltung erklären (siehe **Kapitel »Löhne«**).

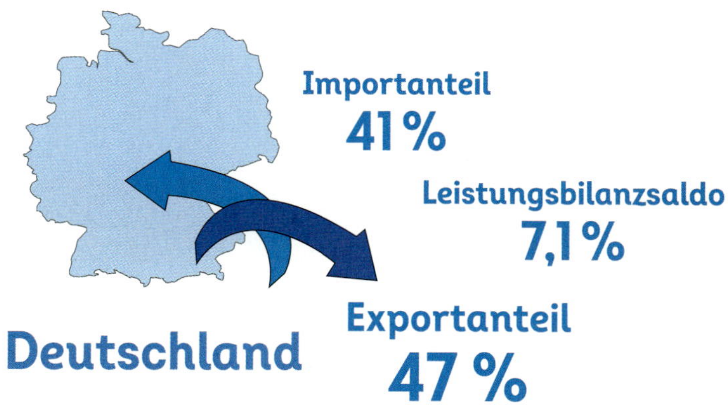

Abb. 4.4: Exporte in % des BIP in Deutschland, Spanien, Italien und Frankreich von 2000 bis 2019

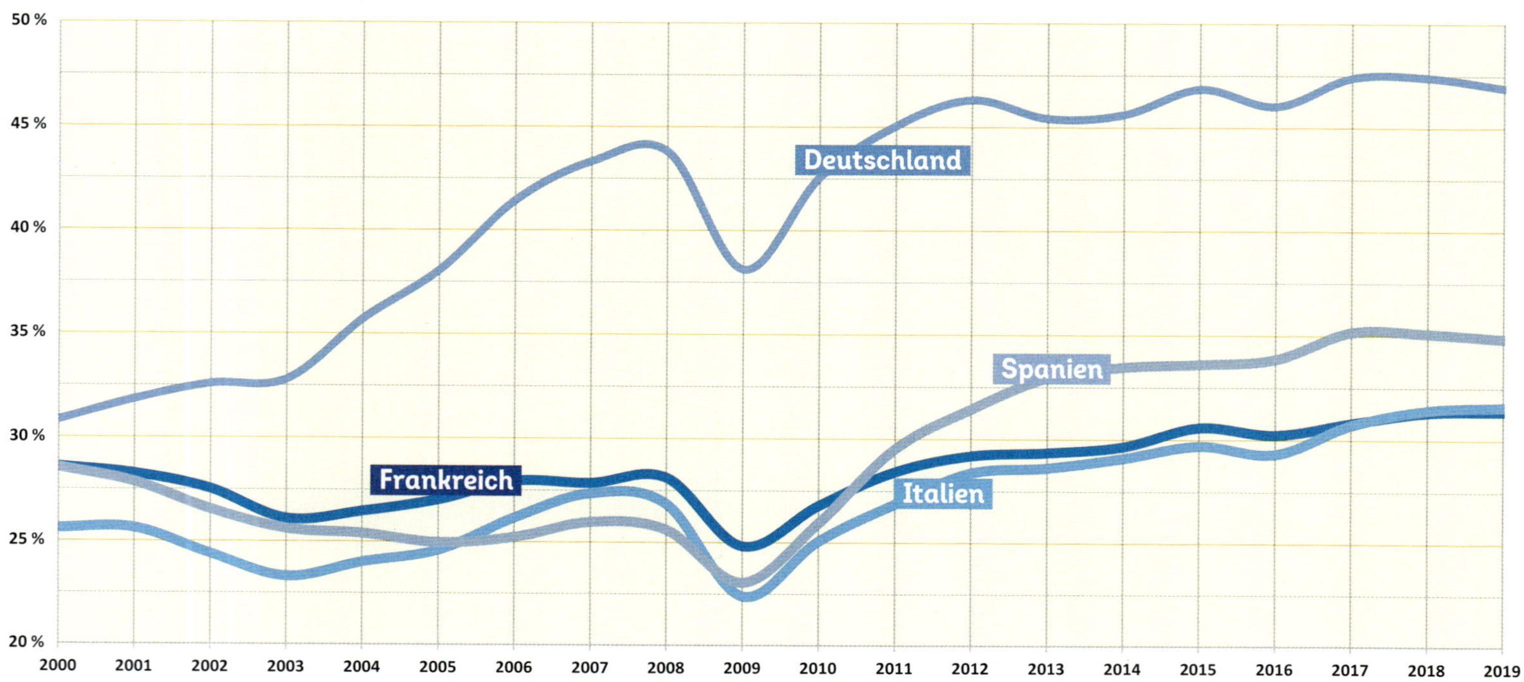

Will man die »Leistung« einer Volkswirtschaft im internationalen Rahmen beurteilen, ist allerdings das Verhältnis von Ausfuhr und Einfuhr eines Landes wichtiger als die Exportquote. Auch sehr hohe Exportwerte sind kein Problem, wenn ihnen gleich große Importe gegenüberstehen. Nur wenn ein Land permanent mehr exportiert als importiert, bedeutet das in der Regel, dass das Überschussland auch Arbeitslosigkeit exportiert. Denn es verdrängt andere Länder auf deren heimischen Märkten und darüber hinaus auch auf anderen Märkten in der gesamten Welt, den sogenannten Drittmärkten. Es zieht nämlich per Saldo Nachfrage auf sich, die anderen Ländern fehlt. Ein Land, dem das gelingt, hat normalerweise absolute Vorteile im Handel, die es nicht permanent haben sollte, wie wir im **Kapitel »Wechselkurse«** zeigen.

Die Linien in **Abbildung 4.5** zeigen den Außenbeitrag als absolute Größe in US-Dollar-Beträgen (rechte Skala). Von den großen Regionen der Welt stützt nur Europa seine Wirtschaftsentwicklung auf einen großen Außenbeitrag, und der wird wesentlich von Deutschland bestimmt. Mit 250 Milliarden US-Dollar hat der Handelsüberschuss der Eurozone inzwischen eine beachtliche Größenordnung angenommen, wenn man ihn dem von Japan und China gegenüberstellt. Japans Außenbeitrag ist beinahe null, und Chinas Überschüsse sind gegenüber ihrem Höhepunkt von 2015 um mehr als zwei Drittel auf 112 Milliarden US-Dollar geschrumpft.

Die große Volkswirtschaft der USA, die permanent gegen ein Nachfrage-Defizit von etwa 600 Milliarden US-Dollar anzukämpfen hat und dennoch insgesamt nicht schlecht dasteht, hat unter Präsident Trump China zum Hauptkonkurrenten in Handelsfragen erklärt. Das dürfte dem bilateralen Überschuss Chinas mit den USA geschuldet sein, ist aber, wie der maßgebliche multilaterale Saldo Chinas zeigt, ungerechtfertigt.

Das wird noch deutlicher, wenn man den Außenbeitrag zur Zahl der Erwerbstätigen in Beziehung setzt (siehe Flächen in Abbildung 4.5). Man fragt also, wie viel ein Erwerbstätiger im Durchschnitt per Saldo für das Ausland produziert oder vom Ausland nachfragt. So betrachtet verschwinden der chinesische und der japanische Überschuss vollständig, und dem Defizit eines Erwerbstätigen aus den USA in Höhe von 4.000 US-Dollar steht der Überschuss eines Erwerbstätigen aus der Eurozone von rund 1.600 US-Dollar gegenüber.

Abb. 4.5: Außenbeitrag in US-$ pro Erwerbstätigen (Flächen) sowie in Mrd. US-$ (Linien) in den USA, China, Japan und der Eurozone

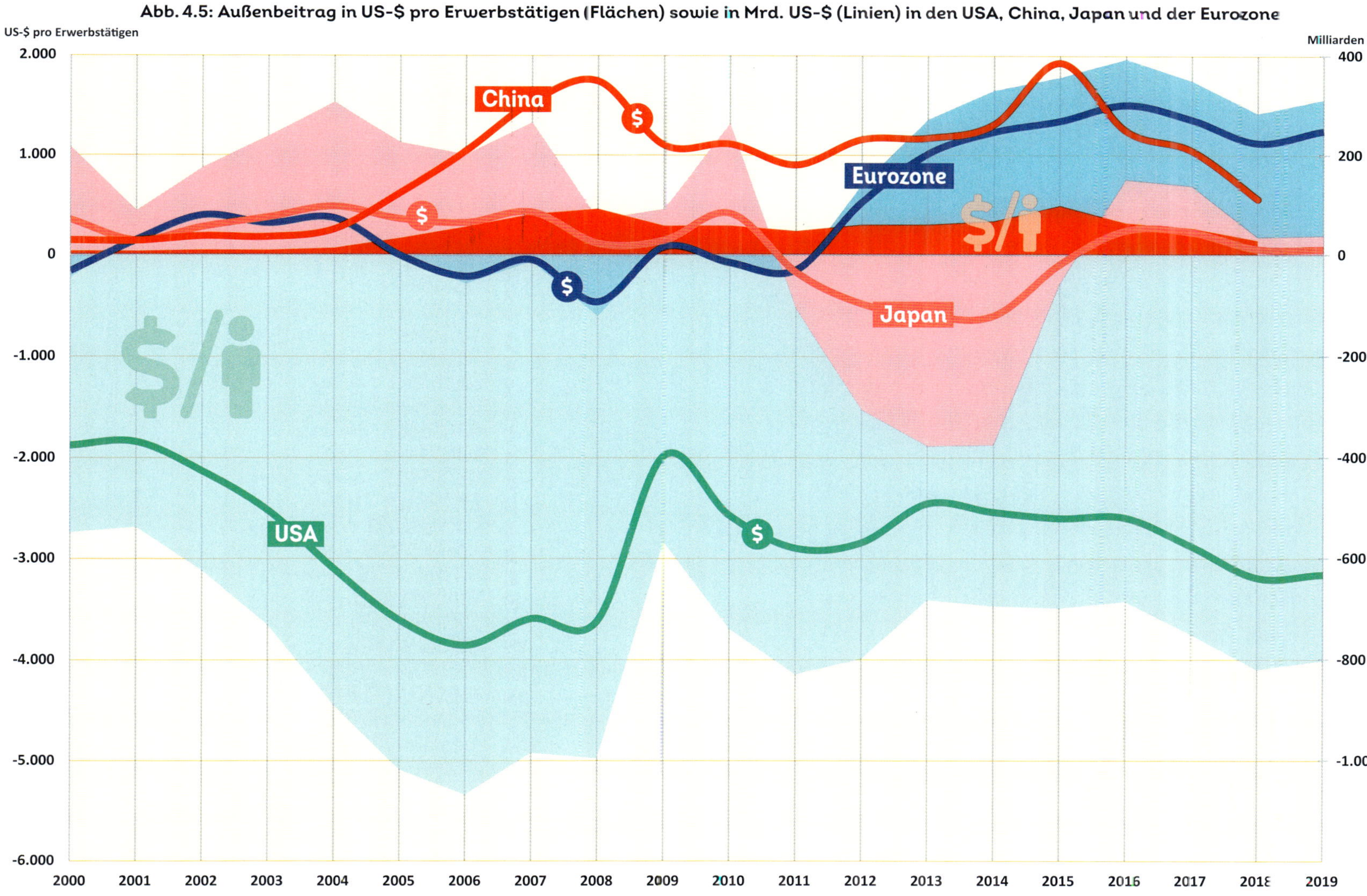

Außenbeitrag

Differenz von Exporten und Importen

Wie sehr die USA seit mindestens 20 Jahren einige Länder in der Weltwirtschaft mit der (nicht immer klaglosen) Hinnahme von hohen Handels- und Leistungsbilanzdefiziten stützen, zeigt auch eine Darstellung der Außenbeitragssalden vieler Länder in einem einzelnen Jahr (wir greifen auf 2018 zurück, da für dieses Jahr insgesamt vollständigere Daten vorliegen als für 2019.)

Auf der linken Seite der **Abbildung 4.6** sind die absoluten Beträge der Handelsüberschüsse und -defizite verschiedener Länder in US-Dollar angegeben. Dabei werden aus Platzgründen nur die Länder gezeigt, deren Saldo mehr als 7 Milliarden US-Dollar im Jahr 2018 betrug. Die USA erhöhten ihr Außenhandelsdefizit um 638 Milliarden US-Dollar – ein gigantischer Wert (der rote Balken am unteren Rand der Grafik) im Vergleich zu allen anderen Defiziten. Ihm stehen Überschüsse gegenüber (die grünen Balken), deren größte absolute Werte sich auf wesentlich mehr Länder verteilen als bei den Defiziten. An erster Stelle steht Deutschland, das im gleichen Jahr im Wert von 243 Milliarden US-Dollar mehr Waren aus- als einführte.

Die rechte Seite der **Abbildung 4.6** bezieht sich auf die Handelsungleichgewichte, in Prozent der Wirtschaftskraft der Länder. Wiederum aus Platzgründen werden nur größere Ungleichgewichte (mehr als ±2 % des BIP) und auch nur Länder mit mehr als 10 Millionen Einwohnern dargestellt. Durch die geänderte Bezugsgröße verschiebt sich das Bild wesentlich: China taucht gar nicht mehr auf, da sein Überschuss mit 0,8 % verschwindend gering ist.

Die USA liegen mit -3,1 % im Mittelfeld. Extrem bleibt der niederländische Handelsüberschuss von 11 %. Es ist also genau das Land, das sich in Europa zum Fürsprecher eines Abbaus der staatlichen Schulden macht, das in ganz besonderer Weise auf die Bereitschaft des Auslandes baut, Schulden im Außenhandel zu akzeptieren. Neben Deutschland und den Niederlanden sind in dieser »Spitzengruppe« fast nur Länder zu finden, die entweder sehr klein sind oder – wegen Ölförderung beispielsweise – besondere Struktu-

Abb. 4.6: Außenbeitrag verschiedener Länder 2018

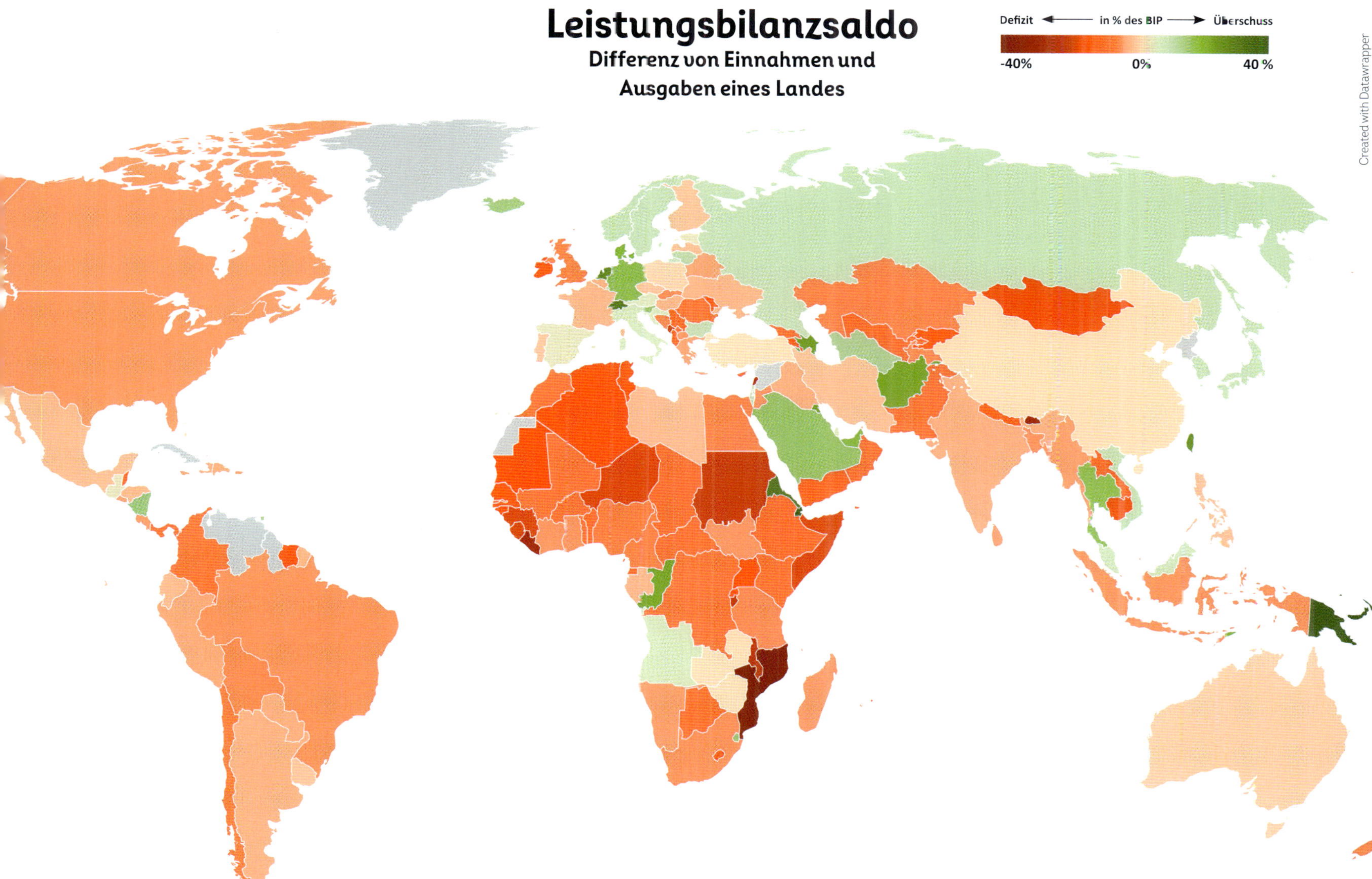

Abb. 4.7: Leistungsbilanzsaldo in % des BIP 2019

ren haben. Irland mit weniger als 5 Millionen Einwohnern fehlt hier wegen des einschränkenden Kriteriums der Darstellung; sein Überschuss klettert auf 33 %.

In der Gruppe der Länder mit sehr hohen Handelsdefiziten dominieren insgesamt ärmere afrikanische Staaten. An der Spitze liegt allerdings Haiti, das auch zehn Jahre nach dem schweren Erdbeben dort noch von internationalen Hilfslieferungen abhängt. In Nepal, das 2015 ebenfalls ein schweres Erdbeben erlebte, verhält es sich ähnlich.

Die Weltkarte (**Abbildung 4.7**) veranschaulicht, wenn auch nur in der Momentaufnahme eines einzigen Jahres, 2019, die regionale Situation bei den Ungleichgewichten der Leistungsbilanz. Diese umfasst über den Außenbeitrag hinaus weitere finanzielle Verflechtungen der Länder untereinander (siehe **Info-Box** am Anfang dieses Kapitels). Länder mit Leistungsbilanzüberschüssen sind in Grüntönen, Defizitländer in Rottönen dargestellt. Je dunkler die Färbung, desto stärker die Abweichung vom Nullwert.

Vergleicht man Abbildung 4.6 mit 4.7, gibt es ein paar Länder, bei denen die Handelsbilanz im Gegensatz zur Leistungsbilanz steht – auf der einen Seite sind sie grün, auf der anderen rot und umgekehrt. Das liegt teilweise an statistischen Lücken, aber auch daran, dass etwa in Krisengebieten massive finanzielle Abhängigkeiten zwischen Staaten bestehen.

In Europa fallen neben der Schweiz wiederum die Niederlande auf, die für ihr Wirtschaftsmodell hohe Überschüsse im Außenhandel brauchen. Viele kleine Entwicklungsländer, insbesondere in Afrika, weisen extrem hohe Leistungsbilanzdefizite im Verhältnis zu ihrer Wirtschaftskraft auf, allen voran Mosambik.

Insgesamt ist es gerechtfertigt, dass die Überschüsse und Defizite im internationalen Handel üblicherweise als »Ungleichgewichte« bezeichnet werden. Sie sind überwiegend nicht mit der Theorie des internationalen Handels vereinbar, die als Grundlage für die Freihandelsdoktrin gilt und tatsächlich als Grundlage für die internationale Handelspolitik verwendet wird.

Wo entsteht das Einkommen?

Agrar-, Industrie- und Dienstleistungssektor im Vergleich

Die wirtschaftliche Entwicklung ist geprägt von den technischen Ideen, die der Mensch umsetzt, um sich die Arbeit, die er zur Erhaltung und Gestaltung seines Lebens braucht, zu erleichtern. In diesem Prozess wird durch den Einsatz technischer Lösungen die Produktivität menschlicher Arbeit immer weiter erhöht, jedenfalls dort, wo diese Technik zur Verfügung steht und zum Einsatz kommt. Mit dem Entstehen immer größerer industrieller Fertigungen sind einerseits die Werkzeuge, die der Mensch zur Produktion von Gütern benötigt, besser und billiger geworden. Andererseits erfindet der Mensch immer neue Produkte, deren Herstellungskosten im Laufe der Zeit durch die Massenfertigung und neue Verfahrenstechniken fast durchweg fallen.

Die steigende Produktivität schlägt sich in steigenden Realeinkommen in den Regionen nieder, die mit der Technik und dem nötigen Know-how der Arbeitskräfte ausgerüstet sind. Das ermöglicht dort für die Masse der Bevölkerung, wenn denn der Mechanismus zur Einkommensverteilung entsprechend gestaltet ist, ein Konsumniveau, das über viele Jahrhunderte vorher einer geringen Zahl von Privilegierten vorbehalten war.

Wo das funktioniert, schreitet die Arbeitsteilung weiter voran. Dann geht die Verlagerung der Arbeitsplätze vom landwirtschaftlichen in den industriellen Sektor (Industrialisierung) in eine Verschiebung vom industriellen in den Dienstleistungssektor (Tertiärisierung) über. Das verlangsamt den Produktivitätsfortschritt tendenziell. Denn im Dienstleistungsbereich, man denke nur an Kinderbetreuung oder Krankenpflege, lassen sich viele Arbeiten weniger oder gar nicht automatisieren.

Dieser Prozess ist bis heute nicht abgeschlossen. Er lässt sich anhand der Daten nachvollziehen, die zur Berechnung der sogenannten Entstehungsseite des Bruttoinlandsprodukts (BIP) herangezogen werden, nämlich die Wertschöpfung in den verschiedenen Branchen. Diese Daten zeigen an, in welchen Sektoren wie viel produziert worden ist, mit welchen Gütern also das Einkommen eines Landes beziehungsweise einer Region erwirtschaftet wird. Die sektorale Veränderung lässt sich über große Zeiträume erkennen, wenn es für das fragliche Gebiet lange Zeitreihen mit vergleichbaren Daten gibt. Aber auch der Vergleich von Ländern oder Regionen, die sich in einem unterschiedlichen wirtschaftlichen Entwicklungsstadium befinden, macht sektorale Verschiebungen sichtbar.

An der Differenz von Wertschöpfung in US-Dollar (**Abbildung 5.2**) und BIP in PPP-Dollar (siehe **Info-Box**) kann man einiges über die Globalisierung der Wirtschaft erkennen. Die Produktivitätsunterschiede zwischen armen und reichen Ländern sind so groß, dass es zu enormen Preisniveauunterschieden kommt. Sie drücken sich im Wert der Währungen aus, einmal abgesehen von spekulationsgetriebenen Wechselkursschwankungen (siehe **Kapitel »Wechselkurse«**). Vereinfacht gesagt: Ein Sack Kartoffeln ist in einem armen Land für die Menschen vor Ort viel wertvoller als in einem reichen, weil er viel arbeitsaufwendiger produziert wird. Diesen Unterschied merkt ein Tourist aus einem westlichen Industrieland, der in ein ärmeres Land reist: Für ihn sind die meisten Dinge, die er auf der Reise auf einem lokalen Markt kaufen kann, relativ billig, weil seine Währung dank hoher Produktivität im Heimatland einen hohen Wert hat. Bewertet man die Produktionsleistung eines armen Landes mit seinem Wechselkurs zum

Abb. 5.1: Anteil der Regionen an der in US-Dollar gemessenen Wertschöpfung der Welt 2000 und 2018

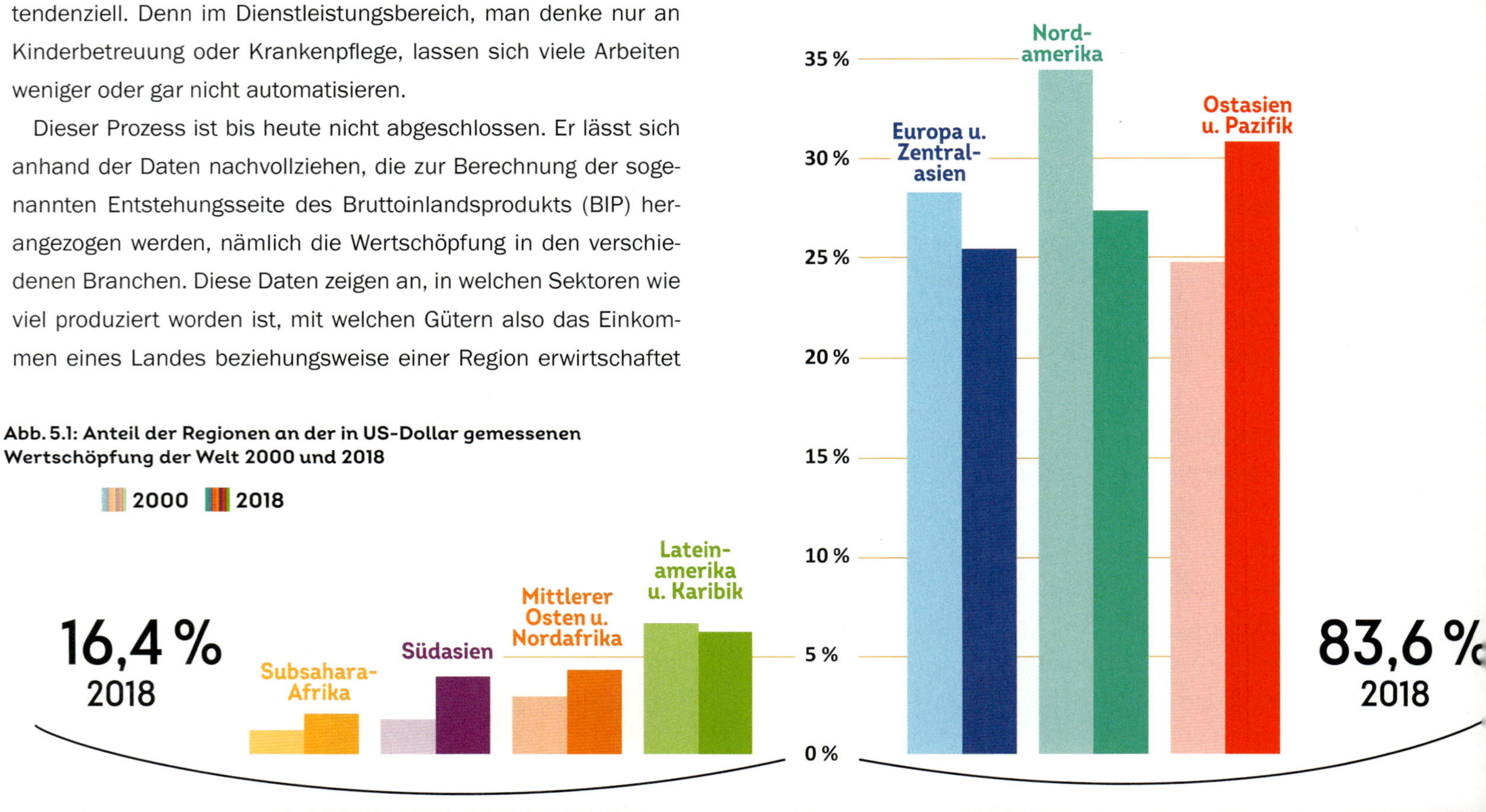

Die Wertschöpfung ist das Einkommen eines Landes

Zieht man vom Wert der **Produktion** eines Unternehmens die von anderen bezogenen **Vorleistungen** ab, erhält man die Wertschöpfung des Unternehmens. Die Summe der Wertschöpfung aller Unternehmen macht das Einkommen eines Landes aus. Die Wertschöpfung muss für internationale Vergleiche in einheitlicher Währung ausgedrückt werden. Weil es hier um die Perspektive der Produzenten geht und um die Frage, welche Bedeutung einzelne Länder und Regionen für die internationalen Märkten haben, verwenden wir als **Maßstab den US-Dollar**. Bei den Daten handelt es sich um ***Nominal*werte**, deren Entwicklung im Zeitablauf eine Mengen- und eine Preiskomponente enthält.

Vergleicht man die Wertschöpfungszahlen hier mit den Zahlen zum BIP aus Kapitel 1, stellt man große Abweichungen fest, obwohl es hier wie dort um das Einkommen der Volkswirtschaften geht. Das **BIP in PPP-Dollar** ist ungefähr um das 1,7-Fache größer als die **Wertschöpfung in US-Dollar**. Abgesehen von vergleichsweise kleinen Unterschieden aufgrund der Definition (Bewertung zu Herstellungskosten oder Marktpreisen) und abgesehen vom datenbedingten Wechsel des Bezugsjahrs (hier 2018, dort 2019) entsteht die Differenz hauptsächlich durch die Methode, mit der die in Landeswährung angegebenen Größen in eine einheitliche Währung umgerechnet werden.

Üblich ist die Unterscheidung folgender drei Bereiche: Zum ersten Sektor (**Primärsektor**) gehören Land- und Forstwirtschaft sowie Fischfang und Jagd. Im **Sekundärsektor** werden die Förderung von Rohstoffen, die Energie-, Wasser- und Abfallwirtschaft, Handwerk, Verarbeitende Industrie und das Baugewerbe zusammengefasst. Dienstleistungen werden im **Tertiärsektor** erfasst, wozu auch die Bereiche Handel und Verkehr zählen.

Diese sektorale Aufteilung stellt nur eine grobe Unterscheidung dar. Insbesondere im dritten Sektor wäre eine Gliederung in den öffentlichen Bereich, private Dienstleistungsanbieter, darunter Finanzdienstleister und Immobilienwesen, wünschenswert. Um einen etwaigen **Strukturwandel** beurteilen zu können, sollte man wissen, ob private Dienstleistungen zunehmen oder die öffentliche Verwaltung und das Militär ausgedehnt werden. Ebenso können spekulative Gewinne bei Immobilien und Finanzdienstleistungen die Wertschöpfung verzerren. Insgesamt dürfte die Erhebung verlässlicher statistischer Angaben im Tertiärsektor am schwierigsten und daher die für ihn vorliegenden Daten mit Vorsicht zu interpretieren sein.

US-Dollar, ergibt sich deshalb ein wesentlich kleinerer Betrag als bei der Berechnung in PPP-Dollar. Um einen Eindruck von der Größenordnung zu vermitteln, hier drei Zahlen: Das Einkommen in den USA ist in US-Dollar und in PPP-Dollar gleich groß, weil die PPP-Dollar so definiert sind. Die Wirtschaftskraft Deutschlands ist ungefähr um das 1,2-Fache größer, rechnet man sie von US-Dollar in PPP-Dollar um. In Bangladesch beträgt dieser Faktor 3.

Daraus folgt, dass sich die Verteilung der Wirtschaftskraft auf Länder und Regionen je nach zugrunde liegender Berechnungsmethode unterschiedlich darstellt. Letzten Endes kommt es nicht auf die absolute Welt-Summe an, sondern darauf, wie sie auf Regionen und Länder verteilt ist. Die weltweite Verteilungsungleichheit, die schon beim Wohlstandsmaß »Einkommen in PPP-Dollar« sehr groß ist, ist beim Maß für Marktmacht »Wertschöpfung in US-Dollar« noch größer (**Abbildung 5.1**). Subsahara-Afrikas Anteil am weltweiten Einkommen auf US-Dollar-Basis beträgt im Jahr 2018 nur 2,0 % (statt 3,3 % auf PPP-Dollar-Basis), Chinas 15,8 % (statt 18,6 %). Dagegen ist der nordamerikanische Anteil auf US-Dollar-Basis wesentlich höher, nämlich 27,4 % (statt 16,5 %), und ebenso derjenige der EU mit 20,7 % (statt 16,3 %). Immerhin bleibt die Richtung, in der sich die Anteile in den letzten 20 Jahren verschoben haben, die gleiche, und damit bleibt auch die Aussage erhalten, dass der Rest der Welt gegenüber den Industrieländern aufholt.

Abb. 5.2: Umfang und Anteil der drei Sektoren an der weltweiten Wertschöpfung 2018

Abb. 5.3: Wertschöpfung im Primärsektor: Anteile der Weltregionen 2000 und 2018

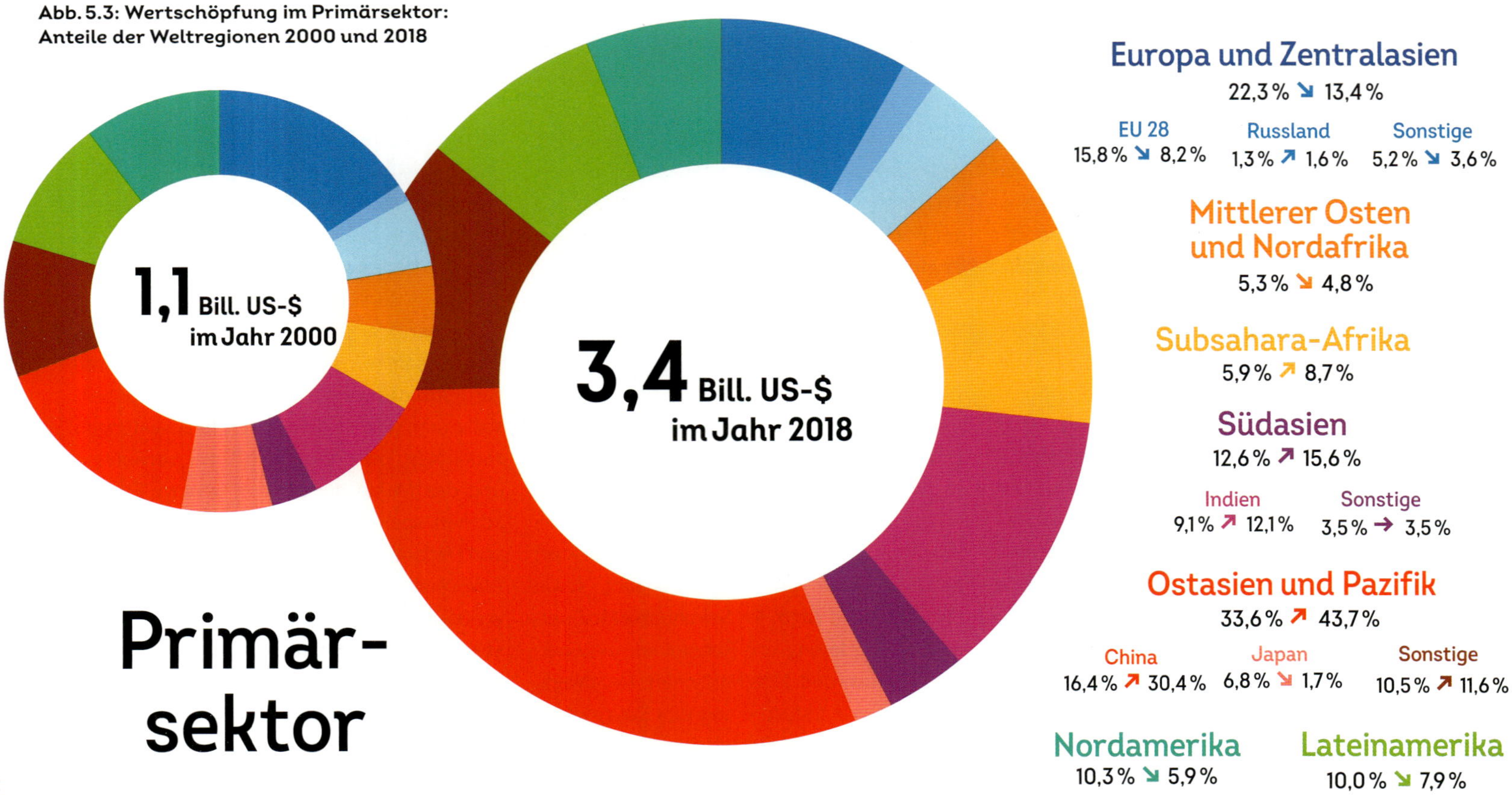

Primär-sektor

Dies vorausgeschickt, blicken wir jetzt auf die Verteilung der Wertschöpfung des Primärsektors auf die Weltregionen im Vergleich der Jahre 2000 und 2018 (**Abbildung 5.3**). Der prozentuale Beitrag der Volkswirtschaften der EU und Nordamerikas ist von gut einem Viertel im Jahr 2000 auf ein Siebtel im Jahr 2018 geschrumpft. Gleichzeitig hat sich die nominale Produktion dieses Sektors von 1,1 auf 3,4 Billionen US-Dollar ungefähr verdreifacht. In den westlichen Industrieländern hat die Agrarproduktion wertmäßig um das 1,6- bis 1,7-Fache zugenommen, aber deutlich weniger als in anderen Teilen der Welt.

Anteilsmäßig und absolut stark zugelegt haben Ostasien und Südasien von zusammen gut 45 % auf fast 60 %. Aber auch die Länder Subsahara-Afrikas steuern heute etwas mehr zum Primärsektor bei als vor 20 Jahren.

Diese Anteilsverschiebung beruht auf verschiedenen Faktoren. Einer davon ist das Bevölkerungswachstum von 25 %, das zwischen 2000 und 2018 stattgefunden hat und in den Regionen unterschiedlich war. Dass Regionen mit starkem Bevölkerungswachstum auf Dauer einen höheren Beitrag zur Wertschöpfung leisten, liegt nahe, ist aber keineswegs selbstverständlich. Will man feststellen, ob die Bevölkerung in einer Region materiell gegenüber dem Rest der Welt aufholt oder zurückfällt, ist daher eine Pro-Kopf-Betrachtung sinnvoll.

An erster Stelle ist in **Abbildung 5.4** China zu nennen. Im Jahr 2000 betrug die chinesische Wertschöpfung pro Kopf im Primärsektor ungefähr drei Viertel des Weltdurchschnitts und nur ein Viertel des damaligen Champions Japan. 18 Jahre später haben sich die Verhältnisse grundlegend verschoben: China führt nach einer beispiellosen Produktionssteigerung inzwischen die Pro-Kopf-Wertschöpfung im Primärsektor mit dem gut Eineinhalbfachen des Weltdurchschnitts an, während Japan auf ebendiesen Durchschnitt zurückgefallen ist.

Die Regionen Südasien und Subsahara-Afrika haben nur vergleichsweise wenig aufgeholt. Indien hat seinen Pro-Kopf-Anteil von etwas mehr als der Hälfte des Weltdurchschnitts auf ungefähr zwei Drittel erhöhen können. Subsahara-Afrika ist unter dieser Marke geblieben und belegt damit den letzten Rang, den es sich im Jahr 2000 noch mit der Region Südasien und Russland teilte. Lateinamerika, das Anfang des Jahrhunderts bei der Pro-Kopf-Produktion im Primärsektor noch gut ein Sechstel über dem Weltdurchschnitt lag, ist inzwischen unter diesen Durchschnitt abgerutscht.

Bemerkenswert ist, dass der Primärsektor, der immerhin die Grundlage der Ernährung der Weltbevölkerung sicherstellen soll, im Gesamtwert der auf dem Globus produzierten Güter eine kleine Rolle spielt. Der Anteil dieses Wirtschaftszweigs an der Weltproduktion hat sich von 2000 bis 2018 kaum erhöht (Anstieg von

Abb. 5.4: Nominale jährliche Wertschöpfung in US-$ pro Kopf im Primärsektor 2000 und 2018 und durchschnittliche jährliche Zuwachsrate

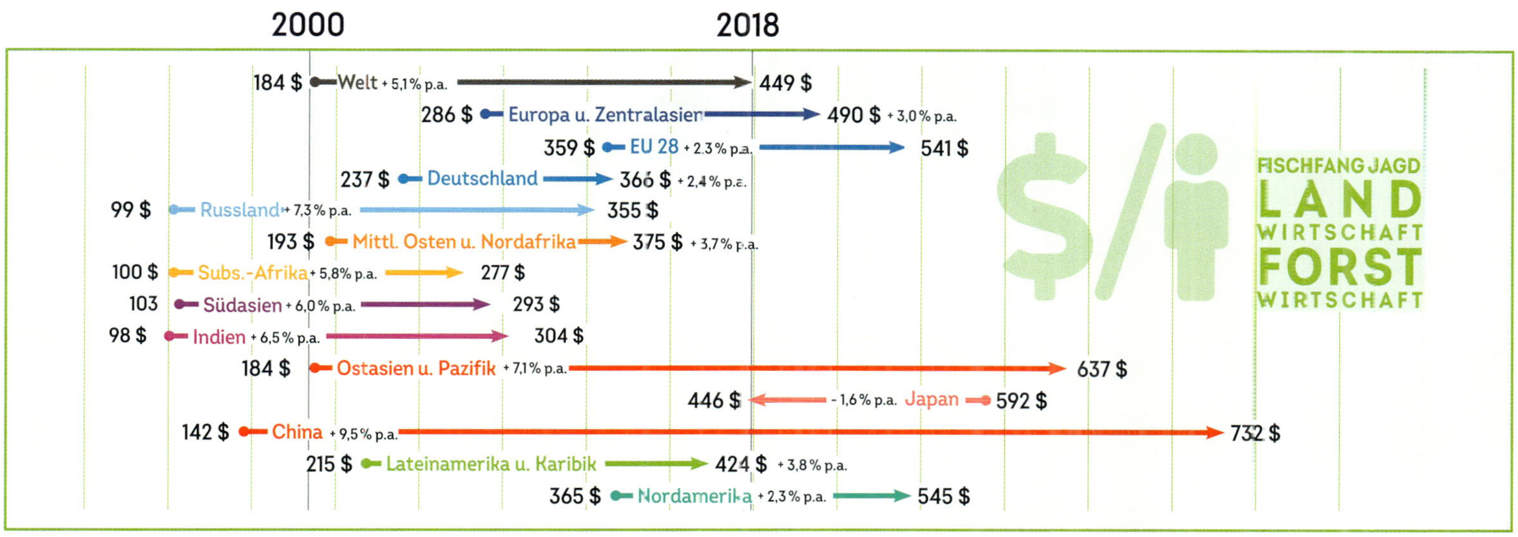

3,5 % auf 4,1 %). Dabei ist jedoch zu beachten, dass die Weiterverarbeitung von Agrarrohstoffen zu Lebensmitteln – vom Schlachten und Mahlen über das Konservieren bis zum Verpacken – zum Sekundärsektor zählt, weil die entsprechenden Branchen zum Verarbeitenden Gewerbe gerechnet werden.

Hätte man verlässliche Daten zur Zahl der Erwerbstätigen im Primärsektor, wäre das starke Gefälle zwischen Industrieländern und den weniger entwickelten Ländern im Agrarbereich sicher noch viel augenfälliger: In den Industrieländern arbeitet nämlich dank der hochtechnologisierten Agrarproduktionsweise nur ein sehr kleiner Teil der Arbeitskräfte im Primärsektor, in den weniger entwickelten Regionen sind es erheblich mehr, in den ärmsten Ländern dürfte es der größte Teil der Bevölkerung im erwerbsfähigen Alter sein.

Dieser Unterschied kommt ein Stück weit zum Ausdruck, wenn man sich die Bedeutung des Primärsektors für die Wirtschaft der jeweiligen Region ansieht (**Abbildung 5.5**). In Subsahara-Afrika spielt der Primärsektor mit gut 17 % an der gesamten Wertschöpfung der Region nach wie vor eine vergleichsweise große Rolle. Das ist in Südasien beziehungsweise Indien heute nicht viel anders, nur hat die Bedeutung des Sektors in den vergangenen Jahrzehnten von fast einem Viertel auf nun ein Sechstel deutlich abgenommen – anders als in Subsahara-Afrika, wo der Anteil sogar leicht zulegte. Die stärkste Veränderung ist auch in dieser Darstellung wiederum für China zu konstatieren: Dort hat sich das Gewicht des Primärsektors in der Gesamtwirtschaft trotz des enormen Aufholprozesses von 15 % auf 7,5 % halbiert. Nordamerika, Japan und die EU erwirtschaften nur einen verschwindend kleinen Teil ihres Einkommens im Primärsektor, obwohl ihr Weltanteil in diesem Bereich mit 14 % immer noch bedeutend ist.

Diese Konstellation ist in Hinblick auf einen auf der Freihandelstheorie aufbauenden internationalen Handel durchaus als problematisch anzusehen. Denn auf den Weltmärkten können die weniger entwickelten Länder mit der hohen Produktivität der Agrarindustrie des Westens nicht mithalten – die nebenbei bemerkt ökologisch fragwürdige Folgen zeitigt. Lebensmittel spielen aber in der Nachfragestruktur der ärmeren Länder eben wegen des geringeren Entwicklungsstandes und damit des geringeren Einkommens eine wesentlich größere Rolle als in den Industrie- und

Abb. 5.5: Anteil des Primärsektors an der Wertschöpfung eines Landes oder einer Region

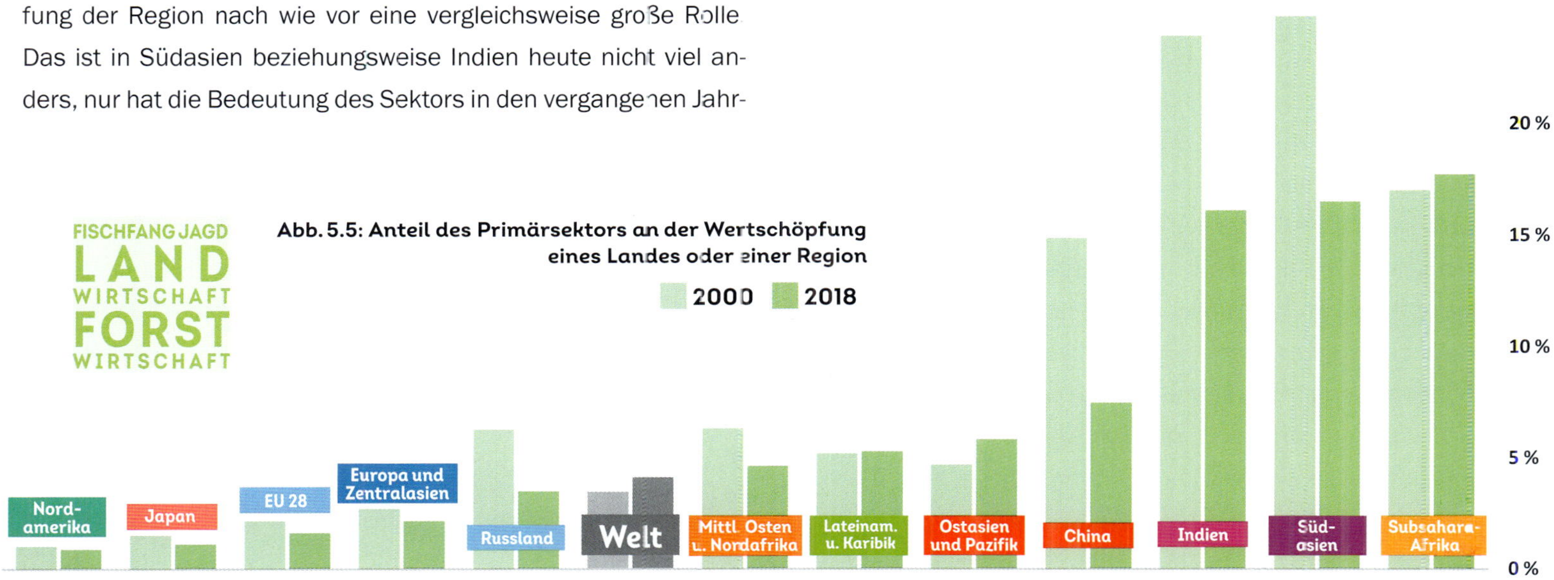

Abb. 5.6: Wertschöpfung im Sekundärsektor: Anteile der Weltregionen 2000 und 2018

Sekundär-sektor

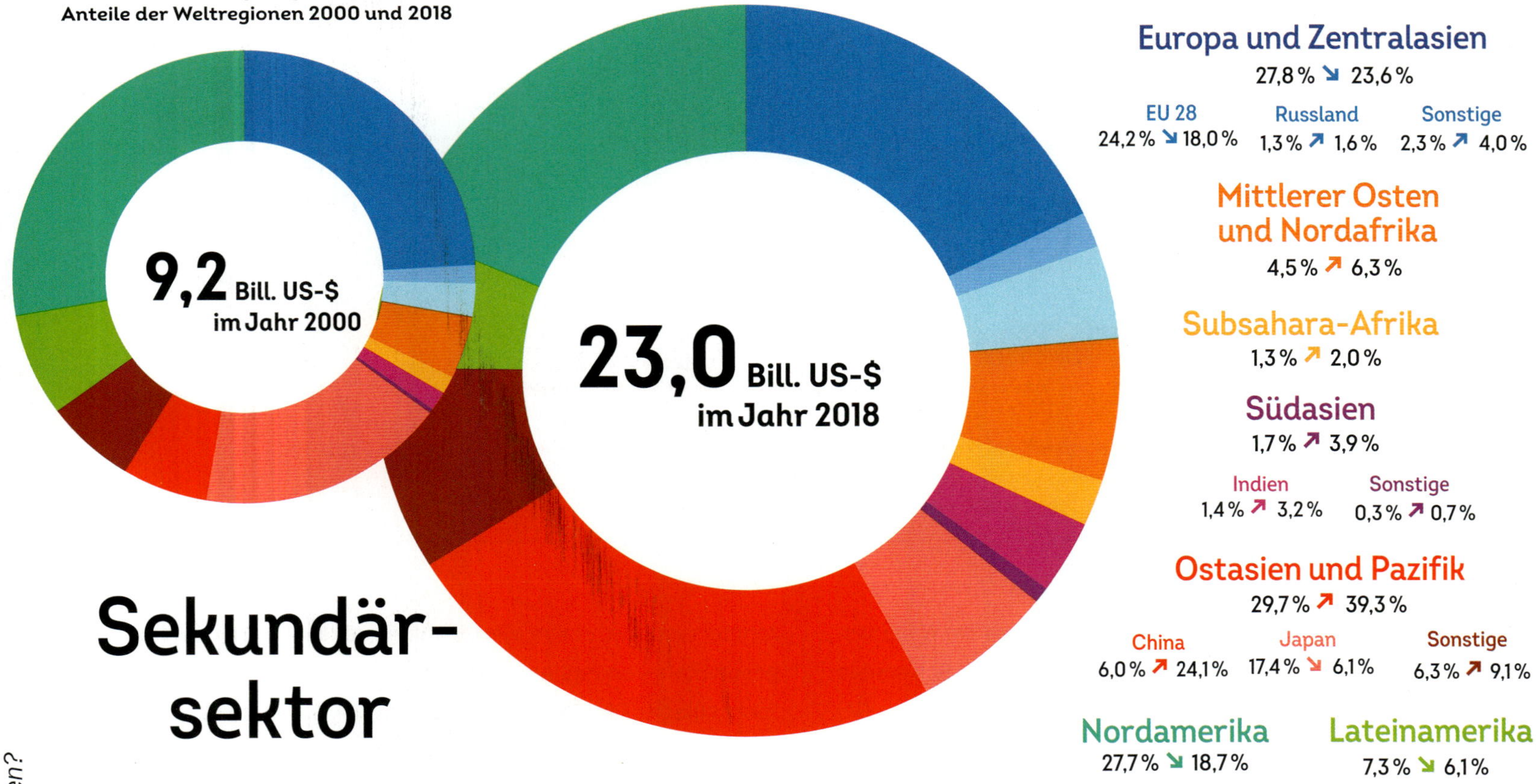

Schwellenländern. Werden die Märkte der ärmeren Länder nicht durch Zölle oder andere Handelshemmnisse geschützt, können sie von westlichen Produktionsüberschüssen aus dem Agrarbereich leicht überrollt werden, die ihrerseits oft mit einer verfehlten Agrar-Subventionspolitik zusammenhängen. Das lässt keinen sich nachhaltig entwickelnden Agrarsektor in den ärmeren Ländern entstehen und vernichtet dort lediglich wenig produktive Arbeitsplätze, die oft die einzige, wenn auch magere Einkommensquelle für einen erheblichen Teil der Bevölkerung sind.

Dass es auch anders geht, belegt die fulminante Entwicklung des chinesischen Primärsektors in den letzten zwei Jahrzehnten. Sie war mit einer konsequenten Abschottungspolitik gegen Agrarimporte verbunden. Sollen die Bekundungen des Westens, den Hunger in der Welt bekämpfen zu wollen, keine reinen Lippenbekenntnisse bleiben, muss er zulassen, dass sich in den ärmeren Ländern nach und nach eine ökologisch langfristig vertretbare Agrarproduktionsstruktur entwickelt, die ihm selbst eines Tages wettbewerbsfähig gegenübertritt. Während der Zeit, die für den Aufbau entsprechender Technologie und des dazugehörigen Know-hows der Arbeitskräfte nötig ist, müssen die vorhandenen Strukturen zunächst geschützt und dürfen nur behutsam verändert werden. Denn nur wenn die Bevölkerung eines ärmeren Landes mit produktivitätssteigernden Veränderungen selbständig Schritt halten kann und nicht am Tropf von Wohlfahrtsspenden des Westens und dessen Vorstellung von Entwicklungsrichtung und -tempo hängt, kann es für ganze Gesellschaften zu sozial ausgewogene und ökologisch nachhaltigen Verbesserungen kommen.

Im **Sekundärsektor**, also bei Industrie und Bau, sieht die Sache e was anders aus (**Abbildung 5.6**). Die nominale Wertschöpfung ist zw schen 2000 und 2018 nicht ganz so stark gestiegen (ungefähr um da 2,5-Fache) wie im Primärsektor. Nordamerika und Europa sind imme noch Schwergewichte, obwohl sie zwischen 2000 und 2018 auch i diesem Bereich von Ostasien überholt wurden. Fast ohne Bedeutur ist weiterhin der südliche Teil Afrikas, und Lateinamerika ist sogar z rückgefallen. Südasien verdoppelt seinen Anteil immerhin, komn aber von einem sehr geringen Niveau.

Wieder ist die Pro-Kopf-Betrachtung aufschlussreich für die Beu teilung der Entwicklung der verschiedenen Weltregionen und Länd (**Abbildung 5.7**). In der Welt insgesamt hat sich die nominale Wer schöpfung pro Kopf im Sekundärsektor verdoppelt. Deutschland hä damit ungefähr Schritt und überholt den Pro-Kopf-Wert Nordamerika deutlich, wo die relative Bedeutung der Industrie gemäß dieses Ma stabs abnimmt. Japan verzeichnet als einziges Land einen absolute Rückgang bei der industriellen Pro-Kopf-Wertschöpfung und verlie so auch in diesem Sektor die Spitzenstellung, die es noch im Ja 2000 eingenommen hatte. China, das zu Beginn des Jahrhunderts seiner Industrie nur gut ein Viertel des Pro-Kopf-Weltdurchschnitts z stande brachte, liegt heute fast ein Drittel darüber und hat Lateinam rika klar übertroffen. In Sachen Entwicklungstempo fällt Russland au

Abb. 5.7: Nominale jährliche Wertschöpfung in US-$ pro Kopf im Sekundärsektor 2000 und 2018 und durchschnittliche jährliche Zuwachsrate

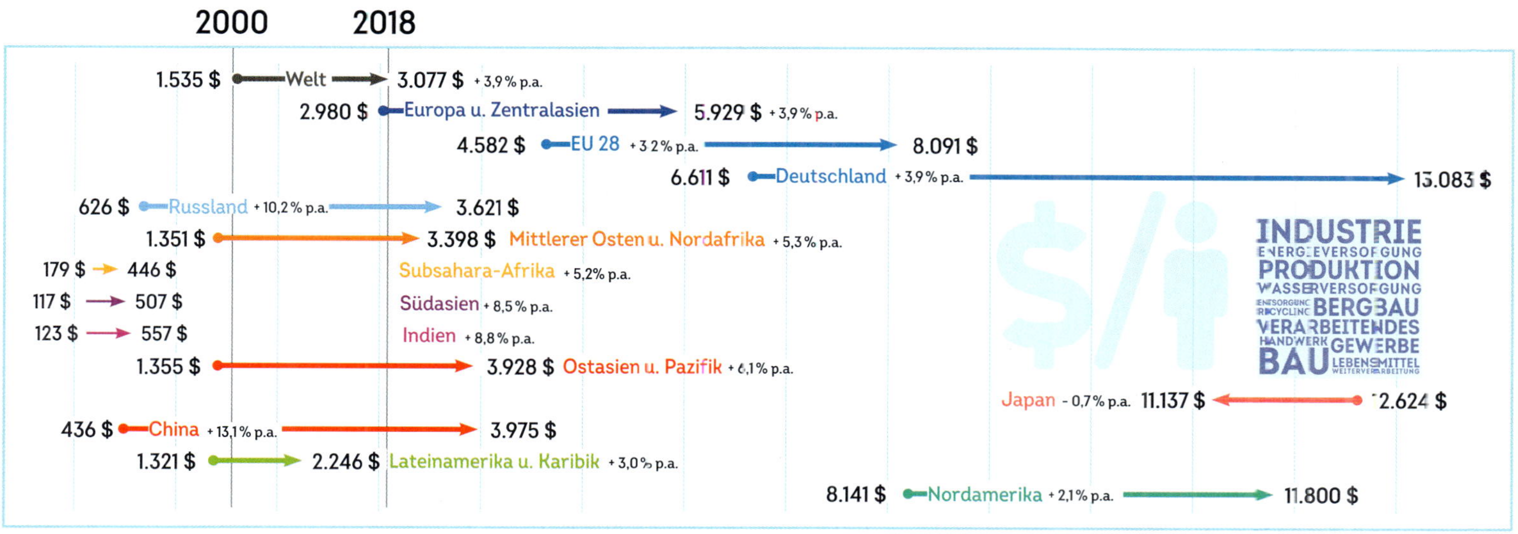

was mit dem Ausbau der Rohstoffförderung des Landes zusammenhängt, die zum Industriesektor zählt. Ähnliches dürfte für die Zunahme der industriellen Wertschöpfung in der Region Mittlerer Osten und Nordafrika gelten. Südasien und Subsahara-Afrika haben in dieser Auflistung von Regionen die Plätze getauscht und bilden weiterhin die Schlusslichter mit deutlich weniger als einem Fünftel der weltdurchschnittlichen industriellen Pro-Kopf-Wertschöpfung.

Welche Bedeutung der Sekundärsektor für die einzelnen Regionen und Länder hat, lässt sich an seinem Anteil an deren Wirtschaftskraft ablesen (**Abbildung 5.8**): Die Spanne bewegt sich heute (2018) zwischen 19 % und 42 %, während sie im Jahr 2000 noch von 23 % bis 46 % reichte. Obwohl darin ein Tertiärisierungsprozess zum Ausdruck zu kommen scheint, muss man bei der Interpretation der Daten vorsichtig sein. Die relative Abnahme der industriellen Wertschöpfung in Nordamerika, der EU, Japan und vielleicht sogar in China, wie sie sich in der Abbildung ablesen lässt – die Säulen für 2018 sind jeweils kleiner als die für 2000 –, mag das tatsächlich anzeigen. Für Lateinamerika und Subsahara-Afrika gilt das jedoch sicher nicht.

Man spricht in diesem Zusammenhang vom Phänomen der »unechten Deindustrialisierung«, also einem relativen Rückgang der Industrie, der nicht den eingangs skizzierten Entwicklungsmöglichkeiten folgt, sondern ausgelöst wird durch falsche Wirtschaftspolitik oder eine massive Überbewertung der Währung. Ein Ausbau des materiellen Wohlstandsniveaus lässt sich nur durch die Steigerung der Produktivität der menschlichen Arbeitskraft erreichen. Und die kann in erster Linie durch industrielle Fertigung bewerkstelligt werden. Diesen Schritt auszulassen auf dem Weg hin zu besseren Lebensbedingungen in den ärmeren Ländern dieser Welt, ist praktisch unmöglich.

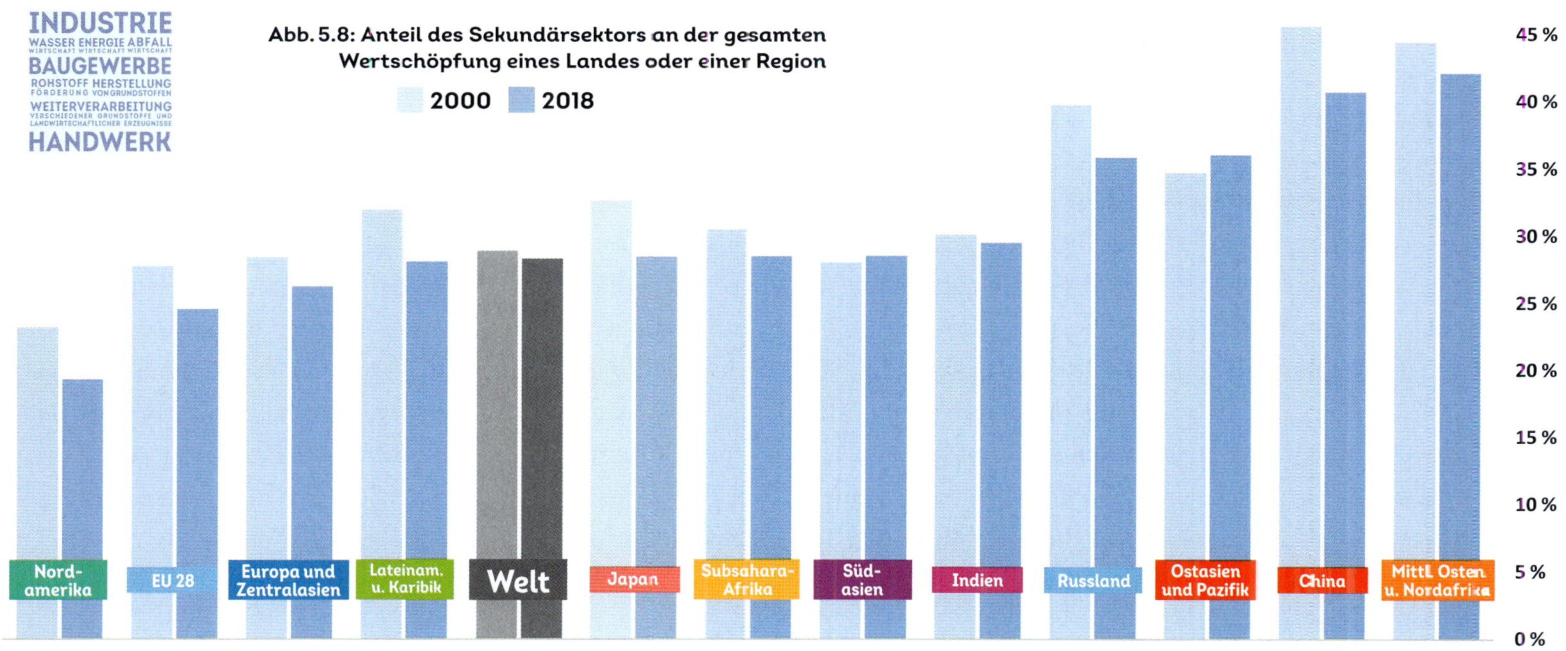

Abb. 5.8: Anteil des Sekundärsektors an der gesamten Wertschöpfung eines Landes oder einer Region

Abb. 5.9: Wertschöpfung im Tertiärsektor: Anteile der Weltregionen 2000 und 2018

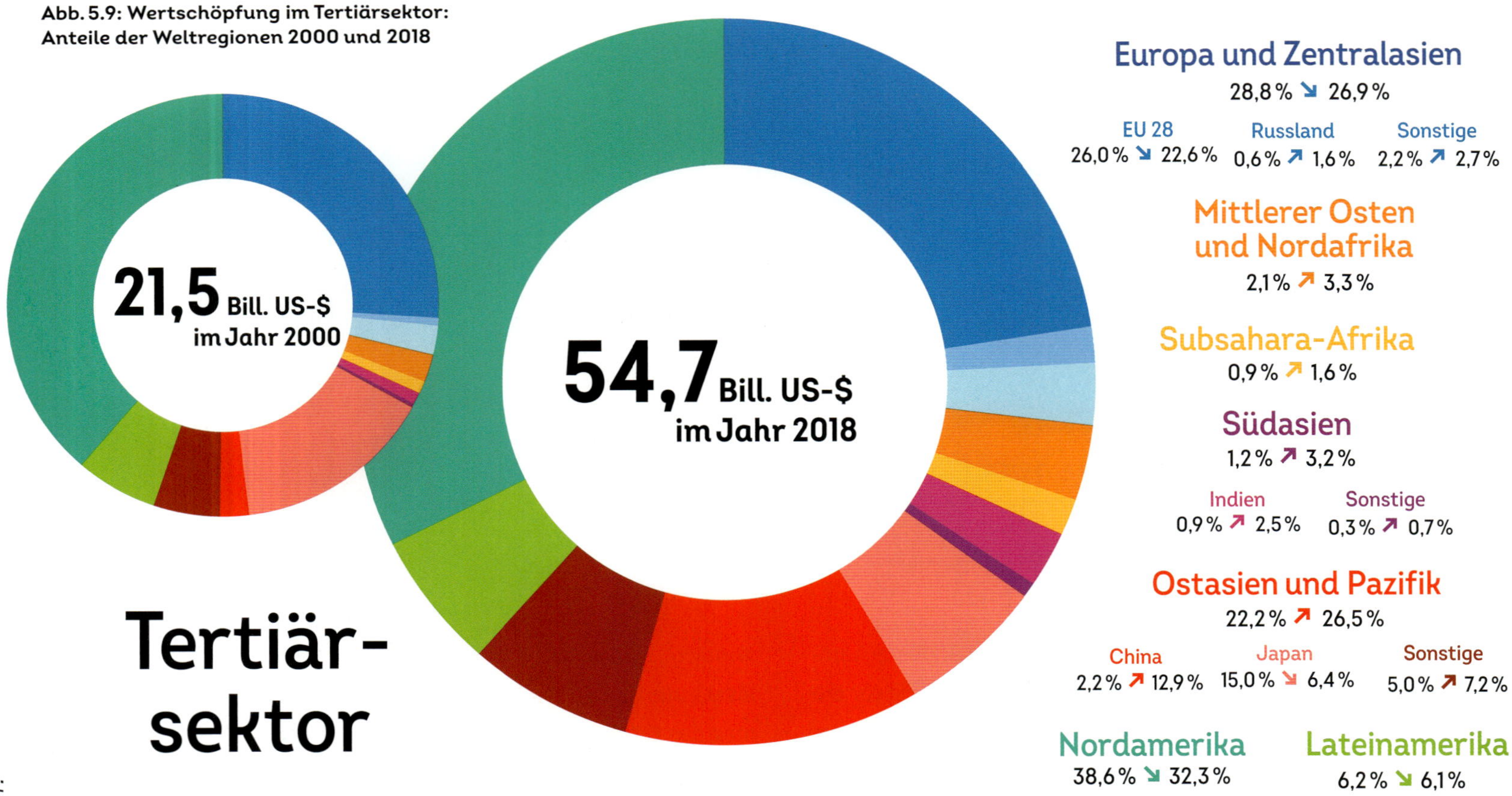

Tertiär-sektor

Das heißt nicht, dass dieser Schritt mit den gleichen verheerenden ökologischen Folgen wie in den Industrieländern gegangen werden muss oder gar sollte. Schonendere Produktionsweisen und nachhaltigere Produkte sollten in der Tat auch in den ärmeren Ländern den Entwicklungsweg kennzeichnen. Aber um es plakativ auszudrücken: Handgewebte Kleidungsstoffe und maßgeschneiderte Lederstiefel werden noch lange Zeit Luxusartikel für die Reichen dieser Welt bleiben und bestenfalls als Exportgüter der ärmeren Länder dazu taugen, Einkommen für die Ärmeren dort zu schaffen – Einkommen, von dem sie sich mittelfristig gesehen nur industriell erzeugte Massenwaren werden leisten können.

Bei den Dienstleistungen (**Tertiärsektor**) waren und sind die entwickelten Regionen in Nordamerika und Europa dominierend (**Abbildung 5.9**). Das entspricht den Erwartungen der Tertiärisierungshypothese, die wir eingangs aufgestellt haben. Weit über die Hälfte der globalen Wertschöpfung, die diesem Sektor zugerechnet wird, kommt auch im Jahr 2018 aus diesen beiden Regionen. Ostasien hat zwar auch hier aufgeholt, aber doch deutlich weniger als bei der Industrie. Insgesamt hat die nominale Wertschöpfung – wie in der Industrie – um das 2,5-Fache zugenommen.

Spiegelbildlich zur Entwicklung der Anteile der anderen beiden Sektoren ergibt sich für den tertiären Sektor in den hier betrachteten zwei Dekaden – mit Ausnahme der Region Ostasien – ein etwas höheres Gewicht: Die dunkelgelben Säulen in **Abbildung 5.11** sind fast überall höher als die hellgelben. Das dürfte in vielen Fällen dem Tourismus zuzuschreiben sein. Doch muss man sich klarmachen, dass das oben beschriebene Phänomen der »unechten Deindustrialisierung« rein statistisch eine Art Gegenbuchung mit sich bringt: Nimmt der Sekundärsektor aufgrund der Unfähigkeit vieler Regierungen, der Industrie über eine geeignete Wirtschaftspolitik zu einem größeren Gewicht zu verhelfen, ab, dann steigt rein rechnerisch der Anteil der anderen beiden Sektoren an der gesamten Wertschöpfung. Und da der statistisch deutlich schlechter belegte Dienstleistungssektor wie eine Art Sammelbecken der volkswirtschaftlichen Gesamtrechnung fungiert, konzentriert sich dieser Vorgang tendenziell eher hier als im Primärsektor (siehe **Info-Box**).

Insgesamt ist festzuhalten: Die große Ungleichverteilung der Wertschöpfung auf die Weltregionen und die einzelnen Länder ist nicht nur Ausdruck des Produktivitätsgefälles zwischen ihnen, sondern droht es auch zu zementieren, wenn der Freihandel ungebremst wirkt. Eine ärmere Region ist nicht in der Lage, einen konkurrenzfähigen Kapitalstock selbständig aufzubauen, wenn während der Aufbauzeit die Angebote der hochproduktiven Konkurrenz aus dem Ausland den Binnenmarkt für die inländischen Anbieter blockieren. Das bekannte Beispiel der Exporte von Hühnerfleischresten aus der EU nach Afrika, die das Entstehen einer afrikanischen Geflügelwirtschaft verhindern, illustriert das Problem eindrucksvoll.

Abb. 5.10: Nominale jährliche Wertschöpfung in US-$ pro Kopf im Tertiärsektor 2000 und 2018 und durchschnittliche jährliche Zuwachsrate

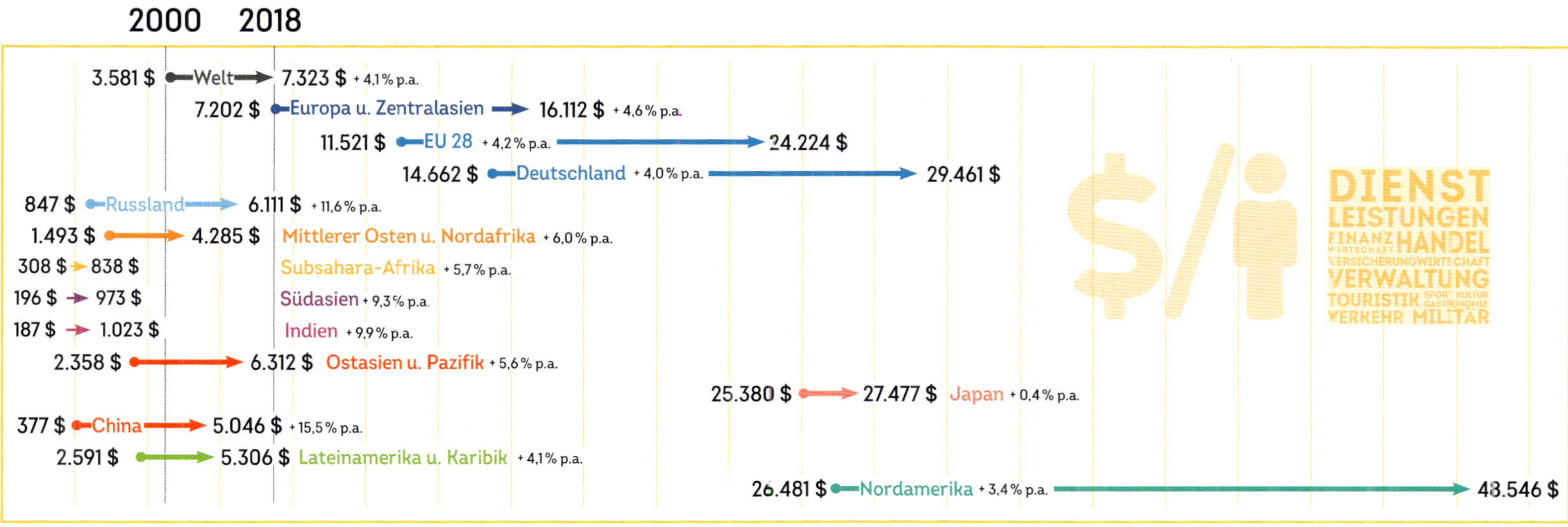

Statten westliche Firmen in einem armen Land einen Ort gezielt mit produktiven Maschinen aus, etwa im Textilbereich, an denen Arbeitskräfte relativ rasch angelernt werden können und dann hochproduktiv arbeiten, ändert sich die Kapitalausstattung des Landes zwar in dieser Branche: Jetzt kann das Land etwas Konkurrenzfähiges exportieren. Doch die Abhängigkeit, die sich aus so einer »Werkbankfunktion« für den reichen Westen ergibt, ist kritisch zu sehen. Brechen die Exportmöglichkeiten wie jetzt im Zuge der Corona-Krise schlagartig weg, werden die Menschen, die für diese Branche gearbeitet haben, rasch arbeitslos. Eine solche exportlastige Aufbaustrategie ist riskant und sollte nicht das einzige Element einer Wohlstandsentwicklung sein.

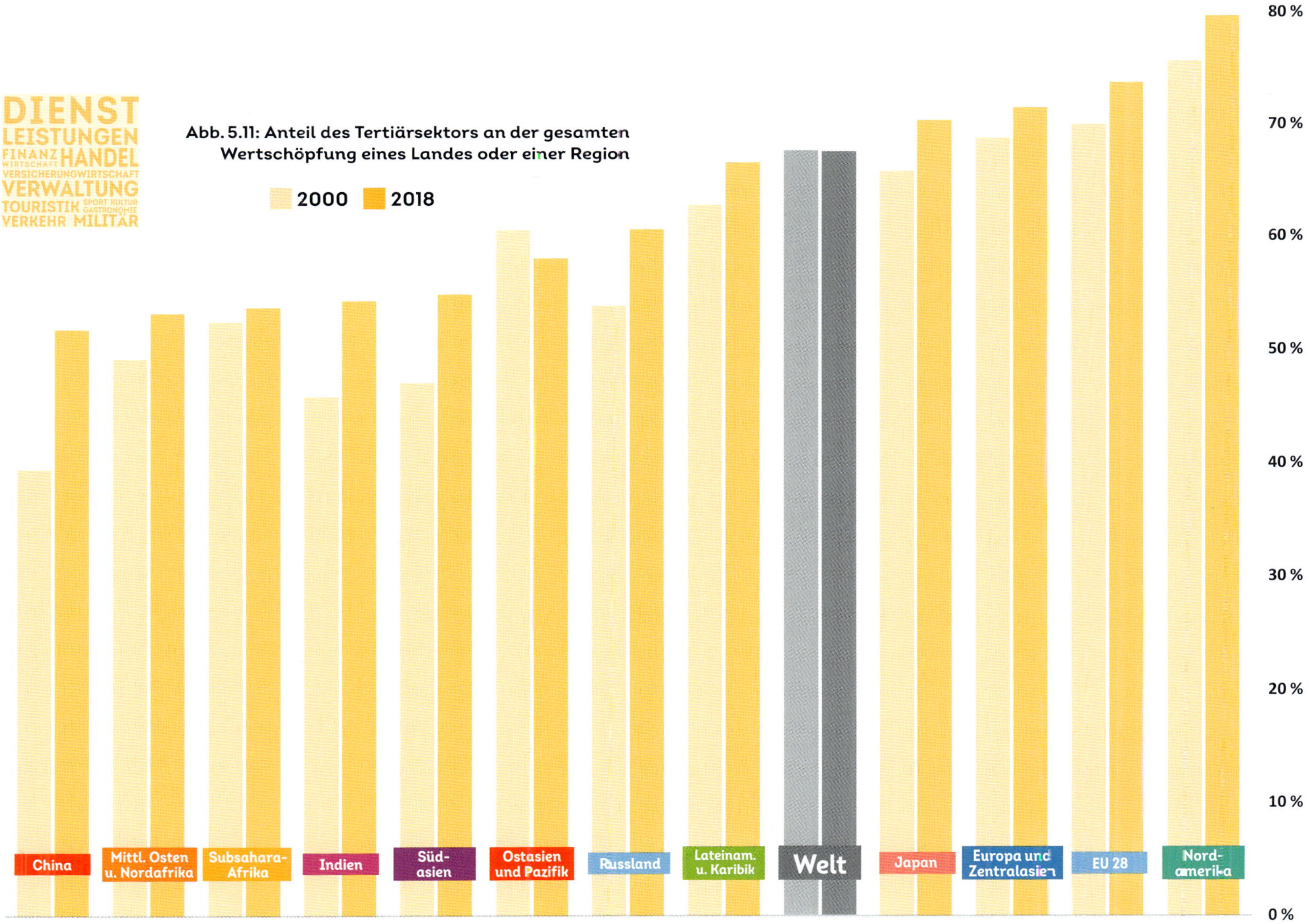

Abb. 5.11: Anteil des Tertiärsektors an der gesamten Wertschöpfung eines Landes oder einer Region

Ist Arbeitslosigkeit unvermeidlich?

Das große Versagen der Wirtschaftspolitik

Wenn man wissen will, wo die Wirtschaftspolitik in den letzten Jahrzehnten in weiten Teilen der Welt versagt hat, muss man auf die Arbeitslosigkeit schauen. Unter dem Banner des Neoliberalismus sind in den vergangenen 50 Jahren unzählige Versuche unternommen worden, der Arbeitslosigkeit durch größere Flexibilität der Löhne Herr zu werden. Die Versuche haben nicht gefruchtet, wie die Daten zeigen. Dass Arbeitslosigkeit seit den 1970er-Jahren wieder zu einem beherrschenden Thema im Alltag vieler Menschen in den meisten Ländern der Erde wurde, liegt im Kern am fundamentalen Versagen der neoklassischen Theorie der Ökonomik, von der sich der Neoliberalismus inspirieren ließ.

Die Zusammenhänge sind zwar komplex, aber keineswegs undurchschaubar und unerklärlich. Das Problem besteht vor allem darin, gewohnte Geleise des Denkens oder vielmehr des Für-wahr-Haltens hinter sich zu lassen. Stattdessen gilt es, sich mit einer strikt der Logik und der Empirie folgenden Erklärung zu befassen, welche die naheliegende einzelwirtschaftliche Perspektive durch die gesamtwirtschaftliche ersetzt.

Realität und Statistik – wer gilt als arbeitslos?

Daten zur Arbeitslosigkeit eines Landes sind gerade bei internationalen Vergleichen mit Vorsicht zu interpretieren. Für Deutschland gibt es beispielsweise die von der Bundesagentur für Arbeit berechnete amtliche Arbeitslosenquote (2019 waren das 5,0 %) und die von der OECD, von Eurostat oder dem IWF verwendete, die sich an der Berechnungsmethode der ILO orientiert (für 2019 waren das 3,2 %). In internationalen Statistiken wird sich zumindest für die Industrieländer um sogenannte harmonisierte, also **vergleichbare Arbeitslosenquoten** bemüht (weshalb wir hier für Deutschland darauf zurückgreifen). Für eine große Zahl an wenig entwickelten Ländern ist das aber kaum möglich. So gibt die Datensammlung des IWF für viele Staaten »nur« die Quoten der heimischen Statistikämter wieder, so beispielsweise für China (Abbildung 6.1).

Unterschiede in der Erfassung der erforderlichen Daten zur Berechnung der Arbeitslosenquoten haben vielfältige Gründe. Zum einen lässt die Frage, wer überhaupt als arbeitslos anzusehen ist, verschiedene Antworten zu. Gemäß der **Definition der ILO** wird eine Person dann als arbeitslos betrachtet, wenn sie aktuell nicht gegen Bezahlung arbeitet, dazu aber bereit und in der Lage ist, dem Arbeitsmarkt zur Verfügung steht und sich aktiv um einen Arbeitsplatz bemüht, also tatsächlich nach bezahlter Arbeit sucht.

In Ländern, in denen es keine oder nur rudimentäre **Sozialversicherungen** gibt, die im Fall von Arbeitslosigkeit Transfers zahlen, besteht für Arbeitslose oft wenig Anreiz, sich offiziell und über längere Zeit arbeitslos zu melden. Das führt dazu, dass die Zahl der Arbeitslosen, vor allem der Langzeitarbeitslosen, in amtlichen Statistiken untererfasst sein kann und die Vergleichbarkeit zwischen Ländern, wenn überhaupt, lediglich durch Schätzungen zu verbessern ist.

Eine nur wenige Stunden pro Woche **geringfügig beschäftigte** Person kann in offizieller Zählung als unterbeschäftigt, nicht aber als arbeitslos registriert sein, obwohl sich diese Person selbst als arbeitslos bezeichnen würde. Umfragen, die zur Schätzung von Arbeitslosenzahlen herangezogen werden, stufen eine solche Person im Zweifel als arbeitslos ein, was zu Abweichungen zwischen amtlicher nationaler Statistik und internationalen Angaben führen kann. Fraglich ist auch, ob ältere Arbeitnehmer, die im Zuge eines Beschäftigungsabbaus in Frührente geschickt werden (Stichwort »sozialverträglicher Stellenabbau«), nicht doch zu den Arbeitslosen zu zählen wären, wenn sie eigentlich noch arbeiten wollen.

Auch Personen, die nach Verlust ihres Arbeitsplatzes an **Umschulungs- und Weiterbildungsprogrammen** teilnehmen, gelten offiziell nicht als arbeitslos, weil sie dem Arbeitsmarkt während der Qualifizierungsmaßnahme nicht zur Verfügung stehen. Werden die Programme jedoch hauptsächlich deswegen besucht, damit Transferansprüche geltend gemacht werden können, ohne dass Aussicht besteht, wieder einen Arbeitsplatz zu bekommen, spiegelt die Arbeitslosenstatistik die tatsächlichen Verhältnisse nicht wirklich wider.

Genauso ist die Erfassung der Zahl der Erwerbstätigen, die zur Quotenberechnung erforderlich ist, mit Unsicherheiten behaftet: Ist in einem Land der informelle Sektor groß, wird die **Erwerbsarbeit** entsprechend stark untererfasst und ebenso Schwankungen der unselbständigen wie selbständigen Beschäftigung, die sich dort abspielen. Spielt die Subsistenzwirtschaft in einem Land eine bedeutende Rolle, ist fraglich, wie man die dort Tätigen einstuft: Würden sie einer Erwerbsarbeit nachgehen, wenn es denn Arbeitsplätze gäbe, müssten sie als arbeitslos angesehen werden. Andererseits arbeiten sie selbständig, meist im landwirtschaftlichen Bereich, um sich und ihre Familien zu versorgen, und stellen dadurch einen Teil der Produktion des Landes her. Als selbständige Erwerbspersonen kann man sie jedoch auch nicht zweifelsfrei bezeichnen, da sie in der Regel als Selbstversorger kein Geldeinkommen erzielen.

Bedenkt man, dass in manchen Ländern mit eher schwachen staatlichen Verwaltungsstrukturen und einem wenig ausgebauten Gesundheitssystem allein die **Erfassung der Bevölkerungszahl** mit größeren Unsicherheiten verbunden ist, wird klar, dass die Daten zum Arbeitsmarkt solcher Staaten ebenfalls nicht die gleichen Qualitätsstandards erfüllen können wie Daten aus westlichen Industrielän-

Besonders muss die Behauptung in Frage gestellt werden, Arbeitslosigkeit sei so gut wie immer die Folge zu hoher Löhne und am besten durch Lohnzurückhaltung, Lohnsenkung und ähnliche Mechanismen zur Arbeitskostenreduktion zu bekämpfen. Ebenso ist die Vorstellung so verbreitet wie falsch, Produktivitätssteigerungen durch technischen Fortschritt vernichteten in der Summe generell mehr Arbeitsplätze, als sie neue schafften.

Dieses Heft kann eine neue Ökonomik nicht vollständig darlegen, sondern nur eine Idee davon vermitteln, wie sich die wichtigsten Zusammenhänge darstellen, wenn man sich konsequent an der beobachtbaren wirtschaftlichen Realität orientiert. Wir zeigen beispielsweise im **Kapitel »Löhne«**, wie die Lohnentwicklung mit der Preisentwicklung zusammenhängt, wie das einerseits die Gesamtnachfrage eines Landes und andererseits die Zinspolitik der Zentralbanken beeinflusst und welche Folgen beide Wirkungskanäle auf den Arbeitsmarkt eines Landes haben. Nur auf der Basis einer solchen gesamtwirtschaftlichen Sichtweise ist eine für alle Bürger erfolgreiche Wirtschaftspolitik möglich. Was als erfolgreich gelten kann, darüber mag man im Einzelnen und je nach konkretem Land streiten. Ganz sicher aber steht als Maßstab an erster Stelle, ob sich die Bürger eines Landes durch Erwerbsarbeit ihren Lebensunterhalt verdienen können, oder ob hohe Arbeitslosigkeit herrscht. In diesem Kapitel geht es deshalb um die Darstellung der Arbeitslosigkeit als Indikator für den Zustand der Arbeitsmärkte und damit die Wohlstandschancen der Menschen in verschiedenen Ländern.

Betrachtet man die großen Wirtschaftsräume dieser Welt (**Abbildung 6.1**), zeigt sich, dass es in den entwickelten Ländern vor allem Europa war, das in puncto Arbeitslosigkeit am meisten versagt hat. (Zur Vergleichbarkeit der hier vorgestellten Daten siehe **Info-Box**.) Lagen in der Finanzkrise von 2008/2009 die USA und Europa bei der Arbeitslosigkeit noch gleichauf, ist Europa seitdem weit zurückgefallen. Die USA haben in einem langen Aufschwung die Quote der Arbeitslosigkeit wieder auf ein Niveau reduziert, das seit vielen Jahrzehnten als Vollbeschäftigung gilt. Auch Japan und China sind bei einem Niveau angelangt, bei dem man die Arbeitslosigkeit nicht mehr als zentrales Problem der Volkswirtschaften ansehen muss. Nach dem Corona-Schock hat sich das alles wieder verschlechtert, aber eben auch für Europa, das von einem vergleichsweise unbefriedigend hohen Vorkrisen-Niveau kommt.

Auffällig ist, dass Deutschland einen ganz anderen Weg als der Rest der EU eingeschlagen hat. Die Arbeitslosigkeit ist hierzulande massiv gesunken. Grund dafür ist das deutsche Lohndumping. In Deutschland wurden jahrelang Lohnabschlüsse vereinbart, die unterhalb der goldenen Lohnregel lagen, das heißt, die nicht die Produktivitätsentwicklung und die Zielinflationsrate der Zentralbank ausschöpften (siehe Kapitel »Löhne«). Diese Unterbietungsstrategie ermöglichte es Deutschland, unter dem Wechselkursschutz der Eurozone Überschussnachfrage aus dem Ausland in erheblichem Ausmaß auf sich zu ziehen. Hätte es keine Währungsunion und damit keinen Euro gegeben, hätte die D-Mark aufgewertet und es hätte das »neue deutsche Wirtschaftswunder« nicht gegeben. So konnte die Verschuldung des Auslands für das hiesige Wirtschaftswachstum genutzt werden, ohne dass die Sparbemühungen der inländischen Sektoren, namentlich des Staates, aufgegeben werden mussten. Das wird im **Kapitel »Sparen und Verschulden«** genauer erläutert.

Logischerweise hatte diese Strategie des Lohndumpings für die Partnerländer in der Eurozone Konsequenzen. Hätten sie von vornherein, also mit Beginn der Währungsunion, einen ähnlichen Kostensenkungsversuch unternommen, wäre Deutschland beim Abbau seiner Arbeitslosigkeit gescheitert. Die Eurozone hätte das Deflationsproblem, vor dem sie seit der Eurokrise bis heute steht und das genau auf der durch den Wettbewerb erzwungenen Nachahmung der deutschen Strategie durch die anderen Euroländer beruht, schon zehn Jahre früher erfahren. Die Arbeitslosigkeit wäre in Europa dann allerdings gleichmäßiger verteilt, als sie es derzeit ist.

Abb. 6.1: Arbeitslosenquote in den großen Wirtschaftsnationen und der EU

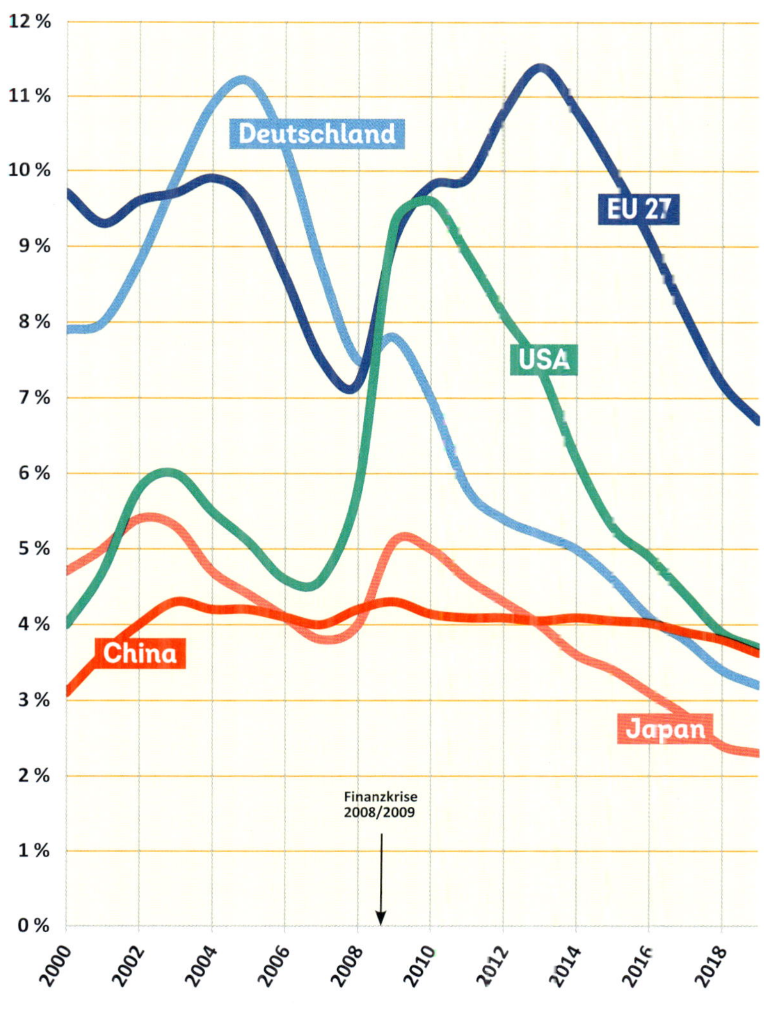

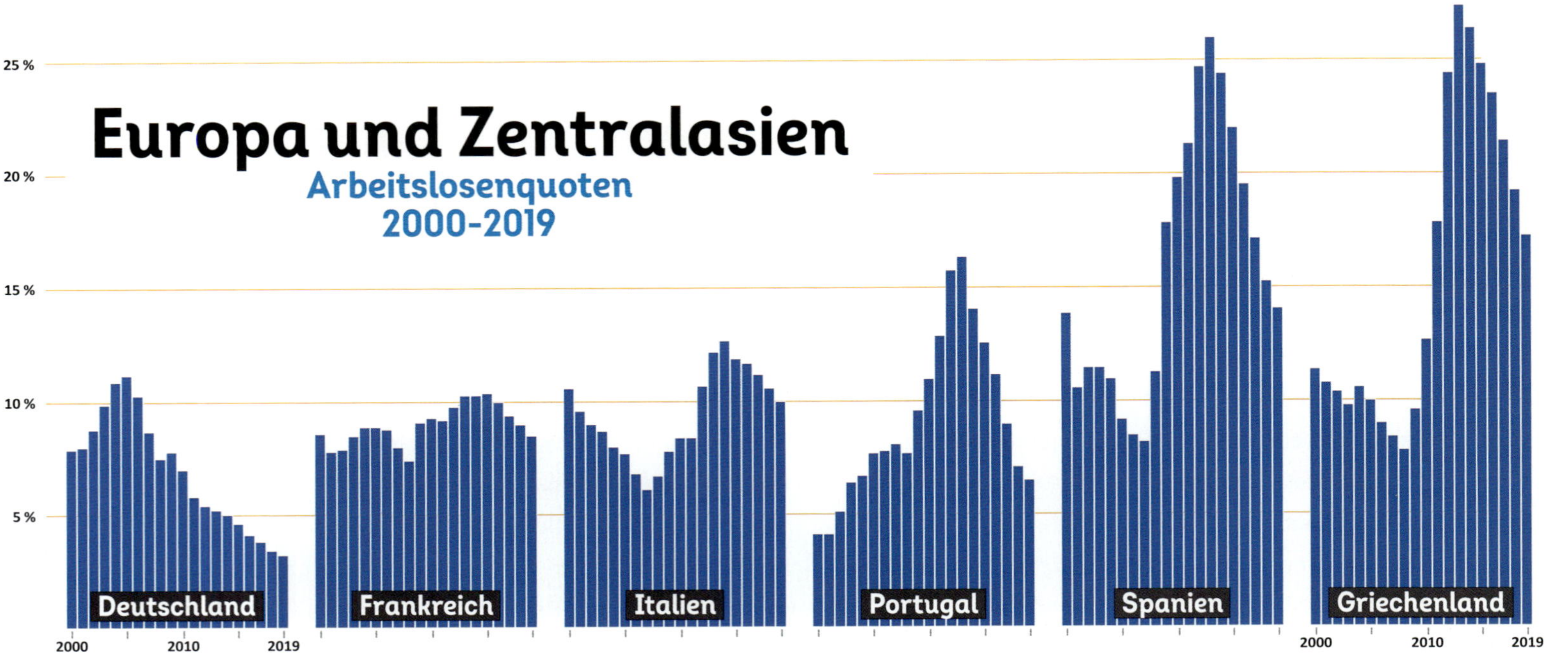

Besonders treten die Folgen dieses wirtschaftspolitischen Irrwegs im Süden **Europas** zu Tage. Vor allem Spanien und Griechenland sind seit der Finanzkrise nicht mehr in der Lage gewesen, ihre Erwerbsbevölkerung in angemessener Weise zu beschäftigen, weil sie das dafür notwendige Wirtschaftswachstum nicht erreichen konnten. Aber auch in Italien und sogar in Frankreich ist das Niveau der Arbeitslosigkeit mit 10,0 % und 8,5 % im Jahr 2019 immer noch deutlich höher, als es in Deutschland auf dem Höhepunkt der Finanzkrise 2009 war (7,8 %). Das liegt, wie im **Kapitel »Sparen und Verschulden«** beschrieben, in erster Linie an der objektiv gegebenen Unmöglichkeit, eine Wirtschaft, in der die Unternehmen zu Sparern geworden sind und das Ausland als Schuldner nicht zur Verfügung steht, ohne fiskalische Anregung zu beleben. Mit inflexiblen Arbeitsmärkten oder sonstigen strukturellen Problemen hat das wenig zu tun.

Nur Portugal konnte seine Arbeitsmarktsituation wieder einigermaßen in den Griff bekommen, auch wenn es mit einer Arbeitslosenquote von 6,5 % 2019 noch nicht wieder das Ausgangsniveau zu Beginn der Währungsunion von 4,1 % erreicht hat.

Die osteuropäischen EU-Länder vom Baltikum bis zum Balkan kämpften zu Beginn des Jahrhunderts noch mit der Umstellung ihrer Wirtschaft nach dem Fall des Eisernen Vorhangs: Damals waren dort Arbeitslosenquoten zwischen 10 % und 20 % die Regel. In den Jahren bis zur Finanzkrise änderte sich das: 2008 hatten alle diese Länder Arbeitslosenquoten unter 10 % erreicht. Slowenien, Tschechien sowie Lettland (hier nicht gezeigt) und Litauen brachten sogar Raten unter 5 % zustande. Die ökonomischen Verwerfungen in Europa im Zusammenhang mit der Finanz- und der Eurokrise bereiteten allen diesen Ländern einen herben Rückschlag auf ihren Arbeitsmärkten. In Bulgarien, der Slowakei (hier nicht gezeigt) und Ungarn schnellten die Quoten rasch über die 10 %-Marke und verharrten mehrere Jahre auf hohem Niveau. In den baltischen Staaten und Kroatien kletterte die Arbeitslosigkeit sogar auf Werte zwischen 15 % und 20 %. Auch das zuvor so erfolgreiche Slowenien hatte eine Verdoppelung seiner Arbeitslosenquote innerhalb von 5 Jahren auf 10 % zu verzeichnen.

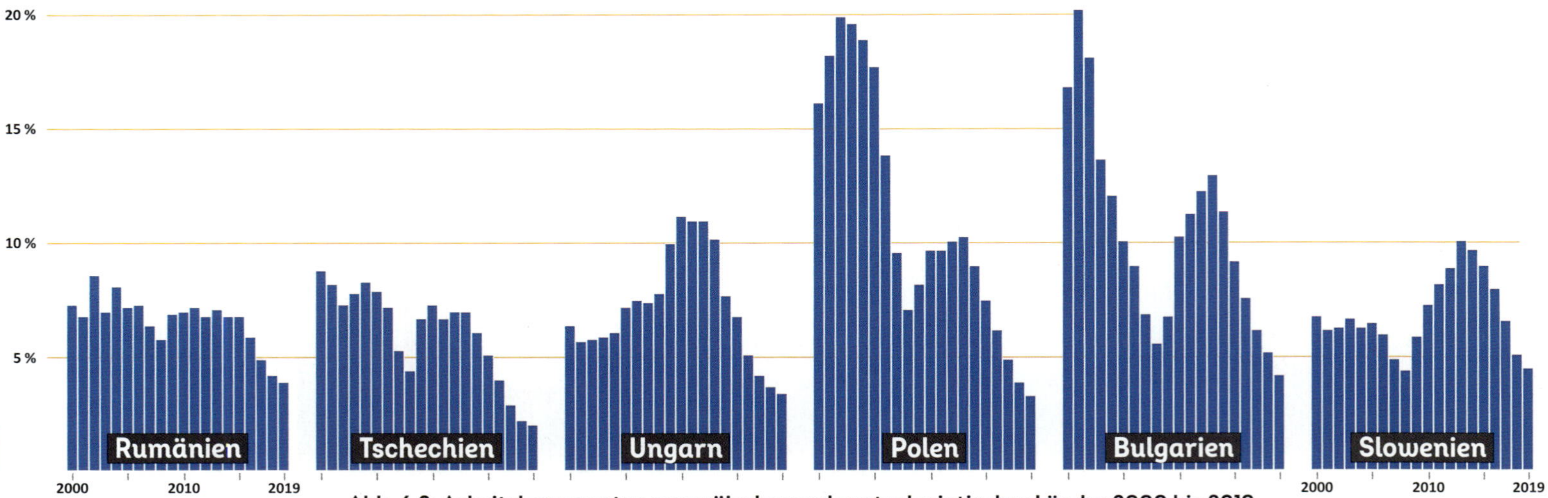

Abb. 6.2: Arbeitslosenquoten europäischer und zentralasiatischer Länder 2000 bis 2019

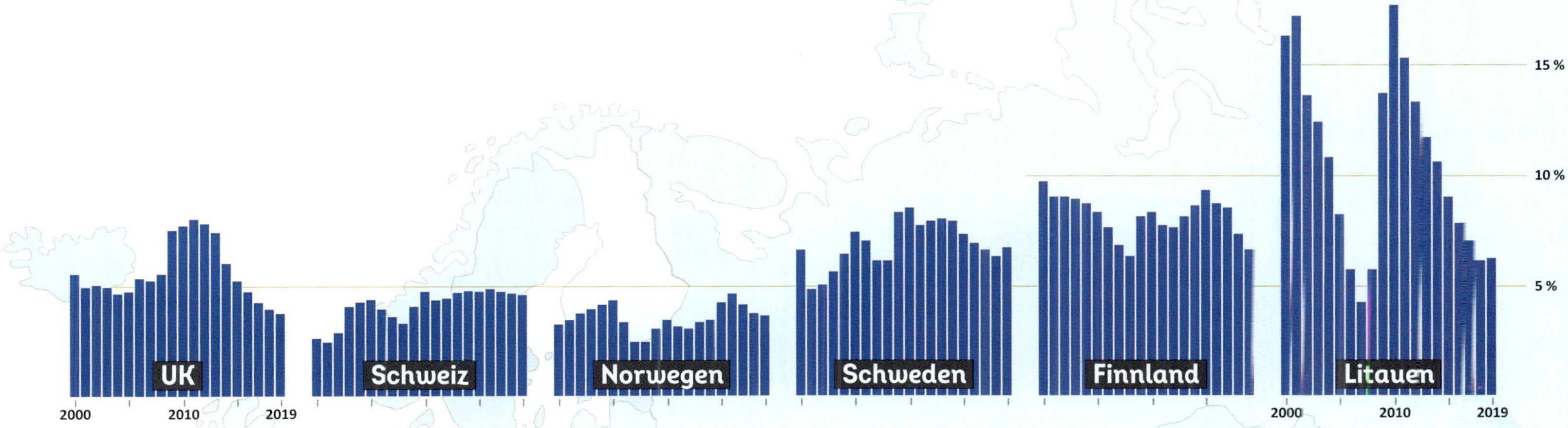

Bis zum Jahr 2019 schafften es alle diese Länder, das Niveau der Arbeitslosigkeit erneut deutlich zu drücken, am erfolgreichsten Tschechien (2,0 %). In einigen Ländern, insbesondere im Baltikum, in Rumänien und Bulgarien, muss man jedoch mit ins Bild nehmen, dass sich große Teile der erwerbsfähigen Bevölkerung Richtung Westen bewegt haben, weil sich die wirtschaftliche Lage in ihrer Heimat nicht durchgreifend und zügig verbesserte. So ist die Bevölkerungszahl in Estland in den letzten 25 Jahren um 10 %, die in Rumänien und Bulgarien um rund 15 % und in Lettland und Litauen sogar um ein Viertel gesunken. Das entlastete die Arbeitsmärkte und die Arbeitslosenstatistik, ist aber kein erfreuliches Zeichen für die Zukunft.

Im Vergleich zu Osteuropa schneiden die skandinavischen Arbeitsmärkte schwach ab, bedenkt man, dass dort kein ähnlicher Transformationsprozess der Wirtschaft zu bewältigen war. Ein Land wie Finnland, dem man allgemein großen »Reformwillen« und hohe »Flexibilität« zuspricht, weist immer noch eine vergleichsweise hohe Arbeitslosigkeit von 6,7 % auf, und auch Schweden steht nicht besser da. Norwegen erzielt aufgrund seiner Erdöl- und Gasförderung traditionell hohe Außenhandelsüberschüsse und verzeichnet seit Jahren eine stabile Arbeitsmarktsituation, der selbst die Finanzkrise nicht viel anhaben konnte.

Im Vereinigten Königreich ließ die Finanzkrise die Arbeitslosigkeit ebenfalls anschwellen. Doch war auch dort eine Rückführung möglich, sogar auf unter 4 %. Die Schweiz konnte ihre gewohnt niedrige Arbeitslosigkeit trotz der Finanzkrise auf einem Niveau von unter 5 % halten. Dagegen ist die Türkei ein Beispiel dafür, wie der Arbeitsmarkt in einem Land in massive Verwerfungen geraten kann, wenn es einerseits die Inflation nicht in den Griff bekommt und andererseits von gewaltigen außenwirtschaftlichen Schocks getroffen wird. Zuletzt lag die Arbeitslosigkeit bei fast 14 %.

Für Russland und einige **zentralasiatische Länder** liegen Arbeitslosendaten vor, die allerdings überwiegend von den nationalen Statistikämtern stammen. Ihre internationale Vergleichbarkeit dürfte daher geringer sein als die der bisher kommentierten Zahlen von Eurostat. Trotzdem sollen sie gezeigt werden, um einen Eindruck zu vermitteln, von wie unterschiedlicher Qualität amtliche Daten sein können.

Russland profitierte in den 2000er-Jahren vom Preisboom bei Erdöl und anderen Rohstoffen und konnte über hohe Außenbeiträge ein relativ kräftiges Wirtschaftswachstum erzeugen. Das drückte die zuvor zweistellige Arbeitslosenquote auf 6 %. Nach der Finanzkrise gelang es, die auf über 8 % wieder nach oben geschnellte Arbeitslosigkeit rasch zu reduzieren und bis 2019 auf unter 5 % zu senken.

Unter den hier gezeigten zentralasiatischen Ländern fällt die hohe Arbeitslosenquote in Georgien auf, deren Entwicklung in Zusammenhang mit den Wirtschaftsreformen, darunter Privatisierungen, stehen dürfte. Wenig realistisch sind im Vergleich dazu die amtlichen Angaben zur Arbeitslosigkeit in Belarus, was auf das planwirtschaftliche System einerseits und das politische Regime andererseits zurückzuführen sein dürfte. Dagegen lässt sich an dem Auf und Ab der ukrainischen Arbeitslosenquote immerhin ein Zusammenhang mit der Entwicklung der Wirtschaftskraft des Landes erkennen, ein wichtiges Kriterium für die Realitätsnähe der Daten. Einen solchen Zusammenhang lassen die Angaben für Kasachstan und großenteils auch für Kirgistan (hier nicht gezeigt) vermissen.

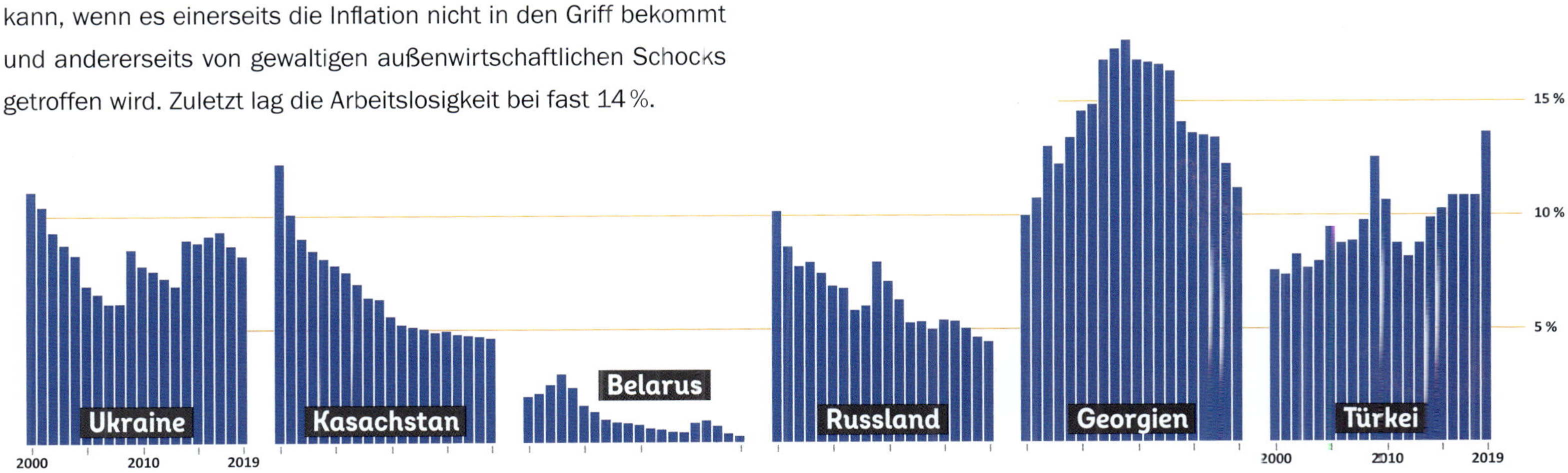

Nord- und Südamerika

Arbeitslosenquoten 2000-2019

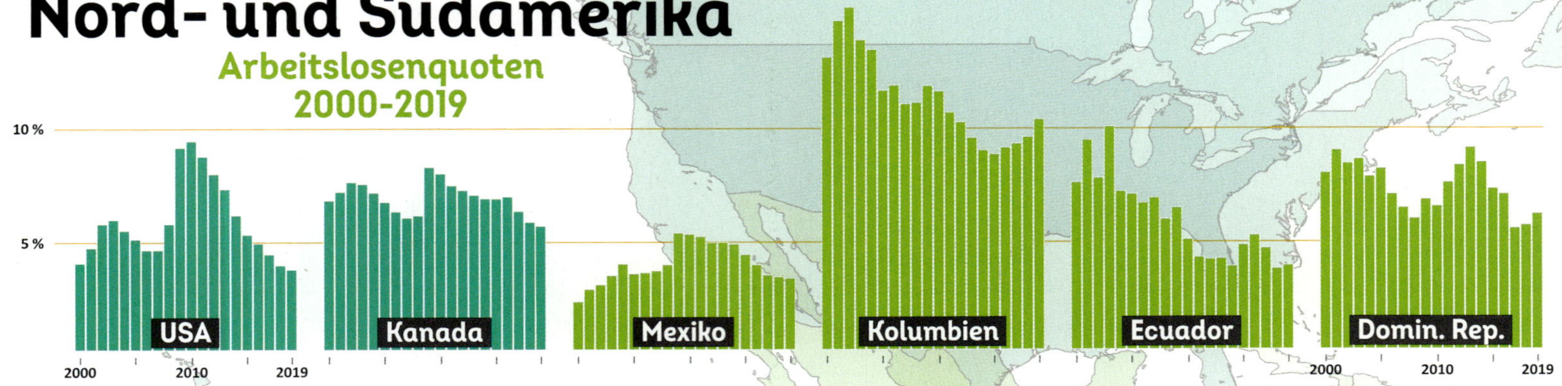

Eingangs wurde schon auf die positive Entwicklung des US-amerikanischen Arbeitsmarktes nach 2010 hingewiesen. Im Vergleich zu Deutschland war der Anstieg der Arbeitslosigkeit in den USA im Zusammenhang mit der Finanzkrise von 4,6 % auf 9,6 % der Erwerbspersonen extrem gewesen. Hierzulande hatte die Arbeitslosenquote nämlich nur kurzzeitig geringfügig zugelegt. Das scheint nicht zur Größenordnung des Wirtschaftseinbruchs von damals zu passen: In den USA fiel das preisbereinigte BIP 2009 nämlich mit -2,5 % nur ungefähr halb so stark wie in Deutschland (-5,7 %). Der Grund für die heftigeren Ausschläge am US-Arbeitsmarkt ist das berüchtigte »hire and fire«. Das muss man beim Vergleich der Arbeitsmarktdaten berücksichtigen. Die kanadische Wirtschaft, traditionell im Schlepptau der USA, produziert weniger starke Schwankungen bei der Arbeitslosigkeit, hat sich aber auch nicht ganz so positiv entwickelt wie in den USA. Immerhin ist die Arbeitslosenquote 2019 auf 5,6 % gefallen und damit auf ein niedrigeres Niveau als vor der Finanzkrise.

In **Lateinamerika** gibt es immer wieder gewaltige Eruptionen, die sich auch in den Arbeitsbeziehungen niederschlagen. Die beiden flächenmäßig größten Staaten Lateinamerikas haben schwere Turbulenzen an den Devisenmärkten erlebt (siehe **Kapitel »Wechselkurse«**), die tiefe Spuren auf den dortigen Arbeitsmärkten hinterlassen haben. Die jüngste Währungskrise hat Brasiliens Arbeitslosigkeit laut dem nationalen Statistikamt auf über 12 % hochschnellen lassen.

Argentinien konnte seine zu Beginn des Jahrhunderts extrem hohe Arbeitslosigkeit von zeitweise über 20 %, die mit dem unhaltbaren Wechselkursregime und dessen Aufgabe zusammenhing, zwar im Zuge des Abwertungs- und Rohstoffbooms bis 2008 unter 8 % und bis 2015 sogar auf 6,5 % senken. Die jüngste, von Spekulationen getriebene starke Währungsabwertung in Verbindung mit hohen Inflationsraten und einer enorm restriktiven Zinspolitik der Zentralbank haben aber zu einer seit 2018 anhaltenden Rezession geführt. Dadurch stieg die amtliche Arbeitslosenquote bis 2019, also weit vor der Corona-Krise, erneut auf fast 10 %. Der Realität könnten noch wesentlich höhere Werte entsprechen. Dass es auch anders geht, zeigt das Beispiel Bolivien. Das Land konnte den Rohstoffboom der 2000er-Jahre nachhaltig für sich nutzen, unter anderem indem der Staat seinen Einfluss auf die Erdgasindustrie ausdehnte und Gewinne in den Aufbau von Industrieprojekten steckte.

Spektakulär ist der seit 2015 zu beobachtende Anstieg der Arbeitslosigkeit in Venezuela. Das Land ist nicht zum ersten Mal in einer enormen Krise, aber dieses Mal ist die Dimension mehr als erschreckend. Man mag sich kaum ausmalen, wie es dort nach dem Corona-Schock aussehen wird. In Kolumbien sank die Arbeitslosigkeit im Zuge des Friedensprozesses. Seither ist aber keine Verbesserung mehr eingetreten, und das Niveau der Arbeitslosenquote ist laut amtlicher Statistik mit gut 10 % weiterhin hoch. Ein positives Gegenbeispiel für den Norden Lateinamerikas ist Mexiko, das wesent-

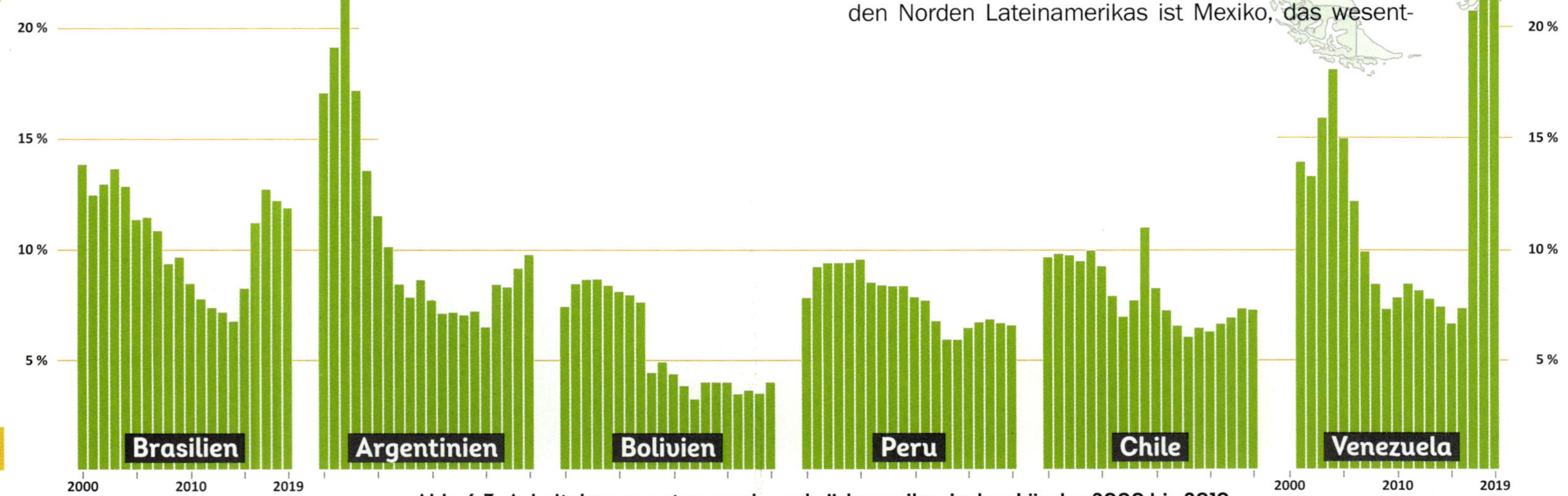

Abb. 6.3: Arbeitslosenquoten nord- und südamerikanischer Länder 2000 bis 2019

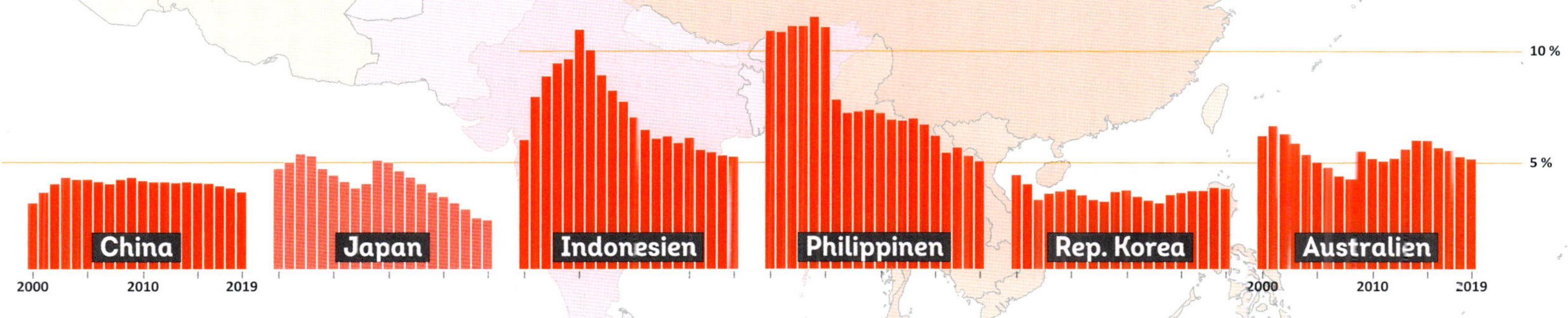

lich geringere Ausschläge am heimischen Arbeitsmarkt aufweist. Das dürfte daran liegen, dass durch Abwanderung der Arbeitskräfte nach Nordamerika extreme Spitzen beim Anschwellen der Arbeitslosigkeit abgepuffert werden.

Bei aller Vorsicht, mit der die Daten der nationalen Statistikämter in **Asien** bei internationalen Vergleichen interpretiert werden müssen, zeigt sich doch in der Tendenz ein eklatanter Unterschied zu den Entwicklungen etwa in Lateinamerika oder Subsahara-Afrika: Nicht nur in den eingangs bereits erwähnten großen Volkswirtschaften Japan und China funktionieren die Arbeitsmärkte befriedigend, auch in anderen bevölkerungsreichen Ländern liegen die Arbeitslosenquoten auf einem im Weltmaßstab günstigen und vor allem recht stabilen Niveau.

Fast überall sind nach den großen Ölpreisschocks in den 1970er-Jahren und nach der globalen Währungskrise, die 1997 in Asien begann, die Arbeitslosenzahlen deutlich gefallen. Die meisten Länder Südostasiens betreiben eine explizit formulierte Vollbeschäftigungspolitik, bei der stabile Arbeitsbeziehungen und stabile Lohnzuwächse die entscheidenden Komponenten sind. Aber auch auf der Nachfrageseite sind die Staaten bereit, die wirtschaftliche Entwicklung zu stabilisieren.

Gemessen an den offiziellen Statistiken ist Vietnam in Sachen Wachstum und Arbeitslosigkeit seit langer Zeit eine Erfolgsgeschichte, weil das Land die wirtschaftliche Transformation von der Plan- zur Marktwirtschaft mit einer intelligenten Makropolitik verbunden hat. Weniger erfolgreich stellten sich die Arbeitsmärkte in Indonesien und den Philippinen dar. Dort dauerte die Überwindung der Folgen der Währungskrise wesentlich länger, was auch mit instabilen politischen Verhältnissen zu tun haben dürfte.

Südostasien und Pazifik

Arbeitslosenquoten 2000-2019

Von großem Interesse ist Indiens Arbeitsmarkt, weil dieses Land gemessen an der Bevölkerung das zweitgrößte der Erde ist und sich in den nächsten zwei Jahren sogar zum größten entwickeln wird (siehe **Kapitel »Bevölkerung«**). Doch ausgerechnet für Indien gibt es keine einigermaßen verlässlichen amtlichen Arbeitslosendaten. Das hat mit der Größe und dem Entwicklungsstand des Landes zu tun, aber auch damit, dass hier schwer zu definieren ist, welche Personen zu den Arbeitslosen gezählt werden: Kinder unter 15 Jahren, die für ihre Familien mit einfachen Diensten auf der Straße Geld zu verdienen versuchen, ältere Familienangehörige, die notgedrungen in der Subsistenzwirtschaft mitarbeiten? Um trotzdem einen kleinen Einblick zu erhalten, greifen wir an dieser Stelle auf eine Modellschätzung der ILO zurück, die eine Unterbeschäftigungsquote der Menschen mit einem Mindestalter von 15 Jahren berechnet. Diese Quote schwankt um die 11 %.

Neuseeland (hier nicht gezeigt) und Australien sind eher untypisch für die Region, weil sie sehr stark von der westlichen Entwicklung abhängen. Australien hat allerdings in den vergangenen 20 Jahren von der chinesischen Entwicklung und der dortigen Rohstoffnachfrage profitiert.

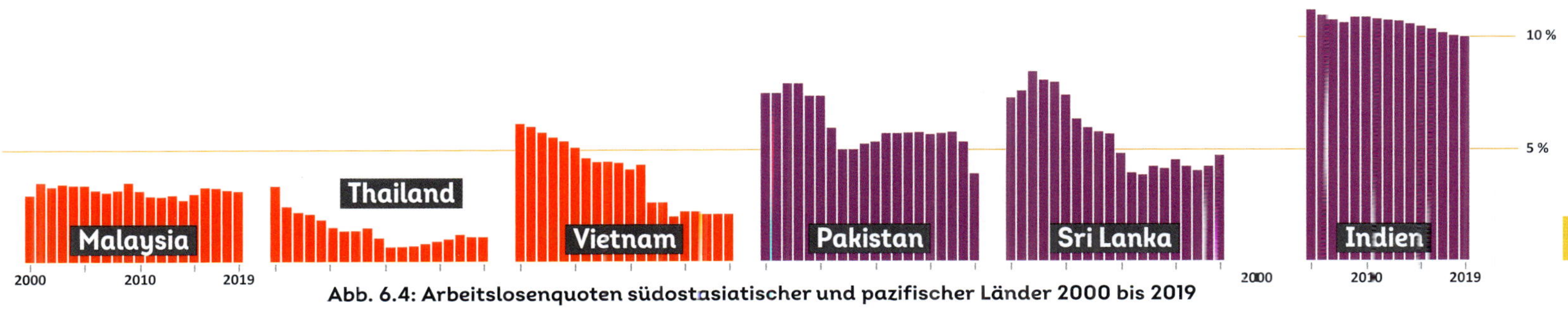

Abb. 6.4: Arbeitslosenquoten südostasiatischer und pazifischer Länder 2000 bis 2019

Mittlerer Osten und Nordafrika

Arbeitslosenquoten 2000–2019

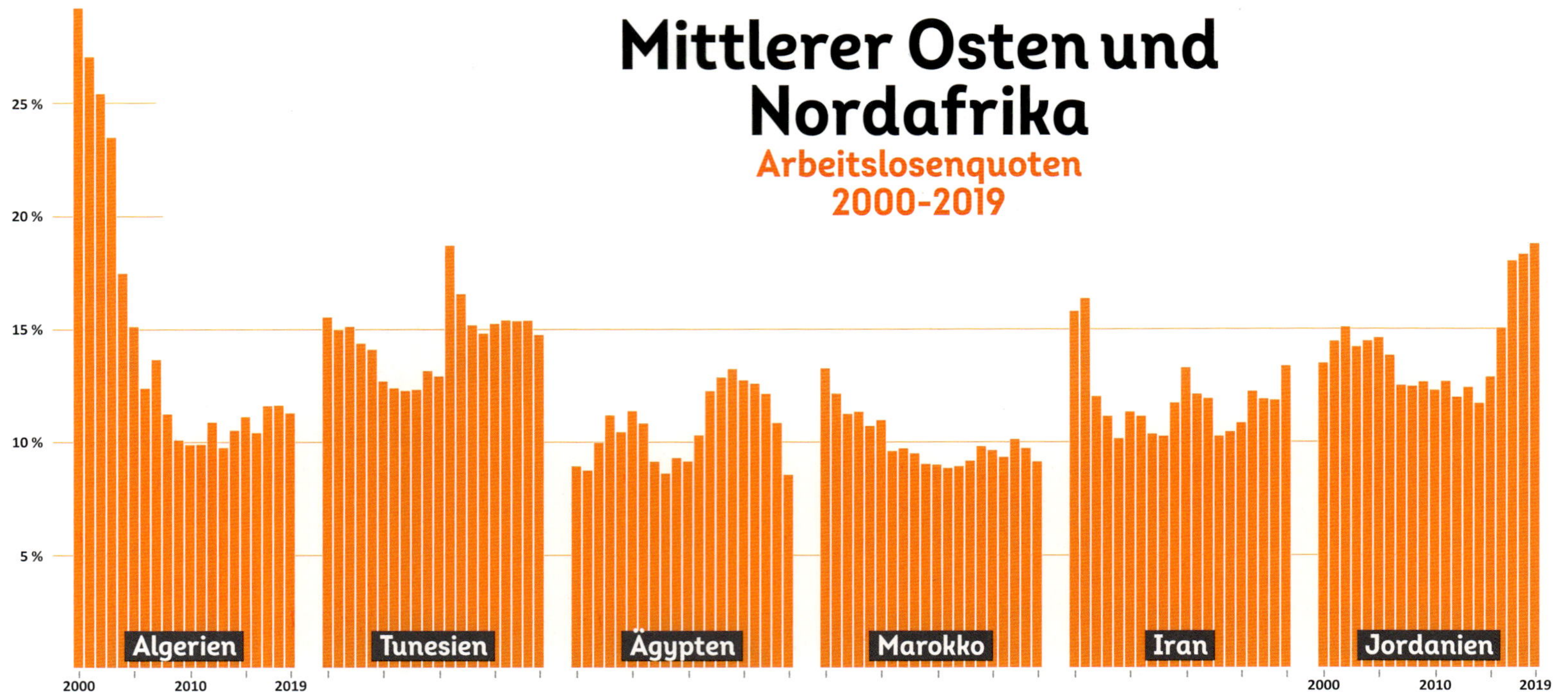

Nordafrikas Arbeitsmärkte sind gemessen an den Arbeitslosenquoten, die der IWF auf Basis der Angaben der nationalen Statistikbehörden ausweist, in einem völlig anderen Zustand als die Asiens. In Nordafrika begann der arabische Frühling mit einer Revolution in Tunesien Ende 2010, wo die Situation am Arbeitsmarkt jahrelang noch schlechter gewesen war als in Ägypten und Marokko. Im Zuge der Revolution ist die Arbeitslosenquote zusätzlich gestiegen, und zwar um 6 Prozentpunkte auf fast 19 %. Sie sank zwar laut amtlicher Statistik wieder etwas, liegt aber seit sieben Jahren bei ungefähr 15 %.

Marokko konnte seine Arbeitslosigkeit von um die 13 % zu Beginn der 2000er-Jahre bis 2012 relativ kontinuierlich auf unter 9 % abbauen, doch seither stagniert der Arbeitsmarkt gemäß der offiziellen Zahlen. In Ägypten schwankte die Arbeitslosenquote zwischen 9 % und 13 % und verringerte sich zuletzt auf 8,6 %.

Bereits diese offiziellen Quoten sind enorm hoch, und wahrscheinlich spiegeln sie nicht einmal die ganze Dramatik der Arbeitsmarktsituation wider. Das heißt, dass für viele junge Menschen kaum eine Hoffnung besteht, im eigenen Land eine berufliche Perspektive aufbauen zu können. Kein Wunder, dass hoher Abwanderungsdruck besteht, zumal in diesen Ländern die Jugendlichen für die Versorgung der Familien verantwortlich sind, sobald sie ein arbeitsfähiges Alter erreicht haben. Dass man im Westen den Arabischen Frühling mit seinem Versuch, auch eine neue Wirtschaftspolitik zu installieren, blockiert hat, wird sich im Einwanderungsdruck auf Europa noch für viele Jahre niederschlagen.

Eine zumindest episodenhaft erfreuliche Entwicklung gab es in Algerien. In diesem der Fläche nach größten Staat Afrikas ist die offizielle Arbeitslosenquote von fast 30 % Anfang des Jahrhunderts innerhalb von zehn Jahren im Zuge einer »Versöhnungspolitik« als Antwort auf Bürgerkriegswirren immerhin auf 11 % gesunken. Danach kam dieser positive Trend jedoch zum Erliegen: Offenbar zahlt sich der wirtschaftspolitische Reformweg, der hauptsächlich in Privatisierungen bestand, nicht weiter aus, weil er in kein makroökonomisches Gesamtkonzept eingebettet ist.

Für einige Länder des **Mittleren Ostens** liegen Arbeitslosendaten der nationalen Statistikämter vor. Sie zeigen, dass der Iran und Jordanien seit Jahren mit hoher Arbeitslosigkeit kämpfen, was vor allem mit dem syrischen Bürgerkrieg und der Instabilität in der gesamten Region zusammenhängt. In Jordanien hat sich die Lage seit 2015 enorm zugespitzt: Dort stieg die Arbeitslosigkeit innerhalb von fünf Jahren von 12 % auf 19 %. Für Syrien gibt es in der internationalen Statistik keine amtlichen Daten mehr, die über 2011 hinausgehen.

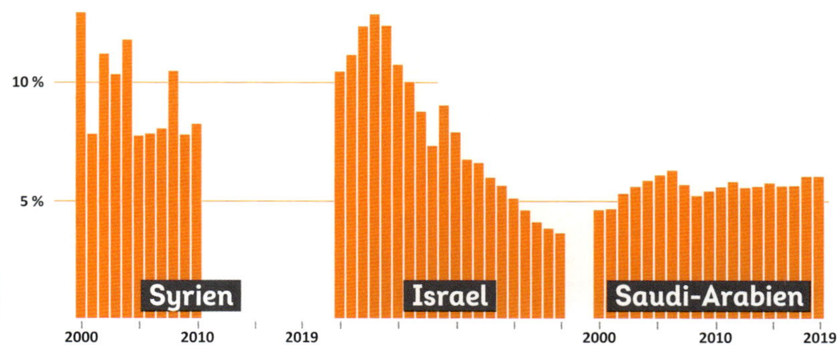

Abb. 6.5: Arbeitslosenquoten nordafrikanischer Länder und von Ländern des Mittleren Ostens 2000 bis 2019

Ganz anders stellt sich die Lage in Saudi-Arabien dar. Wie andere Erdöl exportierende Staaten weist dieses Land einen extrem hohen Außenhandelsüberschuss auf (siehe **Kapitel »Außenhandel«**), der die Staatskasse füllt, den Konsum anheizt und insgesamt eine zwar schwankende, aber im Durchschnitt relativ hohe Wachstumsrate zeitigt. Das macht sich auf dem Arbeitsmarkt positiv bemerkbar: Die offizielle, seit Jahren herrschende Arbeitslosenquote von um die 6 % muss im Vergleich zu den Nachbarstaaten als stabil niedrig angesehen werden.

Israel zeigt, dass eine langfristige Reduktion der Arbeitslosigkeit prinzipiell gelingen kann, wenn der Staat angemessen Verantwortung für die wirtschaftliche Entwicklung übernimmt und in staatliche Infrastruktur und Bildung investiert: Das im Vergleich zu EU-Ländern kräftige Wirtschaftswachstum in den vergangenen zwei Jahrzehnten bescherte dem Land eine fast kontinuierlich sinkende Arbeitslosenquote, die im Jahr 2019 ein Niveau unter 4 % erreichte.

Für die Länder **Subsahara-Afrikas** sind die Statistiken zur Arbeitslosigkeit besonders unvollständig und von wechselnder Qualität. Für manche Länder liegen Zahlen des IWF vor, die auf Angaben der nationalen Statistikbehörden beruhen. Ergänzend kann man von der ILO veröffentlichte Befragungsergebnisse heranziehen. Für einzelne Länder wie Äthiopien oder Kamerun werden niedrige Arbeitslosenquoten von unter 5% berichtet. In vielen anderen Ländern dieser Region zeigt sich aber ein verheerendes Bild. In Südafrika etwa ist ein Viertel der Erwerbspersonen arbeitslos. Nicht viel besser sieht es im Sudan aus. In Nigeria, dem bevölkerungsreichsten Staat der Region, für den Daten erst ab 2010 vorliegen, steigt die offiziell gemessene Arbeitslosigkeit. Das könnte auch mit einer neuen statistischen Abgrenzung in Zusammenhang stehen, bei der unterbeschäftigte Arbeitskräfte mit einer monatlichen Arbeitszeit zwischen 20 und 40 Stunden zu den Arbeitslosen hinzugerechnet werden. Das Fehlen international harmonisierter Daten macht sich an dieser Stelle besonders negativ bemerkbar.

Angesichts der Tatsache, dass in diesen Ländern die Bevölkerung stark wächst, wäre es sehr wichtig, jungen Leuten eine Zukunftsperspektive zu bieten. Doch fast nirgendwo lassen sich Aufschwungprozesse realisieren, die dauerhaft und stabil genug sind, um genügend Arbeitsplätze zu schaffen. Politische Instabilität, Terrorismus und Kriege sind zugleich Ursache und wiederum Folge dieses Grundproblems, das durch die Klimaveränderungen noch verschärft wird.

Umso dringlicher ist es, dass die Wirtschaftspolitiker in diesen Ländern ein Grundverständnis für gesamtwirtschaftliche Zusammenhänge entwickeln, ohne welches eine spürbare und nachhaltige Verbesserung der ökonomischen Situation unmöglich zu bewerkstelligen ist.

Subsahara-Afrika

Arbeitslosenquoten 2000-2019

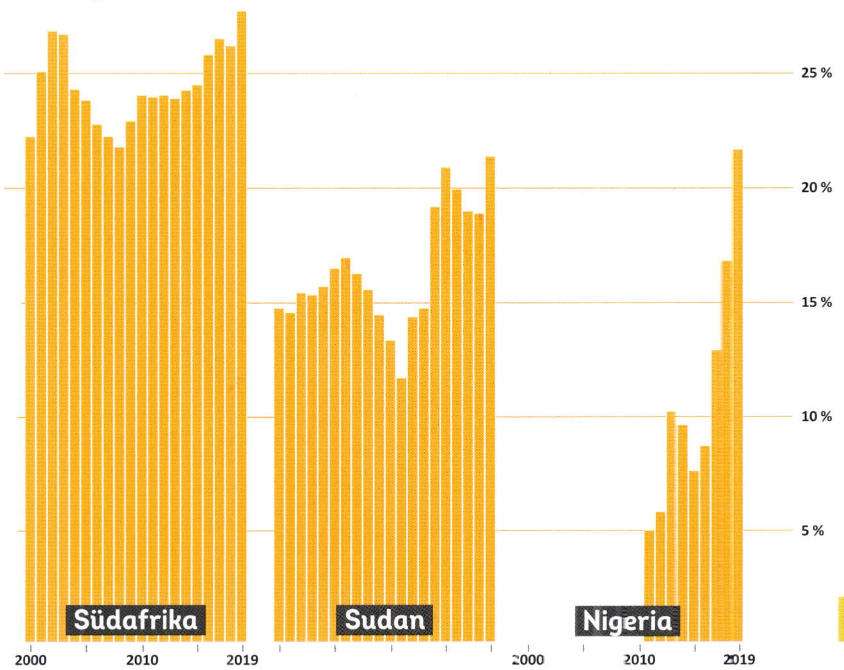

Abb. 6.6: Arbeitslosenquoten von Ländern Subsahara-Afrikas 2000 bis 2019

Der Corona-Schock und die Weltwirtschaft

In diesem Heft geht es um die langen Linien der Entwicklung der Weltwirtschaft in den vergangenen Jahrzehnten. Doch diese Linien veränderten sich 2020 im Zuge des dramatischen Corona-Schocks, der weder vorhersehbar war noch in seinen Auswirkungen abschließend eingeschätzt werden kann. Die meisten Regierungen der Welt haben mit drastischen Maßnahmen versucht, das Corona-Infektionsgeschehen zu verlangsamen, wodurch das öffentliche Leben nahezu zum Stillstand kam. Aus Furcht vor dem Virus schränkten sich außerdem viele Menschen auch ohne staatliche Eingriffe in ihrem Alltag stark ein.

Im Oktober 2020, bei Redaktionsschluss, lagen die Zahlen der weltweit an oder mit Covid-19 gestorbenen Menschen mit täglich mehr als 5.000 Todesfällen weiterhin auf einem hohen Niveau, nachdem es im Mai und im Juni eine leichte Entspannung gegeben hatte. Verschoben hat sich dabei die regionale Verteilung: In Europa (einschließlich Russland) ist die Zahl der Todesfälle nach hohen Werten im April bis Anfang August deutlich zurückgegangen, weist aber seitdem wieder einen steigenden Trend auf. Beginnend mit relativ niedrigen Werten im März 2020 hat die Zahl der Covid-19-Todesfälle in Asien sowie Südamerika in den folgenden Monaten erheblich zugenommen. Afrika wies Ende Juli 2020 einen Gipfel bei der Zahl der Todesfälle und danach einen deutlichen Rückgang auf. Er kann aber nur sehr begrenzt als positiver Indikator gesehen werden. Man weiß zu wenig über die mögliche Dunkelziffern der an oder mit Covid-19 gestorbenen Menschen, weil das Gesundheitswesen vielfach nur sehr begrenzt in der Lage ist, diese Todesursache zu erfassen.

In diesem Kapitel werden anhand einer Reihe von Beispielen die wirtschaftlichen Krisenfolgen illustriert. Bruttoinlandsprodukt, Industrieproduktion und die Entwicklung der Arbeitslosigkeit sind die entscheidenden Indikatoren, für die Werte bis zum zweiten Quartal und teilweise darüber hinaus vorliegen. Im Zentrum steht die Frage, wie es weitergehen könnte und welche wirtschaftspolitischen Schlussfolgerungen zu ziehen sind. Klar ist, dass Fehlentscheidungen in der jetzigen Lage verheerende Konsequenzen nach sich ziehen können.

Drastische Reaktionen und unterschiedliche Erfahrungen

Die Frage, ob es gerechtfertigt war, der Ausbreitung des Virus von Seiten der Politik mit extremen Maßnahmen entgegenzutreten, kann heute noch nicht abschließend beantwortet werden. Die politisch Verantwortlichen mussten im Frühjahr 2020 unter großer Unsicherheit entscheiden. Auch die Experten wussten sehr wenig über das Virus, die Übertragungswege und seine Gefährlichkeit für unterschiedliche Altersgruppen.

Gleichwohl kann man schon heute sagen, dass die Regierungen in einigen Ländern über das Ziel hinausgeschossen sind, in anderen jedoch hinter dem zurückblieben, was sinnvoll gewesen wäre. Dass Frankreich seine gesamte Bauwirtschaft für vier Wochen stilllegte, war sicherlich genauso falsch wie die deutsche Entscheidung, über Nacht die Grenzen zu den europäischen Nachbarn zu schließen. Kaum bestreitbar ist, dass Großbritannien und die USA insgesamt viel zu spät und halbherzig reagiert und Länder wie Brasilien die Gefahren durch das Virus offensichtlich unterschätzt haben.

Die USA haben bis in den Herbst hinein mit sehr hohen Infektions- und Todeszahlen zu kämpfen, wollen einen zweiten Lockdown aber auf jeden Fall vermeiden. Indien hat mehrfach drastische Einschränkungen des öffentlichen Lebens angeordnet und trotzdem keinen geeigneten Weg gefunden, die Mortalität einzudämmen. Schwer betroffen sind viele Staaten Südamerikas, wo gut 5 % der Weltbevölkerung leben, aber 25 % der Corona-Toten zu beklagen sind. Im positiven Sinne auffällig ist hier allerdings Uruguay, das die Pandemie fast völlig unter Kontrolle halten konnte. Bislang sind dort nur 50 Covid-19-Todesfälle zu beklagen (Stand Anfang Oktober 2020). Ob sehr früh im März 2020 angeordnete Schulschließungen oder die übrigen von der Regierung angeord-

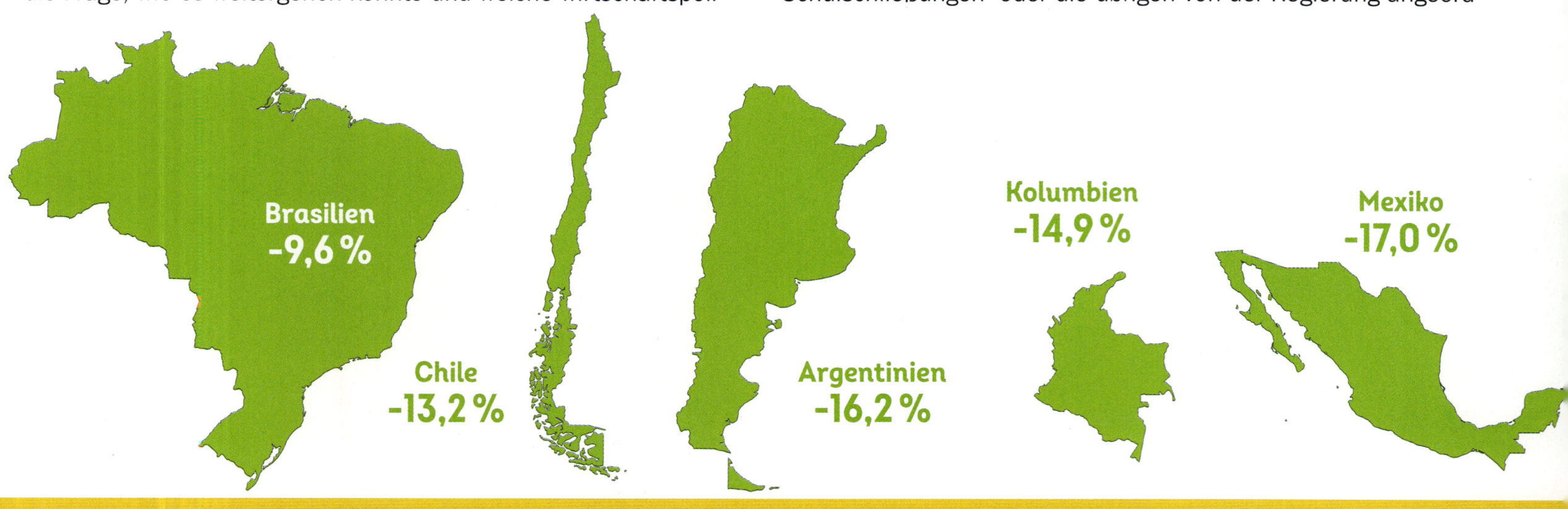

neten Maßnahmen zu diesem Erfolg beigetragen haben, ist unklar. In Europa gibt es eine Entwicklung bei den reinen Infektionszahlen, die man als zweite Welle bezeichnen kann. Die Daten zeigen darüber hinaus im September und Oktober 2020 einen Wiederanstieg der Zahl der wöchentlichen Todesfälle für diese Region, wenngleich die Entwicklung bislang deutlich milder verläuft als im März und April. Die internationalen Daten über das Infektionsgeschehen und die Mortalität, auf die wir uns beziehen, beruhen auf Angaben der EU, der WHO und der Universität Oxford.

Anhand der Altersverteilung der Gestorbenen wurde im Frühjahr sehr schnell klar, dass Covid-19 vor allem für ältere Menschen eine große Gefahr darstellt. Betrachtet man die weiterhin auftretenden Todesfälle, so hat sich daran in Europa auf niedrigerem Niveau grundsätzlich nichts geändert, wenngleich die Auswirkungen von Land zu Land und von Region zu Region unterschiedlich waren. In Deutschland fiel die sogenannte Übersterblichkeit (also die Abweichung der Sterblichkeit in einer bestimmten Periode vom langjährigen Durchschnitt) verglichen mit anderen Ländern eher gering aus, aber sie ist synchron zum Anstieg der Corona-assoziierten Todesfälle für einige Wochen Ende März und im April – insbesondere regional – deutlich nachweisbar. Eine insgesamt geringere Betroffenheit Deutschlands als Beleg für die These heranzuziehen, die Gefährlichkeit der Pandemie würde überschätzt, ist mit Blick auf die weltweite Entwicklung unangemessen. Man muss aber sehen, dass die Corona-Pandemie in den wirtschaftlich schwächsten Ländern doppelt tödlich wirkt. Der Rückgang der wirtschaftlichen Aktivitäten und der Wegfall von Absatzmärkten selbst hat dort lebensbedrohende Folgen. Anders als in westlichen Industrieländern können ärmere Staaten hier kaum mit kreditfinanzierten Unterstützungen eingreifen, und meist gibt es nur rudimentäre soziale Sicherungssysteme. Diese Probleme werden verschärft, wenn Maßnahmen gegen die Pandemie Logistikketten zur Versorgung mit Nahrungsmitteln und Hilfsgütern durch Hilfsorganisationen unterbrechen.

Abb. C.1: Veränderungsrate des preis- und saisonbereinigten BIP im 2. Quartal 2020 gegenüber dem 1. Quartal 2020 in % in verschiedenen Ländern

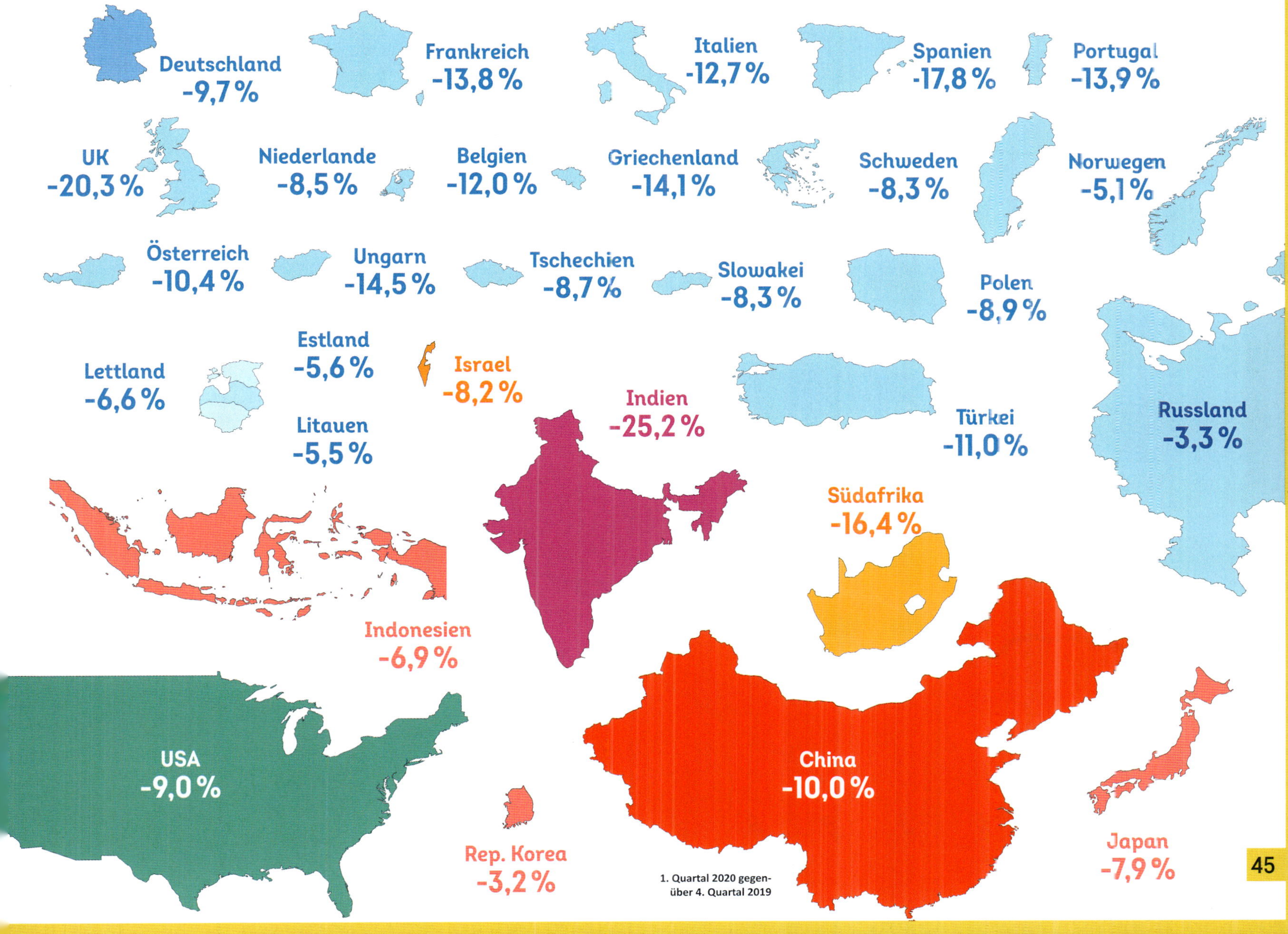

Die wirtschaftlichen Folgen

Die Corona-Pandemie war in einem kurzen Zeitraum von zwei bis drei Monaten der größte Schock, der die Weltwirtschaft in den vergangenen 70 Jahren getroffen hat. Ihr Absturz vollzog sich, wenn man die Quartalswerte des Bruttoinlandsprodukts (BIP) zugrunde legt, in allen großen Wirtschaftsregionen fast synchron (**Abbildungen C.1** und **C.2**). In China, wo die Pandemie zuerst ausbrach, stürzte die Wirtschaft auch zuerst ab: Das BIP fiel im ersten Quartal 2020 gegenüber dem Vorquartal um 10,0 %, ist aber gemäß den Daten der OECD im zweiten Quartal wieder um 11,5 % gewachsen. Das bedeutet eine leichte Abflachung des Trends aus der Vor-Corona-Zeit, wie man Abbildung C.2 bei genauem Hinsehen entnehmen kann.

Die USA verzeichneten mit -9,0 % im zweiten Quartal 2020 einen um ein Vierteljahr versetzten ähnlich großen Einbruch, der die Finanzkrise von vor zehn Jahren bei Weitem in den Schatten stellt: Damals betrug der größte Quartalsrückgang -2,2 % (viertes Quartal 2008 gegenüber Vorquartal). Japan erfasste der Corona-Schock mit -7,9 % nicht ganz so schlimm. Die EU 27 schnitt mit -11,4 % im Vergleich zu den genannten Staaten bisher am schlechtesten ab. Auch hier zeigt der Rückblick auf die Finanzkrise, deren größter Quartalseinbruch vom vierten Quartal 2008 auf das erste Quartal 2009 knapp -3 % betrug, dass die jetzige Krise eine historisch einmalige Dimension hat.

In Europa konnte sich praktisch kein Land dieser Entwicklung entziehen. Inmitten schwieriger Brexit-Verhandlungen traf es das Vereinigte Königreich am stärksten (-20,3 %), während Frankreich -13,8 % zu verzeichnen hatte und Deutschland mit -9,7 % ähnlich wie die Niederlande (-8,5 %) etwas glimpflicher davonkam. Überdurchschnittlich ging das BIP im zweiten Quartal auch in den südeuropäischen Ländern zurück – in Spanien um -17,8 %, Griechenland -14,1 %, Portugal -13,9 %, Italien -12,7 %. In Italien und Griechenland wiegt das besonders schwer, weil sich beide Länder nicht von der Finanzkrise erholt hatten, wie man an dem BIP-Niveau sieht, das 2019 unter dem von 2007 lag (**Abbildung C.3**). Von den hier abgebildeten nord- und osteuropäischen Staaten schneidet Ungarn mit Abstand am schlechtesten ab (-14,5 %). Immerhin blicken die Transformationsländer auf eine mehr oder weniger steile Erholungsphase seit der Finanzkrise zurück, so dass keines dieser Länder durch den jetzigen Absturz auf oder gar unter seine Wirtschaftskraft von vor zehn Jahren gedrückt wurde – anders als in einigen westeuropäischen Ländern.

Die Türkei dürfte mit -11,0 % weltweit gesehen im Mittelfeld liegen – hier hat sicher der Tourismussektor schwer gelitten. Russland scheint dagegen mit -3,3 % eines der wirtschaftlich am wenigsten gebeutelten Länder, für die bereits Daten vorliegen, zu sein. Norwegen verzeichnet immerhin einen BIP-Rückgang von -5,1 % im zweiten Quartal. Australiens Wirtschaft, die aufgrund der

Abb. C.2: BIP in großen Wirtschaftsnationen und der EU 2007-2020 (preis-, kalender- und saisonbereinigt)

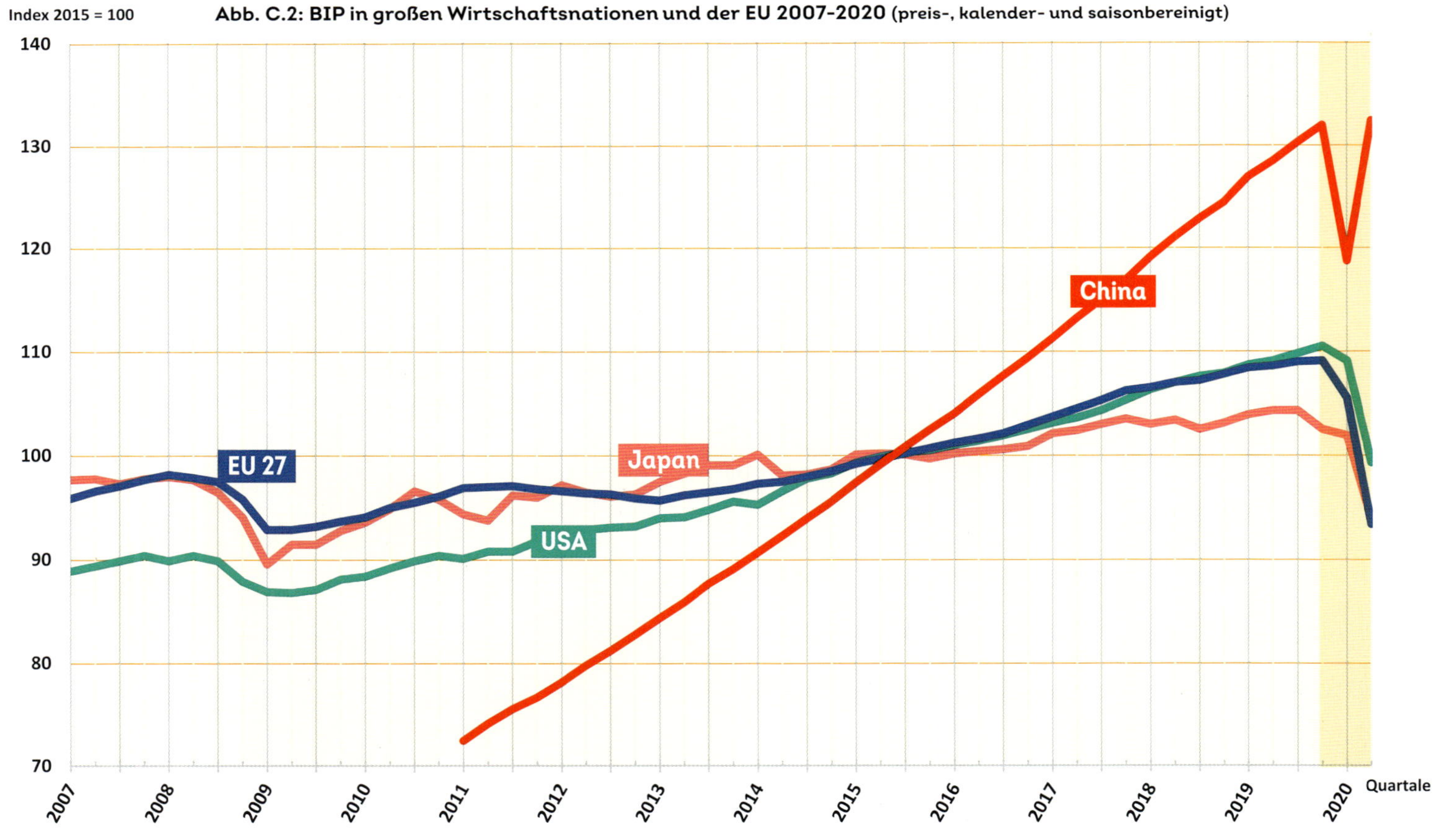

bedeutenden Kohleausfuhren ebenfalls von der weltweiten Nachfrage nach fossilen Brennstoffen abhängt, brach um -7,0 % ein.

Das gemessen an der Bevölkerung zweitgrößte Land der Welt, Indien, muss mit einem Rückgang seiner Wirtschaftsleistung von gut -25 % einen dramatischen Einbruch verkraften. Um zu erfassen, was das für die Menschen dort bedeutet, ist ein Einkommensvergleich aufschlussreich: Schon vor der Pandemie stand einem Inder weniger als die Hälfte des durchschnittlichen weltweiten Pro-Kopf-Einkommens zur Verfügung oder im Vergleich zu einem EU-Bürger weniger als ein Fünftel, jeweils kaufkraftbereinigt. Sinkt dieser Wert aufgrund der Krise nun dermaßen stark, geht es für Millionen von Menschen ums nackte Überleben. Deutlich weniger dramatisch ist mit -6,9 % die Lage in Indonesien, das beim Pro-Kopf-Einkommen ohnehin etwas besser dasteht (drei Viertel des Weltdurchschnitts). Noch weniger hat es die Republik Korea getroffen (-3,2 %), deren Bürger im Schnitt mehr als fünfmal so wohlhabend sind wie in Indien. Südafrika, das einzige afrikanische Land, für das die OECD Quartalsdaten meldet, verzeichnet einen BIP-Rückgang von -16,4 %. Israel berichtet von -8,2 %.

Abb. C.3: BIP in ausgewählten Ländern 2007-2020 (preis-, kalender- und saisonbereinigt)

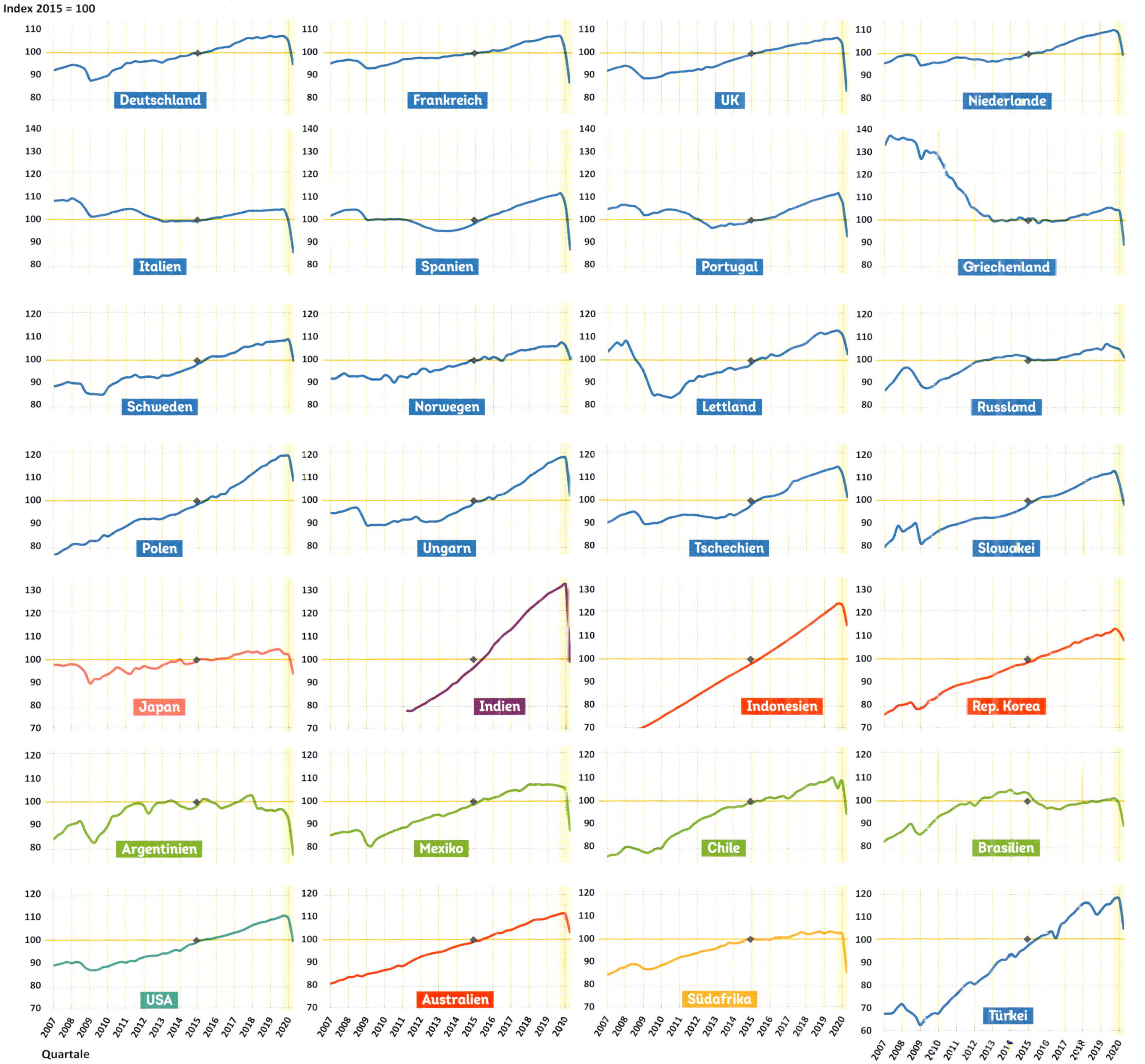

In Lateinamerika kam es mit geringen Verzögerungen ebenfalls zu einem Einbruch der Wirtschaftsleistung. Soweit Daten für das zweite Quartal bereits vorliegen, ergibt sich folgendes Bild: Besonders getroffen wurden Mexiko (-17,0 %), Argentinien (-16,2 %), Kolumbien (-14,9 %) und Chile (-13,2 %). Brasilien liegt mit -9,6 % fast im zweistelligen Bereich. Da das Land genau wie Argentinien schon seit ungefähr fünf Jahren in enormen wirtschaftlichen Schwierigkeiten steckt, hat der jetzt eingetretene Rückschlag eine dramatische Wirkung. Schon bevor die Corona-Krise Lateinamerika mit voller Wucht traf, sank das reale BIP im ersten Quartal in Brasilien um -2,5 % und in Argentinien um -4,2 %. Ohne internationale Hilfe vor allem in Sachen Währungssystem (siehe **Kapitel »Wechselkurse«**) gibt es kaum Hoffnung, dass sich diese beiden großen Länder schnell erholen können – mit allen politischen und nicht zuletzt ökologischen Folgen, die das zeitigen wird und von denen Millionen von Menschen weit über die Grenzen beider Staaten hinaus betroffen sein werden.

Es muss im Nachhinein konstatiert werden, dass die meisten Regierungen die negativen Wirkungen der von ihnen verordneten Maßnahmen unterschätzten. Viele westliche Industrieländer gaben ihren Bürgern Hilfestellung, aber nicht in dem Maße, dass nicht doch viele Arbeitnehmer und viele Unternehmen in erhebliche finanzielle Schwierigkeiten gerieten. Denn während die Erträge und Arbeitseinkommen wegbrachen, konnten Fixkosten wie Mieten, Lizenzgebühren oder Kreditzinsen nicht in gleichem Tempo heruntergefahren werden. Die Verunsicherung der Konsumenten infolge offener Arbeitslosigkeit oder länger andauernder Kurzarbeit hätte durch entsprechend hohe und von vornherein gezahlte Transfers vermieden oder zumindest stärker bekämpft werden müssen. Dazu fehlten den Wirtschaftspolitikern offenbar Mut und Weitsicht.

Ein wesentlicher Grund dafür ist die weit verbreitete und falsche Vorstellung, ein Anstieg des öffentlichen Schuldenstands zur Abfederung der Krise sei gefährlich und belaste zwangsläufig die kommenden Generationen. Das Gegenteil ist richtig: Wirklich gefährlich wird es, wenn der Staat nichts oder deutlich zu wenig tut oder gar einen dezidierten Sparkurs einschlägt. Im **Kapitel »Sparen und Verschulden«** wird das näher erklärt.

Krise in der Industrie, Dienstleister zwischen Depression und Boom

Wie rasant sich der Absturz vollzog, kann man in fast allen Staaten anhand der Industrieproduktion verfolgen. Obwohl in den meisten Ländern industrielle Aktivität nicht explizit untersagt wurde, machten sich Nachfragerückgang und das Zusammenbrechen internationaler Lieferketten rasch bemerkbar. Beides ließ die industrielle Produktion regelrecht kollabieren.

Auch in vielen Dienstleistungsbereichen wie der Verkehrswirtschaft, dem Hotel- und Gaststättengewerbe, der gesamten international ausgerichteten Tourismusbranche oder auch dem Messebau und in allen mit öffentlichen Veranstaltungen verknüpften Kultur- und Sportbereichen kam es zu ähnlich schnellen und durchgreifenden Einschränkungen. Üblicherweise weniger im Fokus stehende Indikatoren wie Flugkilometer, LKW-Mauteinnahmen oder Übernachtungszahlen verdeutlichen das. Wie genau sich die entsprechenden Rückgänge allerdings in der Wertschöpfung niederschlagen, lässt sich hier schwerer abschätzen als in der Industrie. Die statistischen Erhebungen im Dienstleistungssektor, der wesentlich kleinteiliger und vielfältiger strukturiert ist, sind weniger ausgefeilt.

Hinzu kommt, dass es auch Branchen gibt, die eine Art Corona-Boom erlebt haben. Namentlich die Informationstechnik hat einen enormen Aufschwung genommen. Auch der Absatz bestimmter Güter – von Wohnwagen bis Hygieneartikel – schoss in die Höhe. Zudem versuchten Firmen, ihre Angebote den veränderten Bedürfnissen und Regeln anzupassen, um dem wegbrechenden Absatz mit neuen Geschäftsfeldern zu begegnen. Arbeitskräfte haben begonnen sich umzuorientieren, dürften auch kurzfristig umgesattelt haben in Branchen, die händeringend nach Personal suchen, nicht zuletzt im Gesundheitswesen. All diese Veränderungen machen es schwer, den kurzfristigen Gesamteffekt des Schocks statistisch zu erfassen. Wir konzentrieren uns an dieser Stelle daher neben der Industriestatistik zusätzlich auf den Einzelhandel, der das Verbraucherverhalten widerspiegelt, um die Dimension des Geschehens empirisch so gut abgesichert und belegbar wie möglich darzustellen.

Überall auf der Welt verzeichnete die industrielle Fertigung historisch starke Einbrüche, die einen entsprechend ausgeprägten gesamtwirtschaftlichen Einkommensverlust nach sich zogen. Besonders problematisch ist dieser Absturz in all den Staaten, in denen die Industriekonjunktur bereits vor der Corona-Krise schwach lief. Es gibt eine ganze Reihe von Ländern, die den Einbruch ihrer Industrie im Zuge der globalen Finanzkrise von 2008/2009 nicht wirklich überwinden konnten, so dass das Niveau der Produktion bis zum Jahr 2019 nicht mehr das des Jahres 2007 erreichte. Die ökonomischen Folgen der Pandemie treffen in diesen Ländern daher auf einen Sektor, der auf kein Polster für schlechte Zeiten zurückgreifen kann.

Um die unterschiedliche Ausgangssituation und Wucht des Einbruchs durch den Corona-Schock im Vergleich zur Finanzkrise veranschaulichen zu können, wird in den **Abbildungen C.4** bis **C.12** die vierteljährliche Entwicklung der gesamten Wirtschaftsleistung eines Landes in Form des preisbereinigten BIP und die seiner Industrieproduktion als Index (auf 100 normiert für das Jahr 2015) dargestellt. Und zwar so, dass die beiden Krisenquartale – in der Finanzkrise ist das das erste Quartal des Jahres 2009, in der Corona-Krise ist es das zweite Quartal des Jahres 2020 – sozusagen übereinandergelegt werden: Die waagrechte Achse, die den Zeitverlauf anhand der Quartale markiert, beginnt also mit zwei verschiedenen Zeitpunkten, einmal mit dem ersten Quartal 2007 und einmal mit dem zweiten Quartal 2018. So sieht man, in welcher Situation sich die Wirtschaft in den acht den Krisen jeweils vorausgehenden Quartalen befand (der Teil der Grafiken links von der gelb schattierten Fläche, die die Krisenzeit markiert).

In **Frankreich** hatte die Industrieproduktion Ende 2017 ihren letzten Höhepunkt erreicht. Er lag 8 % unter dem von Anfang 2008, was mit dem auch Ende 2019 noch immer hohen Niveau der Arbeitslosenquote von 8,2 % korrespondiert. In der Finanzkrise rutschte die industrielle Produktion Frankreichs innerhalb von vier Quartalen um -17 % ab. Jetzt sackte sie in nur zwei Quartalen um -22 % zusammen. Das französische BIP ist im gleichen Zeitraum um fast -19 % geschrumpft; in der Finanzkrise waren es »nur« -4 %, weil andere Sektoren damals nicht so gebeutelt wurden und die Krise dämpften.

Die wirtschaftlichen Vorgänge in **Italien** sind noch dramatischer: Dort lag das Niveau der Industrieproduktion mit seinem höchsten Wert Ende 2017 um 17 % unter dem Höchststand von vor der Finanzkrise. Ausgehend von diesem schlechten Niveau ist die italienische Industrie nun im ersten Halbjahr 2020 um -24 % abgestürzt und damit in der gleichen Größenordnung wie zwischen 2008 und 2009. Auch hier konnten die anderen Wirtschaftsbereiche den industriellen Einbruch jetzt nicht abfedern wie in der Zeit der Finanzkrise, so dass das italienische BIP im ersten Halbjahr 2020 um -17 % zurückging, während es zwischen dem zweiten Quartal 2008 und dem zweiten Quartal 2009 »nur« -7,5 % verloren hatte. Die politischen Folgen, die dieser fortgesetzte industrielle Niedergang Italiens in den kommenden Jahren noch entwickeln wird, wenn dem Land wie im zurückliegenden Jahrzehnt erneut fiskalpolitische Fesseln von Seiten der EU-Kommission angelegt werden, werden für Europa katastrophal sein.

Ähnlich sieht es in **Spanien** aus. Nach der Finanzkrise stagnierten Industrie und Gesamtwirtschaft, um dann in der anhaltenden Eurokrise weiter abzusacken. Erst Mitte des Jahrzehnts setzte eine zaghafte Erholung ein. Die reichte in der Industrie aber nur dazu, sich gerade wieder auf das Niveau von unmittelbar nach der Finanzkrise hochzuarbeiten. Damit lag sie zu Beginn des Jahres 2020 aber noch um über ein Fünftel unter dem Höchst-

Abb. C.5: Industrieproduktion und BIP in Italien

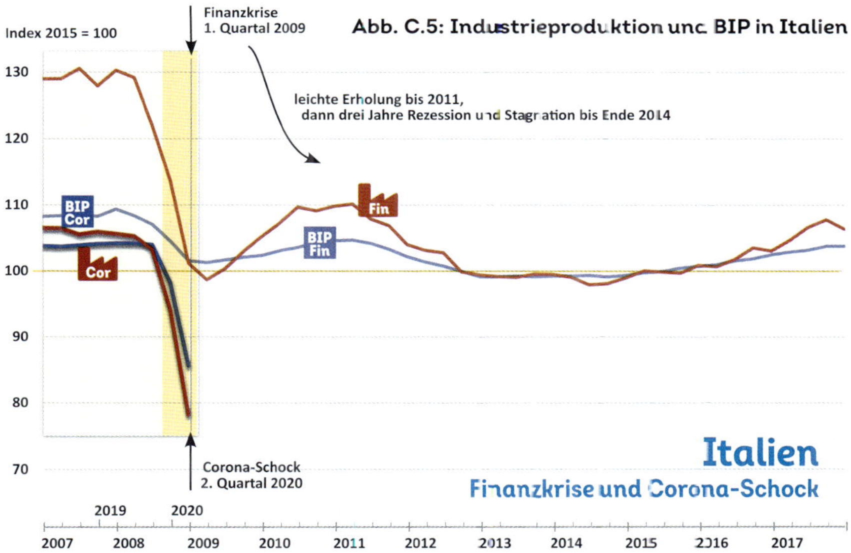

Abb. C.4: Industrieproduktion und BIP in Frankreich

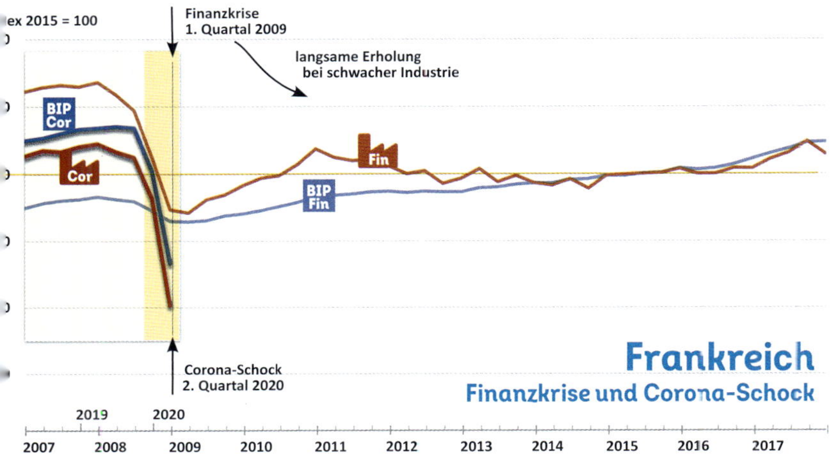

Abb. C.6: Industrieproduktion und BIP in Spanien

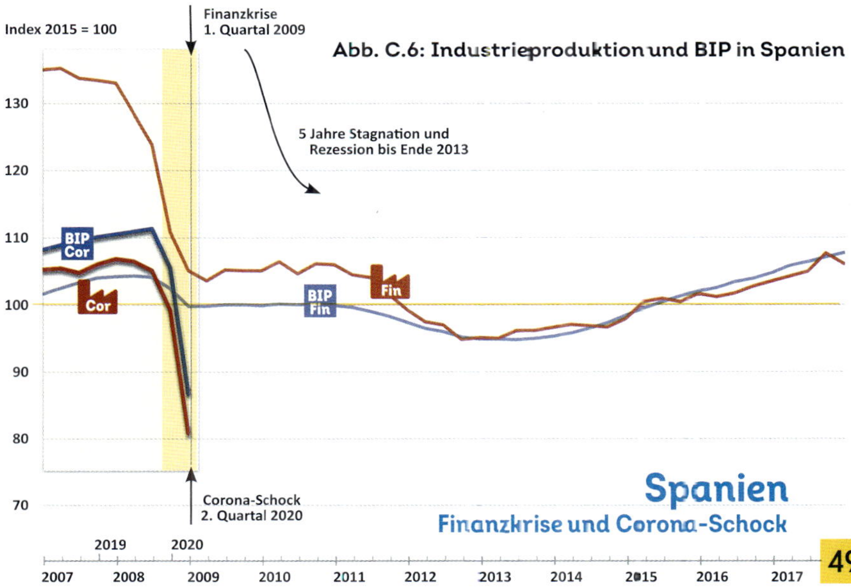

Index 2015 = 100, preis-, kalender- und saisonbereinigt

stand von 2007. Der Corona-Schock hat die spanische Industrie nun um weitere -24 % unter das Level von Ende 2019 gedrückt. Zu dieser katastrophalen Entwicklung gesellt sich der Absturz der spanischen Tourismusbranche, die Corona-bedingt am Boden liegt. Im Ergebnis ist das spanische BIP im zweiten Quartal 2020 gegenüber dem vierten Quartal 2019 um -22 % gefallen – doppelt so stark wie in Deutschland.

Für das **Vereinigte Königreich** ist die wirtschaftliche Ausgangssituation kurz vor dem Brexit enorm angespannt. Die britische Industrie nahm in den zwei Jahren unmittelbar nach der Finanzkrise 2008/2009, während der sie rund -11 % eingebüßt hatte, nur einen winzigen Aufschwung, verlor dann erneut an Boden und befand sich vor dem Corona-Schock gut 9 % unter dem Level von vor der Finanzkrise. Jetzt ist sie in den beiden ersten Quartalen 2020 zusammengenommen um -18 % gegenüber dem vierten Quartal 2019 eingebrochen. Die gesamte Wirtschaftskraft des Landes hat sogar noch stärker gelitten (-22 %), was den Rückgang im Zusammenhang mit der Finanzkrise von -6 % als geradezu kleine Flaute erscheinen lässt.

Schweden hat bei der Bekämpfung der Pandemie einen eigenen, weniger strikten Weg versucht. Dort verzeichnete die Industrieproduktion aber ebenfalls einen deutlichen Einbruch, der zwar nicht ganz so scharf ausfiel wie im Vereinigten Königreich oder Südeuropa. Aber mit -13,7 % im zweiten Quartal 2020 gegenüber dem vierten Quartal 2019 hat es Schwedens Industrie doch wesentlich stärker getroffen als seine Nachbarn. Das zeigt, dass nicht allein die innerstaatlichen Anordnungen zur Bekämpfung der Pandemie für die ökonomischen Folgen verantwortlich sind, sondern auch andere Faktoren, insbesondere »freiwillige« Verhaltensanpassungen der Menschen und die außenwirtschaftliche Verflechtung. Insgesamt gesehen hatte sich Schwedens Industrie von der Finanzkrise noch längst nicht wieder erholt, sondern ein sehr durchwachsenes Jahrzehnt hinter sich. Erst in den Jahren 2017 und 2018 hatte die Produktion wieder kontinuierlich angezogen. Der aktuelle Schock hat das Produktionsniveau des Sektors nun wieder um ein Jahrzehnt zurückgeworfen.

Abb. C.7: Industrieproduktion und BIP im Vereinigten Königreich

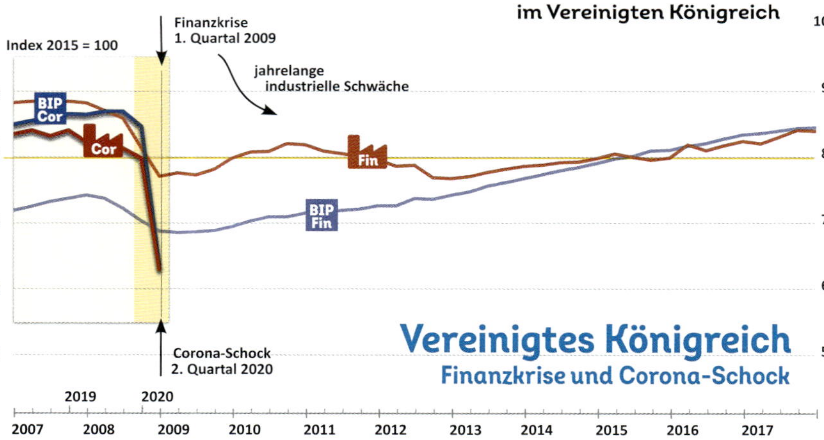

Abb. C.9: Industrieproduktion und BIP in der Türke

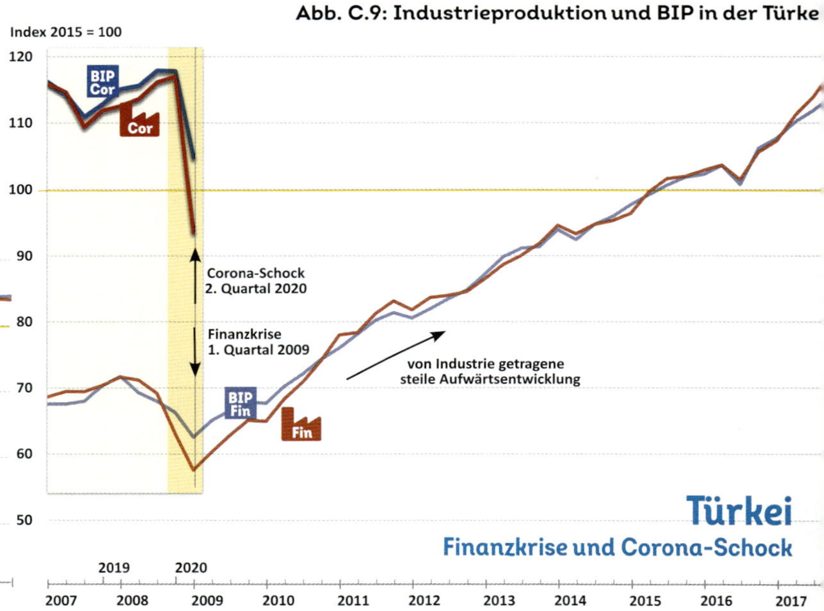

Abb. C.8: Industrieproduktion und BIP in Schweden

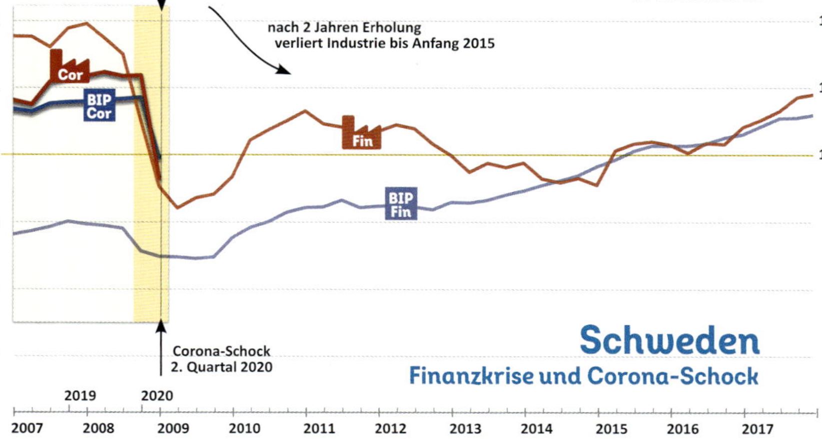

Abb. C.10: Industrieproduktion und BI in Tschechie

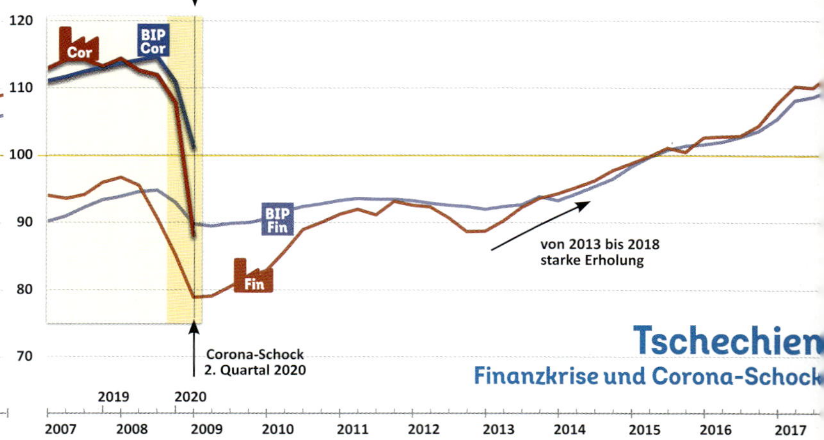

Index 2015 = 100, preis-, kalender- und saisonbereinigt

Tschechien ist eine Transformationsökonomie, die inzwischen eng in den internationalen Handel eingebunden ist. Dieses Land hatte die Folgen der Finanzkrise relativ gut bewältigt und war mit seinem Industriesektor 17 % über das Niveau von 2008 hinausgewachsen, bevor jetzt mit -21 % ein enormer Absturz eintrat. Das dürfte auch auf den Rückgang der deutschen Nachfrage nach Vorleistungsgütern etwa für die Autoindustrie zurückzuführen sein – schließlich erwirtschaftet Tschechien seit Jahren Handelsüberschüsse mit Deutschland. Der Einbruch des BIP um fast -12 % im ersten Halbjahr ist mehr als doppelt so hoch wie in der Finanzkrise. Aber immerhin ist das Einkommensniveau von vor fünf Jahren noch nicht wieder unterschritten.

Unter welchem ökonomischen Druck die **Türkei** steht, ist für Europa nicht zuletzt in Hinblick auf die Flüchtlingspolitik von großem Interesse. Dieses Land kämpft seit Jahren mit hohen Inflationsraten, die es mit hohen Zinsen zu bändigen versucht, was regelmäßig zu Währungsspekulationen und entsprechend heftigen Wechselkursschwankungen geführt hat. Von diesen Turbulenzen wird in den Zeitreihen zum vierteljährlichen BIP und zur Industrieproduktion nicht allzu viel sichtbar. Das konjunkturelle Auf und Ab der Gesamtwirtschaft folgt der Industrieproduktion sehr eng. Die ist in den letzten zehn Jahren mit einer Unterbrechung im Jahr 2018 steil gestiegen und lag Anfang des Jahres 2020 doppelt so hoch wie am Tiefpunkt in der Finanzkrise. Jetzt ist die industrielle Produktion, ziemlich genau wie damals, um -20 % abgestürzt. Das BIP hat sich fast doppelt so schlecht entwickelt wie 2008/2009, als laut amtlicher Statistik »nur« -6 % der Wirtschaftskraft innerhalb von vier Quartalen verloren gingen: Im zweiten Quartal 2020 lag das türkische BIP um -11 % unter dem des vierten Quartals von 2019. Ein wesentlicher Grund dafür dürfte ähnlich wie in Spanien der extrem betroffene, weil stark international ausgerichtete Tourismussektor sein.

Brasilien ist das einzige lateinamerikanische Land, für das die OECD vergleichbare Angaben zur Industriestatistik macht. Wie in den **Kapiteln »Preise«**, **»Zinsen«** und **»Wechselkurse«** näher erläutert, leidet Brasilien seit ungefähr fünf Jahren unter einer rezessiven Entwicklung. Die Wirtschaftskraft des Landes lag Ende 2019 auf dem Niveau von 2015, damit zwar noch 10 % über dem Level von vor der Finanzkrise, aber mehr als 3 % unter ihrem letzten Höhepunkt Anfang 2014. Das entspricht auch der industriellen Entwicklung: Die Produktion war von der Finanzkrise mit -15 % stark betroffen, erholte sich aber innerhalb eines Jahres vergleichsweise rasch und vollständig. Doch was danach folgte, war eine einzige Holperstrecke mit letzten Endes stark abwärts gerichtetem Trend bis 2015, befeuert von einem Teufelskreis aus hoher Inflation, hohen Zinsen und Währungsspekulation. Seither ist es zu keiner nachhaltigen Aufwärtsbewegung der brasilianischen Industrie mehr gekommen. Das Ausgangsniveau, auf das jetzt der Corona-Schock traf, war fast das gleiche wie der Tiefpunkt während der Finanzkrise. Das macht den Absturz um -19 % nun umso verheerender für das Land. Das Bruttoinlandsprodukt lag im zweiten Quartal um -12 % unter dem des vierten Quartals 2019 und damit auf dem Niveau von Ende 2009.

Anders stellt sich die Situation in der **Republik Korea** dar. Dort fasste der Industriesektor nach der Finanzkrise zunächst rasch wieder Fuß. Die Produktion legte innerhalb von nur drei Jahren um über 40 % zu, stagnierte dann allerdings vier Jahre lang und verzeichnete anschließend nur geringe Zuwächse. Die Wirtschaftskraft des Landes entwickelte sich im Gegensatz zur Industrie mit einem jahresdurchschnittlichen Wachstum von 3,4 % völlig gleichmäßig – man könnte ein Lineal an die Quartalszeitreihe legen. Der Corona-Schock jetzt hielt sich in relativ engen Grenzen: Koreas Industrie büßte -7 % ein, das BIP ging um -4,4 % zurück – eine Situation, die man aus der Perspektive der meisten europäischen Länder als geradezu komfortabel bezeichnen könnte.

Abb. C.11: Industrieproduktion und BIP in Brasilien

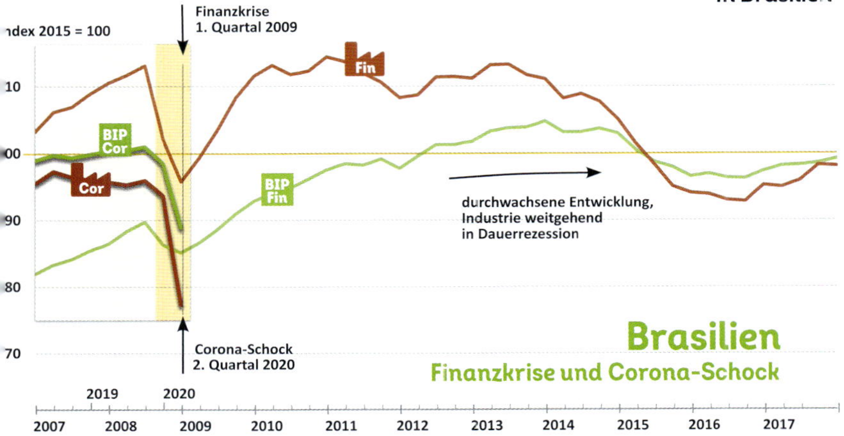

Abb. C.12: Industrieproduktion und BIP in der Republik Korea

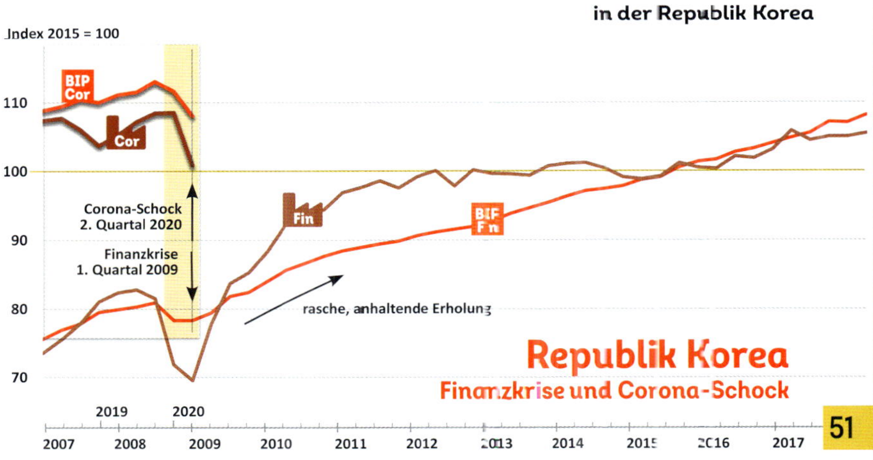

Index 2015 = 100, preis-, kalender- und saisonbereinigt

Arbeitslosigkeit

Eng verknüpft mit dem Produktionseinbruch ist der Anstieg der Arbeitslosigkeit. Wenn auch offene Arbeitslosigkeit in vielen Ländern durch Kurzarbeit und ähnliche Regelungen verhindert wurde, so kann doch kein Zweifel bestehen, dass hier das größte ökonomische Risiko liegt. Auch verdeckte Arbeitslosigkeit wird irgendwann offengelegt werden müssen. Man kann die Unternehmen nicht auf Dauer zwingen, unterbeschäftigte Arbeitnehmer weiter zu bezahlen. Und es ist auch nicht sinnvoll, Produktionsstrukturen über lange Zeiträume aufrechtzuerhalten, deren Angebot keine entsprechende Nachfrage mehr findet.

In den USA zeigt sich die Wirkung des Corona-Schocks auf den Arbeitsmarkt besonders deutlich, weil dort keine die Arbeitslosigkeit verhindernden temporären Maßnahmen wie staatlich subventionierte Kurzarbeit zum Zuge kamen (**Abbildung C.13**). Von einem Niveau nahe der Vollbeschäftigung ist die Arbeitslosigkeit in wenigen Wochen auf über 13 % und damit auf ein Niveau hochgeschnellt, das Nachkriegsrekord bedeutet (im oberen Teil der Abbildung schießt die letzte Säule in die Höhe).

In Deutschland sehen die Statistiken anders aus. Die deutsche Industrie befand sich – im Gegensatz zur amerikanischen – schon vor Corona auf einem absteigenden Ast. Dieser Wirtschaftssektor hatte seinen konjunkturellen Höhepunkt bereits Anfang 2018 überschritten. Die Arbeitslosigkeit in Deutschland war hingegen bis zur Jahreswende 2019/2020 ähnlich wie in den USA rückläufig und hatte ein relativ niedriges Niveau erreicht. Die deutsche Industrieproduktion und das deutsche BIP brachen dann im zweiten Quartal 2020 in einem mit den USA durchaus vergleichbaren Maße ein. Doch die offiziell gemessene Arbeitslosigkeit erhöhte sich nur relativ wenig.

Stattdessen erreichte die Kurzarbeit hierzulande im zweiten Quartal das mit Abstand höchste Niveau aller Zeiten. Über fünf Millionen Beschäftigte leisteten im Durchschnitt nur 60 % ihrer normalen Arbeitszeit (**Abbildung C.14**, die allerdings Monatswerte zeigt, keine Quartalsdurchschnitte). Rechnet man die tatsächlich angefallene Kurzarbeit in Vollzeitstellen um, auf denen nicht gearbeitet wurde, erhält man die vollzeitäquivalente Kurzarbeit. Addiert man diese Zahl zu den gemeldeten Arbeitslosenzahlen, ergibt sich eine erheblich höhere Quote der faktischen Arbeitslosigkeit: Statt der offiziellen 6,4 % im August sind es dann 9,2 %.

Um für Arbeitslosenquoten international vergleichbare Daten zu haben, berechnet die OECD harmonisierte Arbeitslosenquoten (siehe **Kapitel »Arbeitslosigkeit«**). Traditionell fällt dabei aus methodischen Gründen die deutsche Quote geringer aus im Vergleich zu den Angaben der Bundesagentur für Arbeit in Nürnberg. Im August 2020 betrug die Differenz zum Beispiel 1,8 Prozentpunkte, also statt 6,4 % nur 4,6 %. Berücksichtigt man diese Abwei-

Abb. C.13: reales BIP, reale Industrieproduktion (Index 2015 = 100) und Arbeitslosigkeit in den USA und Deutschland (saisonbereinigt)

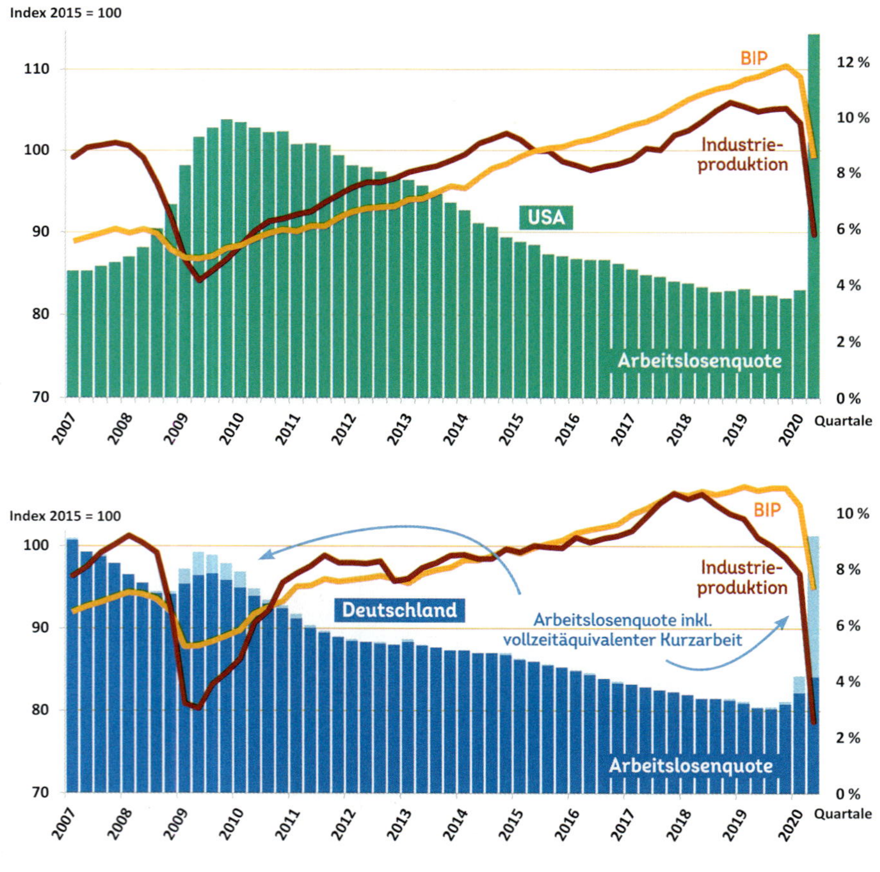

Abb. C.14: Realisierte konjunkturelle Kurzarbeit in Deutschland (saisonbereinigt)

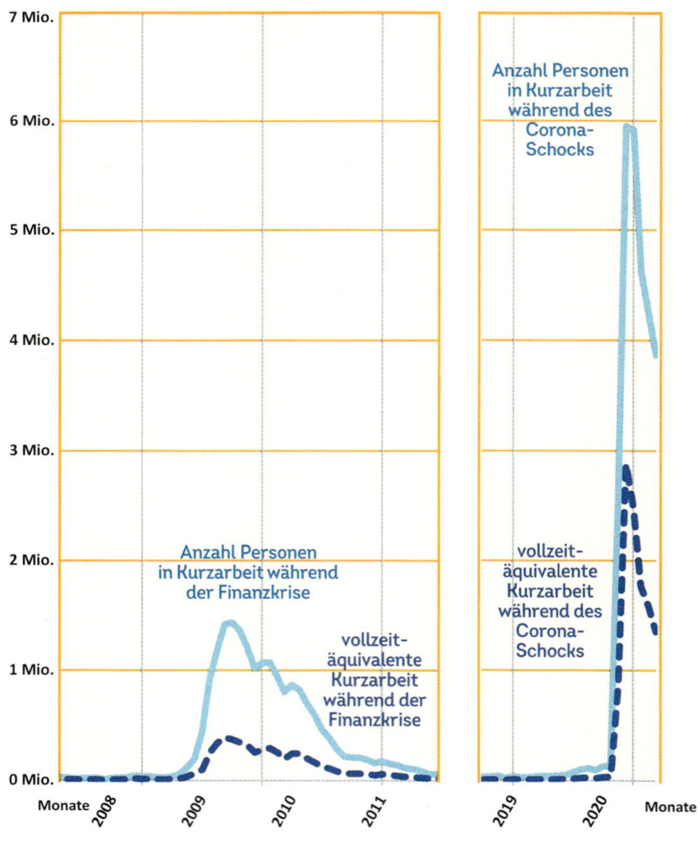

chung, ergibt sich für eine um die Kurzarbeit erweiterte Arbeitslosigkeitsberechnung für Deutschland immerhin noch eine Quote von 7,4 % im August. Im zweiten Quartal führt diese Rechnung sogar zu einem mehr als doppelt so hohen Wert im Vergleich zu der international amtlichen Quote von 4,2 %, nämlich zu 9,2 %.

Diese Rechnung lässt sich derzeit mangels Daten nicht für andere europäische Länder durchführen, so dass wir keinen entsprechenden Wert einer um die Kurzarbeit erweiterten Arbeitslosenrechnung für die EU vorlegen können. Er läge aber sicher deutlich über den amtlichen 6,9 % des zweiten Quartals 2020, schon allein weil Deutschland statistisch ein hohes Gewicht bei der Berechnung gesamteuropäischer Daten hat.

Der internationale Vergleich zeigt die maßnahmenbedingt sehr unterschiedliche Entwicklung an den Arbeitsmärkten in den großen Wirtschaftsregionen (**Abbildung C.15**). Die USA nehmen wegen fehlender arbeitsmarktpolitischer Abfederung eine Sonderstellung in Sachen gemessener Arbeitslosigkeit ein. In der EU hat sich die offiziell ausgewiesene Arbeitslosigkeit dagegen kaum erhöht. Auch in Japan bleibt die Kurve flach, weil dort die Betriebe traditionell offene Unterbeschäftigung durch ein Festhalten am Stammpersonal verhindern. Für China gibt es am aktuellen Rand keine Daten zur Arbeitslosigkeit. Der Jahreswert 2019 lag mit 3,6 % ungefähr auf dem US-amerikanischen Niveau.

Nimmt man für Deutschland die von uns berechnete de facto-Arbeitslosigkeit, also einschließlich der tatsächlich durch Kurzarbeit entfallenen Arbeit, mit ins Bild (die gestrichelte Kurve in Abbildung C.15), dann wird der Unterschied zu den USA deutlich geringer.

Die Zahl der Kurzarbeiter beziehungsweise der beschäftigungsäquivalenten Kurzarbeit sollte zusätzlich zur Zahl der Arbeitslosen berücksichtigt werden, um die wirtschaftliche Lage besser einschätzen und damit wirtschaftspolitisch vorausschauend handeln zu können. Der Bundeswirtschaftsminister ging in einer Interimsprojektion zur wirtschaftlichen Entwicklung vom 1. September 2020 davon aus, dass das deutsche BIP preisbereinigt im Jahr 2020 um 5,8 % sinkt, also kaum stärker als in der Finanzkrise 2009, als die Wirtschaftsleistung um 5,7 % zurückging. Das scheint angesichts der Kurzarbeiterzahlen eine gewagte Prognose zu sein: Der bisherige Spitzenwert der Kurzarbeit vom April 2020 ist mit 5,9 Millionen Personen gut viermal so hoch wie der Maximalwert von 1,4 Millionen während der Finanzkrise im Mai 2009 (Abbildung C.14). Unter Berücksichtigung des tatsächlichen Arbeitsausfalls wird der Unterschied zwischen der damaligen Krise (in der Spitze 393.000 voll ausfallende Stellen) und heute (bisheriges Maximum 2,9 Millionen) noch deutlicher: Er beträgt mehr als das Siebenfache. Diese Zahlen stehen zur Prognose eines fast gleich großen Wirtschaftseinbruchs in Widerspruch.

Abb. C.15: Arbeitslosigkeit in großen Wirtschaftsnationen und der EU

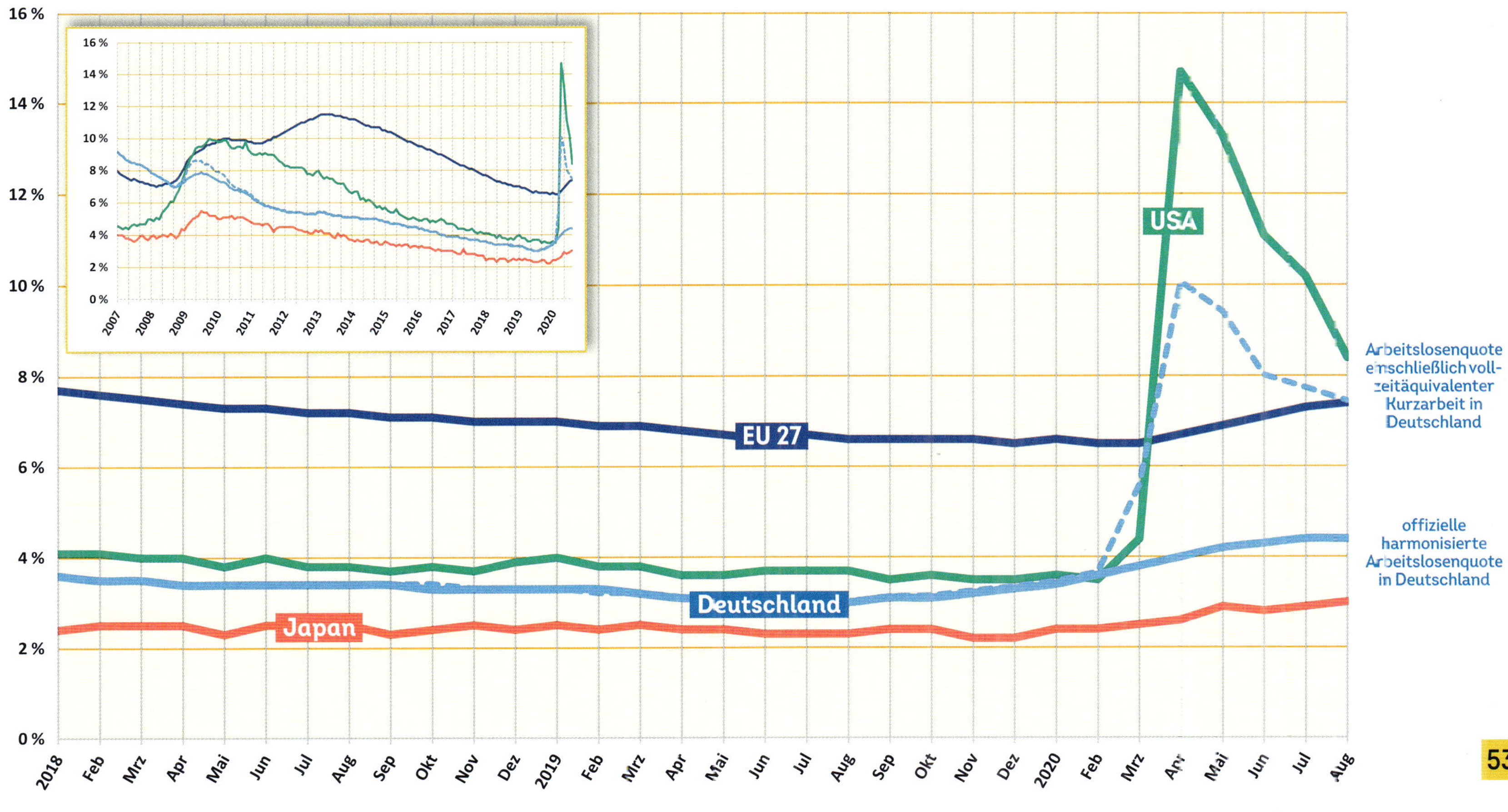

Die Erholung im Sommer 2020

Zu Beginn des Sommers setzte in den industrialisierten Ländern eine Erholung ein (**Abbildung C.16**). Die Industrieproduktion ist seit Juni durchweg gestiegen, wenngleich in unterschiedlichem Tempo. Das Niveau von Anfang des Jahres ist allerdings weder in den USA noch in der EU inzwischen wieder erreicht worden, Japan hinkt besonders hinterher. Für China liegen keine saisonbereinigten Daten vor, aber die unbereinigten (hier nicht gezeigt) lassen auf eine fortgesetzte Erholung schließen. Innerhalb der EU hat sich vor allem die italienische Industrie erholt: Dort ist der Einbruch vom Frühjahr wieder vollständig wettgemacht worden. Davon kann in Deutschland, vermutlich wegen der fortgesetzten Strukturkrise der Autoindustrie, nicht die Rede sein. Die Daten vom August zeigen, dass kein anderes EU-Land bei der Erholung der Industrie noch so weit zurückliegt wie Deutschland.

Das passt zu den Auftragseingängen im deutschen Verarbeitenden Gewerbe (**Abbildung C.17**): Die Nachfrage, vor allem die aus dem Ausland, hat sich wieder erholt, aber das Vorkrisen-Niveau wird noch unterschritten. Es ist keineswegs gesichert, dass sich die Aufwärtsbewegung bis in den Herbst und Winter hinein fortsetzt und im nächsten Jahr die bisherigen Verluste zügig wieder ausgeglichen werden.

Auch der reale Einzelhandelsumsatz, der wegen verordneter Geschäftsschließungen tief eingebrochen war, hat sich während des Sommers erholt (**Abbildung C.18**). In der EU insgesamt konnte er

Abb. C.16: Industrieproduktion in den USA, Japan und der EU (preis-, kalender- und saisonbereinigt)

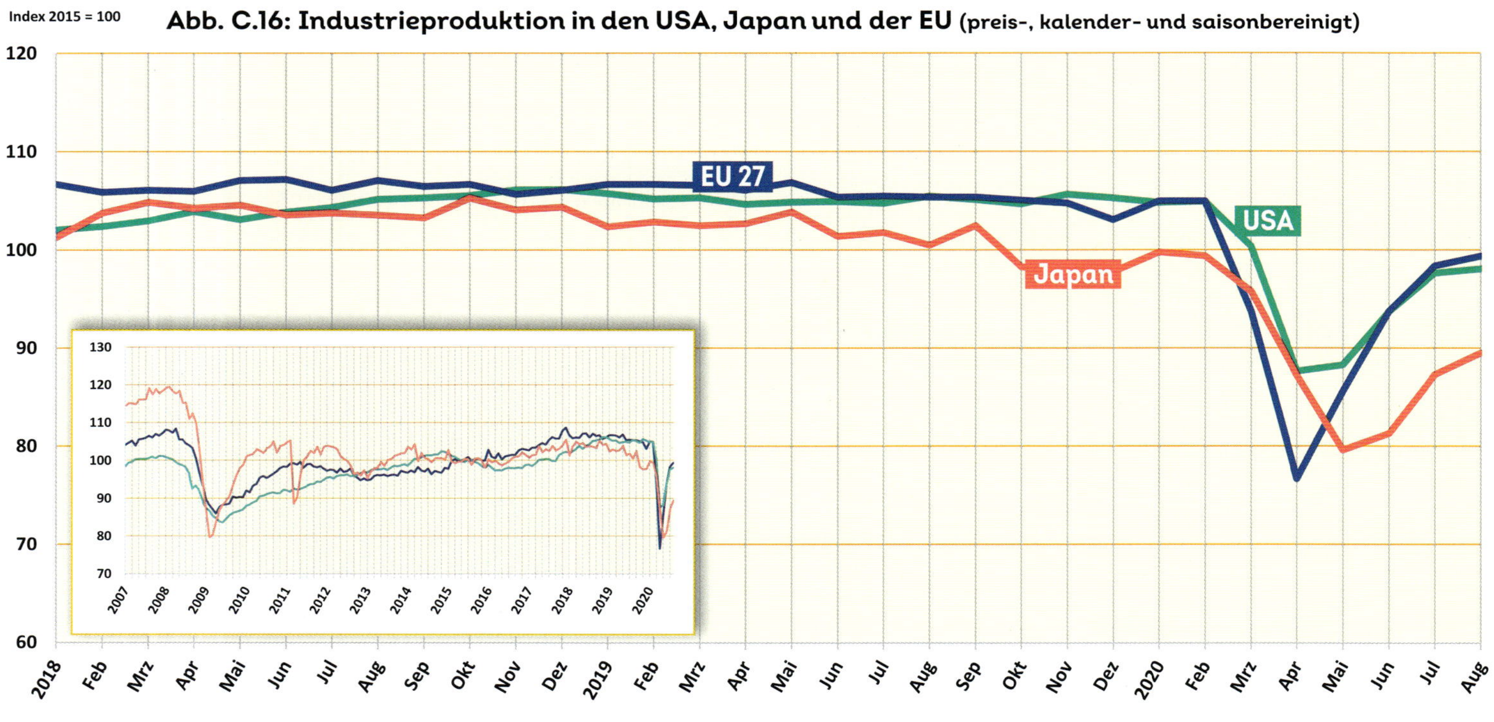

Abb. C.17: Auftragseingang im Verarbeitenden Gewerbe in Deutschland (preis-, kalender- und saisonbereinigt)

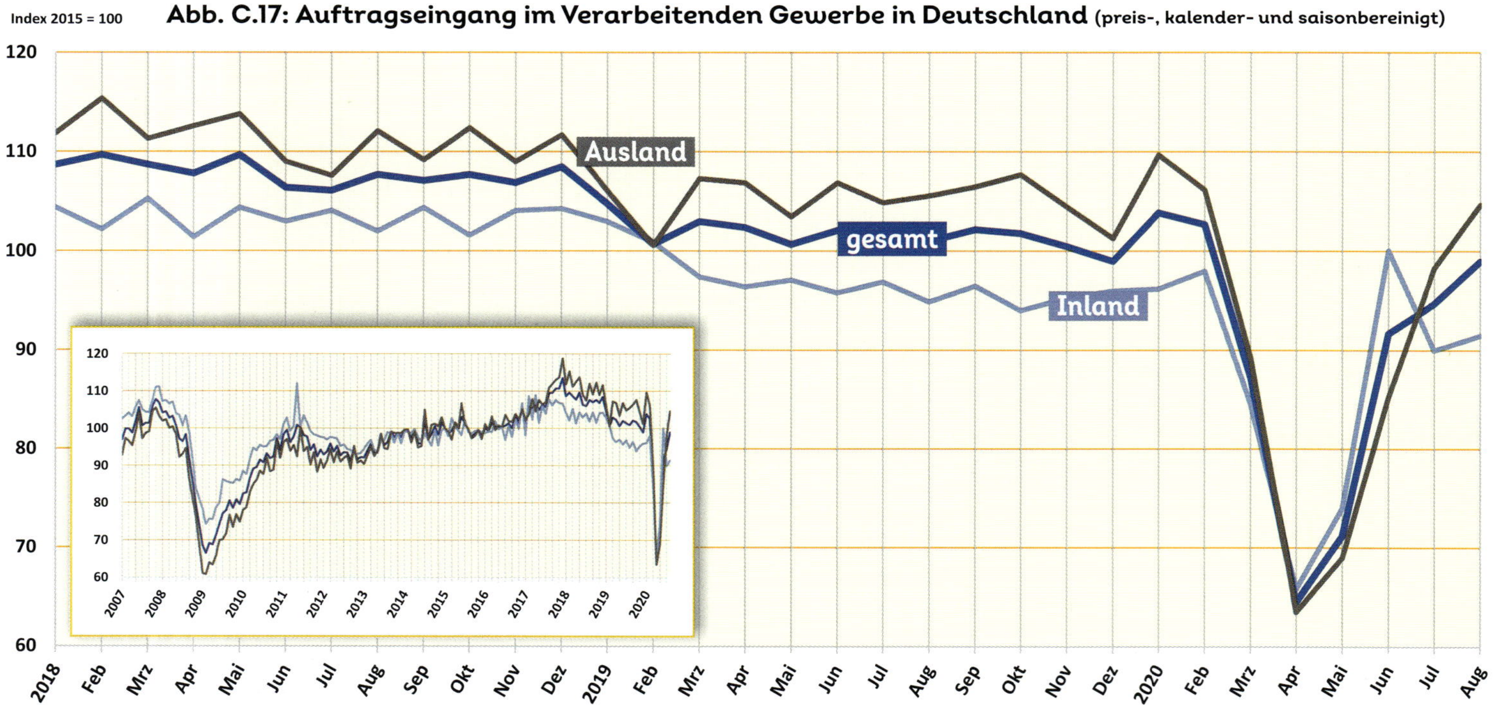

bereits so stark zulegen, dass er seinen aufwärts gerichteten Trend von vor der Krise wieder fortzusetzen scheint. Für die USA sieht das ähnlich aus. Anders ist es in Japan, wo die letzten verfügbaren Daten für Juli noch keine stabile Lageverbesserung anzeigen. Italien erreicht wieder das Niveau von Beginn des Jahres (**Abbildung C.19**). Ob das Land die seit acht Jahren in diesem Sektor herrschende Stagnation überwinden kann, ist allerdings fraglicher als je zuvor. Denn die Arbeitslosenquote steigt inzwischen wieder. In Frankreich, dem Vereinigten Königreich und Deutschland hingegen konnte sich der positive Trend der Vor-Corona-Zeit fortsetzen. Es ist aber durchaus möglich, dass sich diese positive Entwicklung nicht fortsetzt. Verbraucher, die von der Krise nicht direkt finanziell betroffen waren, haben möglicherweise kurzfristig Käufe nachgeholt, die sie aufgrund des Lockdowns verschoben hatten. In einigen Monaten können sie wieder auf ihr normales Konsumniveau zurückkehren. Dann ist es möglich, dass die gezwungenermaßen geringeren Käufe derjenigen, die arbeitslos geworden sind oder wegen Kurzarbeit weniger verdienen, dazu führen, dass auch auf längere Sicht das Niveau der Umsätze unter dem von vor der Krise bleibt. Zu berücksichtigen ist auch, dass in Deutschland durch die temporäre Mehrwertsteuersenkung Anreize für Käufe im zweiten Halbjahr gesetzt worden sind. Eine jetzt vorgezogene Konsumnachfrage fehlt dann 2021. Abzuwarten bleibt, ob die aktuell wieder steigenden Infektionszahlen erneut zu Kaufzurückhaltung führen werden, weil die Menschen zur Verringerung des Ansteckungsrisikos freiwillig weniger

Abb. C.18: Einzelhandelsumsatz in den USA, Japan und der EU (preis-, kalender- und saisonbereinigt)

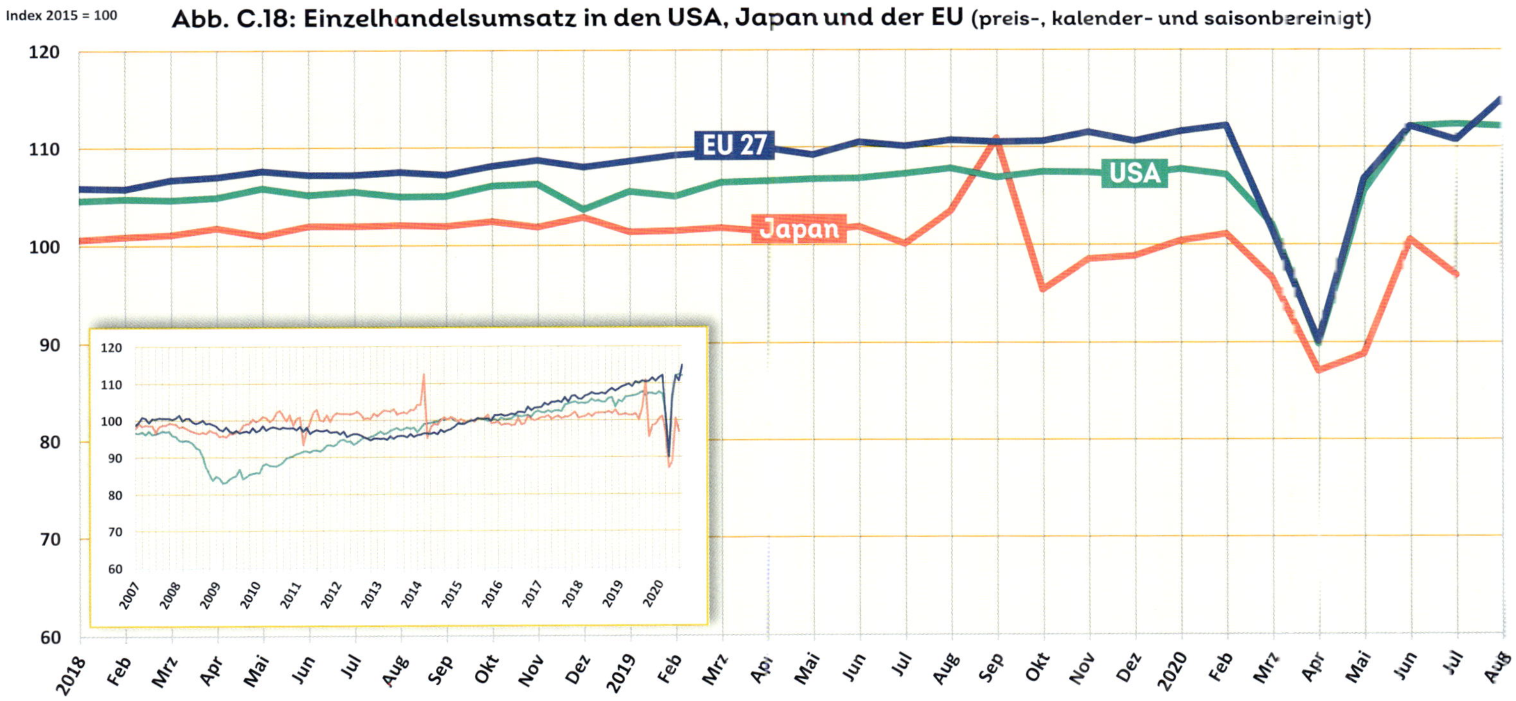

Abb. C.19: Einzelhandelsumsatz in großen Ländern der EU (preis-, kalender- und saisonbereinigt)

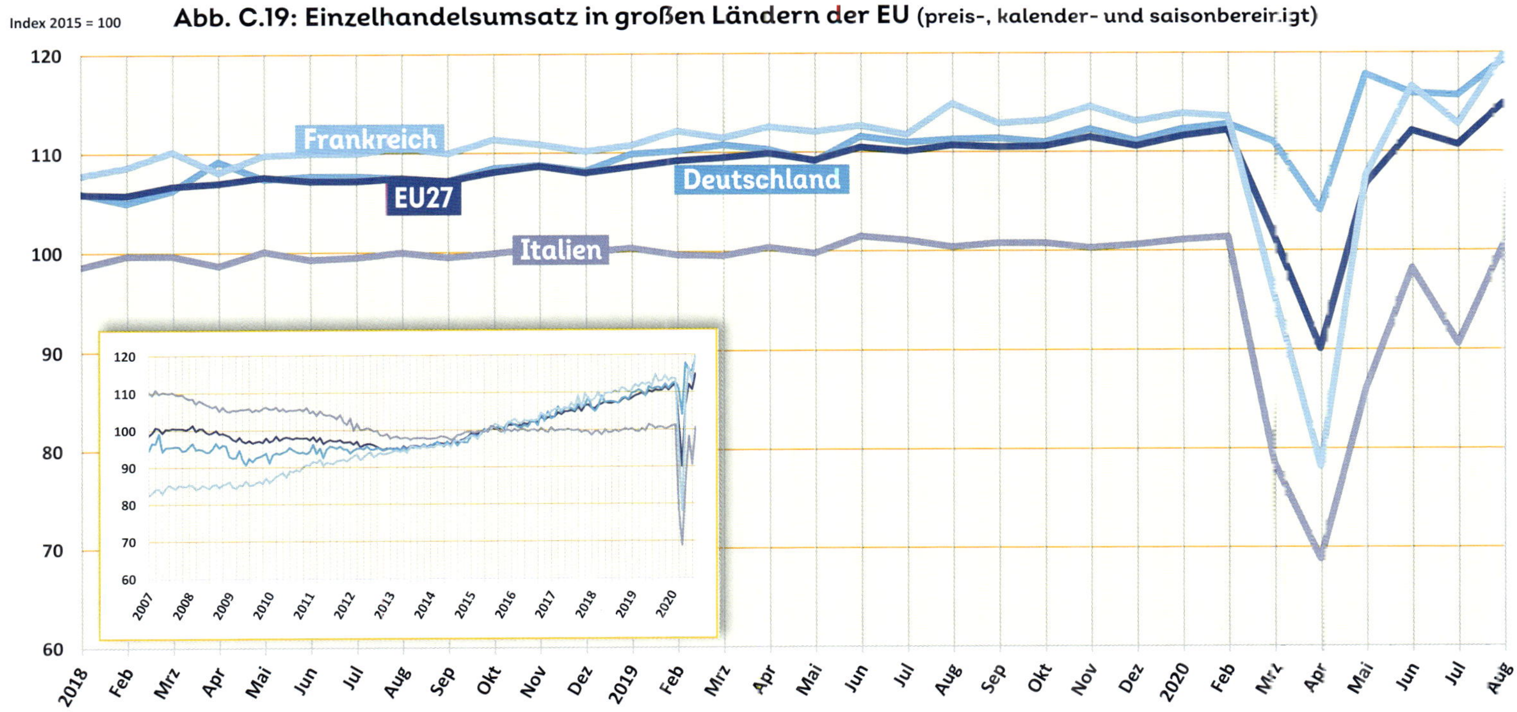

im öffentlichen Raum unterwegs sind oder Behörden die einschränkenden Maßnahmen zum Schutz der Bevölkerung wieder erhöhen.

Die Hoffnung, die Volkswirtschaften könnten den Corona-Schock zügig überwinden, so dass sich ein V-förmiger Verlauf bei der BIP-Entwicklung einstellt – erst der dramatische Absturz, dann ein rasches Wiederanfahren –, findet sich in den Stimmungsindikatoren, die die OECD veröffentlicht, keineswegs eins zu eins. So erholt sich das Verbrauchervertrauen gemessen am sogenannten Consumer Confidence Index (CCI) in der Eurozone und in Japan seit Juli zwar, jedoch nicht so rasant, wie es abgestürzt war. Das Verbrauchervertrauen liegt in beiden Fällen noch deutlich unter dem Vorkrisenniveau (**Abbildung C.20**). In den USA hat sich dieser Indikator ebenfalls wieder ins Positive gewendet, aber eher zögerlich, was dafürspricht, dass die oben beschriebene deutliche Verbesserung des Einzelhandelsumsatzes einiges an Nachholeffekten umfasst. In China folgte das Verbrauchervertrauen der für das erste Quartal gemeldeten Erholung der Wirtschaft bis in den Frühsommer hinein nicht und steigt gemäß dem zuletzt verfügbaren Wert für August nur geringfügig.

Etwas anders sieht es in **Abbildung C.21** beim Geschäftsklima aus, dem sogenannten Business Confidence Index (BCI). In den USA sind die Unternehmer offenbar optimistisch gestimmt. In Ja-

Abb. C.20: Verbrauchervertrauen in den großen Wirtschaftnationen und der Eurozone (saisonbereinigt)

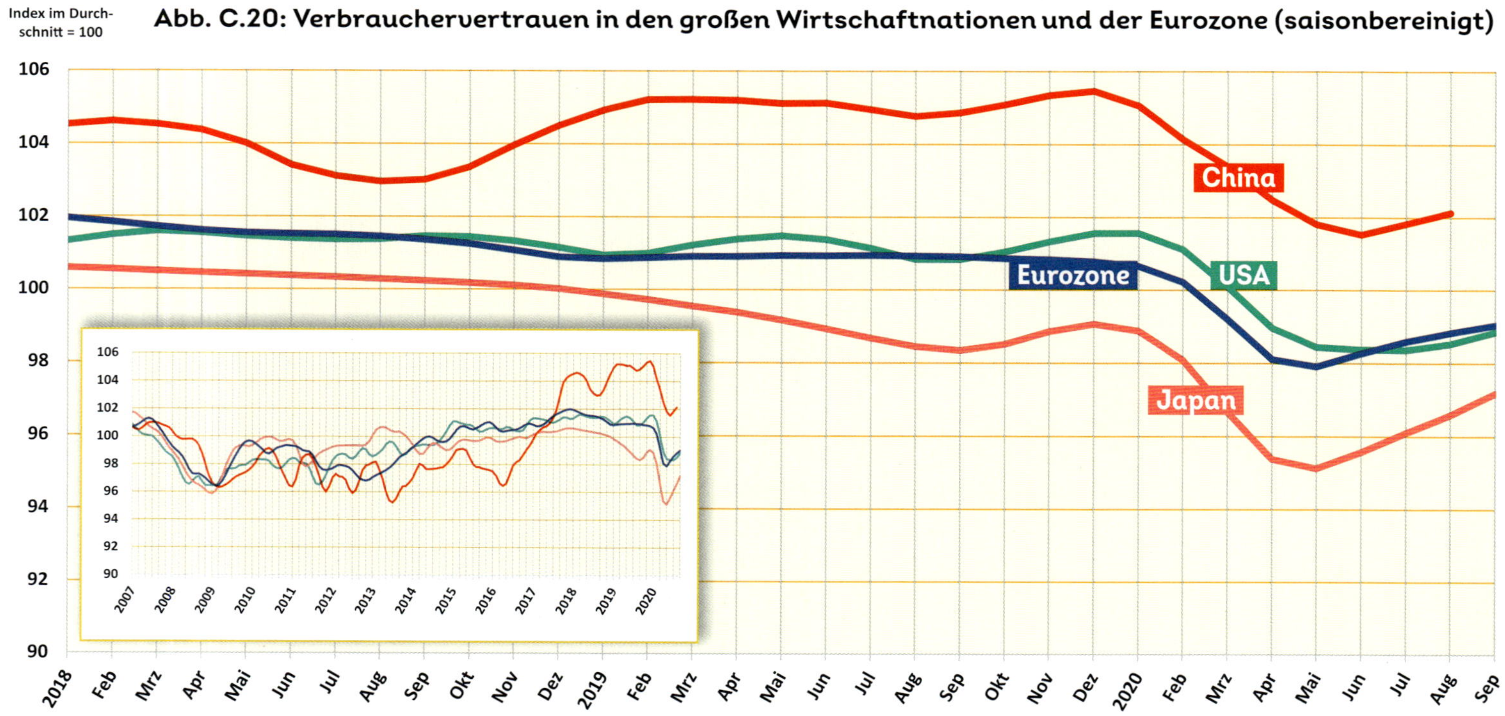

Abb. C.21: Geschäftsklima in den großen Wirtschaftnationen und der Eurozone (saisonbereinigt)

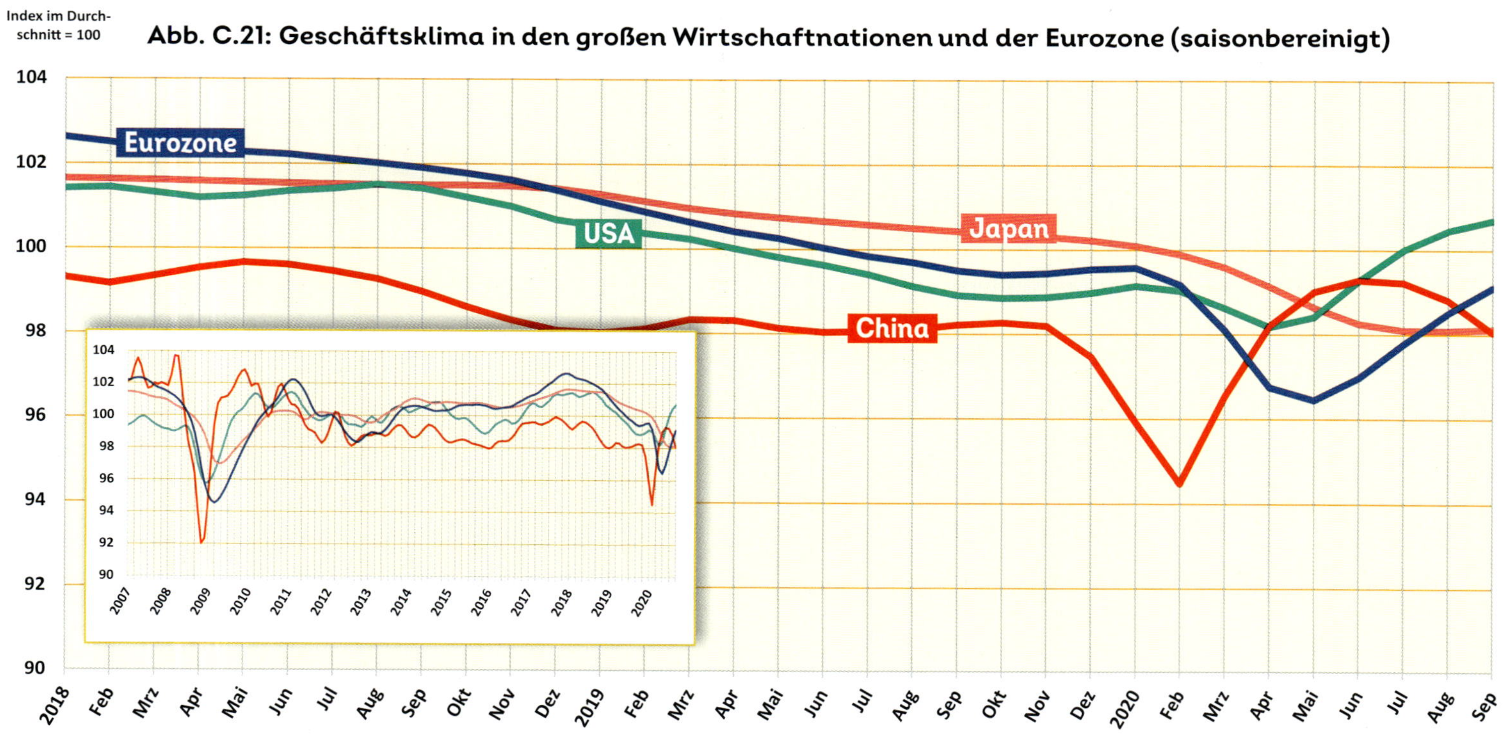

pan kann davon keine Rede sein: Die Stimmung der Unternehmer hat bis September allenfalls eine Talsohle erreicht, der aktuelle Indexwert liegt klar unter seinem langfristigen Durchschnitt. Der BCI für China ist seit Juli wieder abgesunken und spiegelt offenbar eine gewisse Labilität der Lage und Zukunftserwartungen. Die Eurozone nimmt hier eine mittlere Stellung ein: Das Geschäftsklima hat sich nach seinem Tiefpunkt im Mai deutlich aufgehellt, liegt aber noch unter dem Wert vom Februar, also dem letzten Monat vor dem Anfang der Lockdown-Maßnahmen in Europa.

Eine neue Wirtschaftspolitik nach Corona?

Der Corona-Schock hat die Weltwirtschaft massiv erschüttert. Dort, wo sich eine Normalisierung des Infektionsgeschehens abzeichnet, wollen alle so schnell wie möglich zurück zur Normalität – ganz besonders in wirtschaftlicher Hinsicht. Doch gibt es die ökonomische Normalität von vor der Krise nicht mehr. Zu stark waren die Erschütterungen, als dass die Wirtschaft nach der Krise die Wirtschaft sein könnte, die wir vorher kannten. Jetzt kommt es darauf an, keine neuen gravierenden Fehler zu machen, die in Deutschland, Europa und der ganzen Welt die wirtschaftliche Entwicklung auf Jahre hinaus schädigen könnten.

In den USA kann man derzeit ein Lehrstück in Sachen falscher wirtschaftspolitischer Weichenstellungen miterleben. Die Unternehmen beginnen nämlich, die Löhne der Mitarbeiter zu kürzen, weil die Arbeitslosigkeit hoch ist und sich Arbeiter in existenzieller Not gegenseitig herunterkonkurrieren. Das ist fatal, weil die amerikanische Wirtschaft mehr als irgendeine andere auf Konsum angewiesen ist. Eine Kürzung der Löhne führt unmittelbar zu einem Konsumrückgang, der die Unternehmen insgesamt schädigt. Wird aus der Lohnkürzung ein Massenphänomen – und wer wollte das bei »frei« entscheidenden Unternehmen verhindern? –, sind die Lohnkürzungen der direkte Weg in die Deflation und eine wirklich kaum noch zu beherrschende Krise. Im **Kapitel »Preise«** gehen wir auf die Gründe ein, warum ein insgesamt fallendes Preisniveau so gefährlich ist.

Dieses einzelwirtschaftlich durchaus verständliche Verhalten der Unternehmen ist genau das, was in der großen Depression der 1930er-Jahre in vielen Ländern einschließlich Deutschlands die gesamtwirtschaftliche Krise dramatisch verschärfte: Die Deflation wurde dabei durch den Teufelskreis angetrieben, dass immer höhere Arbeitslosigkeit immer mehr Lohnkürzungen zur Folge hatte. Es ist mehr als tragisch, dass fast 100 Jahre später dieser brisante Zusammenhang offenbar noch immer nicht so verstanden wird, dass rechtzeitig eine klare wirtschaftspolitische Gegenstrategie entwickelt wird (siehe **Info-Grafik** auf der nächsten Seite).

Auch in Deutschland besteht bis weit in die Gewerkschaften hinein die Neigung, wegen der schwierigen Wirtschaftslage Lohnforderungen zu reduzieren. In manchen Branchen wie der Luftfahrtindustrie stehen sogar Lohnkürzungen auf dem Programm. In der Bauwirtschaft, die von den Corona-Maßnahmen kaum betroffen war, ist ein Schlichtungsergebnis für die Tarifverhandlungen mit einem Zuwachs von 2,6 % vorgelegt worden. Das ist gemessen am mittelfristigen gesamtwirtschaftlichen Produktivitätstrend und der Zielinflationsrate von 2 % zu wenig. Was soll erst in Lohnverhandlungen bei Branchen herauskommen, die von der Krise durchgeschüttelt wurden? Es steht zu befürchten, dass auch hierzulande die Rolle der gesamtwirtschaftlichen Lohnentwicklung für die Krisenbekämpfung nicht nur unterschätzt, sondern regelrecht missverstanden wird. Es darf nicht um Lohnzurückhaltung gehen, sondern es muss im Gegenteil um die Verhinderung einer Lohndeflation gehen.

Wenn Unternehmen kräftig auf die Kosten- und damit vor allem auf die Lohnbremse treten, vermindern sie dadurch immer sofort und unmittelbar die Erträge anderer Unternehmen. Jede Einsparung einer Vorleistung bedeutet einen Verlust von Nachfrage und Ertrag bei einem anderen Unternehmen. Genauso reduziert jeder eingesparte Lohn-Euro anderswo Nachfrage und Ertrag, sieht man von der Möglichkeit ab, dass der Lohnempfänger weniger spart, um sein Nachfrageniveau trotz Lohneinbuße aufrechtzuerhalten. Dieses Verhalten ist aber bei der Masse der Lohneinkommensbezieher wenig wahrscheinlich in einer Welt gestiegener Unsicherheit und zunehmender Zukunftsängste.

Die von den Sparmaßnahmen negativ betroffenen Unternehmen tendieren dazu, ihrerseits das Gleiche zu tun, weil auch sie Verluste fürchten. So kommt es zu einer sich selbst verstärkenden Abwärtsspirale. Die Unternehmen schaufeln sich – genau wie sich gegenseitig nach unten konkurrierende Arbeitnehmer – mit der Kostensenkung gemeinsam ihr eigenes Grab, wenn nicht wenigstens ein mächtiger Akteur ein Gegengewicht schafft. Dieser Akteur, der auch dann seine Ausgaben nicht kürzt (sondern besser noch erhöht), wenn er selbst von Kürzungen der anderen Akteure betroffen ist, kann nur der Staat sein.

Ein aufgeklärter Staat kann natürlich schon lange, bevor eine deflationäre Situation eintritt, einschreiten und versuchen, die Unternehmen von Kostensenkungen und die Arbeitnehmer von gegenseitigem Niederkonkurrieren abzuhalten. Insbesondere in der heutigen Situation, in der dem Staat das einfache Mittel der Wirtschaftsanregung durch Zinssenkungen nicht mehr zur Verfügung steht, dürfen auch andere Interventionen nicht von vornherein tabu sein. Der Staat kann bei Lohnabschlüssen im öffentlichen Dienst mit gutem Vorbild vorangehen, also vernünftige Lohnsteigerungen als Anti-Deflationssignal vereinbaren. Er kann zusätzlich für den Rest der Wirtschaft eine Lohnvorgabe machen, die den Unternehmen untersagt, die Löhne in der Krise in irgendeiner Weise nach unten anzupassen. Der Staat darf ein Unternehmen allerdings nicht gleichzeitig daran hindern, sein Personal zu verringern, wenn dem Unternehmen das Wasser bis zum Hals steht.

Der Staat kann durch direkte staatliche Nachfrage die Lage für alle Unternehmen bis zu einem gewissen Grad verbessern und tut das in Deutschland derzeit auch. Doch es gibt Grenzen des Machbaren. Einerseits kann der Staat nicht wirklich alle Bereiche der Volkswirtschaft bedienen, sondern ist extrem baulastig, weil er sich auf die öffentliche Infrastruktur konzentriert. Andererseits ist der Staat gerade im Baubereich oft nicht zu schnellem Handeln in der Lage, um einen tiefen Einbruch rechtzeitig abzufangen – Infrastrukturprojekte erfordern in der Regel langfristige und langwierige Planung. Aus diesem Dilemma gibt es aber einen Ausweg: Der Staat kann all denen, die in einer solchen Krise arbeitslos werden, eine großzügige Lohnersatzleistung, also Arbeitslosengeld, in vernünftiger Höhe zahlen.

Ersetzte der Staat allen Arbeitslosen zwei Jahre lang 70 % bis 80 % ihres letzten Verdienstes, erleichterte er einerseits die Lohnverhandlungen, die nicht so einfach in deflationäres Fahrwasser gerieten. Andererseits würde der Staat auf diese Weise besser als mit jeder anderen Maßnahme die gesamtwirtschaftliche Nachfrage so stützen, dass sie sich nicht ganz so rapide veränderte und

Drohende Deflationsspirale durch Corona-Schock

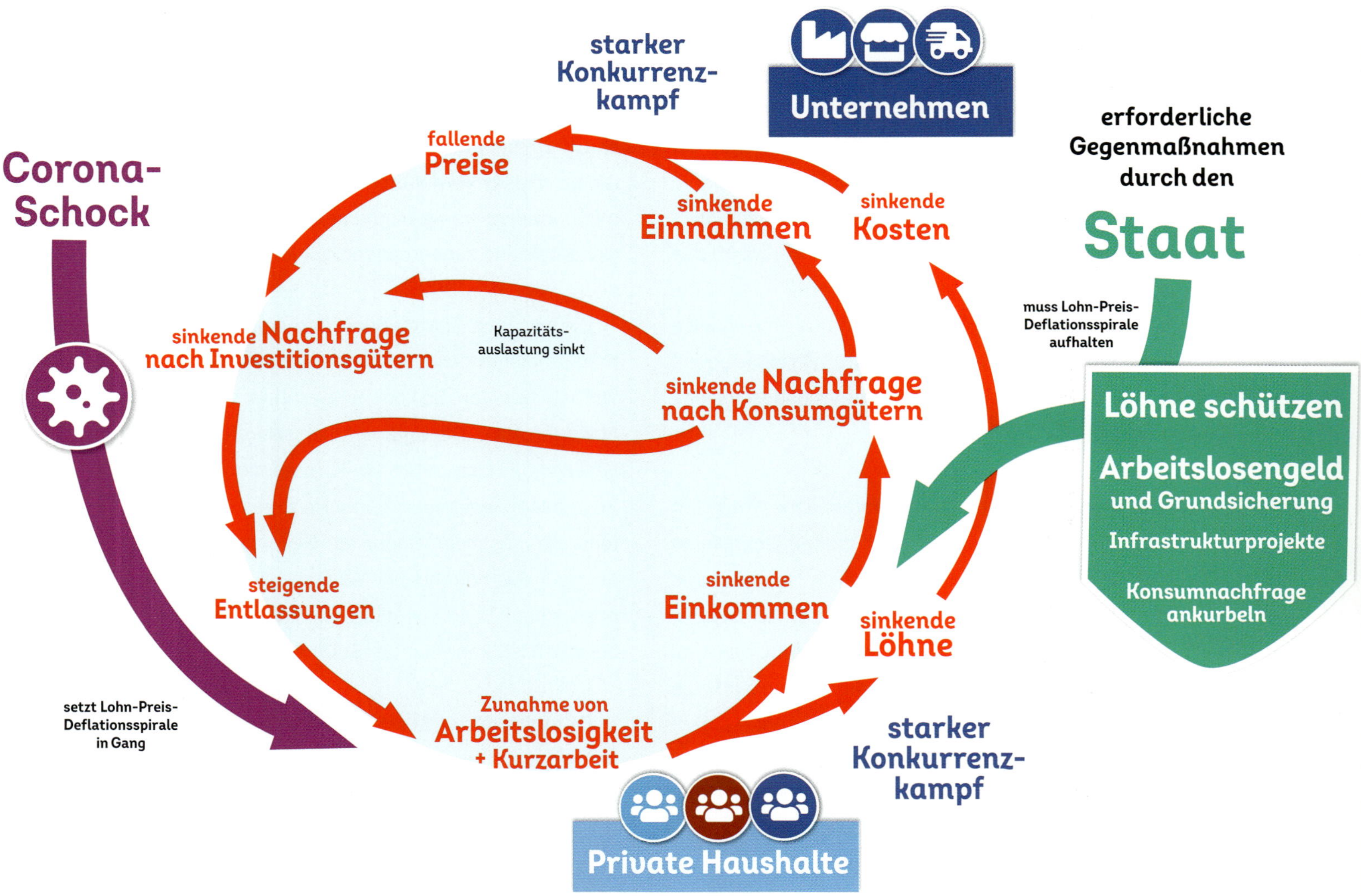

damit vorhandene Produktionsstrukturen schlagartig stark unterausgelastet wären, was weitere Arbeitslosigkeit nach sich zöge. Man kann nämlich vorhandene Produktionsstrukturen nicht friktionslos durch neue ersetzen – weder den »Maschinenpark« noch die Arbeitskräfte mit ihrem Know-how. Jeder Umstrukturierungsprozess braucht Zeit und wird in der Regel von Arbeitslosigkeit begleitet. Arbeitnehmern wird dabei hohe räumliche Mobilität und hohe Flexibilität hinsichtlich ihrer Anpassungsfähigkeit bei Qualifikation und Berufsfeld abverlangt. Diese Veränderungen so gut wie möglich abzufedern, ohne sie zu verhindern, ist generell Aufgabe des Staates und erst recht in diesen Zeiten.

Ohne Weiteres umsetzbar ist diese Lösung in allen großen, relativ geschlossenen Wirtschaftsräumen. Insbesondere für die USA mit ihrem Exportanteil von unter 15 % kommt es entscheidend auf die Binnennachfrage an, die sich durch eine großzügige Arbeitslosenversicherung stabilisieren ließe. Auch für die Eurozone insgesamt, wo die Exporte etwa 20 % des BIP erreichen, kann eine solche Maßnahme massive Arbeitsmarktprobleme verhindern und so den Auf- und Umbauprozess nach der Corona-Krise fördern.

Viel schwieriger ist es aber in Deutschland, wo der Export einen Anteil von über 45 % am BIP hat. Die deutsche Produktions- und Nachfragestruktur ist angesichts der massiven Verwerfungen bei Einkommen und Gewinnen, die der Schock weltweit nach sich zieht, nicht zukunftsfähig. In Deutschland sind mehr als in jedem anderen vergleichbaren Land Millionen Jobs wegen der Exportlastigkeit der Wirtschaft gefährdet. Die hiesigen Strukturen durch Lohnzurückhaltung wie zu Beginn des Jahrhunderts ein zweites Mal retten zu wollen, hieße, die seit vielen Jahren herrschenden Handelsungleichgewichte beibehalten oder gar ausbauen zu wollen. Das wird weder ökonomisch noch politisch bei unseren Handelspartnern durchzusetzen sein. Umso wichtiger ist es, dass der Staat die unausweichliche Umstrukturierung der deutschen Wirtschaft hin zu mehr Binnennachfrage aktiv begleitet und sich nicht scheut, dafür umfangreich Schulden aufzunehmen.

Doch genau bei diesem zweiten großen Thema der Wirtschaftspolitik nach Corona, den öffentlichen Schulden, drohen wirtschaftspolitische Weichenstellungen, die verhindern, dass sich die Wirtschaft rasch erholen und wieder neue Arbeitsplätze schaffen kann. Die Diskussion um die zügige Tilgung aller 2020 und 2021 wegen der Krise zusätzlich aufgenommenen Kredite zeigt, wie unverstanden der gesamtwirtschaftliche Zusammenhang beim Thema Schulden noch immer ist, den wir im **Kapitel »Sparen und Verschulden«** erklären.

Wichtig ist es, sich gerade in einer Zeit massiver Umbrüche mit den grundlegenden gesamtwirtschaftlichen Zusammenhängen auf nationaler und internationaler Ebene zu befassen. Nur so kann man die Steuerungsaufgaben und Steuerungsmöglichkeiten des einzelnen Staates und der Staatengemeinschaft in puncto Wirtschaft erkennen. Dass diese Möglichkeiten gerade zur Bewältigung der Corona-Krise intelligent genutzt werden, ist Aufgabe der Politik. Das von ihr einzufordern, ist Aufgabe der Bürgerinnen und Bürger.

Wer spart und wer verschuldet sich bei wem?

Die Finanzierungsseite einer Volkswirtschaft

Die ökonomischen Verflechtungen innerhalb eines Landes und zwischen Ländern finden nicht nur im realwirtschaftlichen Austausch, der in den Kapiteln 1 bis 6 behandelt wird, statt. Sie spiegeln sich auch in den finanziellen Beziehungen zwischen den Wirtschaftsakteuren der einzelnen Sektoren – private Haushalte, Unternehmen, Staat und Ausland – wider. Fasst man die finanziellen Beziehungen eines Sektors gegenüber den anderen Sektoren zu einem Saldo zusammen, werden in dieser kondensierten Form gegenseitige Abhängigkeiten und daraus resultierende Probleme deutlich, weshalb die Kenntnis der Sektorsalden (siehe **Info-Box**) für eine rationale Wirtschaftspolitik besonders wichtig ist. Leider gibt es genau für diesen Bereich nicht für alle Länder vergleichbare und zuverlässige Daten. Folglich müssen wir uns weitgehend auf die Darstellung entwickelter Länder beschränken.

Anhand der Finanzierungssalden kann man im Nachhinein gesamtwirtschaftlich konsistent erkennen, in welchen Sektoren Einnahmenüberschüsse erzielt, also gespart wurde und wo die damit zwingend verbundenen Nachfrageausfälle durch Ausgabenüberschüsse wettgemacht wurden, also Schulden entstanden. Nur wenn dieser Prozess der Verschuldung vollkommen reibungslos abläuft, fällt in einer Volkswirtschaft das gesamtwirtschaftliche Einkommen (das BIP) nicht, obwohl Sparversuche unternommen werden. Es gibt allerdings keinen Marktprozess, der die reibungslose Umwandlung von Ersparnis in Investition garantieren würde.

Die empirisch beobachtbaren Salden geben Auskunft darüber, welche Schuldverhältnisse zwischen den Sektoren eines Landes und zwischen Ländern herrschen. Das ist entscheidend für die Frage, wie ausgewogen und nachhaltig sich ein Land wirtschaftlich entwickelt. Für den Staat ist daraus zu erkennen, welche Rollen die übrigen Sektoren spielen und welche Aufgaben auf ihn in Sachen Verschuldung zukommen.

Sparen und Verschulden: die beiden Seiten einer Medaille

Als **Finanzierungssaldo** eines Sektors bezeichnet man die **Differenz** seiner **Einnahmen und Ausgaben** in einem bestimmten Zeitraum, beispielsweise einem Jahr. Ist die Differenz positiv, liegt ein Finanzierungsüberschuss vor – der Sektor spart und räumt damit den anderen Sektoren Kredit ein. Ist die Differenz negativ, liegt ein Finanzierungsdefizit vor – der Sektor verschuldet sich bei den anderen Sektoren.

Da die Einnahmen eines Sektors zwingend aus den Ausgaben der anderen Sektoren stammen, muss der Finanzierungssaldo eines einzelnen Sektors der Summe der Salden der anderen drei Sektoren entsprechen – nur mit umgekehrtem Vorzeichen. Fasst man die drei inländischen Sektoren einer Volkswirtschaft, also private Haushalte, Unternehmen und Staat, zur Gesamtwirtschaft zusammen, ist daher der Finanzierungssaldo der Gesamtwirtschaft gegengleich zum Finanzierungssaldo des Sektors Ausland (siehe **Info-Grafik**).

Hat ein Land einen **positiven gesamtwirtschaftlichen Finanzierungssaldo**, stellt es dem Ausland Kredit zur Verfügung beziehungsweise **verschuldet sich das Ausland im Inland**. Je nach Ausgangslage baut das Ausland Schulden beim Inland auf oder Vermögen beim Inland ab. Ist der **gesamtwirtschaftliche Saldo negativ, verschuldet sich das Inland im Ausland** und baut dort entsprechend seine Vermögensbestände ab oder seinen Schuldenstand auf. Der Finanzierungssaldo der Welt ist logischerweise immer null.

Der gesamtwirtschaftliche Finanzierungssaldo eines Landes ist nicht identisch mit dem **Außenbeitrag**, entspricht aber fast dem **Leistungsbilanzsaldo** (siehe **Kapitel »Außenhandel«**). Ergänzt man letzteren um den Saldo der Bilanz der Vermögensübertragungen zwischen In- und Ausland (dazu gehört etwa der Schuldenerlass für Entwicklungsländer), ergibt sich der Finanzierungssaldo der Gesamtwirtschaft.

Als **Staatsschuldenquote** bezeichnet man das Verhältnis der gesamten Schulden des öffentlichen Sektors eines Landes zum jährlichen nominalen BIP. Es wird also die Bestandsgröße »Schulden«, welche die staatliche Neuverschuldung und die aller vorausgegangenen Jahre, soweit sie nicht zurückgezahlt wurden, umfasst, in Beziehung zur Stromgröße »Wirtschaftskraft eines Jahres« gesetzt. Auf diese Größe bezieht sich das 60%-Kriterium des Maastrichtvertrags. Als **Staats- oder Haushaltsdefizit** wird hingegen die Stromgröße *Neu*verschuldung des öffentlichen Sektors in einem Jahr bezeichnet. Das 3%-Kriterium des Maastrichtvertrags bezieht sich auf die Relation Staatsdefizit zu BIP.

Sprachlich werden **Bestands- und Stromgrößen** leicht verwechselt. Unter Sparen versteht man die Stromgröße Einnahmenüberschuss (oder Ausgabendefizit oder positiver Finanzierungssaldo) in einem Zeitraum, unter Vermögen hingegen den Bestand an Ersparnissen zu einem Zeitpunkt. Das Wort »Ersparnisse« wird oft für beides verwendet. Als Verschuldung (oder negativen Finanzierungssaldo) bezeichnet man das Einnahmendefizit (oder den Ausgabenüberschuss) in einem Zeitraum – leider oft auch einfach als »Schulden« tituliert. Genau genommen steht aber das Wort »Schulden« für die Bestandsgröße der Summe aller im Laufe der Zeit angefallenen Einnahmendefizite zu einem Zeitpunkt. Diese Unterscheidungen sind wichtig, will man sich sachlich zum heiß umstrittenen Thema Schulden äußern.

Oft wird mit dem Begriff Schulden unseriös umgegangen. Kaum je werden sie mit den Vermögen verglichen. Da es kein negatives Sachvermögen gibt, sind **Schulden immer Geld-**

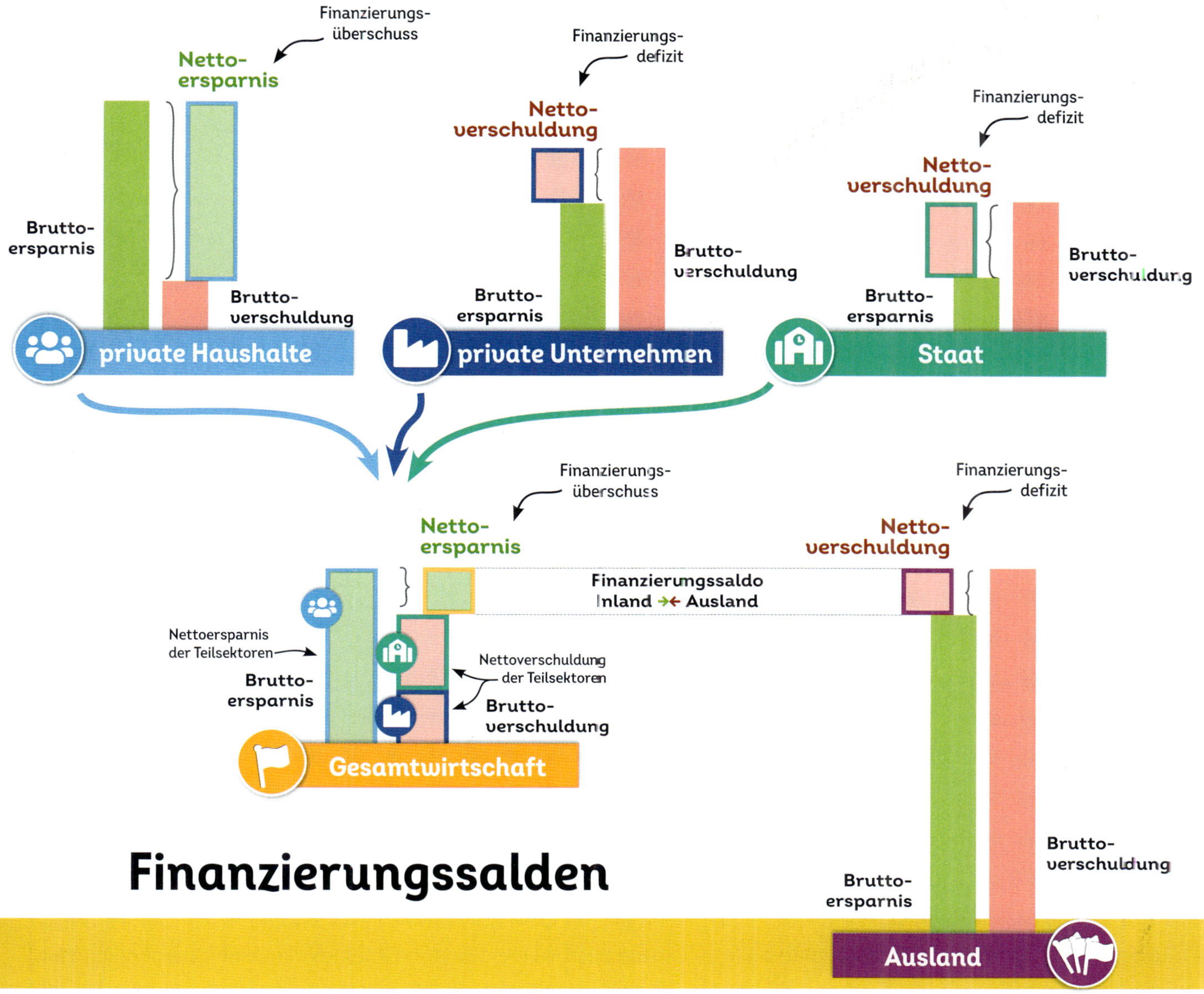

Finanzierungssalden

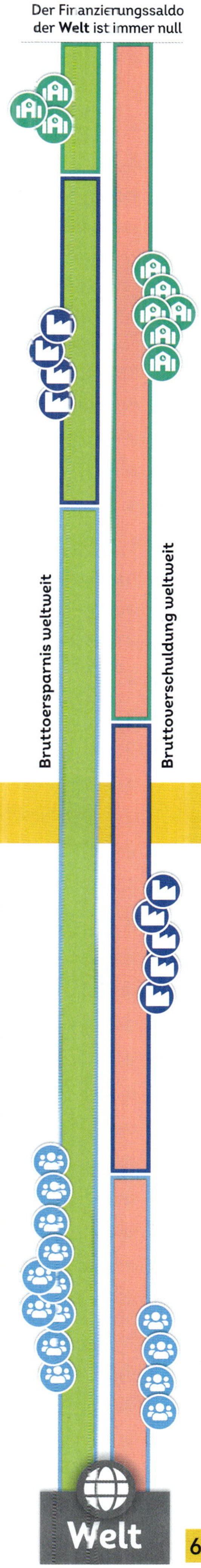

schulden. Den Schulden der Schuldner entspricht das Geldvermögen ihrer Gläubiger in genau gleicher Höhe.

Befinden sich Schuldner und Gläubiger in derselben Gruppe, deren Schulden- oder Geldvermögensbestand Gegenstand des Interesses ist, saldieren sich deren gegenseitige Schulden und Geldvermögen zu null. Übrig bleibt nur, was sie über die eigene Gruppe hinaus netto an Schulden oder Vermögen bei anderen Gruppen haben. Bei den Bestandsgrößen gilt also die gleiche Saldenlogik wie bei den Stromgrößen.

Anschaulich wird der Unterschied, den das Saldieren im Vergleich zur Betrachtung von Bruttogrößen macht, beim Außenhandel: Die Summe aller Exportüberschüsse der Länder der EU ist fast dreimal so hoch wie die Exportüberschüsse der EU mit dem Rest der Welt. Denn den innerhalb der EU zwischen Ländern anfallenden Überschüssen stehen gleich große Defizite gegenüber, die sich bei der zusammenfassenden Rechnung des Außenhandels der EU mit dem Rest der Welt gegenseitig aufheben.

Wenn in den Medien davon die Rede ist, auf der Welt lasteten Verbindlichkeiten in Höhe von 300 % der weltweiten Wirtschaftsleistung, müsste im gleichen Atemzug auch darüber berichtet werden, dass auf der Welt Geldvermögen in Höhe von 300 % des BIP lasten. Der **Gesamtsaldo von Schulden und Geldvermögen auf der Welt ist immer null**, und daher hat so eine Zahl wenig Sinn. Sie trifft allenfalls eine Aussage über den Umfang der finanziellen Verflechtungen auf der Welt. Diesen kann man selbstverständlich kritisch sehen, weil er mit gegenseitigen Verpflichtungen und Abhängigkeiten verbunden ist. Aber dann darf man nicht nur die Schulden kritisieren, sondern muss das auch in Hinblick auf das Geldvermögen tun. Oder anders ausgedrückt: Wer gegen Schulden ist, ist auch gegen Geldvermögen.

Es kommt bei der Frage, über welche Schulden und Vermögen man spricht, immer darauf an, **über welche Gruppe hinweg saldiert wird**. Die Summe aller Schulden der Mitglieder einer Gruppe sind ihre Bruttoschulden. Die besagen für sich genommen nichts. Erst wenn man von ihnen die Summe aller Vermögen derselben Gruppe, die Bruttovermögen, abzieht, erhält man das Nettovermögen oder die Nettoschulden der Gruppe. Die sagen etwas über die finanzielle Abhängigkeit zwischen der Gruppe und dem Rest der Welt aus.

Für die finanziellen Verflechtungen zwischen Staaten bedeutet das: Ein Land, dessen Staatssektor hohe Nettoschulden hat, denen aber noch höhere Nettovermögen seiner Bürger gegenüberstehen (der Fall Japan), nimmt gegenüber dem Ausland eine Gläubigerposition ein und hat daher keinerlei Finanzierungsprobleme auf den internationalen Finanzmärkten und muss keine Spekulationen gegen seine Währung befürchten. Hohe Staatsschulden sind also nicht automatisch ein Grund für finanzielle Schwierigkeiten eines Landes – es kommt immer auf den Saldo gegenüber dem Ausland an. Umgekehrt kann sich ein Land, auch wenn sein Staatssektor nur sehr geringe Nettoschulden aufweist, großem Druck an den internationalen Finanzmärkten ausgesetzt sehen, wenn nämlich seine Bürger hohe Nettoschulden haben. Denn dann ist das Land insgesamt im Ausland verschuldet und von seinen ausländischen Gläubigern abhängig.

Als Ergänzung zur volkswirtschaftlichen Gesamtrechnung gibt es in einigen Ländern eine Finanzierungsrechnung, die ermittelt, welche der gesamtwirtschaftlichen Sektoren Nettosparer oder Nettoschuldner sind. Für Deutschland gibt es diese Zahlen – errechnet von der Deutschen Bundesbank – schon seit Beginn der 1950er-Jahre. »Netto« bedeutet in diesem Zusammenhang, dass alle Finanzierungsbeziehungen innerhalb eines Sektors saldiert werden und dadurch wegfallen.

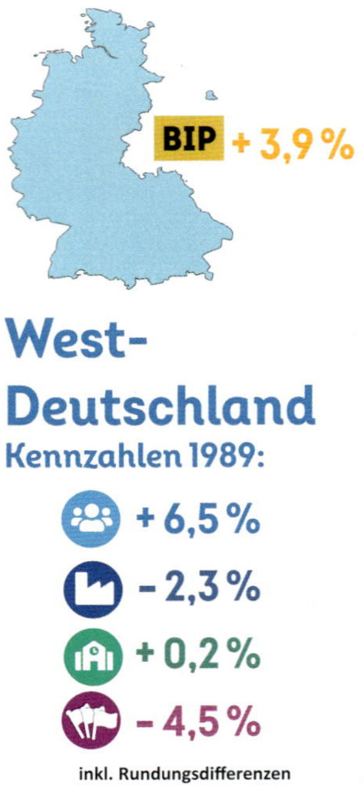

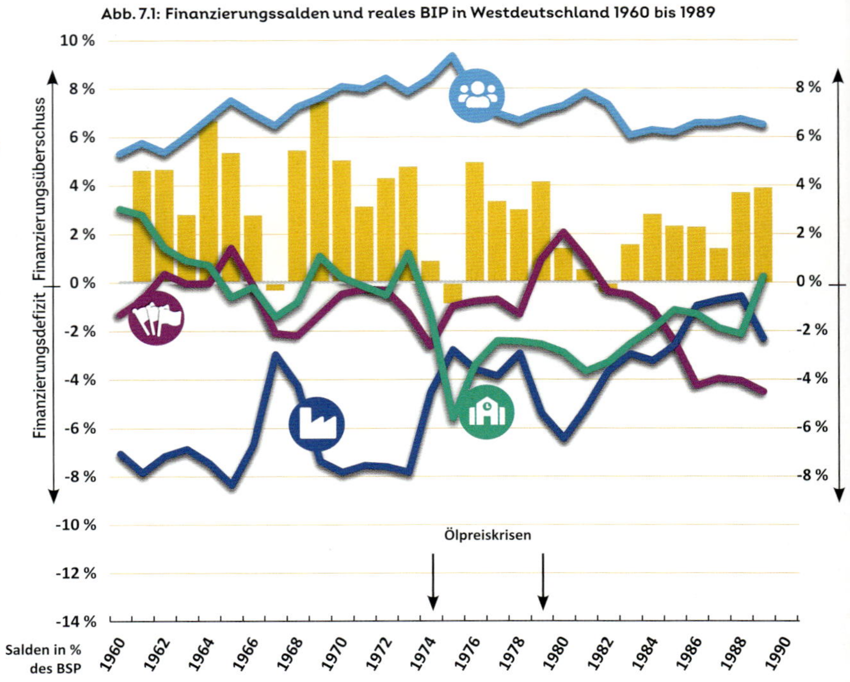

Die Darstellung beginnt mit den empirischen Ergebnissen ab den 1960er- und 1970er-Jahren für Westdeutschland (**Abbildung 7.1**), weil sie typisch sind für die Vorstellungen, die von der herrschenden Lehre der Ökonomik bis heute vertreten werden, obwohl sich die Verhältnisse seit damals grundlegend gewandelt haben. In dieser Zeit waren die privaten Haushalte in hohem Maße Nettosparer – die hellblaue Linie in der Grafik liegt weit oberhalb der Nulllinie, also auf der Überschuss-Seite. Der Finanzierungssaldo lag damals in der Größenordnung von 5 % bis 9 % der Wirtschaftskraft, die privaten Haushalte sparten also Jahr für Jahr zwischen ungefähr 8 % und 14 % ihres verfügbaren Einkommens (das eine Größenordnung von um die 60 % des BIP hat).

Damals waren es vor allem die privaten Unternehmen, die mit einer beachtlichen Nettoschuldnerposition von fast 8 % des BIP die von den privaten Haushalten geschaffene Nachfragelücke füllten. Die dunkelblaue Linie in der Abbildung zeigt das an: Sie liegt bis 1974 weit unter der Nulllinie, also auf der Defizit-Seite und damit unter den Kurven der drei anderen Sektoren. Ausnahmen sind die Rezessionsphasen von 1966 bis 1968 und von 1973 bis 1975, die in der Grafik daran zu erkennen sind, dass die Säulen, die das preisbereinigte BIP-Wachstum darstellen, unter die Nulllinie absinken. Im Jahr 1975 musste der Staat zum ersten Mal, nämlich als Reaktion auf die erste Ölpreiskrise, durch eigene Defizite in größerem Maße die Konjunktur stabilisieren. Dagegen blieben in all den Jahren davor der Staat und das Ausland relativ eng bei der Nulllinie, verschuldeten sich also kaum. Die Unternehmen investierten insgesamt so kräftig, dass die Wirtschaft stark zulegte. Dabei gingen sie die dazu notwendige Verschuldung ein und überspielten so die große Sparfreudigkeit der privaten Haushalte.

Man kann anhand dieser Grafik und den als Säulen eingezeichneten Aufschwungs- und Rezessionsphasen gut erkennen, dass die Unternehmen in den Rezessionsphasen regelmäßig ihre Schuldnerrolle zu einem erheblichen Teil ablegen und offensichtlich versuchen, ihre finanzielle Position zu konsolidieren. Sie wollen ihre rezessionsbedingt verschlechterte Gewinnposition aufbessern und kürzen deshalb, wo immer es geht, ihre Ausgaben: Geplante Investitionen werden verschoben, und entsprechend weniger Kredite werden aufgenommen. Der Unternehmenssektor insgesamt kann aber mit einer solchen Strategie niemals erfolgreich sein, weil ein Unternehmen durch seine Sparbemühungen immer unmittelbar die Situation eines anderen Unternehmens verschlechtert. Folglich müssen andere Sektoren dagegen halten und die Nachfrage stabilisieren, um die Konjunktur wieder anzuregen.

Dieses Schema begann sich in den 1980er-Jahren zu verändern. Die privaten Haushalte sparten zwar nach wie vor in einem beachtlichen Ausmaß, und der Staat zog sich aus der Schuldnerposition, die er im Gefolge der beiden Ölpreiskrisen eingenommen hatte, allmählich zurück. Grundlegend anders als in den vorausgegangenen Jahrzehnten verhielten sich aber die Unternehmen: Sie verschuldeten sich nicht einmal mehr halb so stark. Ein solches Ungleichgewicht zwischen Sparbemühungen und Verschuldungsbereitschaft wäre mit einer tiefen und jahrelangen Rezession einhergegangen, hätte es nicht parallel dazu eine laufend zunehmende Überschussnachfrage aus dem Ausland gegeben. Man sieht an der violetten Linie in der Grafik, wie das Finanzierungsdefizit des Auslands in der zweiten Hälfte der 1980er-Jahre auf -4 % der westdeutschen Wirtschaftskraft absinkt – eine bis dahin nicht gekannte Größenordnung. Das Ausland verschuldete sich demnach in Deutschland jahrelang massiv.

Im Zusammenhang mit der deutschen Wiedervereinigung kehrte sich die Lage teilweise wieder um (**Abbildung 7.2**): Der Nach-

BIP reales BIP-Wachstum · private Haushalte · private Unternehmen · Staat · Ausland

Abb. 7.2: Finanzierungssalden und reales BIP in Deutschland 1991 bis 2019

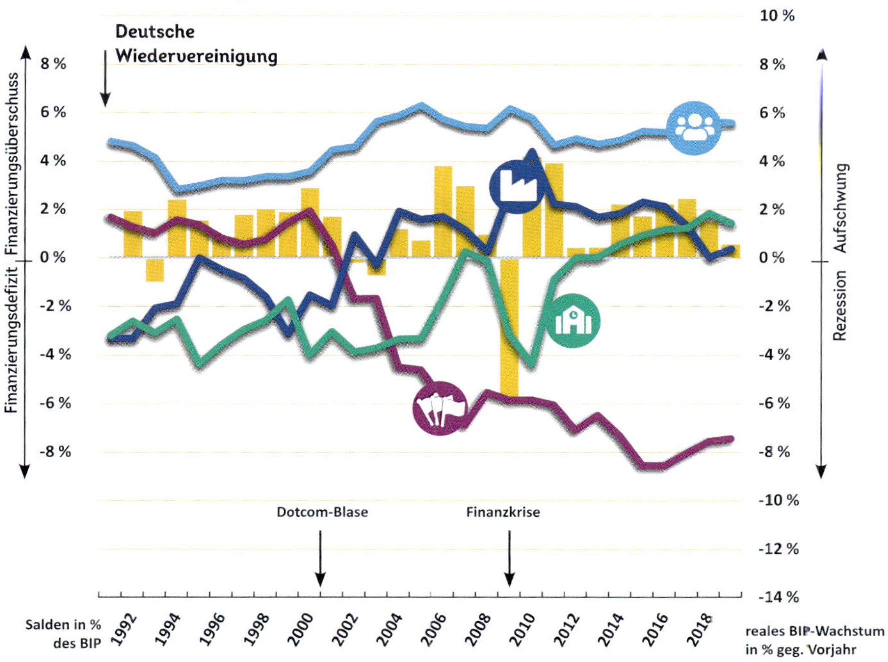

holbedarf der ostdeutschen Privathaushalte beim Konsum war enorm hoch, wie man an dem Rückgang des Finanzierungssaldos aller privaten Haushalte zusammengenommen sehen kann – die hellblaue Linie sinkt Anfang der 1990er-Jahre stark ab. Nach vielen Jahren westdeutscher Exportüberschüsse importierte Deutschland schlagartig mehr Waren, als es exportierte. In den 1990er-Jahren hatten auf diese Weise die europäischen Nachbarn, allen voran Frankreich, die Chance, ihre Handelsdefizite mit Deutschland abzubauen oder sogar eine Zeit lang Leistungsbilanzüberschüsse zu generieren. Der deutsche Staat verschuldete sich, um seinen Aufgaben im Zusammenhang mit der Umstrukturierung der Wirtschaft in den neuen Bundesländern nachzukommen. Nur die Unternehmen kehrten nicht zu ihrer Verschuldungsbereitschaft wie in den 1960er- und 1970er-Jahren zurück.

Mit der Jahrhundertwende änderte sich das Unternehmerverhalten noch fundamentaler. Im vorletzten Jahr der sogenannten Dotcom-Blase, dem Jahr 1999, kam es noch einmal mit -3 % des BIP zu einer etwas höheren Verschuldung seitens der Unternehmen. In der darauffolgenden Rezession aber reduzierten sie ihre Verschuldung rasch und wechselten ab 2003 für die nächsten 17 Jahre die Seiten: Die deutschen Unternehmer haben die ihnen in einer Marktwirtschaft zukommende Schuldnerrolle ganz abgelegt. Für ihre spärliche Investitionstätigkeit benötigten sie netto keine Kredite mehr, sondern finanzierten diese vollständig aus Gewinnen, die vor allem aus dem Auslandsgeschäft stammten.

Der Unternehmenssektor als dauerhafter Nettosparer in der Gesamtwirtschaft – das ist eine völlig untypische Situation für eine Marktwirtschaft. Früher musste der Staat nur in den Rezessionsphasen mit deutlich erhöhter eigener Verschuldung zur Stützung der Konjunktur einspringen, bis sich die Unternehmen wieder zu investieren trauten und den Hauptteil der Schuldnerrolle erneut übernahmen. Wenn der Unternehmenssektor aber langfristig als Schuldner ausfällt und die privaten Haushalte weiter wie üblich sparen, sieht sich der Staat permanent zum Schuldenmacher gezwungen, um die Wirtschaft vor einer anhaltenden Rezession zu bewahren. Es sei denn, das Land insgesamt schafft es, das Aus and in die Schuldnerrolle zu drängen.

Genau das ist Deutschland »gelungen«: Deutschland hat über sein Lohndumping im Rahmen der Europäischen Währungsunion (EWU) seine Wettbewerbsfähigkeit stark verbessert – sein realer Wechselkurs wertete ab (siehe **Kapitel »Wechselkurse«**). Auf diese Weise wurden seine Waren vermehrt im Ausland gekauft, ohne dass die Handelspartner in der Lage gewesen wären, in gleichem Umfang Güter und Dienste nach Deutschland zu exportieren. In Abbildung 7.2 wird das durch das starke Abfallen der Linie des Auslands zwischen 2000 und 2007 auf fast -7 % sichtbar. Die Verschuldung des Auslands in Deutschland war damit bedeutend höher und lang anhalter der als in den 1980er-Jahren. Im Verlauf der folgenden zwölf Jahre verstärkte sich die Schuldnerposition des Auslands gegenüber Deutschland noch einmal um knapp 2 Prozentpunkte.

Das hat Deutschland nach der Finanzkrise für einige Jahre relativ hohe Wachstumsraten beschert und damit die Möglichkeit, die hiesige Arbeitslosigkeit zu reduzieren. Zugleich konnte der Staat ebenfalls die Seiten wechseln und in die Sparerrolle schlüpfen – eine Politik, die als »Schwarze Null« gefeiert und den Europartnerländern zur Nachahmung empfohlen wurde. Wie unsinnig gerade diese Empfehlung ist, zeigen die hier vorgeführten Salden. Denn es können nicht alle Länder dieser Welt Nettosparer sein. Die Länder der Eurozone können gemeinsam nicht das gegenüber dem Rest der Welt durchsetzen, was sich Deutschland innerhalb und unter dem Schutz der Währungsunion geleistet hat. Ein Finanzierungsüberschuss der Eurozone von 6 % des BIP liefe auf eine Verschuldung des Rests der Welt in der Eurozone von gut 700 Milliarden Euro jährlich hinaus. Ein solches Ungleichgewicht ließe sich kaum aufbauen geschweige denn über mehrere Jahre durchhalten, ohne dass der Euro aufwertete und es dadurch von vornherein verhindert oder zumindest rasch wieder beseitigt würde.

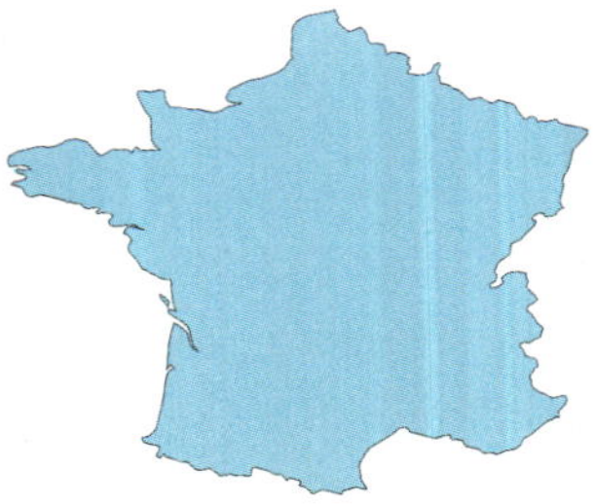

BIP + 1,3 %

Frankreich
Kennzahlen 2019

+ 3,0 %
+ 0,3 %
- 3,0 %
- 0,2 %

inkl. Rundungsdifferenzen

Abb. 7.3: Finanzierungssalden und reales BIP in Frankreich 1960 bis 2019

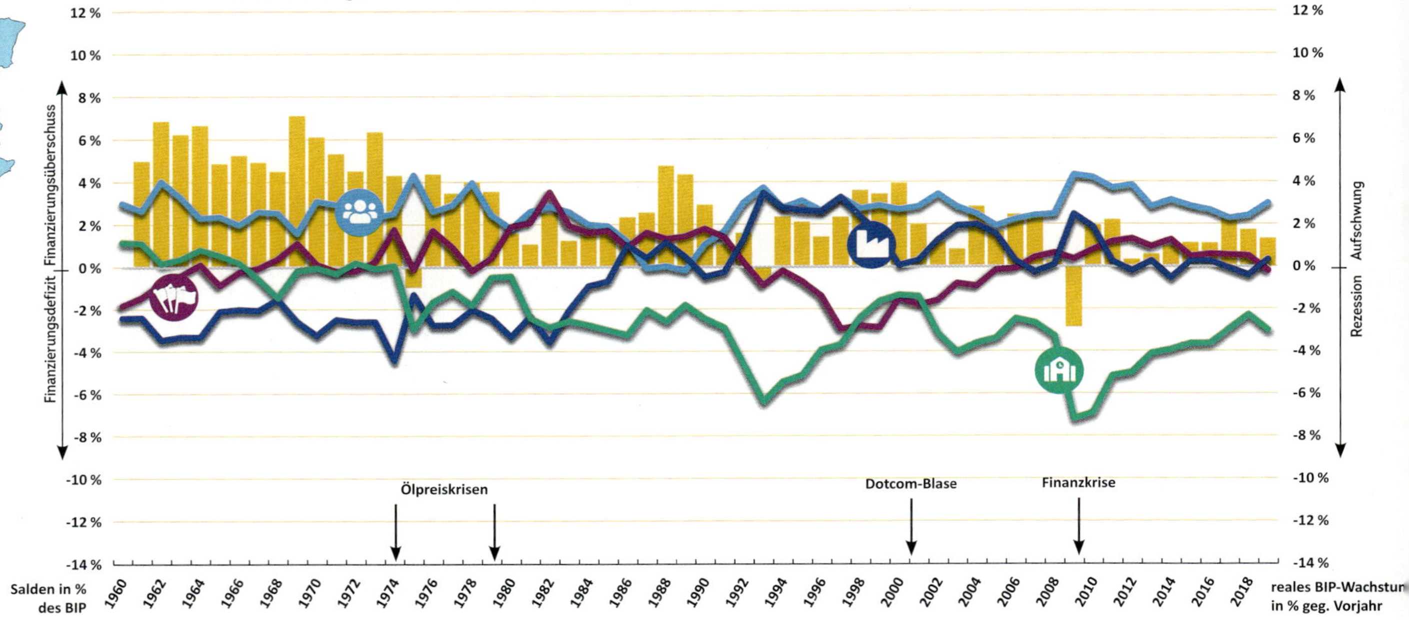

In **Frankreich** ist ein teilweise ähnliches Muster im Verlauf der Jahrzehnte zu erkennen. Bis Anfang der 1980er-Jahre waren die Unternehmen die Hauptschuldner und damit der wichtigste Gegenspieler zu den sparenden privaten Haushalten, wobei deren Sparquote schon damals im Vergleich zu Deutschland gering war. Spätestens ab den 1990er-Jahren galt die alte Rollenverteilung nicht mehr, weil die Unternehmen auf die Sparerseite wechselten. Entsprechend musste der französische Staat dauernd massiv neue Schulden machen und muss das bis heute tun, um die Wirtschaft zu stabilisieren. Seit Beginn des Jahrhunderts hat das Ausland aus französischer Sicht seine Rolle ebenfalls verändert – die violette Linie in der Grafik steigt ab 1999 kontinuierlich und wandert ab 2005 in den positiven Bereich. Das Ausland ist also von Frankreichs Standpunkt aus gesehen zum Nettosparer geworden.

Hier, bei einem direkten Vergleich mit den 1960er-Jahren, ist klar zu sehen, dass die Zeit der hohen Nettoverschuldung der Unternehmen eindeutig die Zeit der hohen Wachstumsraten war. Seit sich die Unternehmen auf die Seite der Sparer geschlagen haben, ist das Wachstum schwach, weil der Staat immer nur sehr zögerlich die Rolle des Antreibers der Konjunktur übernimmt, mit seinem Engagement also wartet, bis es zur Rezession kommt.

Besonders interessant ist **Italien**, wenn man etwas weiter zurück in die Vergangenheit schaut. Man sieht nämlich, dass die hohe staatliche Verschuldung in Italien vor allem aus den 1980er-Jahren stammt, als die privaten Haushalte eine extrem hohe Sparquote von bis zu 30 % ihres verfügbaren Einkommens hatten, was im Schnitt 15 % des BIP ausmachte. Es gab, obwohl sich die Unternehmen damals noch verschuldeten, keine andere Möglichkeit

Abb. 7.4: Finanzierungssalden und reales BIP in Italien 1960 bis 2019

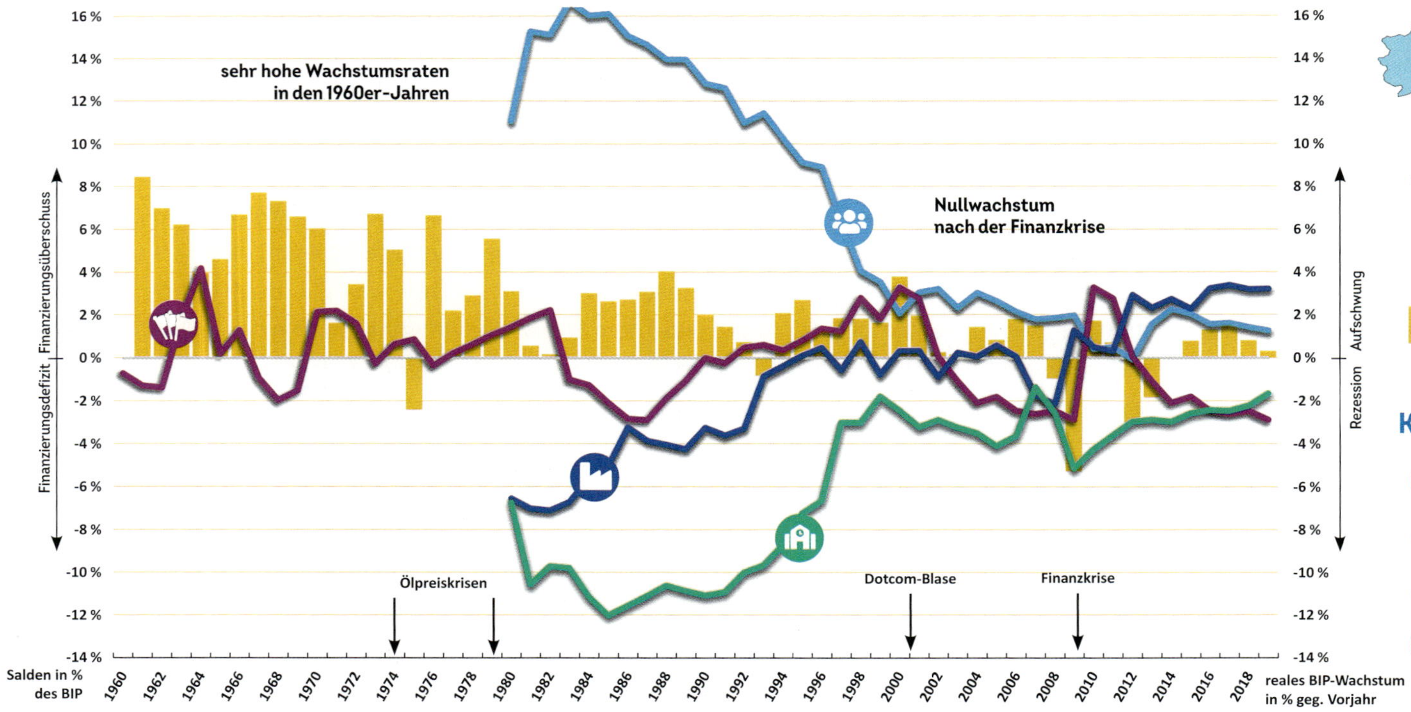

BIP + 0,3 %

Italien
Kennzahlen 2019

+ 1,3 %
+ 3,2 %
- 1,6 %
- 2,9 %

inkl. Rundungsdifferenzen

BIP reales BIP-Wachstum — private Haushalte — private Unternehmen — Staat — Ausland

Abb. 7.5: Finanzierungssalden und reales BIP in Spanien 1961 bis 2019

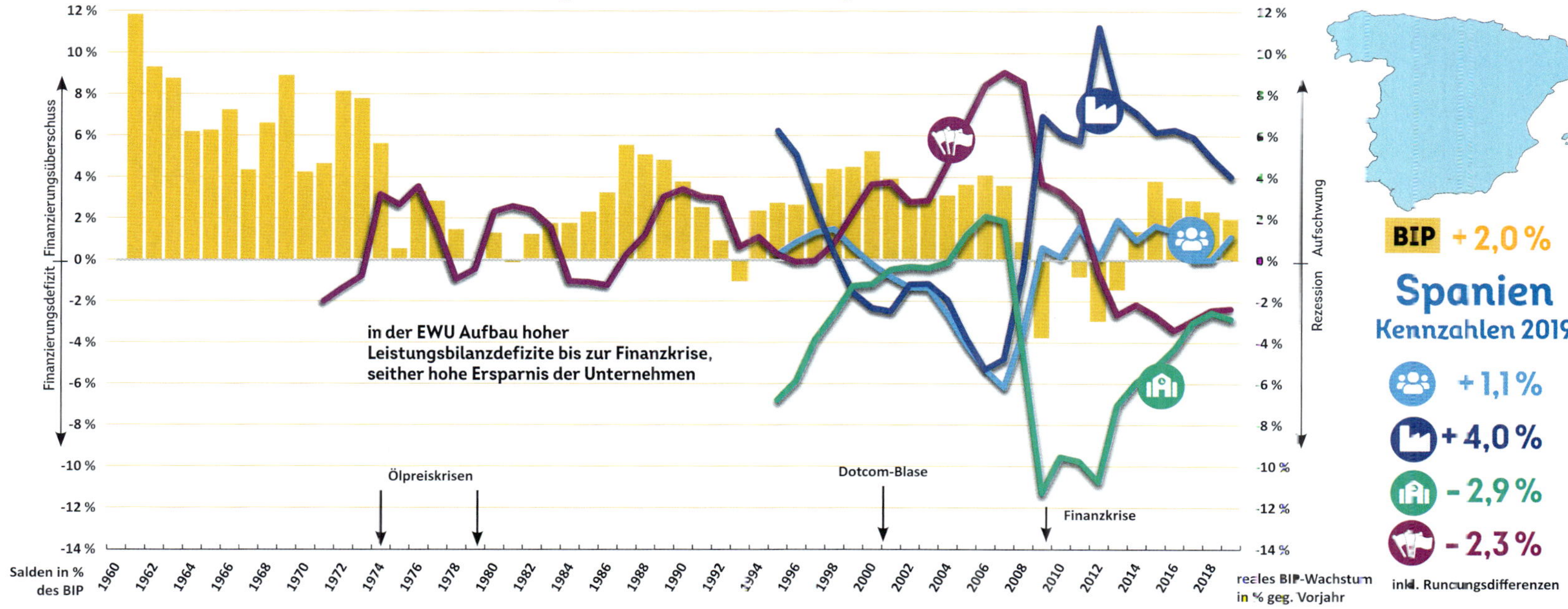

für den Staat, als den Sparwünschen der Privaten auf diese Weise entgegenzukommen.

Heute hat sich dort zwar die Sparquote der privaten Haushalte massiv verringert, aber seit den 1990er-Jahren fallen die Unternehmen als Schuldner praktisch aus. Das heißt, der private Sektor spart insgesamt, und folglich kommt der Staat nicht ohne Defizite aus. Italien hat zwar seit der Eurokrise einen wachsenden Leistungsbilanzüberschuss, aber der beruht in erster Linie auf geringem Importwachstum, das der allgemeinen Wachstumsschwäche geschuldet ist und weniger einer dynamischen Exportentwicklung. Deutlich wird hier, wie sich die italienische Wachstumsrate seit Beginn der Währungsunion verflacht: Der Staat versucht wegen der europäischen Fiskalregeln seine Verschuldung zu verringern; das zusammen mit der veränderten Rolle der Unternehmen würgt das Wachstum ab.

In **Spanien** und **Portugal** haben sich die Leistungsbilanzsalden ähnlich entwickelt wie in Italien. Beide Länder hatten vor der Finanzkrise sehr hohe Leistungsbilanzdefizite, die sich inzwischen in Überschüsse verwandelt haben. Anders als in Italien ist diese Entwicklung aber nicht nur krisenbedingt schwächeren Importen, sondern auch dynamischeren Exporten zu verdanken. Denn die Wettbewerbsfähigkeit beider Länder hat wieder zugenommen

In und nach der Finanzkrise hat sich allerdings in beiden Ländern das Unternehmensverhalten drastisch geändert. In Spanien übertreffen die Unternehmen inzwischen die Haushalte in Sachen Sparen. Die Haushalte sparen nur sehr wenig und hatten sich vor der Finanzkrise hoch verschuldet. Das spiegelt den spanischen Immobilienboom wider, der in dieser Zeit mindestens so unhaltbar wie der amerikanische war. In Portugal hat sich die Rolle der Unternehmen als Sparer mittlerweile ein wenig abgemildert, was dem Staat erlaubte, seine Defizite zu reduzieren. Die Wachstums-

Abb. 7.6: Finanzierungssalden und reales BIP in Portugal 1961 bis 2019

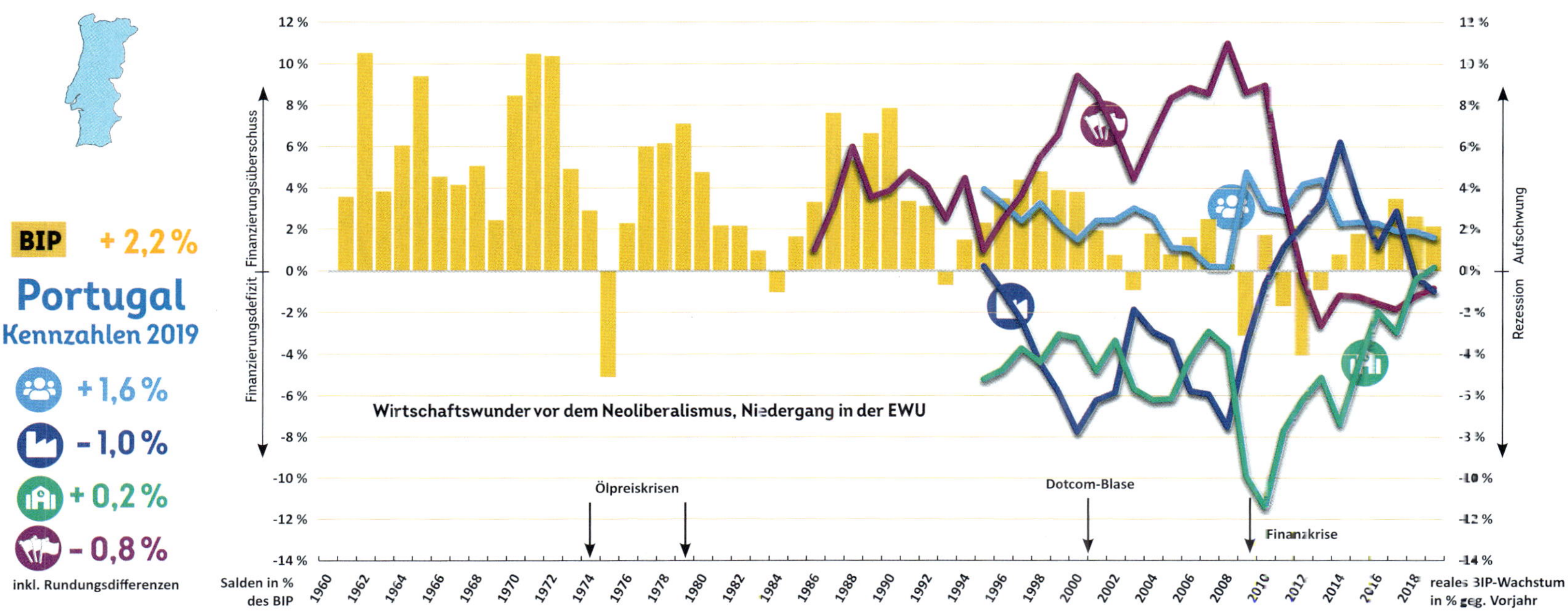

BIP +1,8 %

Niederlande

Kennzahlen 2019

+1,2 %

+7,2 %

+1,7 %

-10,2 %

inkl. Rundungsdifferenzen

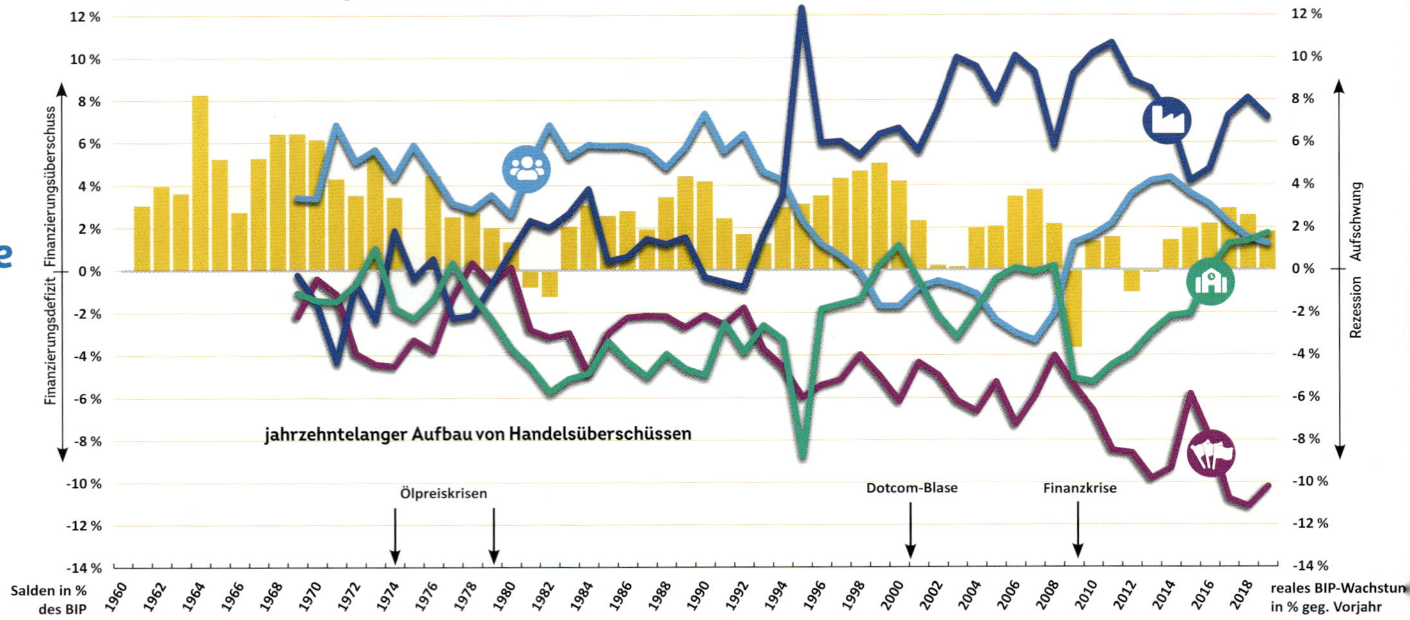

Abb. 7.7: Finanzierungssalden und reales BIP in den Niederlanden 1961 bis 2019

raten sind in beiden Ländern eher gering, vergleicht man sie mit den 1990er-Jahren und bedenkt man den Abstand zum Wohlstandsniveau in Frankreich oder Deutschland.

Die Entwicklung der sektoralen Finanzierungssalden und des Wachstums in den **Niederlanden** sind insofern interessant, als sich das Land gern als sparsam ausgibt und sogar die Sprecherrolle der »sparsamen Vier« in der EU übernommen hat. Doch beruht in den Niederlanden – noch krasser als in Deutschland – die Sparsamkeit des Staates und des Unternehmenssektors wesentlich auf der Verschuldungsbereitschaft des Auslands: Seit Beginn der 1980er-Jahre weisen die Niederlande einen hohen Leistungsbilanzüberschuss auf, der zuletzt sage und schreibe über 10 % des BIP betrug (siehe **Kapitel »Außenhandel«**). Zwischen dem Unternehmenssektor und dem Sektor der privaten Haushalte fand seit Mitte der 1990er-Jahre eine Art Rollenwechsel statt: Während die Unternehmen in den letzten 25 Jahren einen geradezu absurd hohen Sparsaldo verzeichnen (was mit den Steuerbedingungen für ausländische Firmen zu tun haben dürfte, Stichwort »Steuerparadies«), ging die Sparneigung der privaten Haushalte dramatisch zurück. Von der Jahrhundertwende bis zur Finanzkrise verschuldeten sie sich sogar, und seither bewegte sich die Sparquote auf einem im Vergleich zu Deutschland niedrigen Niveau. Das niederländische Wachstum kann wie in den anderen westlichen Industrieländern nicht an die Größenordnung früherer Jahrzehnte anknüpfen.

Völlig neue Lösungen für das Sparproblem haben einige Länder Osteuropas gefunden. **Bulgarien, Polen** und die **drei baltischen Länder** hatten vor der Finanzkrise hohe Leistungsbilanzdefizite, die durch einen aufgeblähten privaten Konsum angetrieben wurden. Er basierte wesentlich auf negativen Sparquoten der privaten Haushalte. Alle drei Regionen verzeichnen seit der Finanzkrise von 2008/2009 durchweg hohe bis extrem hohe Sparsalden der Unternehmen. Im Zuge dessen haben sich zwar die sehr hohen Leistungsbilanzdefizite in kleine Überschüsse verwandelt, der wichtigste Schuldner sind aber die privaten Haushalte geblieben. Da der Staatssektor in diesen Regionen sehr bemüht ist, möglichst

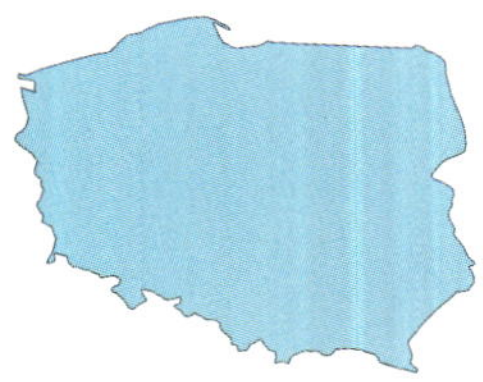

BIP + 4,1 %

Polen

Kennzahlen 2019

- 1,4 %

+ 4,7 %

- 0,7 %

- 1,9 %

inkl. Rundungsdifferenzen

Abb. 7.8: Finanzierungssalden und reales BIP in Polen 1991 bis 2019

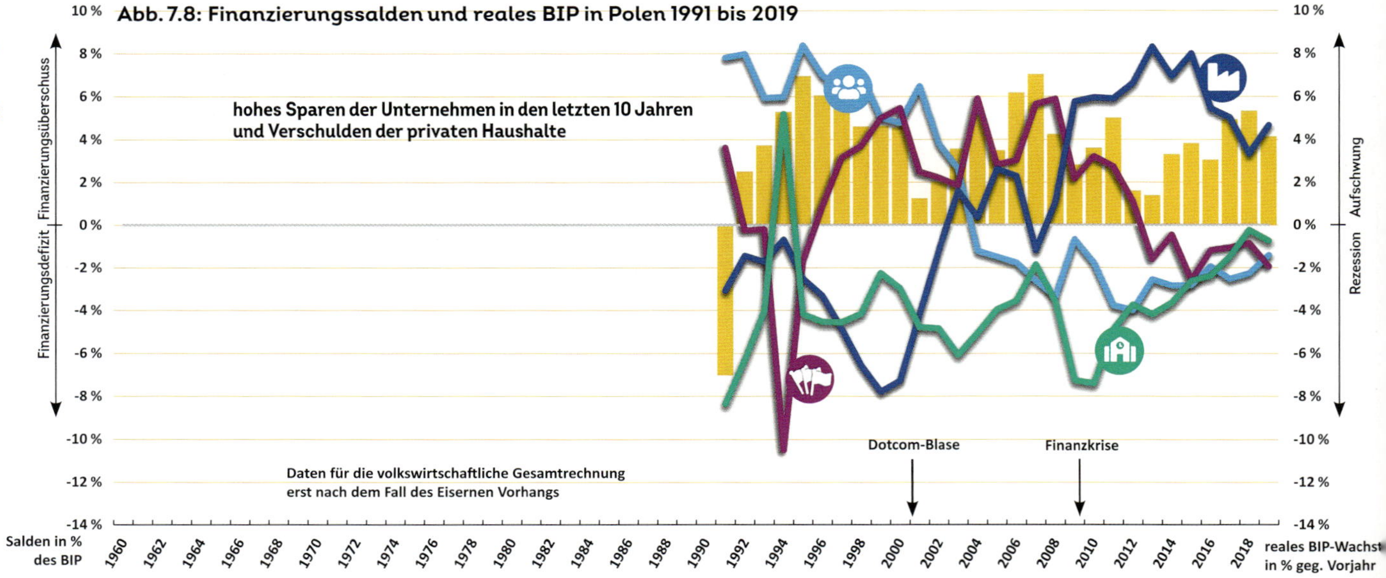

BIP reales BIP-Wachstum · private Haushalte · private Unternehmen · Staat · Ausland

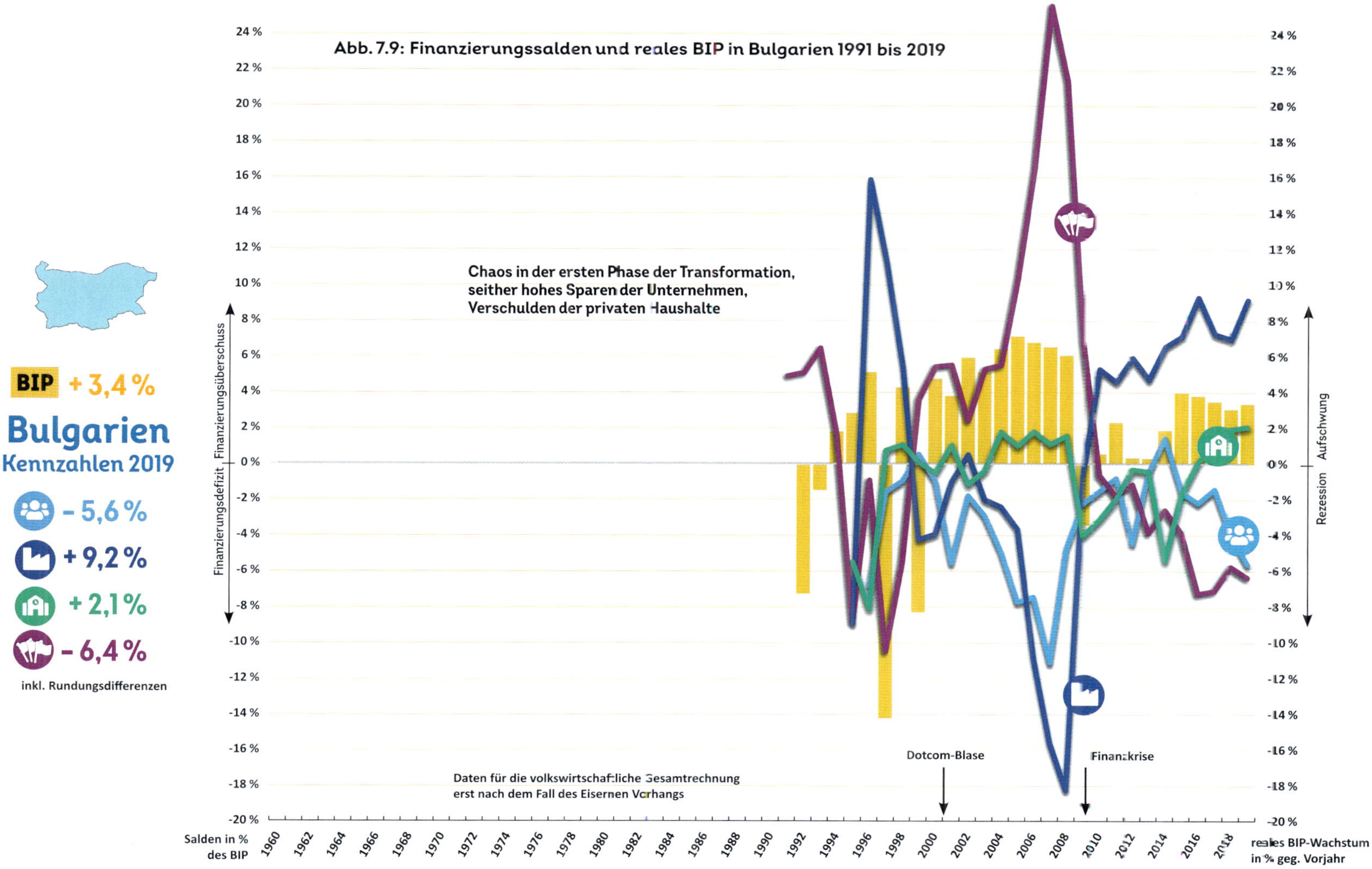

geringe Defizite zu machen (in Bulgarien macht er sogar Überschüsse!), können diese Volkswirtschaften überhaupt nur halbwegs funktionieren, weil sich die privaten Haushalte per Saldo verschulden. Wachstumsraten unter 5 % sind angesichts des Ausgangsniveaus der Wirtschaftskraft in diesen Ländern keineswegs überwältigend. Wie dieses Modell – die privaten Haushalte verschulden sich, der Staat strebt einen mindestens ausgeglichenen Haushalt an und die Unternehmen sparen – auf längere Sicht funktionieren soll, ist vollkommen unklar. Denn die privaten Haushalte erzielen üblicherweise keine Renditen, mit denen sie die Zinsen auf die Schulden bezahlen könnten. Klar ist, dass dieses Modell im Fall einer Krise extrem anfällig für große Rezessionen ist, weil die Haushalte über Nacht ihr Verhalten ändern müssen. Nach der Corona-Krise wird man sehen, was daraus geworden ist.

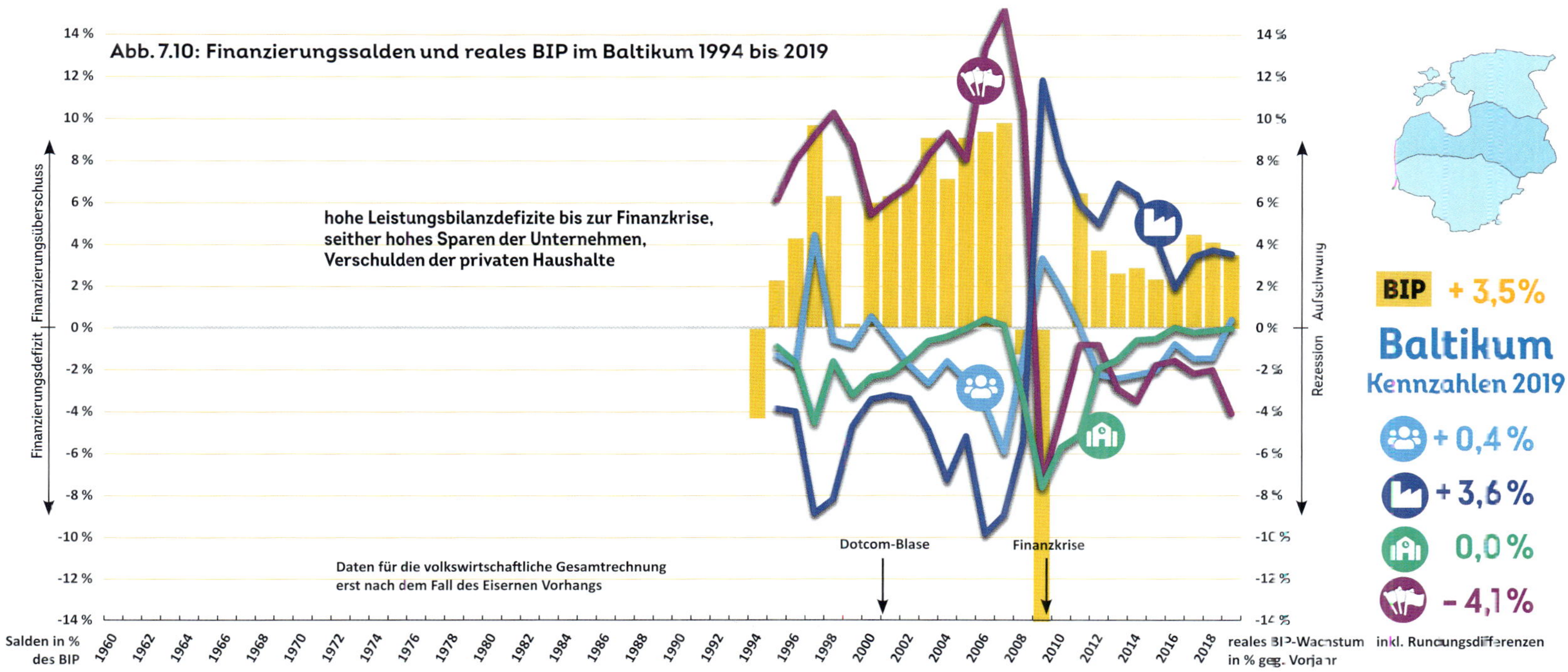

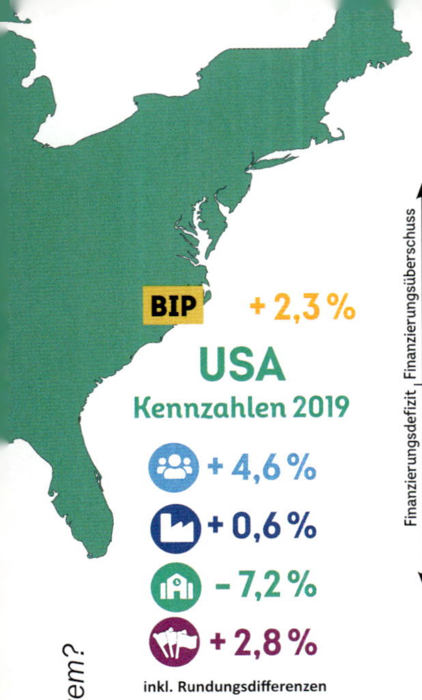

Abb. 7.11: Finanzierungssalden und reales BIP in den USA 1960 bis 2019

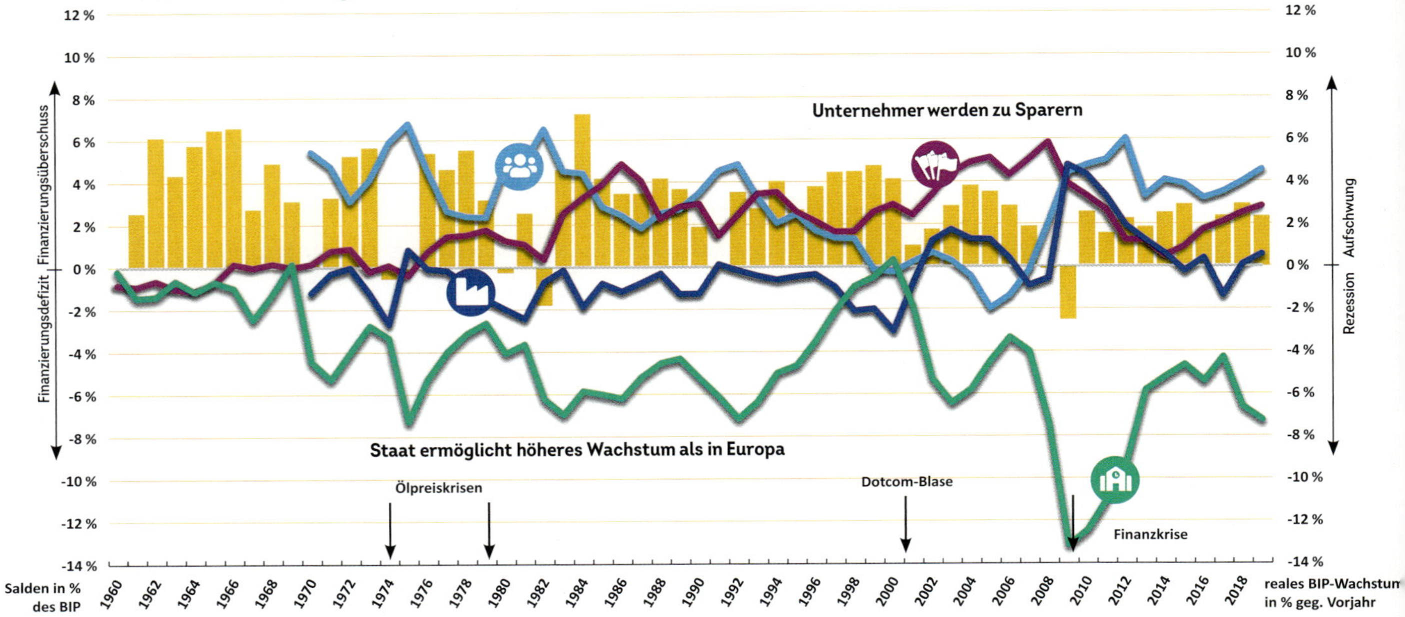

Die **USA** sind eine große, weitgehend geschlossene Volkswirtschaft - der Exportanteil liegt unter 15 % (siehe **Kapitel »Außenhandel«**). Daher kann das Land sparbedingte Nachfragelücken nicht so leicht durch ausländische Überschussnachfrage schließen, sondern ist eher auf eigene Verschuldung angewiesen. Die privaten Haushalte sparen zwar traditionell deutlich weniger als etwa in Deutschland, ab Ende der 1990er-Jahre bis 2007 nahmen sie fast durchgehend sogar die Schuldnerrolle ein. Diese Art der Verschuldung, bei der sich die privaten Haushalte weit höher verschuldeten, als es ihre wirtschaftliche Situation eigentlich erlaubte, wurde von einem Bankensystem gefördert, das seinerseits mit den Hypothekenpapieren der Privaten weltweit spekulierte. Das war der Kern der globalen Finanzkrise: Als die US-amerikanische Zentralbank die Zinsen erhöhte, um die sich boombedingt Richtung 4 % bewegende Inflationsrate zu dämpfen, konnten viele der hochverschuldeten privaten Haushalte die steigende Zinslast nicht tragen. Im Zuge der Krise wechselten die privaten Haushalte daher wieder die Seiten und fingen erneut zu sparen an. Ihr Finanzierungssaldo liegt mit 4 % bis 6 % des BIP inzwischen wieder so hoch wie in den 1970er-und der ersten Hälfte der 1980er-Jahre.

Auch in den USA ist das Muster des sparenden Unternehmenssektors seit Anfang der 2000er-Jahre zu beobachten: Der Unternehmenssektor tritt nicht mehr systematisch als Schuldner auf. Schon zuvor war die Verschuldungsbereitschaft der Unternehmer nicht übermäßig im Vergleich zu Frankreich und Deutschland. (Leider fehlen Daten für die Finanzierungssalden der US-amerikanischen Unternehmen in den 1960er-Jahren.)

Zudem kann das Ausland seit Jahrzehnten einen beachtlichen Teil der US-amerikanischen Nachfrage auf sich lenken – das US-Leistungsbilanzdefizit ist hoch (siehe Kapitel »Außenhandel«). Das zusammengenommen zementiert die Rolle des amerikanischen Staates als Schuldner. Man kann es auch so ausdrücken: Die Ame-

Abb. 7.12: Finanzierungssalden und reales BIP in Japan 1960 bis 2019

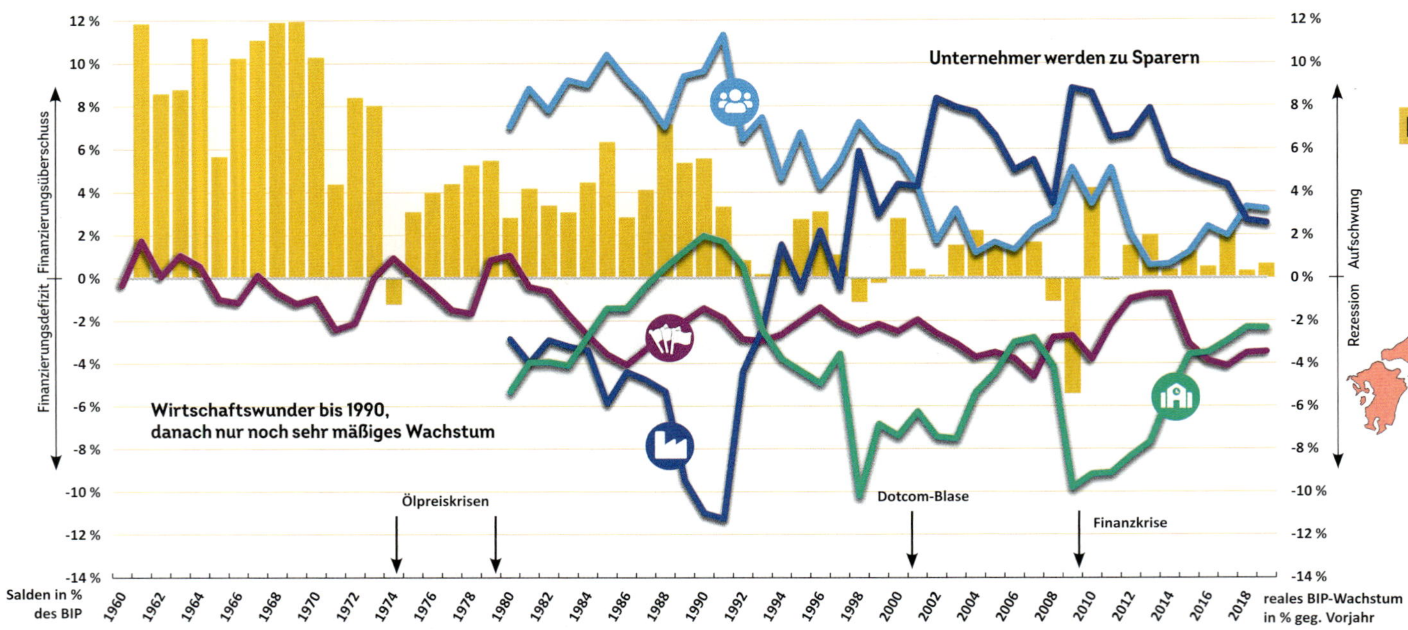

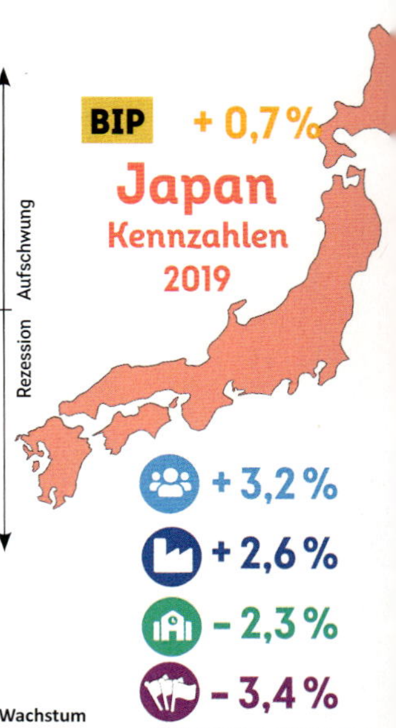

BIP reales BIP-Wachstum | private Haushalte | private Unternehmen | Staat | Ausland

rikaner tragen seit Jahren die Verantwortung für die Stabilisierung der Nachfrage in der Welt. Diese Aufgabe können sie vor allem deswegen erfüllen, weil der US-Dollar eine weltweit akzeptierte Währung ist.

Wohlgemerkt, die Sanierung der wirtschaftlichen Situation der Haushalte und der Unternehmen in und nach Krisen gelingt in den USA nur, weil der Staat sofort und mit einer sehr hohen Kreditaufnahme dagegenhält, um einen vollständigen Absturz der Wirtschaft zu verhindern.

Aber auch in den Jahren nach einer Rezession hatte der US-amerikanische Staat bei dem gegebenen Verhalten von Unternehmen und privaten Haushalten keine Wahl, wollte er eine dynamische Wirtschaft und den Abbau der Arbeitslosigkeit ermöglichen. In den Jahren nach 2017 kann man erkennen, wie der Staat das Wachstum ankurbelt, weil von Seiten der Unternehmen, der privaten Haushalte und des Auslands erneut ein Nachfragerückgang zu beobachten ist – die Kurven aller drei anderen Sektoren in Abbildung 7.11 steigen.

Das klassische Land der sparenden Unternehmen aber ist **Japan**, und zwar seit dem Ende der japanischen Finanzkrise Anfang der 1990er-Jahre: Der Finanzierungssaldo des Unternehmenssektors bewegte sich zwischen 4 % und in der Spitze über 8 %, am aktuellen Rand ist er auf 2,6 % gefallen. Die Wirtschaft kann seit den 1990er-Jahren nur durch hohe staatliche Defizite im Lot gehalten werden, wenngleich die privaten Haushalte heute sehr viel weniger sparen als vor 40 Jahren. Auch hier ist es vollkommen eindeutig, dass die Jahre hohen Wachstums auch Jahre hoher Verschuldung der Unternehmen waren. Es scheint den klaren Zusammenhang zu geben: Nur wenn die Wachstumsdynamik insgesamt sehr hoch ist, sind die Unternehmen bereit und in der Lage, die Rolle des Schuldners zu übernehmen.

Die hier anhand der Finanzierungssalden gezeigte grundlegende Veränderung der Rollenverteilung zwischen den Sektoren in den vergangenen 30 Jahren schlägt sich natürlich in den den sektoralen Schuldenständen nieder. Muss der Staatssektor wie in vielen europäischen Ländern seit Jahren die Rolle des Schuldners übernehmen, um durch die Sparbemühungen der Unternehmen drohende Konjunkturkrisen zu verhindern oder wenigstens abzufedern, wächst sein Schuldenbestand zwangsläufig.

Abbildung 7.13 zeigt die Relation Staatsschulden zu BIP im Vergleich der Jahre 2000 und 2019 für 32 europäische Länder, die USA und Japan sowie den Durchschnitt der EU. Estland und Bulgarien sind hier klar die »Spitzenreiter«, während alle Länder, die sich bemühen, ihrer Bevölkerung eine eigenständige wirtschaftliche Perspektive zu bieten, ihre Verschuldung angesichts der oben geschilderten Zusammenhänge deutlich erhöhen mussten, allen voran Japan.

Wie schon in der **Info-Box** zu Beginn des Kapitels erläutert, ergibt sich aus der Verschuldung oder Ersparnis eines Sektors sein Schulden- oder Vermögensbestand: Was im Laufe der Zeit an Salden anfällt, summiert sich zum Bestand. Die Logik bei den Salden, dass sich Überschüsse und Defizite der vier Sektoren zusammen zu null ergänzen müssen, gilt daher für die Bestände genauso: Die Summe aller Schulden ist identisch mit der Summe aller Geldvermögen. Der Nettoschuldenstand der Welt, also Schulden abzüglich Geldvermögen, ist deshalb immer null.

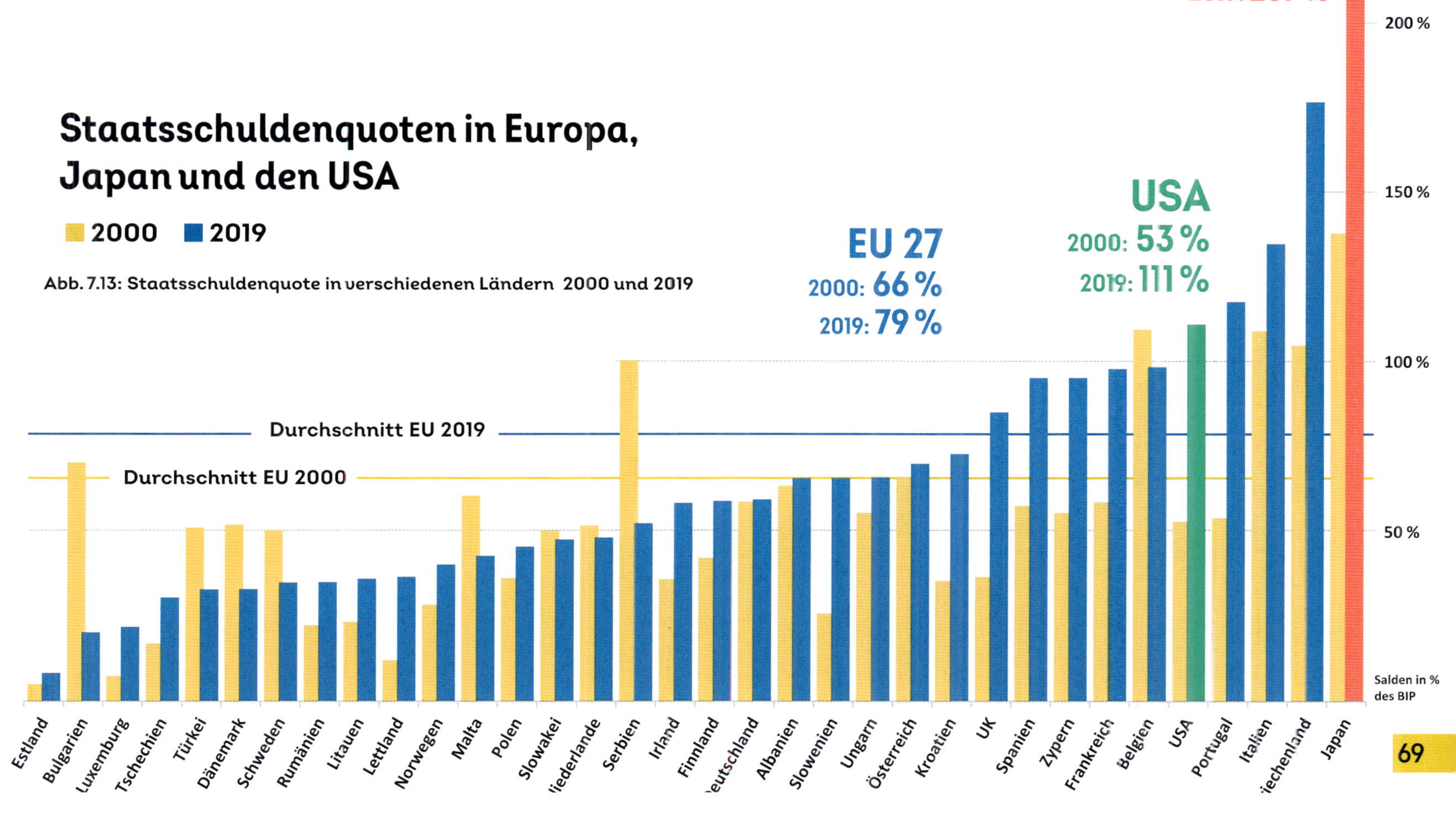

Abb. 7.13: Staatsschuldenquote in verschiedenen Ländern 2000 und 2019

Auf der Ebene eines Landes bedeutet die Saldenlogik, dass sich der jeweils saldierte Schulden- oder Vermögensbestand der drei zur Gesamtwirtschaft zusammengefassten Sektoren, also ihr Nettoschuldenbestand oder ihr Nettogeldvermögen, zu einer Größe aufsummieren, die genau gegengleich zum saldierten Geldvermögens- oder Schuldenbestand des Auslands gegenüber dem Inland ist.

Laufend zunehmenden Staatsschulden müssen daher laufend zunehmende private Geldvermögen der Inländer gegenüberstehen, wenn die Gesamtwirtschaft per Saldo jahrelang Überschüsse mit dem Ausland erzielt. Dann können die Gläubiger des Staatssektors – in einer Netto-Betrachtung – nicht im Ausland sitzen. Das schließt natürlich nicht aus, dass auch Ausländer inländische Staatsanleihen halten, aber eben nur brutto, nicht saldiert. Wenn ein Land hohe Leistungsbilanzüberschüsse aufweist, kann man sich als Privater folglich nur dann über hohe Staatsschulden beklagen, wenn man auch sein eigenes hohes Nettogeldvermögen beklagt. Wer in einer solchen außenwirtschaftlichen Konstellation Staatsschulden für gefährlich hält, etwa weil sie künftige Generationen belasteten, der muss zwangsläufig auch das Geldvermögen der Privaten für eine Belastung künftiger Generationen halten.

Sparen zu wollen und für Ersparnisse Zinsen erhalten zu wollen und gleichzeitig den eigenen Staat zu ausgeglichenen Staatshaushalten oder gar einem Schuldenabbau zu drängen, funktioniert nicht einfach so, weil es solide klingt. Es setzt voraus, dass der inländische Unternehmenssektor zum Schuldenmachen und produktiven Investieren im Inland in beachtlichem Umfang bereit ist. Ist er das nicht, provozieren die Sparanstrengungen entweder eine scharfe Rezession oder eine weitere Steigerung der Schuldenstände des Auslands beim Inland. Diesen Weg hat Deutschland eingeschlagen. Ob die ausländischen Kreditnehmer dieser zunehmenden Schuldenlast auf Dauer gewachsen sind, darf nicht erst seit der Corona-Krise bezweifelt werden.

Japan ist stattdessen den Weg steigender Staatsschulden gegangen. Den hohen Finanzierungsüberschüssen der Privaten in den zurückliegenden knapp 30 Jahren entspricht ein enormer Anstieg der Staatsschuldenquote, also des Verhältnisses der Staatsschulden zum BIP: Inzwischen bewegt sich die Quote knapp unter 240 % und damit auf einem im Vergleich zu den anderen westlichen Industrienationen extremen Niveau (**Abbildung 7.13**). Dieses Niveau wird landläufig – in der Eurozone sogar »amtlich« – als kritisch angesehen. Dennoch funktioniert die japanische Wirtschaft, immerhin die drittgrößte der Welt. Die japanischen Zinsen sind niedrig (siehe **Kapitel »Zinsen«**), und es ist nicht die Rede davon, dass der japanische Staat in irgendeiner Weise in Schwierigkeiten geraten oder gar das »Vertrauen« der Kapitalmärkte verlieren könnte. Was eindrucksvoll belegt, dass es bei den internationalen Finanzverflechtungen um den Schuldenstand eines gesamten Landes im Ausland geht, völlig gleichgültig, welcher inländische Sektor dahinter steht, und nie um den Schuldenstand des Staatssektors eines Landes für sich allein betrachtet.

Abb. 7.14: Staatsschuldenquote in Griechenland, Portugal, Österreich, den Niederlanden ...

... Deutschland, Frankreich, Italien ...

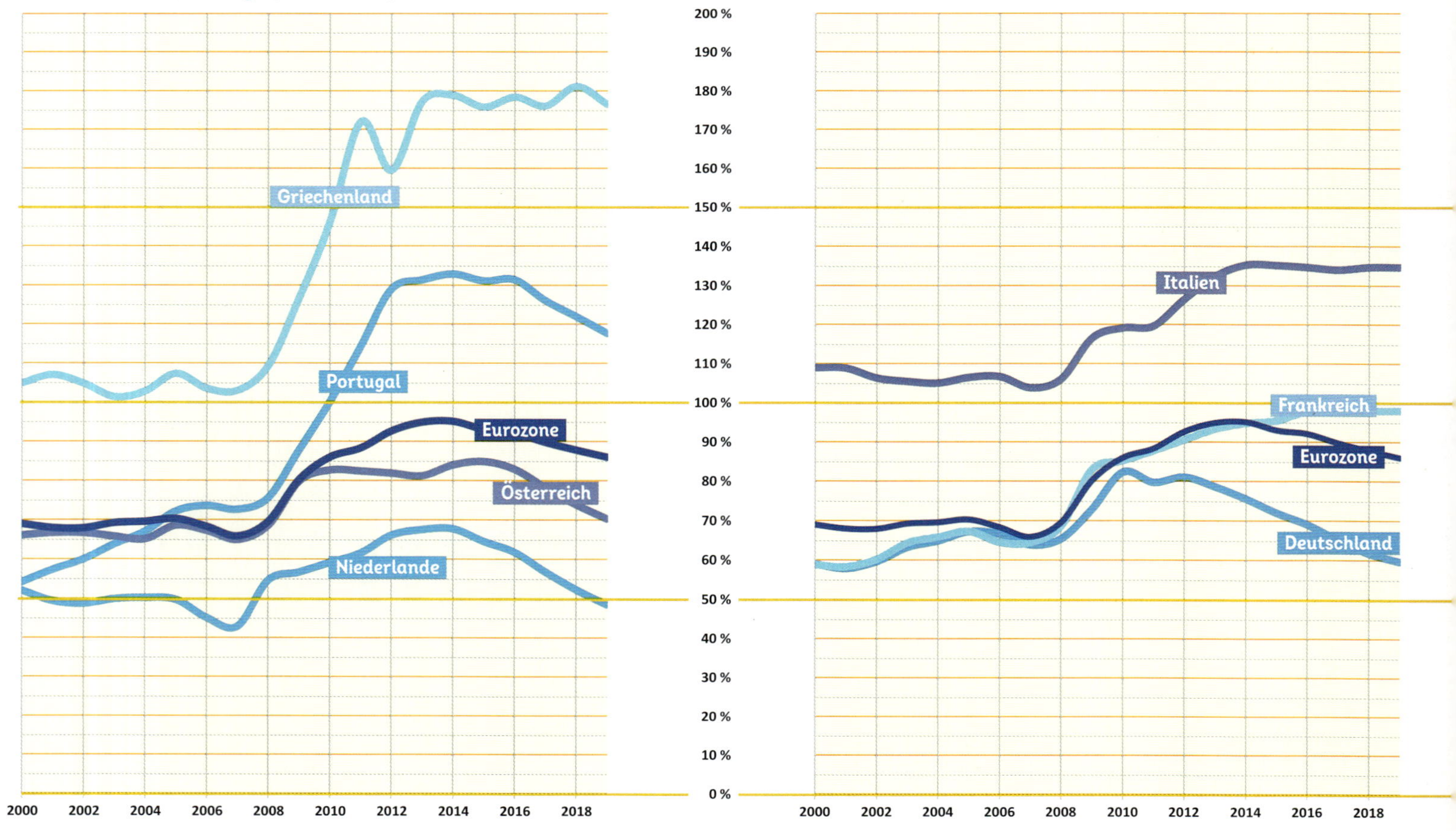

Auch die USA haben ihren Schuldenstand seit der globalen Finanzkrise aus den oben genannten Gründen deutlich erhöht. Europa hingegen bemühte sich jahrelang unter deutscher Führung, die Staatsschuldenquote zu verringern und in die Nähe der berühmten 60 % zu bringen.

Interessant ist der Vergleich der drei großen Länder der Eurozone (**Abbildung 7.14,** die zweite Grafik von links). **Italien** bleibt an der Spitze, bemüht sich aber, die Quote zu stabilisieren. Auch **Frankreich** schafft nicht mehr als eine Stabilisierung, während **Deutschland** unter dem »Schutzschild« seines Leistungsbilanzüberschusses die Staatsverschuldung tatsächlich auf das von den Europäischen Verträgen geforderte Niveau von 60 % gesenkt hat.

Auch bei den kleineren europäischen Ländern, deren Staatsschulden in den drei anderen Grafiken der Abbildung 7.14 gezeigt werden, gelingt die Stabilisierung oder Absenkung der Quoten nur um den Preis extrem schwachen Wachstums, damit einhergehender Leistungsbilanzüberschüsse und, wie oben gezeigt, unglaublich instabiler wirtschaftlicher Verhältnisse bei den privaten Haushalten.

Ein Land wie **Bulgarien** bemüht sich aus ideologischen Gründen krampfhaft, seine Staatsverschuldung gering zu halten. Die Folge ist eine extrem schwache Wirtschaftsdynamik und die Abwanderung großer Teile der aktiven Bevölkerung, weil sie das Vertrauen in die Entwicklung der heimischen Wirtschaft verloren haben und für sich selbst keine Perspektive mehr sehen.

Unter den **baltischen Ländern** ist es Estland sogar »gelungen«, seine Staatsverschuldung während der globalen Finanzkrise fast konstant und extrem niedrig zu halten. Auch hier war eine der Folgen eine beachtliche Abwanderung. Es ist hohe Zeit, dass in der gesamten EU verstanden wird, unter welchen Umständen der Staat seine Verschuldung reduzieren kann und unter welchen nicht. Die vier Finanzierungssalden bilden den Schlüssel zu diesem Verständnis. Es ist ein Skandal, dass die Europäische Kommission diese Zahlen berechnen lässt, aber damit nicht offensiv arbeitet.

Im Jahr 2020 wird es wegen des Corona-Schocks zu einem massiven Anstieg der Staatsverschuldung kommen, der alle bisherigen Ziele und Regeln insbesondere innerhalb der EU obsolet macht. Trotzdem debattiert man in den Ländern der Eurozone bereits eifrig, wie und wann man den absehbaren krisenbedingten Sprung der Quoten nach oben wieder zurückführen kann. Darüber, ob das überhaupt notwendig ist oder sogar grundsätzlich kontraproduktiv sein könnte, diskutiert allerdings praktisch niemand. Das liegt daran, dass die schon vor dieser jüngsten Krise akute Problematik des sparenden Unternehmenssektors in der Wirtschaftspolitik immer noch kein Thema ist.

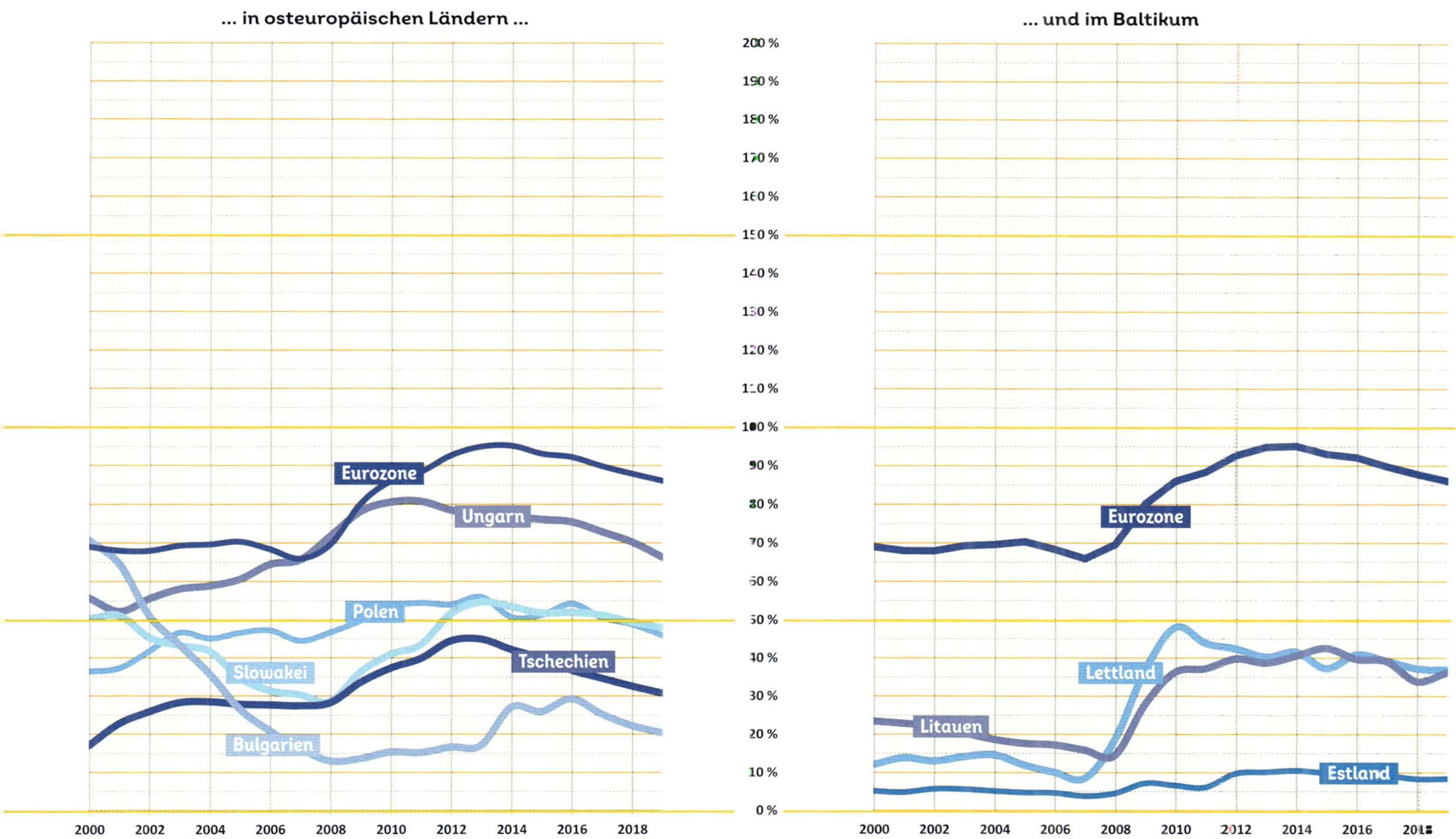

Inflation – die Welt zwischen Preis-Chaos und Deflation?

Auf Höhe und Schwankung der Preisentwicklung kommt es an

Dass Wirtschaften etwas mit Preisen zu tun hat, weiß jeder: Anhand von Preisen werden Waren und Dienstleistungen bewertet, so dass sie gegeneinander getauscht werden können oder sich zusammenrechnen lassen. Arbeitsleistung wird in Löhnen und Gehältern bemessen und in Form von Arbeitseinkommen bezahlt. Wie viel man sich davon kaufen kann, hängt von den Preisen für Waren und Dienstleistungen ab. Schon allein deshalb ist die Höhe der Preise und deren Veränderung, die Inflationsrate, für alle am Wirtschaftsleben Teilnehmenden von Interesse.

Die Preissteigerungsraten variieren im weltweiten Vergleich stark. In der Weltkarte in **Abbildung 8.1** werden die durchschnittlichen Steigerungsraten der Verbraucherpreise für den Zeitraum 2010 bis 2019 für fast alle Länder der Erde dargestellt. Rottöne bedeuten, dass die Inflationsrate im Schnitt über 4 % lag. Je intensiver der rote Farbton ausfällt, desto höher war die Rate. Blautöne zeigen an, dass die Inflation im Mittel weniger als 1,8 % betrug. Je heller der blaue Farbton wird, desto niedriger war das Preiswachstum bis hin zu Deflation. Der Bereich zwischen 1,8 % und 4 % ist grün gefärbt, die Farbintensität steigt mit der Rate. Man erkennt, dass in den westlichen Industrieländern im vergangenen Jahrzehnt hohe Preisstabilität bis hin zu Deflation, nämlich beispielsweise in Japan oder der Schweiz, herrschte. In anderen Teilen der Welt, besonders in Afrika, Zentralasien und Südamerika, lag das durchschnittliche Inflationsniveau hingegen hoch bis extrem hoch. Eine Region in Afrika, der die Länder der Westafrikanischen Wirtschafts- und Währungsunion (WAEMU) angehören, springt ins Auge (siehe **Kapitel »Zinsen«**). Dort waren die Inflationsraten ähnlich niedrig wie in Europa oder Nordamerika. China zählt zu den Ländern mit einer Inflationsrate im unteren Mittelbereich.

In den westlichen Industrieländern (**Abbildung 8.2**) haben sich die Inflationsraten in den letzten 20 Jahren stark angeglichen und schwanken nur wenig. Dagegen herrschte in verschiedenen Ländern Afrikas (**Abbildung 8.3**) ein im Durchschnitt hohes und auch sehr stark schwankendes Inflationsniveau. Zudem lässt sich dort keine gemeinsame Tendenz in der Inflationsentwicklung feststellen.

Einen Überblick über die letzten beiden Jahrzehnte kann man sich anhand der Grafiken auf den folgenden Seiten dieses Kapitels verschaffen. Dort wird die Entwicklung der Verbraucherpreise in verschiedenen Ländern im Zeitraum 2000 bis 2019 dargestellt und zusätzlich die durchschnittliche jährliche Inflationsrate für die Jahre 2000 bis 2010 und 2010 bis 2019 angegeben.

Warum braucht eine Marktwirtschaft stabile, niedrige Inflationsraten?

Um einen Überblick über die Veränderung vieler Güterpreise gleichzeitig zu bekommen, fasst man Einzelpreise zu einem **Preisindex** zusammen. Ein Warenkorb, der dem Verbrauchsverhalten eines Durchschnittshaushalts entspricht, liefert die Gewichtung, mit der Einzelpreise in den Konsumentenpreisindex eingehen. Er dient der Berechnung des Preisniveaus für Konsumgüter. Seine Veränderungsrate bezeichnet man als **Inflationsrate der Konsumentenpreise**. Ebenso gibt es einen Preisindex für die gesamte Wirtschaftsleistung eines Landes, den BIP-Deflator. Er enthält neben den Konsumgüterpreisen auch Preise für Rohstoffe und Investitionsgüter. Seine Veränderungsrate ist die **gesamtwirtschaftliche Inflationsrate**. Wir beziehen uns auf die Konsumentenpreise, da sie in der Erhebung verlässlicher und international vergleichbarer sind als die BIP-Deflatoren.

Inflationsraten werden als Veränderungsraten gegenüber dem Vorjahreszeitraum angegeben: Eine Inflationsrate von 1,2 % im Mai 2020 bedeutet, dass die Preise im Mai durchschnittlich um 1,2 % gestiegen sind gegenüber Mai 2019. Sinkt die Inflationsrate, etwa von 4 % auf 2 %, erhöhen sich die Preise weiterhin, aber langsamer. Ist die Inflationsrate negativ, sinken die Preise. Dann herrscht offene **Deflation**.

Die Möglichkeit, dass sich Preise im Zeitablauf verändern können, ist für das Funktionieren einer Marktwirtschaft unerlässlich. Denn die Entwicklung von Preisen zeigt an, welche Güter begehrt sind und an welchen potenzielle Käufer das Interesse verlieren. Das ist für die Hersteller eine wichtige Information, damit sie das produzieren, was die Verbraucher konsumieren wollen. Spekulative Preisbewegungen, etwa bei Rohstoffen, sind für das Funktionieren der Märkte allerdings ausgesprochen schädlich. Sinnvolle und notwendige Preisveränderungen hingegen treten ein, wenn neue technische Verfahren die Herstellung eines Gutes erleichtern, seine Qualität steigern oder die Produktion ganz neuartiger Güter ermöglichen. Der **Wettbewerb** zwingt die Unternehmen, **Produktivitätsfortschritte** auf Dauer in den Preisen weiterzugeben, produktivere Verfahren und Produktneuheiten nachzuahmen oder selbst zustande zu bringen. Dieser Veränderungsprozess funktioniert am besten, wenn das Preisniveau, das alle diese Preise enthält, insgesamt nicht konstant bleibt oder gar sinkt, sondern leicht steigt. Denn dann **entwertet sich das Geld** immer ein wenig, und auf Dauer werden die »be-

Abb. 8.1: Inflationsraten 2010-2019 weltweit

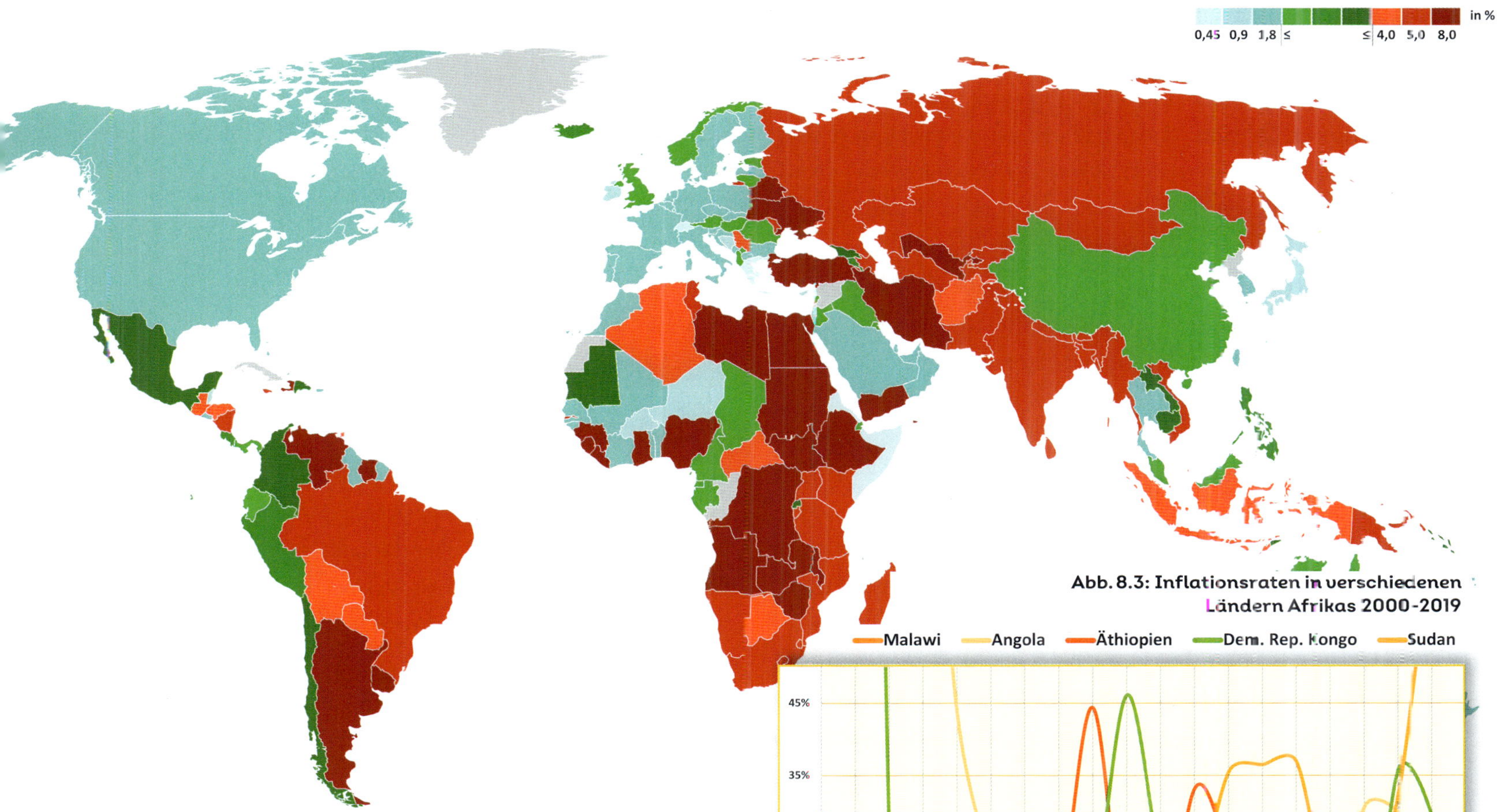

Abb. 8.2: Inflationsraten in den westlichen Industrieländern 2000-2019

USA – Japan – Rep. Korea – Kanada – Australien – Neuseeland – Eurozone – UK

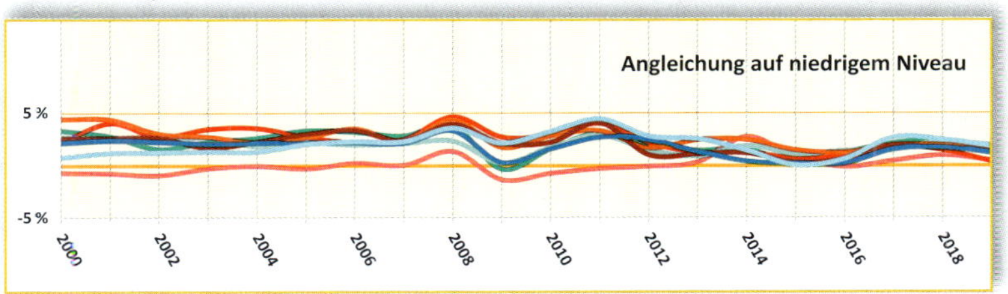

Abb. 8.3: Inflationsraten in verschiedenen Ländern Afrikas 2000-2019

Malawi – Angola – Äthiopien – Dem. Rep. Kongo – Sudan

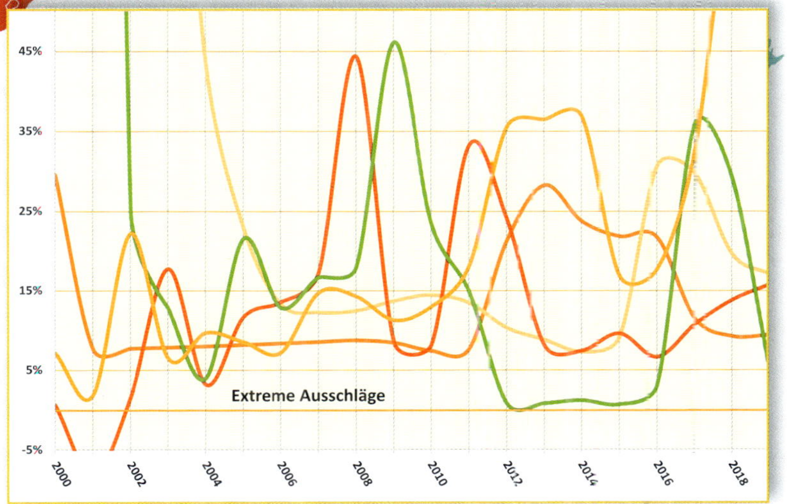

lohnt«, die ihr Geld nicht sparen, sondern ausgeben – sei es für Konsumgüter, für die sie in Zukunft im Durchschnitt ein wenig mehr bezahlen müssten, oder für eine **unternehmerische Investition**, die neue Produktionsmöglichkeiten, Arbeitsplätze und Einkommen schafft. Das hilft, die Nachfragelücke zu schließen, die durch das einzelwirtschaftlich verständliche, aber gesamtwirtschaftlich problematische Vorsorgesparen der Privaten entsteht.

Bei **sinkenden Preisen** ist es attraktiv, noch mehr zu sparen, weil das Geld von allein mehr wert wird. Das lähmt wirtschaftliche Aktivitäten: Konsumenten zögern zu kaufen, weil Güter in Zukunft billiger werden. Unternehmer riskieren weniger Investitionen, weil sie wegen der Kaufzurückhaltung eine schlechtere Kapazitätsauslastung feststellen und unsicherer sind als in Zeiten steigender Preise, ob sich eine Investition lohnen wird. Das **Sparproblem**, das in jeder Volkswirtschaft gelöst werden muss, um Arbeitslosigkeit zu verhindern und Entwicklung zu ermöglichen (siehe **Kapitel »Sparen und Verschulden«**), wird bei stagnierendem oder gar sinkendem Preisniveau noch größer, als es ohnehin schon ist.

Schädlich ist aber auch eine zu hohe oder stark schwankende Inflationsrate. Für Unternehmen wie auch für Haushalte wird die Planung der wirtschaftlichen Aktivitäten schwerer bis unmöglich. Vielfach kommt es zu einer Flucht in Sachwerte, die deren Preise noch stärker steigen lässt. Banken verlangen höhere Zinsen, was einen Rückgang der Investitionen nach sich zieht. Und in extremen Fällen, die man Hyperinflation nennt, erfüllen Preise ihre Aufgabe, reale Knappheiten anzuzeigen, gar nicht mehr.

Fazit: Deflation und Hyperinflation zerstören die Entwicklungsmöglichkeiten einer arbeitsteiligen Wirtschaft. Eine gleichbleibende Inflationsrate im unteren einstelligen Bereich, beispielsweise von 3 %, ist für eine prosperierende Entwicklung förderlicher als eine zum Beispiel zwischen 0 % und 8 % schwankende. Denn sie bedeutet eine stabilere Kalkulationsgrundlage für alle Wirtschaftsakteure. Damit ist all denen geholfen, die durch Sachinvestitionen Risiken übernehmen und so die Entwicklung voranbringen. Sparer, die sich eine möglichst niedrige Geldentwertung und gleichzeitig hohe Zinsen wünschen, sollten bedenken, dass Zinsen erwirtschaftet werden müssen, also gesamtwirtschaftliches Wachstum voraussetzen. Wachstum ist ohne ein gewisses, wenn auch geringes und stabiles Maß an Geldentwertung auf Dauer nicht möglich.

Wie stark die Preisentwicklung in den Ländern der **Eurozone** übereinstimmt, lässt sich dem oberen Viertel der gegenüberliegenden Seite entnehmen. Doch darf man sich über die Wirkung systematischer und über Jahre anhaltender Abweichungen der Preisniveaus in einer Währungsunion nicht hinwegtäuschen, auch wenn sie gering erscheinen. Da mangels eigener Währung kein Mitgliedsstaat der Währungsunion gegenüber seinen Währungspartnern nominal ab- oder aufwerten kann (siehe **Kapitel »Wechselkurse«**), kumulieren sich relativ kleine jährliche Abweichungen über mehrere Jahre hinweg zu einem spürbaren Preisabstand zwischen den Unionsmitgliedern. Das führt zu Spannungen im Außenhandel, die sich krisenhaft zuspitzen. In den **Kapiteln »Löhne«** und **»Sparen und Verschulden«** wird darauf näher eingegangen.

Einige Länder Osteuropas, die nach dem Fall des Eisernen Vorhangs den Transformationsprozess ihrer Volkswirtschaften vom plan- zum marktwirtschaftlichen System vollzogen, wiesen zu Beginn des Jahrhunderts im Vergleich zu Westeuropa noch hohe Inflationsraten auf. Mit Ausnahme Rumäniens, das sehr viel mehr Zeit benötigte, um stabile Inflationsraten zu erreichen, beruhigte sich das Preisgeschehen in dieser Region innerhalb kurzer Zeit. Dieser Trend kehrte sich ab 2003 bis zur Finanzkrise für die baltischen Staaten und Bulgarien wieder um – diese Länder verzeichneten steigende Inflationsraten, am stärksten in Lettland (15 % im Jahr 2008). Die Finanzkrise stoppte diese Entwicklung abrupt – das BIP-Wachstum brach allerorten ein und mit ihm die Inflationsraten. Seither hat sich die Preisentwicklung in allen osteuropäischen EU-Ländern und den baltischen Staaten stark angeglichen. 2019 bewegten sich die Inflationsraten bei ungefähr 3 %, nur in Rumänien lag die Preissteigerung etwas höher.

Ganz anders das Bild weiter östlich und südlich in Russland, der Türkei und verschiedenen Ländern **Zentralasiens**. Die Schwankungen der Inflationsraten sind um ein Vielfaches höher als in den osteuropäischen EU-Ländern. Sie liegen von Land zu Land weit auseinander und folgen kaum einem ähnlichen Muster. Russland konnte seine sehr hohen Preissteigerungsraten zu Beginn des Jahrhunderts, die mit der Rohstoffpreisentwicklung verbunden waren, allmählich senken und erreichte 2019 ein Niveau von 5 %.

Die Türkei schaffte nach einer Phase der Hyperinflation Anfang der 2000er-Jahre eine gewisse Stabilisierung der Inflationsrate auf Werte im oberen einstelligen Prozentbereich. Seit 2017 jedoch sind die Preise wieder deutlich stärker gestiegen, was auch an einer Wechselkursanpassung lag, welche die Importgüter stark verteuerte. Hier tritt das Problem zutage, dem sich ein Land mit vergleichsweise hohen Inflationsraten im Außenhandel gegenübersieht, wenn seine wichtigsten Handelspartner einen Block mit relativer Preisstabilität bilden: Auf freien Devisenmärkten können Währungsspekulanten dann Wechselkursbewegungen in Gang setzen, die nicht die Inflationsdifferenzen zwischen dem Hochinflationsland und seinen stabileren Handelspartnern laufend ausgleichen, wie es ökonomisch sinnvoll wäre. Stattdessen staut sich der Abwertungsbedarf eine Zeit lang auf und entlädt sich dann häufig in einer Finanzkrise, was die Preissteigerung im Hochinflationsland noch einmal anheizen kann (siehe **Info-Grafik** zum Carry Trade im Kapitel »Wechselkurse«).

Die Ukraine erlebt ein extremes Auf und Ab der Inflationsraten. Auch ein Land wie Belarus kann auf keinerlei kontinuierliche Entwicklung seiner Preise blicken. Etwas erfolgreicher in Sachen Preisstabilität stellt sich Georgien dar. Dort schwankten die Preise zwar auch noch kräftig im Vergleich zu den osteuropäischen EU-Staaten, aber immerhin lag die Inflationsrate durchgehend im einstelligen Bereich und stabilisierte sich bei rund 5 %. Dieses Niveau hat auch Kasachstan 2019 erreicht. Usbekistan hingegen konnte die Absenkung seiner jahrelang hohen Inflationsrate auf immerhin einstellige Werte nach 2016 nicht fortsetzen und bewegt sich wieder auf einem Inflationsniveau von 15 %.

Unter den Ländern des **Mittleren Ostens** (nächste Doppelseite unten links) fällt die extreme Preisentwicklung im Iran ins Auge. Das dortige Regime scheint keine systematische Wirtschaftspolitik zu betreiben und kämpft mit den Schwankungen des Erdölpreises an den Weltmärkten. Die iranische Wirtschaft hängt stark von den Einnahmen aus den Erdölexporten ab, so dass die großen Preisveränderungen in diesem Bereich in den letzten 20 Jahren zu dem heftigen Auf und Ab der Ökonomie beitrugen. Auch internationale Wirtschaftssanktionen spielen eine gewisse Rolle bei der Entwicklung der Verbraucherpreise. 2019 lag die Inflationsrate im Durchschnitt bei über 40 %.

Für den Irak liegen Daten zu den Verbraucherpreisen ab 2005 vor. Damals stiegen die Preise zwischen 30 % und 50 %. Es folgte eine abrupte Deflation im Zusammenhang mit dem Verfall der Erdölpreise während der Finanzkrise. Danach normalisierte sich die Inflationsrate wieder, stieg bis 2012 auf 6 % und ist seither stark rückläufig. Für Syrien, das zu Beginn des Jahrhunderts ein Jahrzehnt steigender Inflationsraten erlebte, liegen seit 2011 keine Daten mehr vor. Saudi-Arabien und Israel zeichnen sich durch vergleichsweise stabile Verhältnisse bei den Konsumentenpreisen aus, obwohl sie von den politischen Turbulenzen in der Region und den Schwankungen des Erdölpreises ebenfalls direkt oder indirekt betroffen sind. Die Inflationsraten liegen in beiden Ländern seit zwei Jahrzehnten fast durchgehend unter 5 % mit fallender Tendenz.

Abb. 8.4: Inflationsraten in Europa und Zentralasien 2000-2019

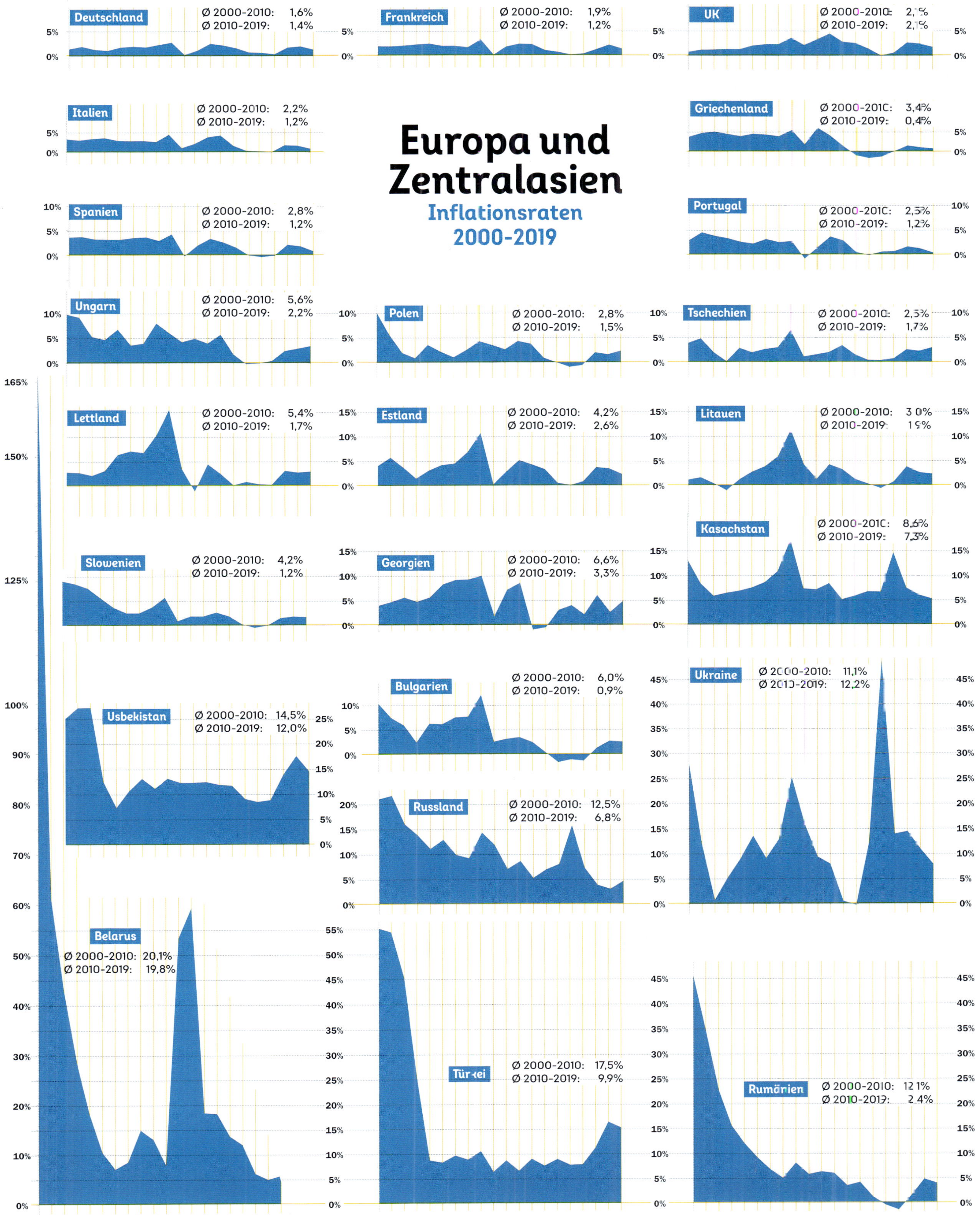

Der jeweils erste in der Grafik gezeigte Inflationswert für 2000 geht nicht mit in die Durchschnittsberechnung der Jahre 2000 bis 2010 ein

Abb. 8.5: Inflationsraten im Mittleren Osten und Nordafrika 2000-2019

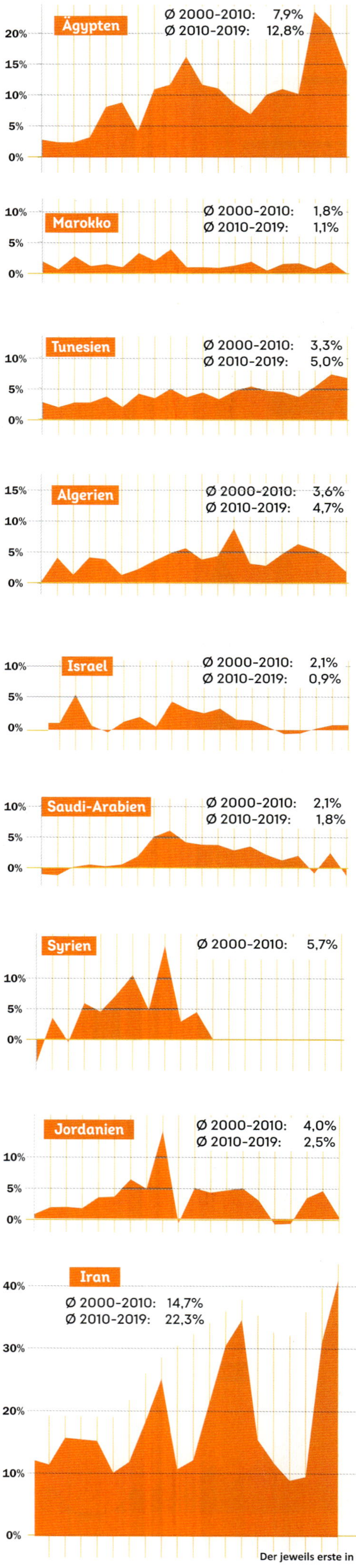

Mittlerer Osten und Nordafrika

Inflationsraten 2000-2019

Unter den Ländern **Nordafrikas** verzeichnet Ägypten mit Abstand die höchsten Preissteigerungen: In mehreren Wellen ist die Inflationsrate von knapp 3 % im Jahr 2000 auf fast 24 % im Jahr 2017 geklettert, seither aber wieder auf immerhin unter 15 % gesunken. Trotzdem weist das Land beim realen Wirtschaftswachstum insgesamt und pro Kopf der Bevölkerung im Durchschnitt der beiden Jahrzehnte keine wesentlich schlechteren Werte auf als die inflationsstabileren Länder Algerien und Tunesien, zumindest laut amtlicher Statistik. Marokko, das Land mit den stabilsten Preisen in der Region, schneidet bei der realen Entwicklung des Pro-Kopf-Wohlstands allerdings klar besser ab.

Anders als beispielsweise beim Thema Arbeitslosigkeit, Lohneinkommen oder Zinsen gibt es für viele **afrikanische Länder südlich der Sahara** Daten zur Entwicklung der Verbraucherpreise. Das ermöglicht eine Illustration des – um es zugespitzt zu formulieren – Preis-Chaos, das dort herrscht. In den in **Abbildung 8.6** gezeigten Ländern Demokratische Republik Kongo, Angola, Sudan oder auch Äthiopien und Malawi schwanken die Inflationsraten heftig und erreichen phasenweise sehr hohe Niveaus. Das reale BIP-Wachstum pro Kopf der Bevölkerung, soweit es sich unter den Bedingungen extremer Inflation überhaupt seriös berechnen lässt, blieb in diesen Ländern – mit Ausnahme Äthiopiens – über die vergangenen zwei Jahrzehnte betrachtet meist schwach, in Einzelfällen sogar negativ. Beispielsweise stand einer jahresdurchschnittlichen Inflationsrate von 23 % in den letzten zwei Jahrzehnten in der Demokratischen Republik Kongo, dem gemessen an der Bevölkerung drittgrößten Staat Subsahara-Afrikas, ein jahresdurchschnittliches reales Wachstum pro Kopf von 1,5 % gegenüber. Im Ergebnis verfügte ein Einwohner dieses Landes im Jahr 2019 im Durchschnitt über 850 PPP-Dollar, also nicht einmal über 2 % des Einkommens, das auf einen EU-Bürger kaufkraftbereinigt und damit vergleichbar entfällt. Das kann nur als enttäuschende Entwicklung bezeichnet werden.

Daneben gibt es eine große Gruppe von afrikanischen Ländern, deren Inflationsraten in den letzten zwei Jahrzehnten die 20%-Marke nicht überschritten haben und deren Schwankungsbreite damit etwas geringer ist als bei den vorgenannten Ländern. Es lässt sich kein einfacher systematischer Zusammenhang mit dem realen Wachstum feststellen. Das dürfte wie erwähnt zum einen mit dem Problem zusammenhängen, dass eine Preisbereinigung der nominalen Werte umso unsicherer ausfällt, je höher die Inflation ist. Zum anderen muss – wie in anderen Regio-

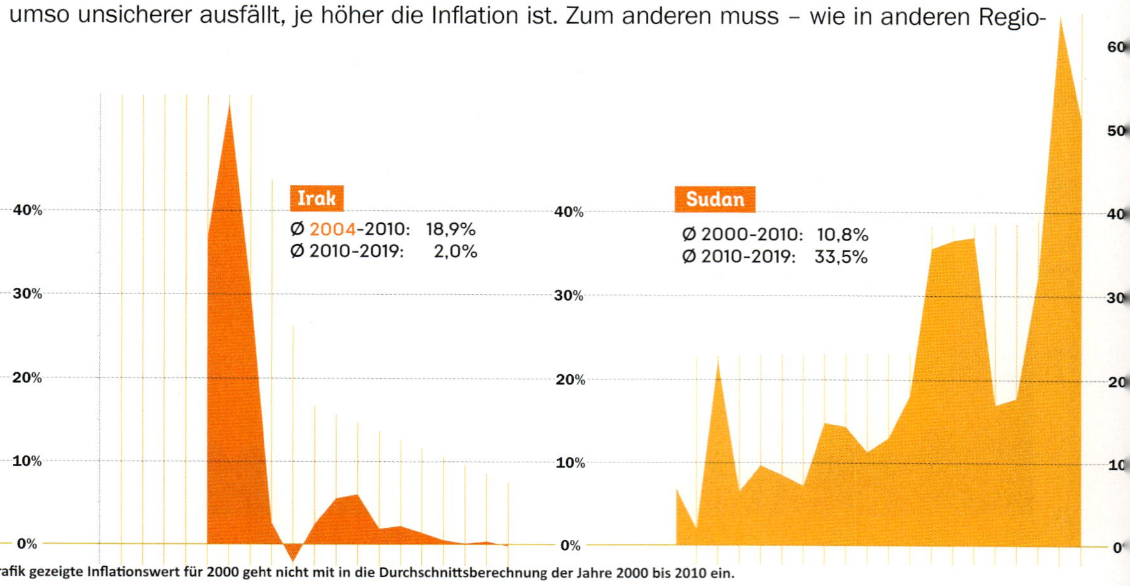

Der jeweils erste in der Grafik gezeigte Inflationswert für 2000 geht nicht mit in die Durchschnittsberechnung der Jahre 2000 bis 2010 ein.

Subsahara-Afrika

Inflationsraten 2000-2019

Abb. 8.6: Inflationsraten in Subsahara-Afrika 2000-2019

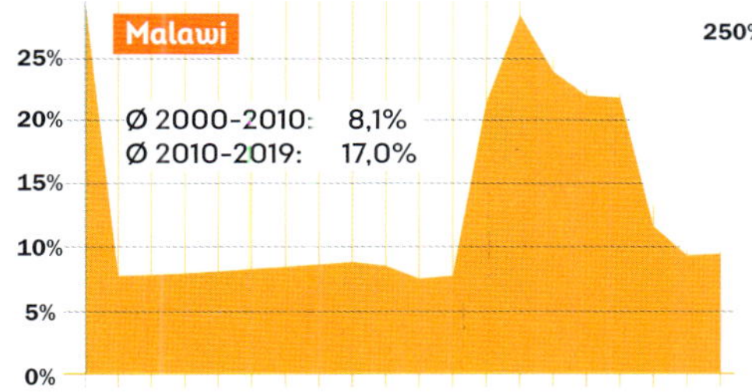

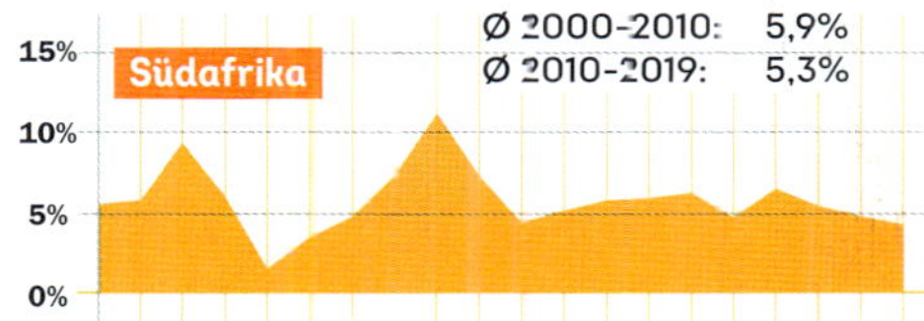

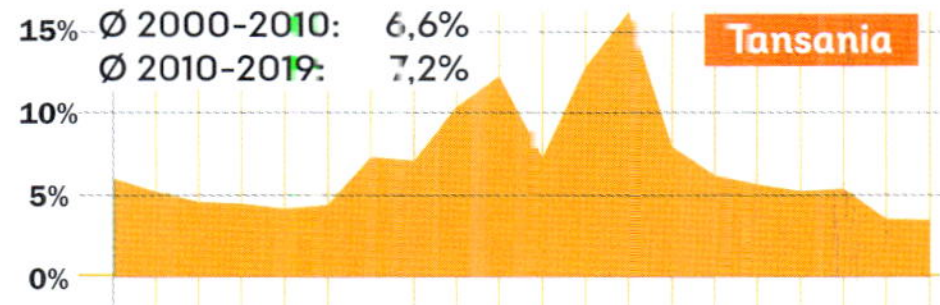

nen auch – die Zuverlässigkeit der Datenlage in Frage gestellt werden. Ausstattung, Arbeitsweise und Unabhängigkeit dürfte für statistische Ämter in diktatorischen Regimen oder in Zeiten politischer Turbulenzen schwieriger sein als in demokratischen Systemen und relativ friedlichem Umfeld.

Das vorausgeschickt, lässt sich aus dem Datenmaterial Folgendes ablesen: Es gibt sowohl Länder mit mittelhohen Inflationsraten und guten Wachstumserfolgen (Mosambik, Tanzania, Kenia, Uganda, Botswana) als auch solche mit mittelhohen Inflationsraten und schlechten Ergebnissen bei der Zunahme des realen Wohlstands (Nigeria, Madagaskar). Eine relativ niedrige Inflation geht in manchen Ländern mit erfreulichen Wachstumsraten einher (Burkina Faso, Niger). Es gibt aber auch vergleichsweise inflationsstabile Länder, deren Wachstumsbilanz über die Jahre nicht überzeugend ausfällt (Südafrika).

Insgesamt spiegelt die heterogene Preisentwicklung in Subsahara-Afrika die Vielschichtigkeit der ökonomischen Probleme und die politische Gemengelage des Kontinents wider, die das Investitionsklima belasten, den Handelsaustausch zwischen den Ländern und mit dem Rest der Welt erschweren und nicht zuletzt ein Einfallstor für Rohstoff- und Währungsspekulanten darstellen. Es ist schwer vorstellbar, wie eine kontinuierliche, prosperierende Wirtschaftsentwicklung in dieser Weltregion auf die Beine gestellt werden soll, solange das geschilderte Preis-Chaos herrscht. Die Frage nach Henne und Ei zwischen Inflation und Wachstum bringt allerdings keine Lösung. Es bedarf eines umfassenden gesamtwirtschaftlichen Verständnisses, das weder einseitig die Bekämpfung der Inflation durch hohe Zentralbankzinsen in den Vordergrund stellt noch auf Kapitalzufluss aus dem Ausland setzt und dafür die Kapitalverkehrsfreiheit ähnlich wie den Warenfreihandel (siehe **Kapitel »Wertschöpfung«**) zum obersten Gebot erklärt. Im **Kapitel »Löhne«** wird auf die Ursachen der Inflationsentwicklung und die wirtschaftspolitischen Handlungsmöglichkeiten eingegangen.

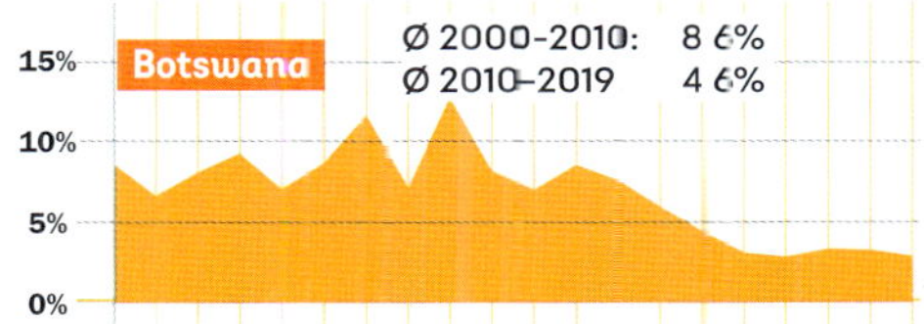

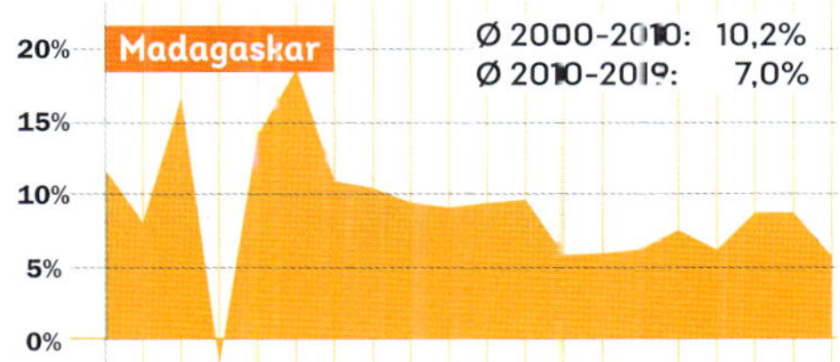

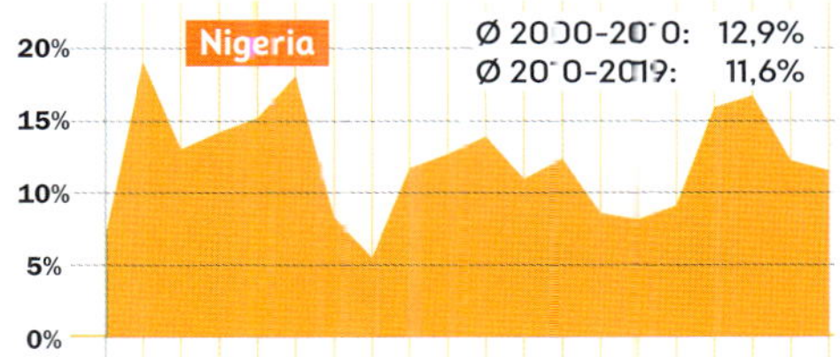

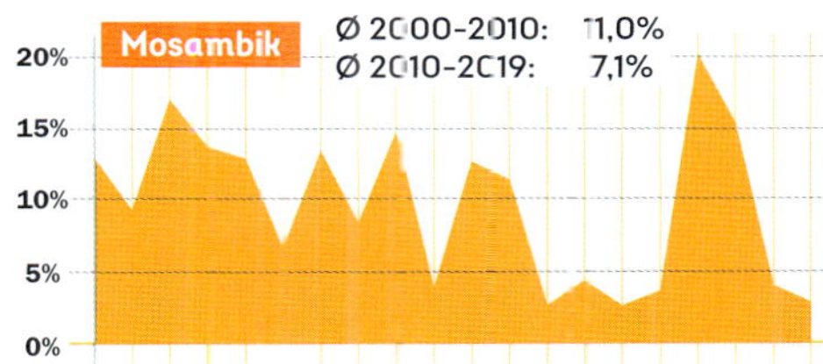

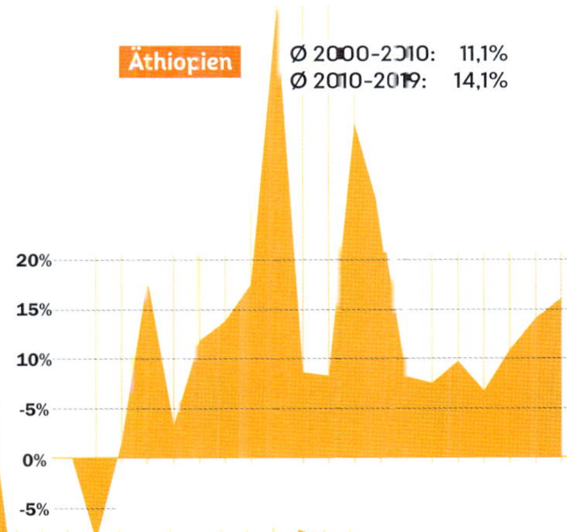

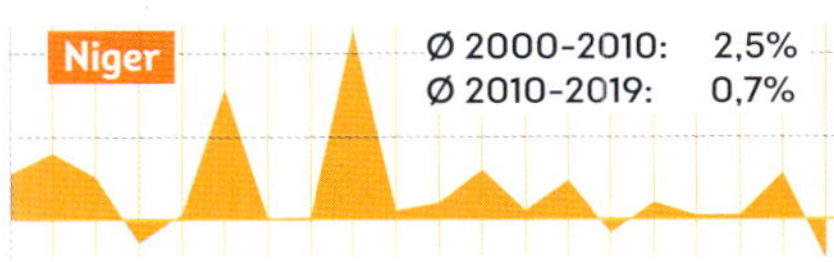

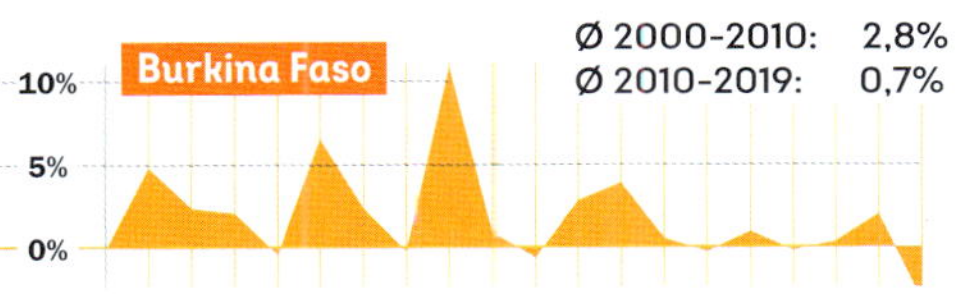

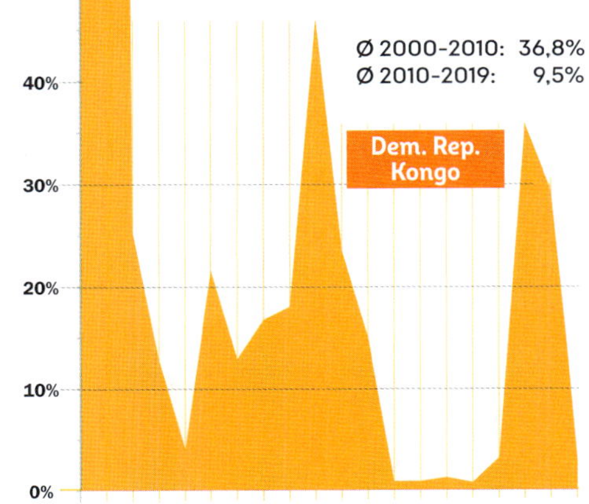

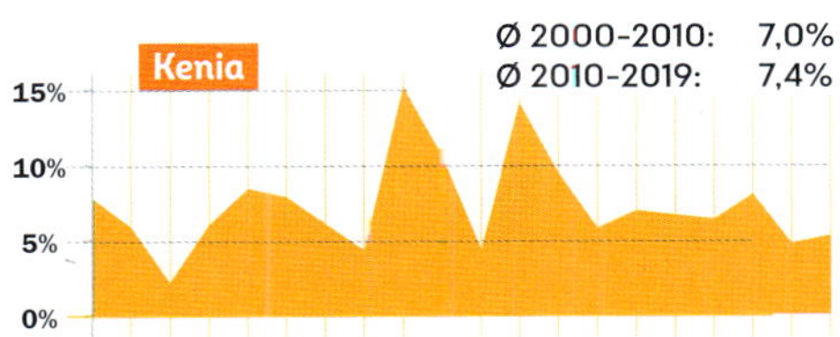

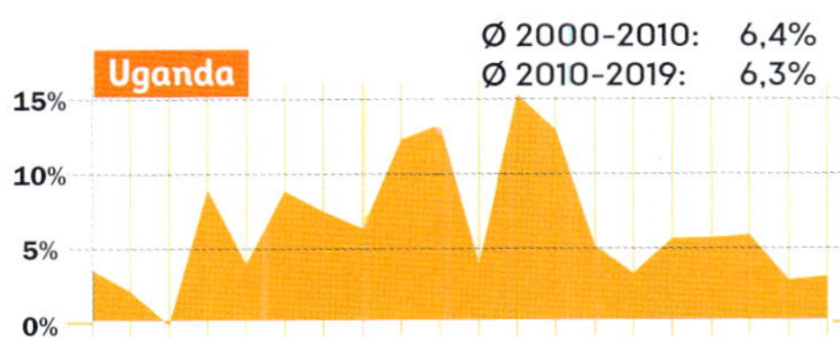

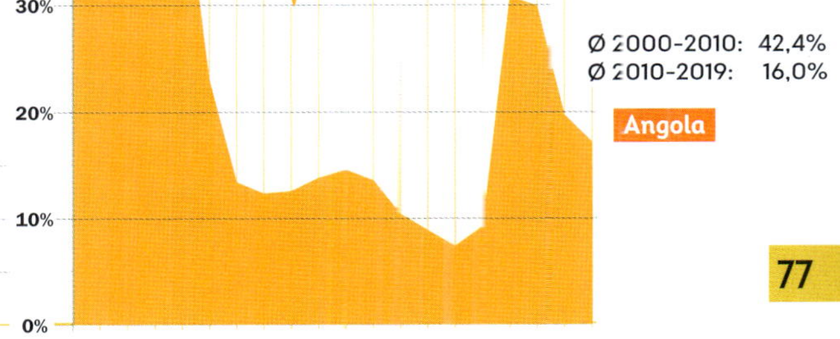

Der jeweils erste in der Grafik gezeigte Inflationswert für 2000 geht nicht mit in die Durchschnittsberechnung der Jahre 2000 bis 2010 ein.

Abb. 8.7: Inflationsraten in Südostasien und Pazifik 2000-2019

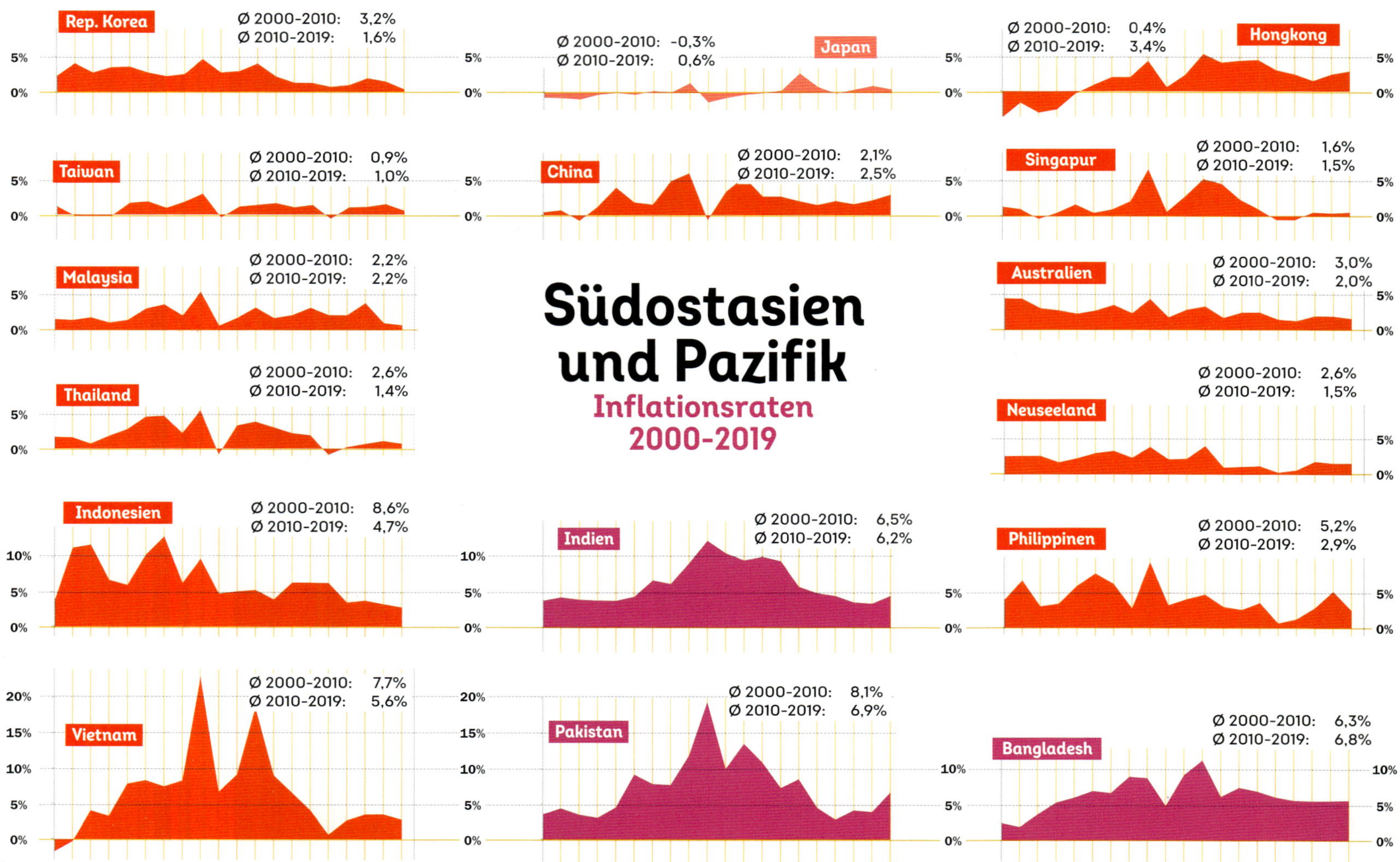

Der jeweils erste in der Grafik gezeigte Inflationswert für 2000 geht nicht mit in die Durchschnittsberechnung der Jahre 2000 bis 2010 ein.

Vergleicht man die chinesischen Inflationsdaten mit denen der westlichen Industrieländer, stellt man etwas größere Schwankungen der Verbraucherpreise und im vergangenen Jahrzehnt ein insgesamt leicht höheres Niveau fest: China war und ist von den deflationären Tendenzen Westeuropas oder gar Japans ein gutes Stück entfernt. Betrachtet man China jedoch im **südostasiatischen Umfeld**, liegt es zusammen mit den vier sogenannten Tigerstaaten (Republik Korea, Hong Kong, Singapur und Taiwan) sowie Thailand und Malaysia am unteren Rand eines Spektrums, das 2019 von Werten knapp über null bis gut 6 % reichte. Angesichts des realwirtschaftlichen Entwicklungstempos Chinas ist das dortige Inflationsniveau als enorm stabil einzustufen. Das konnte nur mit massiven Eingriffen des Staates (meist über den vorgeschriebenen Mindestlohn) erreicht werden.

In Südostasien haben sich die Inflationsraten der Länder in den vergangenen fünf Jahren – ähnlich denen in der westlichen Hemisphäre – angeglichen und liegen nach zuvor in einigen Ländern hohen und stark schwankenden Werten fast durchgehend unter 5 %. Besonders fällt das für das bevölkerungsreiche Indien und auch Indonesien auf, die beide einige Zeit Preissteigerungen über 10 % zu verzeichnen hatten. Vietnam und Pakistan folgten ebenfalls dem Trend zu höherer Preisstabilität, den Pakistan zuletzt aber wieder umgekehrt hat. Dort herrschte 2019 fast 7 % Inflation.

Die Preise **in den Ländern Lateinamerikas** entwickeln sich heterogen. An der Westküste herrscht eine wesentlich höhere Stabilität als im Rest des Kontinents. Nach Jahren hoher Inflationsraten kämpfen zwei Länder, Venezuela und Argentinien, inzwischen mit Hyperinflation. Ihre Währungen sind schweren Turbulenzen an den Devisenmärkten ausgesetzt (siehe **Kapitel »Wechselkurse«**). Beide Länder sind typische Beispiele dafür, wie eine fehlgeleitete Wirtschaftspolitik über viele Jahrzehnte auch Länder mit erheblichen Entwicklungspotenzialen von einer Verbesserung des Lebensstandards abschneiden kann. In Argentinien kam es im ersten Jahrzehnt sogar zu massiven Manipulationen der Regierung bei der amtlichen Berichterstattung über die Inflationsrate, die das Vertrauen der Bevölkerung in die eigene Währung zusätzlich schwer erschüttert haben.

Die meisten anderen Länder haben es laut amtlicher Statistik in den vergangenen zehn Jahren geschafft, ihre Inflationsraten unter 10 % zu halten; Chile, Peru und Bolivien verzeichnen sogar seit ungefähr sechs Jahren einen stabil fallenden Trend und haben mittlerweile ein Niveau von 2 % erreicht. Seither haben sich aber auch in allen drei Ländern die Wachstumsraten des realen BIP der Tendenz nach abgeschwächt. Kolumbien und Uruguay verzeichnen trotz deutlich höherer Preissteigerungsraten ähnliche Fortschritte beim realen Pro-Kopf-Einkommen. Das gilt jedoch nicht für das bevölkerungsreiche Brasilien. Dort hat sich inzwischen zwar die Inflation etwas beruhigt. Das ging jedoch mit einer tiefen Rezession einher, die das reale Pro-Kopf-Einkommen in den letzten zehn Jahren sogar leicht absinken ließ (siehe **Kapitel »Bruttoinlandsprodukt«**). In Lateinamerika hat es leider nie einen ernsthaften Versuch gegeben, mit Hilfe einer sozialen Übereinkunft die Inflationsrate in vernünftigen Grenzen zu halten. Jede Diskussion über das dazu benötigte zentrale Element, die Löhne (siehe **Kapitel »Löhne«**), wird als Eingriff in das »freie Spiel der Marktkräfte« abgelehnt.

Zusammenfassend lässt sich feststellen: Die Inflationsraten in den westlichen Industrieländern liegen seit 20 Jahren weitgehend unter 5 % mit fallender Tendenz und abnehmender Varianz (**Abbildung 8.2**). Eine Ausnahme davon bildet Japan: Dort fielen oder stagnierten die Preise jahrelang fast durchgehend, das heißt, es herrschte meist Deflation. Osteuropäische Transformationsländer nähern sich den westeuropäischen Gegebenheiten an, was man für die meisten zentralasiatischen Länder nicht sagen kann. In den ärmeren Nationen etwa in Subsahara-Afrika und Lateinamerika bewegt sich die Inflation auf viel höherem Niveau und weist häufig starke Schwankungen auf. In einigen Länder herrscht Hyperinflation. Südostasiatische Länder haben im Schnitt höhere Inflationsraten als die Industrieländer, diese schwanken aber weniger als in Subsahara-Afrika, Lateinamerika oder Zentralasien.

Abb. 8.8: Inflationsraten in Nord- und Südamerika 2000-2019

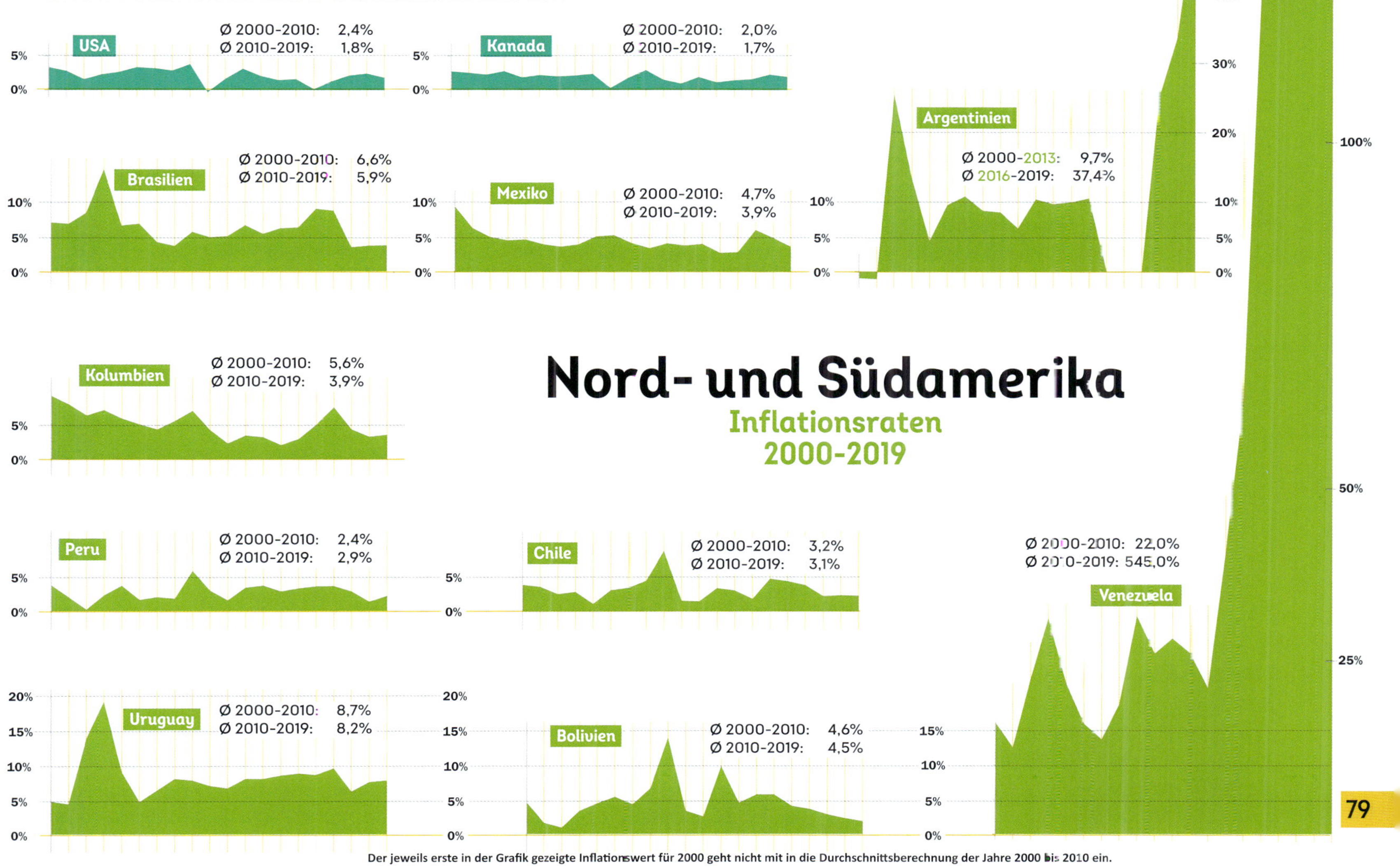

Der jeweils erste in der Grafik gezeigte Inflationswert für 2000 geht nicht mit in die Durchschnittsberechnung der Jahre 2000 bis 2010 ein.

Arbeitet das Geld nicht mehr?

Zinsen auf Rekordtief

Sparer wünschen sich hohe Zinsen, weil sich dann ihr Vermögen stärker vermehrt als bei niedrigen Zinsen. Sie bleiben passiv und möchten ihr Geld »für sich arbeiten lassen«. Auf jeden Fall erwarten sie, dass der Zinssatz mindestens so hoch ist wie die Inflationsrate, damit die Geldentwertung den Wert ihres Vermögens nicht auffrisst. Am besten gefällt Sparern die Kombination hoher Zinssätze mit niedrigen Inflationsraten, also hohe Realzinsen (siehe **Info-Box**) – eine Art monetäres Sparer-Schlaraffenland.

Schuldner wünschen sich dementsprechend ziemlich genau das Gegenteil: niedrige Zinsen, damit sie zusätzlich zur Tilgung ihrer Schulden möglichst wenig zahlen müssen, und hohe Inflation, damit die Schulden an Wert verlieren. Mit anderen Worten: Schuldner sind an möglichst niedrigen Realzinsen interessiert – das Schuldner-Schlaraffenland. Der Unterschied zu den Sparern besteht vor allem darin, dass Schuldner etwas mit dem geliehenen Geld anfangen müssen, um es in der Zukunft mit Zinsen zurückzahlen zu können. Sie müssen erfolgreich investieren, um Gewinne zu erwirtschaften, oder anderweitig Einkommen erzielen, die Tilgung und Zinslast tragen. Schuldner können nicht das Geld »für sich arbeiten lassen«, sie müssen selbst *mit* dem Geld arbeiten.

Gesamtwirtschaftlich besonders relevant sind Schuldner, wenn sie die Rolle von Sachinvestoren übernehmen, weil sie die Entwicklung einer Volkswirtschaft voranbringen können in Hinblick auf Arbeitsproduktivität, Arbeitsplätze und Einkommen. Zu guten Investitionsbedingungen gehört vor allem eine stabil zunehmende Nachfrage, die für eine steigende Auslastung der vorhandenen Kapazitäten sorgt. Sparbemühungen stehen dem entgegen, sind also keineswegs förderlich für die Investitionstätigkeit in einer Volkswirtschaft, sondern behindern sie – ganz anders, als das diejenigen vermuten, die fälschlicherweise Spareinlagen als finanzielle Voraussetzung für die Kreditvergabe von Banken ansehen.

Nominal, real, kurz- und langfristig – um welche Zinssätze geht es?

Wenn man von Zinsen spricht, ist in der Regel ein **Jahreszinssatz** gemeint. Multipliziert mit dem Geldbetrag, der als Ersparnis angelegt oder als Kredit aufgenommen wird, ergibt er die Zinsen, also den zusätzlichen Geldbetrag, um den sich der anfängliche Geldbetrag nach 12 Monaten erhöht. Der Zinssatz ist somit eine **Wachstumsrate des Geldes**.

Nominal bedeutet im Zusammenhang mit Zinssätzen das Gleiche wie etwa beim BIP, nämlich dass Veränderungen des Preisniveaus in der Rechnung enthalten sind. Bekommt ein Sparer nach einem Jahr seinen ursprünglichen Geldbetrag um die **Nominalzinsen** erhöht zurück, bedeutet das nicht, dass die Summe nun auch tatsächlich, also real, so viel mehr wert ist, wie sie rechnerisch gestiegen ist. Denn in der Zeit, während der das Geld angelegt war, kann sich das Preisniveau geändert haben. Sind die Güter inzwischen teurer geworden, ist die ursprüngliche Sparsumme einschließlich der Zinsen nur dann real mehr wert als anfangs, wenn der Zinssatz größer als die Preissteigerungsrate war. Unter dem **Realzinssatz** versteht man die um die Inflation bereinigte Wachstumsrate des Geldes. Sie errechnet sich als **Differenz aus Nominalzinssatz und Inflationsrate.**

Je nachdem, für wie lange Zeit ein Sparer sein Geld anlegt oder für wie lange Zeit ein Schuldner Kredit aufnimmt, spricht man vom **kurzfristigen Zinssatz** (kurze Laufzeit der Anlage oder des Kredits, beispielsweise drei Monate) oder vom **langfristigen Zinssatz** (lange Laufzeit, beispielsweise 10 Jahre). Normalerweise sind lange **Laufzeiten** von Spar- oder Kreditverträgen mit höheren Zinssätzen verbunden als kurze, weil sie ein höheres Risiko beinhalten.

Allerdings kann sich das Verhältnis von lang- zu kurzfristigen Zinssätzen – man spricht von der **Zinsstruktur** – auch umkehren, wenn etwa die Zentralbank ihren kurzfristigen Zinssatz stark erhöht und damit den langfristigen Zinssatz »überholt«. Dann ist die Zinsstruktur invers. Auf Dauer passt sich der langfristige Zinssatz aber an die Veränderung des kurzfristigen wieder an. Zudem kann die Zentralbank den langfristigen Zinssatz auch direkt beeinflussen, indem sie selbst langlaufende Wertpapiere kauft.

Es gibt viele verschiedene Zinssätze, die nicht nur mit der Laufzeit von Spar- und Kreditverträgen variieren, sondern auch mit der Art und dem Umfang der Projekte, in die Geld gesteckt wird. Vor allem spielt die Bonität eines Schuldners für die Höhe des Zinssatzes, zu dem er Kredit bekommt, eine wichtige Rolle. Allen Zinssätzen ist aber gemeinsam, dass sie vom Zinsniveau abhängen, das die Zentralbank mit ihrem sogenannten Leitzins vorgibt, zu dem sie Banken Geld zur Verfügung stellt; die Bankzinssätze liegen in der Regel über dem Leitzins, aber bewegen sich – mit mehr oder weniger Verzögerung in Abhängigkeit der Laufzeit – in die gleiche Richtung wie dieser.

In diesem Kapitel beziehen wir uns auf drei Zinssätze: auf den **Leitzins der Zentralbank** eines Landes oder einer Währungsunion; auf den **kurzfristigen Zinssatz (drei Monate)**, zu dem sich Banken gegenseitig Geld leihen, und auf den **langfristigen Zinssatz für zehnjährige Staatsanleihen**. In dieser Abgrenzung gibt es für einige Länder keine Daten. Wo möglich, verwenden wir vergleichbare Zinssätze für die kurze und die lange Frist. Die Realzinsen werden als Differenz zwischen Nominalzinssatz und Veränderungsrate der Verbraucherpreise berechnet.

Abb. 9.1: Verschiedene Zinsen in der Eurozone und Deutschland nominal

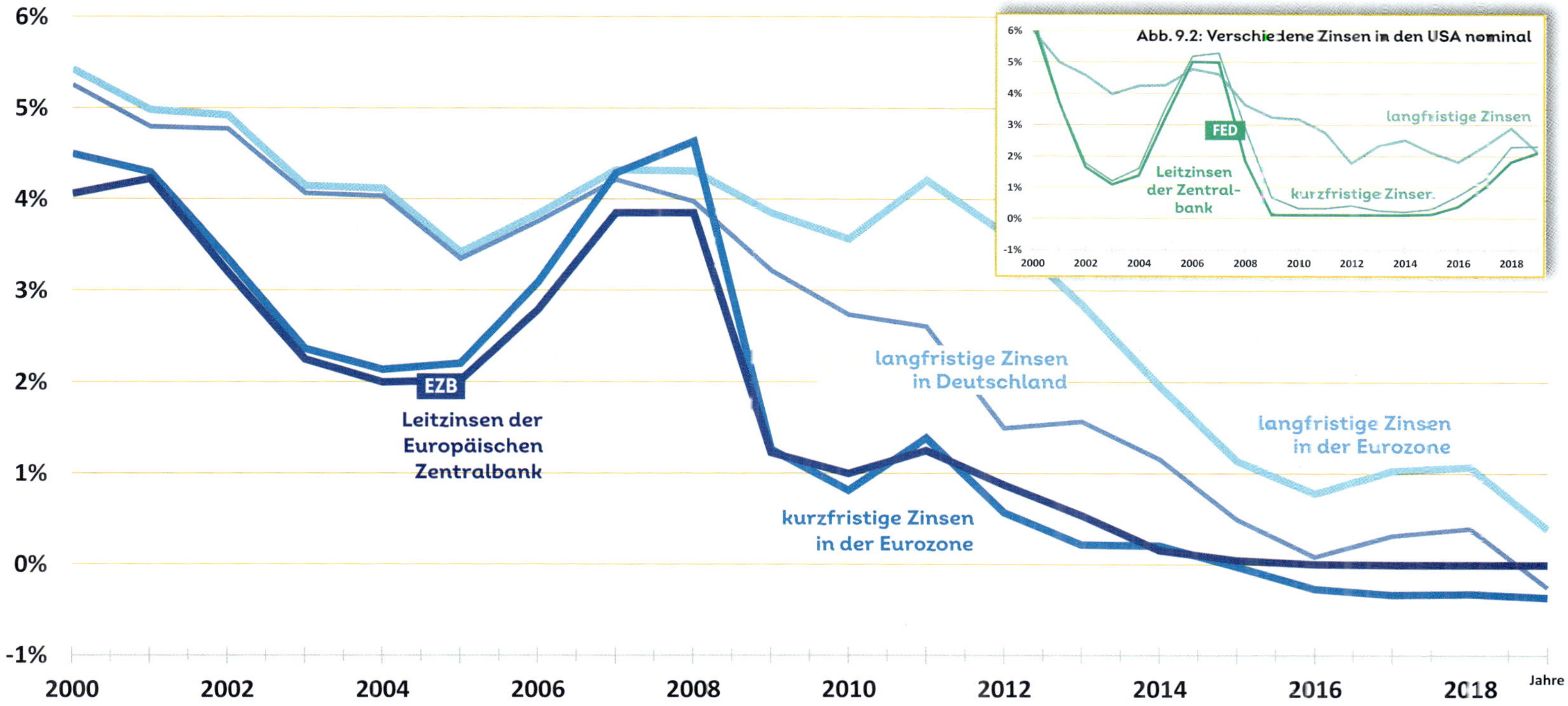

Wie im **Kapitel »Preise«** erklärt, gehört zu einem guten Investitionsklima außerdem eine stabile, nicht allzu niedrige Inflationsrate. Insofern sind Schuldner, wenn sie zu den Sachinvestoren gehören, nicht an starker Inflation interessiert, aber auch nicht an extrem niedrigen Inflationsraten oder gar Deflation.

Ein Ausgleich der skizzierten entgegengesetzten Interessen von Sparern und Schuldnern liegt also irgendwo bei einer stabil positiven Inflationsrate etwa im einstelligen Bereich und nur leicht darüber hinausgehendem Zinsniveau. Aber offenbar gibt es diesen Ausgleich nicht so einfach und von allein, wie man das zwischen Anbietern und Nachfragern von Gütern auf Märkten kennt. Hier zeigt sich, dass der Zinssatz kein Preis wie jeder andere ist. Der Zins ist in einer Geldwirtschaft das wichtigste wirtschaftspolitische Instrument der staatlichen Institution, die das Geldwesen eines Landes steuert, der Zentralbank.

Über die Variation des Zinses, den die Zentralbank festsetzt, kann sie die Wirtschaft prinzipiell beschleunigen oder bremsen. Wie gut das gelingt, ist eine Frage der konkreten Umstände, unter denen die Zentralbank arbeitet. Es ist ihre Aufgabe, einen Mittelweg zu beschreiten: Einerseits muss eine Kreditvergabe für Sachinvestitionen zu erschwinglichen Konditionen ermöglicht werden, damit reales gesamtwirtschaftliches Wachstum stattfinden kann. Andererseits muss die Kapazitätsauslastung der Wirtschaft so in den Blick genommen werden, dass es nicht durch stark schwankende oder überbordende Nachfrage zu großen Preisschwankungen oder hohen Inflationsraten kommt. Die würden den Wert des Geldes laufend verändern und rasch senken und damit das Vertrauen der Bevölkerung in die Währung als Zahlungsmittel zerstören.

Dass die Zentralbank die Wirtschaft durch die Erhöhung ihres Zinssatzes bremsen kann, ist unbestritten. Wie weit sie Anregungen für mehr Wachstum durch Zinssenkungen geben kann, hängt vom Ausgangsniveau der Zinsen und von der allgemeinen Nachfragedynamik ab, die wiederum sehr stark von der Lohnentwicklung beeinflusst wird. Doch dazu im **Kapitel »Löhne«** mehr.

Um den Zusammenhang zwischen kurz- und langfristigen Zinsen zu veranschaulichen, zeigt **Abbildung 9.1** den Leitzinssatz der Europäischen Zentralbank, den kurzfristigen Drei-Monats-Interbanken-Zinssatz in der Eurozone sowie den Zinssatz für zehnjährige Staatsanleihen für die Eurozone und zusätzlich für Deutschland. Man erkennt leicht, wie eng zum einen der Zentralbankzinssatz und der kurzfristige Drei-Monats-Zinssatz, zu dem sich Banken untereinander Geld leihen, zusammenhängen und wie parallel sich das Niveau der kurz- und langfristigen Zinssätze entwickelt. Zudem wird der starke Abwärtstrend des Zinsniveaus seit der Finanzkrise deutlich: Die kurzfristigen Nominalzinssätze wurden negativ, der langfristige Satz sank im Durchschnitt des Jahres 2019 auf historisch niedrige 0,4 %. Dieser Trend des Zinsniveaus korrespondiert mit dem im Kapitel »Preise« beschriebenen Rückgang der Inflationsraten in Europa.

Die entsprechende Abbildung für die USA (**Abbildung 9.2**) zeigt eine etwas schwächere Korrelation zwischen kurz- und langfristigen Zinssätzen, zugleich aber eine energischere Geldpolitik der amerikanischen Zentralbank FED: Sie erhöhte die Zinsen vor der Finanzkrise stärker und senkte sie im Zuge der Krise auch kräftiger. Im Ergebnis zog sie den langfristigen Zinssatz bis 2019 auf ein ebenfalls für die USA extrem niedriges Niveau von rund 2 %.

Abb. 9.3: Leitzinsen der Zentralbanken in China (PBC), in den USA (FED), der Eurozone (EZB) sowie Japan (BoJ) nominal

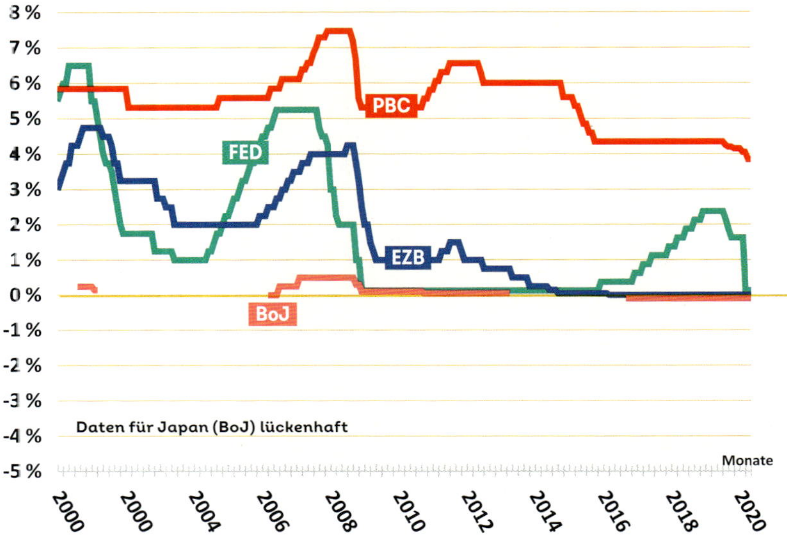

Abb. 9.4: Leitzinsen der Zentralbanken in China (PBC), in den USA (FED), der Eurozone (EZB) sowie Japan (BoJ) real

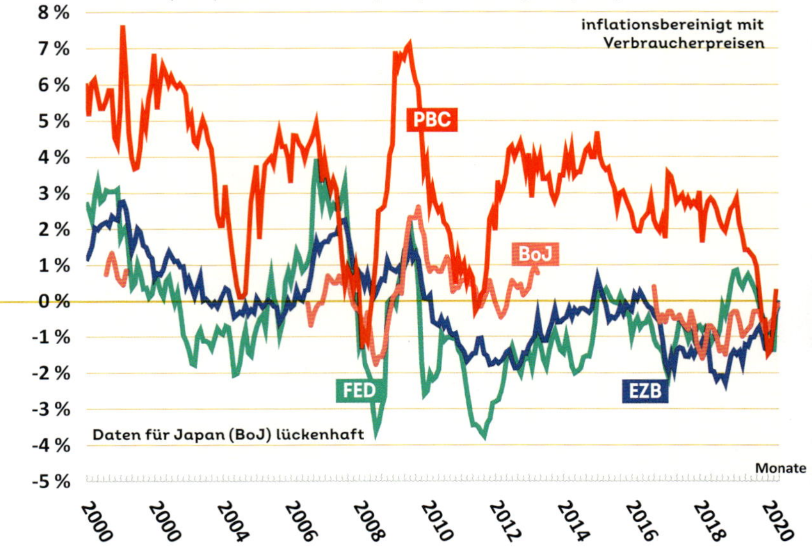

Die von den Zentralbanken festgesetzten Zinssätze haben in den vergangenen 20 Jahren in der westlichen Welt eine dramatische Veränderung durchlaufen. Nachdem es in den 2000er-Jahren noch eine relativ normale, dem Konjunkturzyklus entsprechende Zinsentwicklung gab, kannte der Zins nach der globalen Finanzkrise von 2008/2009 in Europa im Großen und Ganzen nur eine Richtung: Er bewegte sich rasant gegen null (**Abbildung 9.3**). China ist die große Ausnahme. Dort blieben die von der Zentralbank bestimmten Zinsen bis zuletzt auf einem Niveau von etwa 4 %. Für die USA kann man beobachten, dass der Versuch einer Normalisierung der Geldpolitik in den Jahren ab 2016 bedingt durch den Corona-Schock und seine negativen Folgen für die Wirtschaft inzwischen wieder beendet ist.

Bemerkenswert ist, über wie lange Zeiträume die Zinsen absolut konstant bleiben. Das belegt zum einen eindrucksvoll, dass es hier um Wirtschaftspolitik und nicht um einen Marktpreis geht. Ein Marktpreis unterläge nämlich gewissen Schwankungen. Zum anderen zeigt es, wie einfach das Geschäft für Währungsspekulanten (siehe **Info-Grafik** im **Kapitel »Wechselkurse«**) ist, weil sie sich auf lange Phasen stabiler nominaler Zinsen und damit stabiler Zinsdifferenzen zwischen den Ländern verlassen können.

In **Abbildung 9.4** sind die Leitzinsen der Zentralbanken in realer Rechnung dargestellt. Der jeweilige Zinssatz ist um die Inflationsrate der Verbraucherpreise des entsprechenden Landes vermindert. Seit der Finanzkrise 2008/2009 sind die Realzinsen in Europa und den USA negativ, in Japan (für das Daten des Zentralbankzinssatzes zwischen Mai 2013 und August 2016 fehlen) seit ungefähr vier Jahren und zuletzt sogar in China.

Die **Abbildungen 9.5** und **9.6** zeigen den Absturz der kurzfristigen Zinsen in nominaler und realer Rechnung. Man kann wie in Abbildung 9.3 auch hier, nämlich gespiegelt in den kurzfristigen Zinssätzen der Banken, den Versuch der westlichen Notenbanken erkennen, vor der Finanzkrise 2008/2009 inflationäre Gefahren mit steigenden Zinsen zu bekämpfen. Die Europäische Zentralbank (EZB) hat sich (unter deutschem Einfluss) sogar noch *nach* der Finanzkrise im Jahr 2011 erlaubt, eine Zinserhöhung zu versuchen – eine grandiose Fehlentscheidung, wie sich kurze Zeit später zeigte. In realer Rechnung sind die kurzfristigen Zinsen in den großen Wirtschaftsräumen bereits weit vor dem Corona-Schock fast durchweg negativ.

Abb. 9.5: Kurzfristige Zinsen in den USA, Japan und Europa nominal

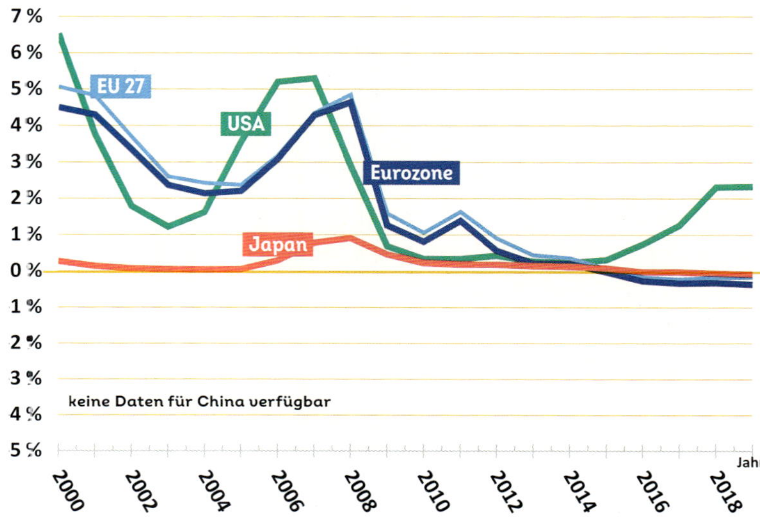

Abb. 9.6: Kurzfristige Zinsen in den USA, Japan und Europa real

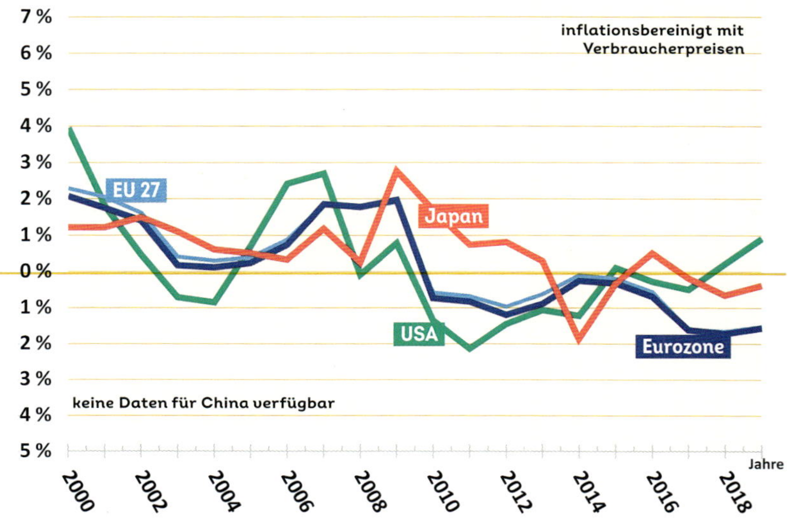

Abb. 9.7: Langfristige Zinsen in den USA, Japan und Europa nominal

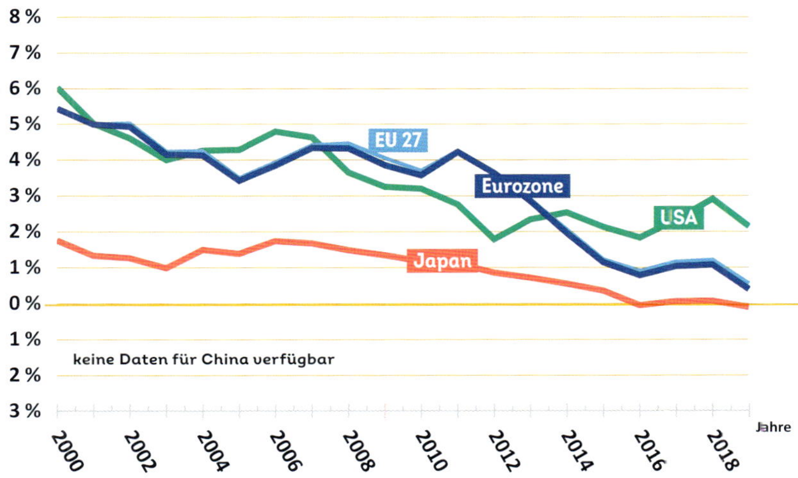

Abb. 9.8: Langfristige Zinsen in den USA, Japan und Europa real

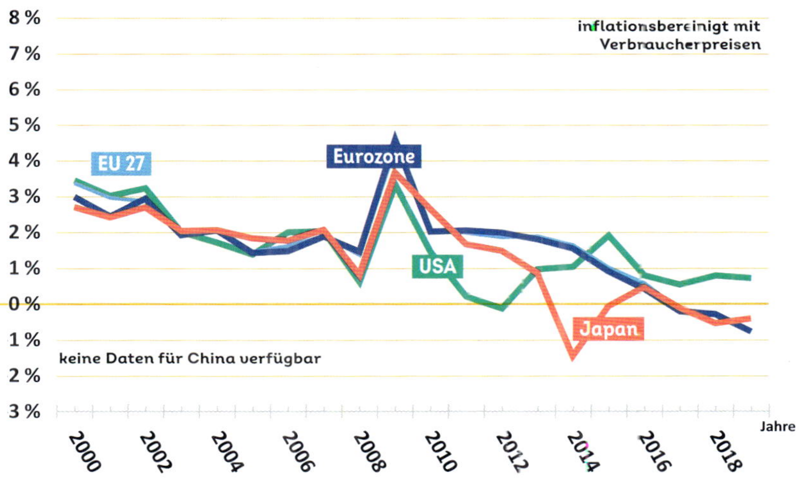

Auch die langfristigen Zinsen (**Abbildungen 9.7** und **9.8**) bewegen sich eindeutig im Bann der Notenbanken. Zwar folgen sie den kurzfristigen Zinsen nicht eins zu eins. Aber die Möglichkeiten, langfristige und kurzfristige Anlagen gegeneinander auszutauschen, sind doch sehr groß. Deshalb können sich die langfristigen Zinsen über etwas längere Zeiträume nicht unabhängig von den kurzfristigen bewegen. Das Muster des Verlaufs der langfristigen Zinsen in den großen Wirtschaftsnationen und -regionen stimmt weitgehend mit dem Muster der kurzfristigen überein: ein klarer Abwärtstrend auf historische Tiefststände. Das gilt ebenfalls für die Realzinsen, auch wenn hier die Entwicklung etwas unruhiger ist. Auch langfristig angelegtes Geld arbeitet nicht mehr von selbst, wie das in früheren Zeiten einmal der Fall zu sein schien.

Dem Zinstrend der großen westlichen Notenbanken können sich ganz offenbar auch die kleineren in den europäischen Industrieländern nicht entziehen: So senkten die Schweizerische Nationalbank SNB und die Bank of England BoE des Vereinigten Königreichs ihre Leitzinsen ebenfalls auf nahe oder sogar unter null und die kurzfristigen Zinsen der Banken folgten (**Abbildung 9.9**). Das gilt ganz ähnlich für die ebenfalls nicht zur Eurozone gehörenden »alten« EU-Länder Nordeuropas, Schweden, Norwegen und Dänemark (**Abbildung 9.10**).

Die EZB wird von vielen Wirtschaftspolitikern für ihre Niedrigzinspolitik kritisiert. Offenbar wird noch immer nicht verstanden, warum die Geldpolitik über sehr lange Zeiträume zu Nullzinsen gezwungen ist. Die globale Wende hin zu Niedrigzinsen ist der nachlassenden Wachstumsdynamik und den deflationären Tendenzen auf der Welt zuzuschreiben. Beides hängt mit dem Lohndruck zusammen, der mit dem Beginn der neoliberalen Revolution seit den 1980er-Jahren in weiten Teilen der Welt üblich wurde. Insofern hat ausgerechnet der Neoliberalismus das Ende jener Wirtschaftswelt zu verantworten, in der Sparer positive Zinserträge erwarten konnten. Heute gibt die Wachstumsdynamik der gesamten Volkswirtschaft das nicht mehr her (siehe **Kapitel »Löhne«**). Sich diesen Zusammenhang klarzumachen, davon sind die Kritiker der EZB weit entfernt. Denn das bedeutete auch, sich einzugestehen, dass diese Entwicklung wesentlich mit der von ihnen seit Jahrzehnten propagierten neoliberalen Auffassung zu tun hat, wie Wirtschaft funktioniert.

Der Transformationsprozess vom plan- zum marktwirtschaftlichen System, der nach dem Fall des Eisernen Vorhangs in den Ländern Osteuropas in Gang kam, hat sich auch in der Entwicklung der Zinsen niedergeschlagen (**Abbildung 9.11**). Zu Beginn des

Abb. 9.9: Kurzfristige Zinsen in der Schweiz, UK und der Eurozone nominal

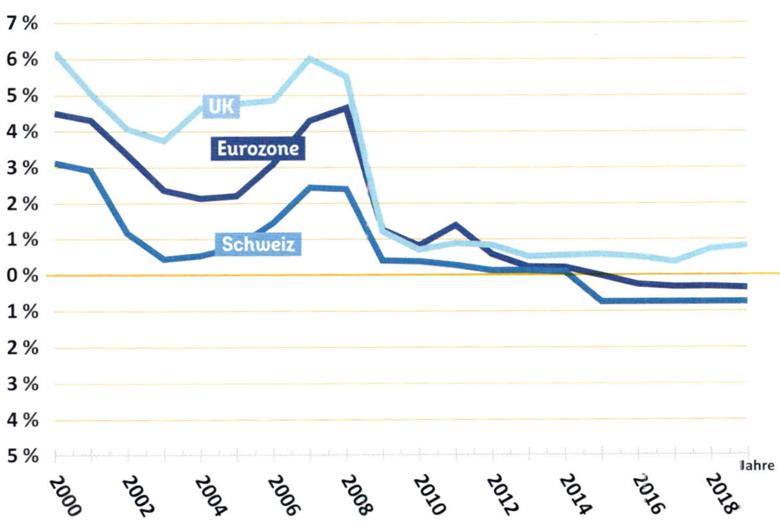

Abb. 9.10: Kurzfristige Zinsen in Nordeuropa und der Eurozone nominal

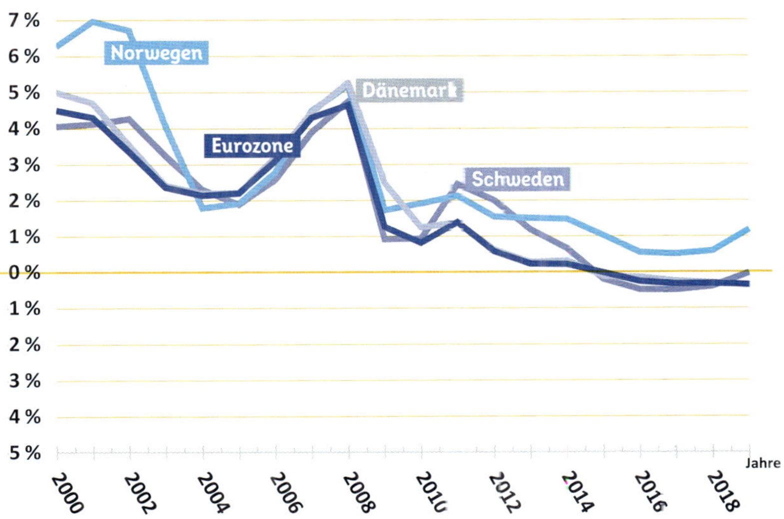

Europa und Zentralasien

Zinsen 2000-2019

Abb. 9.11: Kurzfristige Zinsen in der Eurozone, in Osteuropa und Zentralasien nominal

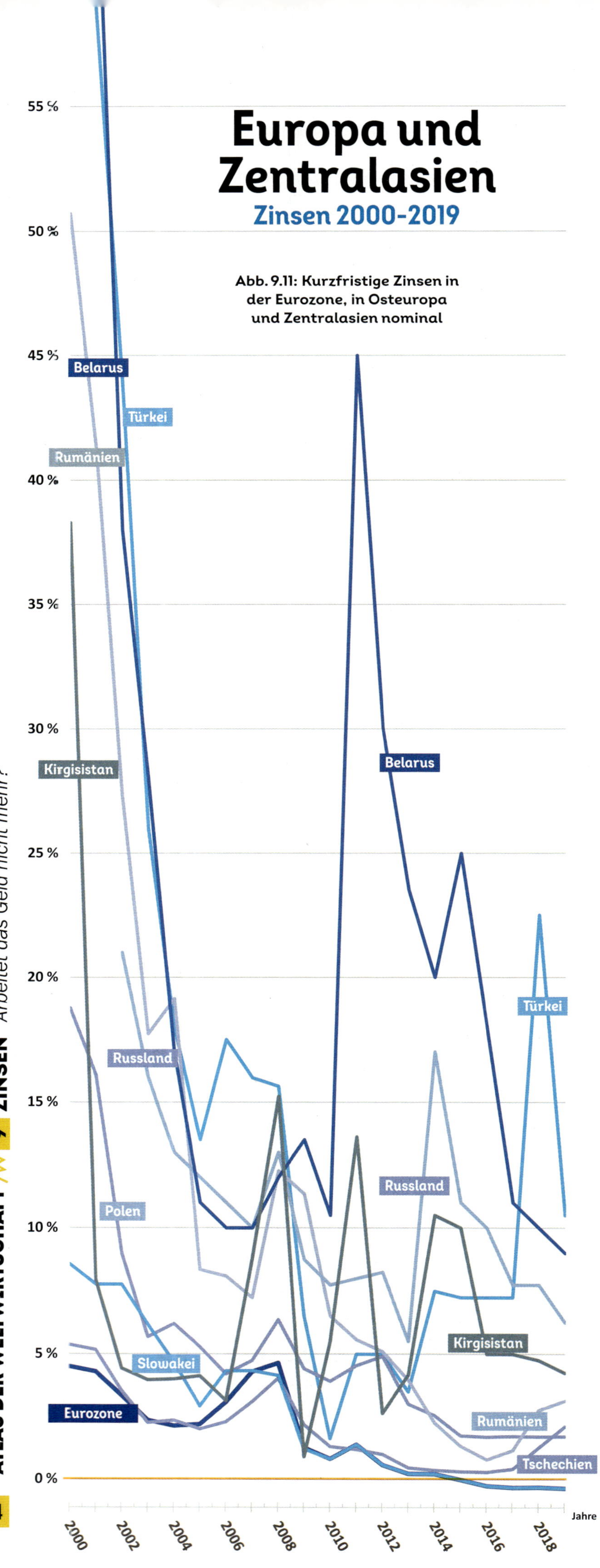

Jahrhunderts lagen dort die kurzfristigen Zinsen – ähnlich wie die Inflationsraten – meist noch sehr deutlich über dem Niveau in Westeuropa. Es setzte ein Anpassungsprozess ein, der weit über die Länder hinausging, die der Eurozone beitraten, wie etwa die baltischen Staaten. Trotz eigener Währung haben Länder wie Polen, Tschechien, die Slowakei oder Ungarn seit ungefähr 2011 keine dem Trend der Eurozone entgegengesetzte eigenständige Geldpolitik mehr betrieben. Auch hier ist das nominale Zinsniveau inzwischen sehr niedrig, das reale großenteils unter null.

In den zurückliegenden beiden Jahrzehnten gab es in **Europa** aber auch immer wieder Spekulationen gegen die Währung einzelner Länder, die deren Geldpolitik zwangen, die Zinsen ohne Rücksicht auf die binnenwirtschaftlichen Erfordernisse auf hohe Niveaus anzuheben (siehe **Info-Grafik** im **Kapitel »Wechselkurse«**). Die baltischen Staaten wollten der Eurozone beitreten und hielten deshalb die Wechselkurse ihrer Währungen gegenüber dem Euro im Vorfeld stabil. Gleichzeitig verzeichneten sie aber Inflationsraten klar über denen der Eurozone: Während Litauen zwischen 2000 und 2008 mit durchschnittlich 3,1 % Inflation der Preissteigerung der Eurozone (2,4 %) noch relativ nah war, lag Estland mit 4,9 % immerhin doppelt so hoch und Lettland mit 6,5 % sogar um das 2,7-Fache darüber. Spekulanten glaubten, die baltischen Staaten könnten ihre Wechselkurse gegenüber dem Euro nicht auf dem gewünschten Niveau durchhalten, und wetteten auf eine Abwertung.

Trotzdem änderten alle drei Länder ihre Währungspolitik nicht: Sie verteidigten den nominalen Wechselkurs gegenüber dem Euro, indem ihre Zentralbanken die Attraktivität der Währungen durch hohe Zinsen aufrechterhielten. Auf dem Höhepunkt der Krise im Jahr 2009 stieg der kurzfristige Zins in Lettland auf 13 %, während er gleichzeitig in der Eurozone auf unter 2 % fiel (**Abbildung 9.12**). Der Preis für die Stabilisierung der Wechselkurse war allerdings hoch: Die kurzfristigen Zinsen zogen die langfristigen deutlich über

Abb. 9.12: Kurzfristige Zinsen in Lettland, Ungarn und der Eurozone nominal

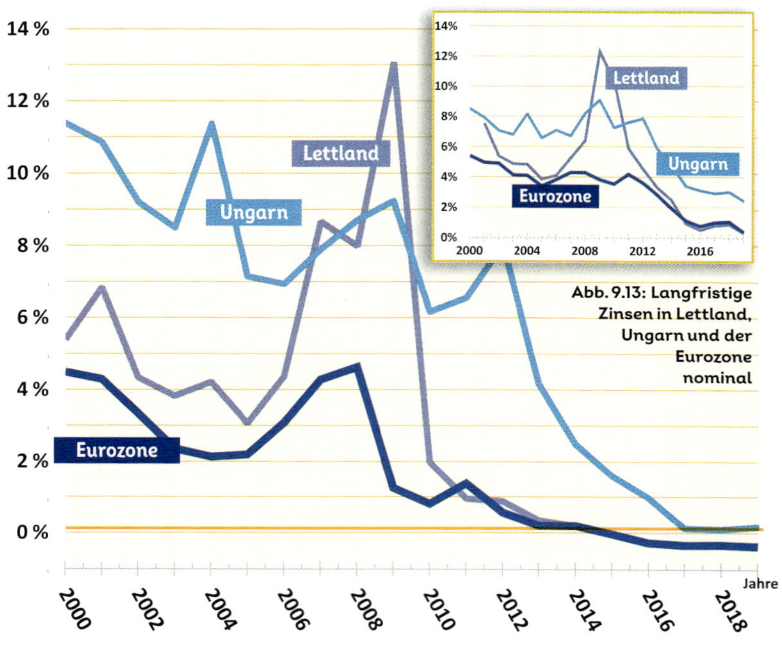

Abb. 9.13: Langfristige Zinsen in Lettland, Ungarn und der Eurozone nominal

das Niveau der Eurozone nach oben (**Abbildung 9.13**) – 2009 betrug die Differenz der langfristigen Zinsen zwischen Lettland und der Eurozone acht Prozentpunkte. Obwohl die lettische Preissteigerungsrate rasch fiel und 2010 sogar Deflation herrschte, war das Vertrauen in die Währungsstabilität erst drei Jahre nach der Spekulationskrise wiederhergestellt, so dass sich auch der langfristige lettische Zins dem der Eurozone so annäherte wie zuvor. Das extreme Zinsniveau strangulierte die Investitionstätigkeit und schadete der Binnenwirtschaft massiv: Die Wachstumsraten brachen 2009 im Baltikum mit -14 % viel stärker ein als in anderen europäischen Ländern, und es dauerte Jahre, bis dieser Verlust wieder ausgeglichen werden konnte.

Auch Ungarn hatte massive Probleme mit Währungsspekulation, der Fall war aber anders gelagert. Um die Inflation, die zwischen 2000 und 2008 um das 2,5-Fache über der der Eurozone lag, zu bekämpfen, hatte die Zentralbank den Leitzins so stark angehoben, dass die kurzfristigen Zinsen über den langfristigen lagen und weit über denen der Eurozone. Das lockte Währungsspekulanten an und torpedierte die Inflationsbekämpfung (siehe Kapitel »Wechselkurse«). Als die Spekulation dann doch zusammenbrach, blieb das Niveau der langfristigen Realzinsen noch lange Zeit hoch. Es dauerte geschlagene fünf Jahre, bis Ungarns Wirtschaft wieder an die Höhe der Wachstumsraten von vor der Krise anknüpfen konnte.

In **Zentralasien** ist von dem europäischen Trend hin zu Niedrigzinsen kaum etwas zu bemerken. Dort schwanken die kurzfristigen Zinsen weiterhin extrem und bewegen sich größtenteils im oberen einstelligen oder unteren zweistelligen Bereich (**Abbildung 9.11**). Das korrespondiert mit den Inflationsraten dieser Länder, welche die Geldpolitik offenbar immer wieder durch scharfe Zinssteigerungen herunterzudrücken versucht, dabei aber keine sehr nachhaltigen Erfolge erzielt.

Die Aufgabe der Geldpolitik ist gerade in wirtschaftlich nicht sehr starken Ländern ein äußerst diffiziles Geschäft. Das Dilemma der Zentralbank: Sie muss das Vertrauen der Bevölkerung in die eigene Währung dadurch stärken, dass sie gegen hohe Inflation energisch vorgeht. Gleichzeitig muss sie darauf achten, die Währung durch hohe Zinsen nicht zur Zielscheibe von Spekulanten zu machen, die hohe Nominalzinsen für die Anlage kurzfristiger Gelder nutzen wollen – der berüchtigte Carry Trade (siehe Info-Grafik im Kapitel »Wechselkurse«). Mit diesen Schwierigkeiten kämpft beispielsweise die Türkei bis heute. Die Finanzmarktakteure, die dem Land einige Zeit »ihr Vertrauen aussprechen«, indem sie dort Geld anlegen und hohe Zinsen kassieren, ziehen dieses Geld schlagartig wieder ab, wenn sie – durchaus berechtigte – Zweifel hegen, dass das Land diese Zinsen auf Dauer erwirtschaften kann. So zwingen sie die Geldpolitik, die Zinsen zu erhöhen, um den Absturz des Wechselkurses wenigstens etwas abzufedern, obwohl aus binnenwirtschaftlichen Gründen eher ein niedrigeres Zinsniveau angemessen wäre.

In **Südostasien** (**Abbildung 9.14**) ähnelt die Zinssituation mehr der Europas als der Zentralasiens, was wenig überrascht angesichts der stärker parallelen Preisentwicklungen (siehe **Kapitel »Preise«**). Bis auf Japan, wo die kurzfristigen Zinsen seit 20 Jahren unter 1 % und seit 2016 im negativen Bereich liegen, hat die Geldpolitik größtenteils noch etwas mehr Luft nach unten als in den westlichen Industrieländern. Von den sogenannten Tigerstaaten fallen Singapur und Hong Kong mit extrem niedrigen Zinssätzen zwischen 2008 und 2014 auf. Abgesehen von Vietnam und Nepal war die Bandbreite der Zinsen der hier dargestellten Länder mit zuletzt (2019) 1 % bis 5 % ungefähr so eng wie in Osteuropa.

Ins Auge fällt auch Bangladesch, das einen seit 2003 durchgehend konstanten kurzfristigen Zinssatz von 5 % aufweist. Das ist gemessen an der durchschnittlichen jährlichen Preissteigerungsrate von über 6,5 % wenig – die kurzfristigen Realzinsen sind dauerhaft negativ. Leider fehlen Angaben zu den langfristigen Zinsen, um zu überprüfen, ob diese für Kreditnehmer extrem günstige Zinskonstellation tatsächlich von den Banken an die Investoren weitergegeben wird. Die Investitionsdynamik und die realen Wachstumsraten des BIP des Landes sprechen dafür, dass hier in einem der ärmsten Länder der Erde ein Aufholprozess stattfindet: Lag das Pro-Kopf-Einkommen im Jahr 2000 bei 16 % des Weltdurchschnitts, ist es bis 2019 auf immerhin 27 % gestiegen.

Südostasien und Pazifik

Zinsen 2000-2019

Abb. 9.14: Kurzfristige Zinsen in Südasien, Ostasien und im pazifischen Raum nominal

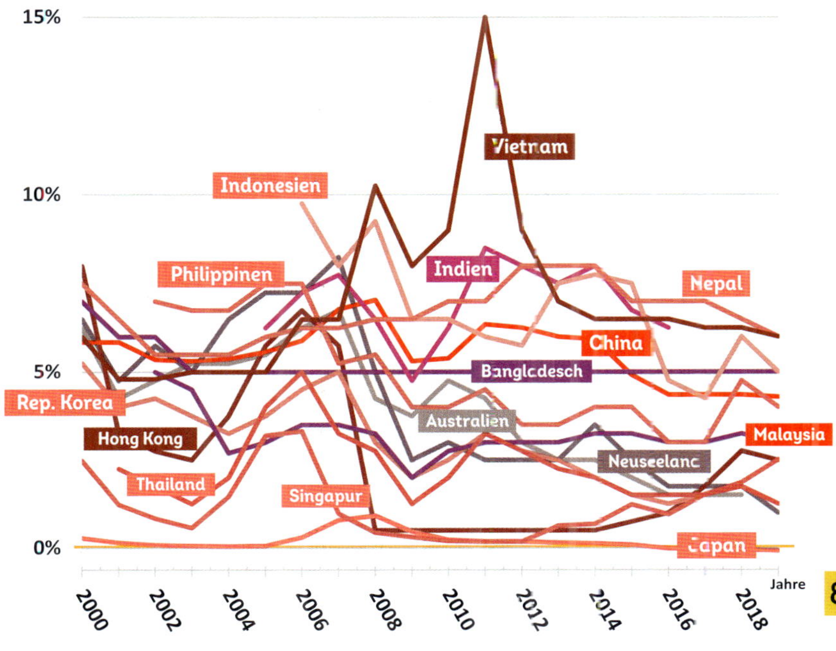

Nord- und Südamerika

Zinsen 2000-2019

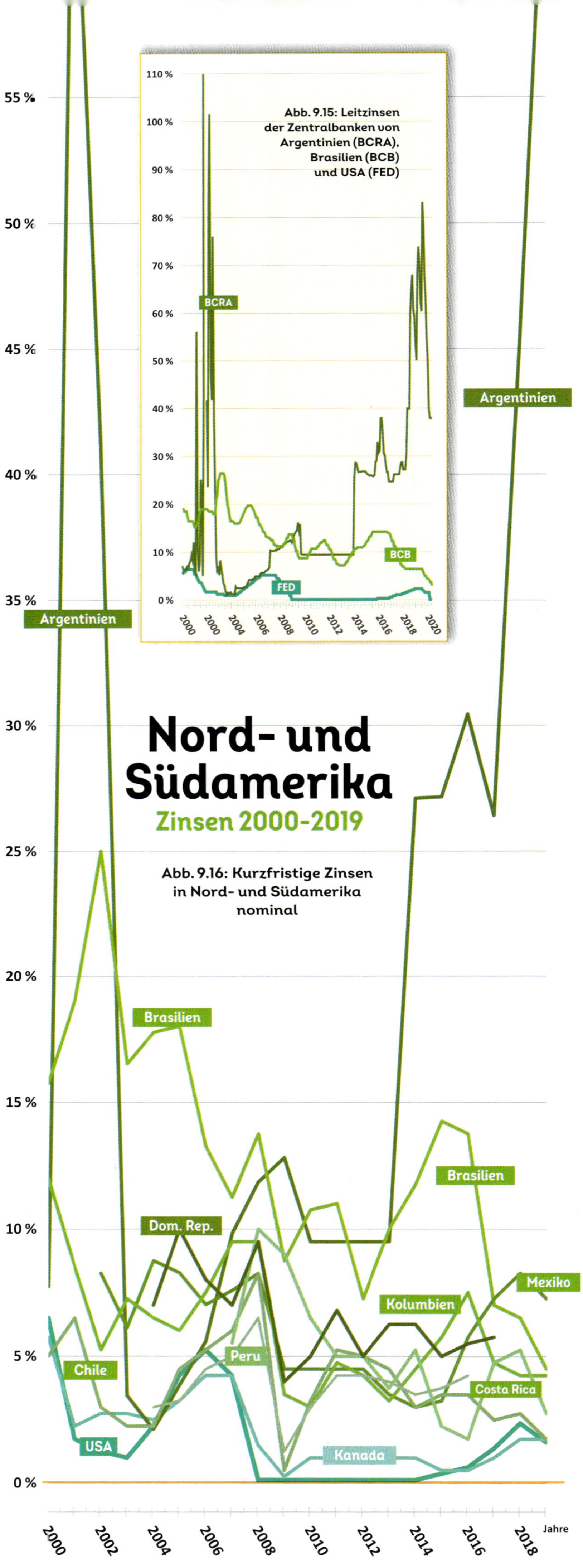

Abb. 9.15: Leitzinsen der Zentralbanken von Argentinien (BCRA), Brasilien (BCB) und USA (FED)

Abb. 9.16: Kurzfristige Zinsen in Nord- und Südamerika nominal

In **Lateinamerika** gibt es große Bewegungen bei den Zinsen. **Abbildung 9.15** veranschaulicht das extreme geldpolitische Regime, das die brasilianische Zentralbank dem Land zugemutet hat: Obwohl die Inflationsraten nur im Jahr 2003 mit 14 % in den zweistelligen Bereich gerieten (siehe **Kapitel »Preise«**) und im Durchschnitt der zwei vergangenen Jahrzehnte zwischen 6 % und 7 % lagen, bewegte sich der nominale Zentralbankzinssatz den größten Teil der Zeit im zweistelligen Bereich. Das stellte eine Einladung an internationale Spekulanten zum Carry Trade und zur Aufwertung der Währung dar (siehe **Kapitel »Wechselkurse«**). Und es verringerte die Chancen des Landes, eine dynamische realwirtschaftliche Entwicklung zu generieren, erheblich. Denn hohe Realzinsen – im Schnitt um die 6 % – dämpfen die Investitionsneigung, und eine überbewertete Währung erschwert den Export.

Anders gelagert und noch extremer ist der Fall Argentiniens, wo die Zinssätze in der schweren Währungskrise zu Beginn des Jahrhunderts sogar in den dreistelligen Bereich gerieten (ebenfalls Abbildung 9.15). Aber auch jüngst wurden sie wieder von der Zentralbank auf enorme Niveaus gehoben, um die Spekulation auf eine Abwertung des argentinischen Pesos zu beenden. Anders als in Brasilien lag die Inflationsrate des Landes jedoch mit Werten zwischen offiziell 20 % und 40 %, zuletzt sogar über 50 %, tatsächlich sehr hoch (siehe Kapitel »Preise«).

Um dem Teufelskreis aus hoher Inflation, hohem Zinsniveau, Währungsspekulation und darniederliegender Realwirtschaft zu entkommen, müsste sich die Wirtschaftspolitik in beiden Ländern von den neoliberalen Vorstellungen von Freihandel und freiem Kapitalverkehr verabschieden und zentrale makroökonomische Zusammenhänge in die Wirtschaftspolitik einfließen lassen. Um stabile und günstige Zinsverhältnisse für eine kontinuierliche Investitionsdynamik herzustellen, muss nämlich mit der Lohnentwicklung eine Gratwanderung zwischen Nachfrageimpulsen und Kostendruck gemeistert werden, die nichts, aber auch gar nichts mit einem simplen Modell von Angebot und Nachfrage auf dem Arbeitsmarkt zu tun hat (siehe **Kapitel »Löhne«**).

In anderen Ländern Lateinamerikas herrschen etwas günstigere Zinsbedingungen (**Abbildung 9.16**), was die vergleichsweise niedrigeren und weniger schwankenden Inflationsraten widerspiegelt.

In den **afrikanischen Ländern** schwanken die von den Zentralbanken weitgehend bestimmten Zinssätze in der Regel sehr stark (**Abbildung 9.17**) – Spiegelbild der chaotischen Entwicklung der Inflationsraten (siehe Kapitel »Preise«). Insgesamt ist die Bandbreite der Zinssätze in Afrika noch größer als in Lateinamerika. Eine auffallende Ausnahme bildet die Westafrikanische Wirtschafts- und Währungsunion WAEMU, der acht Länder, darunter die Elfenbeinküste, Niger, Mali, und Burkina Faso, mit zusammen über 120 Millionen Menschen angehören. Dort sind die kurzfristigen Zinsen von 5 % auf inzwischen 2,5 % gesunken. Das liegt vor allem daran, dass die WAEMU den Wechselkurs ihrer Währung, des CFA-Franc, gegenüber dem Euro fixiert. Auf diese Weise hat sie große Stabilität bei den Verbraucherpreisen importiert, deren Wachstumsraten in den letzten 20 Jahren im Schnitt bei 2 % lagen. Doch inzwischen sind die Inflationsraten parallel zur »Ankerwährung« Euro in einigen Mitgliedsländern unter null gefallen, in anderen liegen sie nahe bei null. Der Preis für die selbst verordnete Aufgabe der geldpolitischen Souveränität ist die inzwischen stockende Investitionstätigkeit, die diese Länder so dringend bräuchten. Auch hier zeigt sich, dass sich eine rationale Wirtschaftspolitik um ein pragmatisches Mittelmaß bemühen muss und nicht um die Einhaltung dogmatischer Prinzipien, wenn sie dauerhaft Erfolg haben will.

In drei der vier Länder des **Mittleren Ostens**, für die Zinsdaten vorliegen, nämlich Israel, Saudi-Arabien und Jordanien, sind die Zinssätze wie in den westlichen Industrieländern auf Talfahrt gegangen und liegen auf relativ niedrigem Niveau deutlich unter 5 %. Die kurzfristigen irakischen Zinsen folgen nach einem extremen Ausreißer im Jahr 2007 diesem Trend, verlaufen jedoch auf einem etwas höheren Niveau.

Die Bedeutung stabiler und niedriger Zinssätze wird gerade in den am wenigsten entwickelten Volkswirtschaften und von den internationalen Hilfsorganisationen systematisch unterschätzt. Wenn man bedenkt, dass die von den Geschäftsbanken verlangten Zinsen in diesen Ländern in der Regel weit höher sind als die Zentralbankzinsen, ist es keine Übertreibung zu sagen, dass in vielen afrikanischen Entwicklungsländern die Zinsen prohibitiv hoch sind. In einem solchen Zinsumfeld kann sich keine private Investitionstätigkeit entwickeln, die zu einem anhaltenden Aufholprozess entscheidend beitragen könnte.

Monetäre und makroökonomische Fragen werden allerdings in der Entwicklungspolitik generell sträflich vernachlässigt. Noch so gut gemeinte, vom Ausland finanzierte Aufbauprogramme unter dem Motto »Hilfe zur Selbsthilfe« für schwach entwickelte Länder und Regionen können keine systematisch nachhaltigen positiven Effekte haben, wenn sie in einem gesamtwirtschaftlichen Umfeld durchgeführt werden, in dem sich Preise, Zinsen und Wechselkurse chaotisch entwickeln. Denn Arbeitsteilung beruht in Volkswirtschaften, in denen Güter nicht im Realtausch gehandelt werden, sondern unter Verwendung von Geld, immer auf der Bewertung von Leistung in Geldeinheiten. Gibt es keinen über die Zeit hinweg einigermaßen verlässlichen Maßstab für diese Bewertung, sind Planungen ökonomischer Projekte mit längerem Zeithorizont praktisch unmöglich. Dann bleibt es, überspitzt formuliert, beim Leben von der Hand in den Mund, weil kein ausreichend großer Kapitalstock aufgebaut und gepflegt werden kann, der die Produktivität und damit den Wohlstand erhöht.

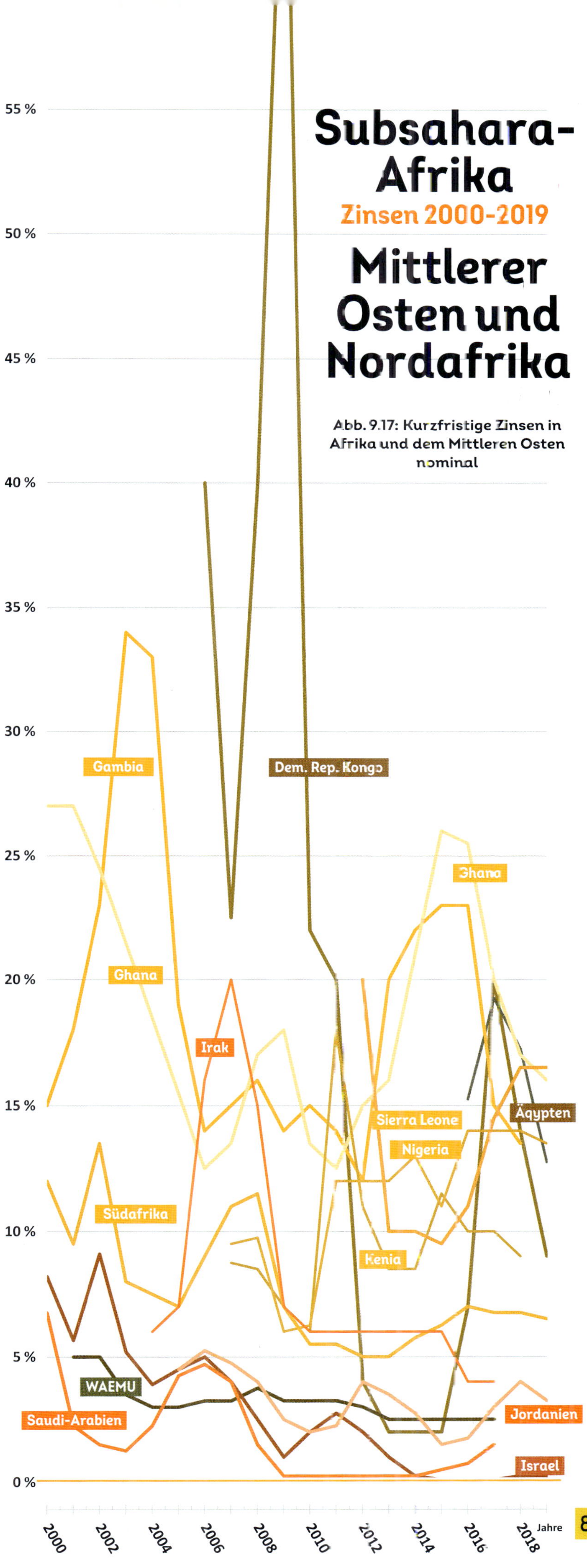

Abb. 9.17: Kurzfristige Zinsen in Afrika und dem Mittleren Osten nominal

Was die Welt zusammenhält – oder eben nicht?

Wechselkurse bestimmen den internationalen Wert von Handelsgütern

Obwohl es mühsam ist, sich in dieses Kapitel der Wirtschaftsbeziehungen zwischen Ländern hineinzudenken, ist das Verständnis für diesen Bereich wichtig, will man die ökonomischen Zusammenhänge der Globalisierung begreifen. Vieles in der Realwirtschaft ist nämlich genau deswegen so gelaufen, wie es gelaufen ist, weil sich die Verhältnisse an den Devisenmärkten, auf denen mit Währungen gehandelt wird, in vielen Ländern nicht der Realwirtschaft anpassen. Stattdessen können die Ergebnisse der Devisenmärkte die Binnenwirtschaft dominieren und damit auch großen Einfluss auf die Wirtschaftspolitik, namentlich die Zinspolitik der Zentralbanken, nehmen. Die **Info-Grafik** zum Carry Trade, der weiter unten noch erläutert wird, verdeutlicht das.

Wie im **Kapitel »Außenhandel«** angemerkt, baut die immer noch weit überwiegend akzeptierte Handelstheorie auf einer Reihe von Voraussetzungen auf, die in der Realität der heutigen globalisierten Wirtschaft nicht gegeben sind. Eine davon ist die Annahme, dass die Wechselkurse jederzeit die wirtschaftlichen Verhältnisse zwischen den Handelspartnern widerspiegeln, also die Inflationsdifferenzen zwischen ihnen ausgleichen (siehe **Info-Box**).

Der Wettbewerbsvorteil, den ein Land gegenüber seinen Handelspartnern beim Export dadurch gewinnt, dass es eine niedrigere Inflationsrate hat als diese (seine Güter werden dadurch im Durchschnitt vergleichsweise zu billig), bezeichnet man als absoluten Wettbewerbsvorteil. Er sollte durch eine Aufwertung der Währung so ausgeglichen werden, dass er verschwindet und die

Was ist ein Euro anderswo wert?

Das Verhältnis, in dem die Währung eines Landes zu einer anderen Währung steht, wird als **nominaler Wechselkurs** zwischen diesen beiden Währungen bezeichnet: Zu diesem Kurs werden die Währungen getauscht. Den Wert einer Währung gegenüber allen Währungen, die für das entsprechende Land beim internationalen Handel wichtig sind, bezeichnet man als **nominalen effektiven Wechselkurs** (nominal effective exchange rate, kurz **NEER**). Er wird in Form eines Index als gewichteter Durchschnitt aus den bilateralen Wechselkursen (einem Währungskorb) ermittelt, wobei die Gewichte mit Hilfe der Außenhandelsanteile berechnet werden, die das Land und seine Handelspartner haben. So hat die Währung eines stärker am internationalen Handel teilnehmenden Landes ein höheres Gewicht bei der Berechnung als ein weniger in den Welthandel eingebundenes Land. Steigt der Index, wertet die Währung auf, sie wird also teurer.

Ist die Kaufkraft der Währung im Inland die gleiche wie im Ausland, nennt man das **Kaufkraftparität**. Das bedeutet, dass man mit einer inländischen Währungseinheit im Inland die gleiche Gütermenge (den gleichen »Warenkorb«) kaufen kann, die man im Ausland erhält, wenn man die inländische Währung zum herrschenden Wechselkurs in die ausländische umtauscht. Das ist langfristig gesehen zwar ein sinnvoller Maßstab für den Wert einer Währung, weil er verhindert, dass man – um es salopp auszudrücken – nur deswegen diesseits und jenseits der Landesgrenze unterschiedlich viele Güter einkaufen kann, weil man nicht mit den gleichen Geldscheinen bezahlt. (Innerhalb einer Währungsunion ist es etwas anders.) In der Praxis ist die Berechnung von Kaufkraftparitäten aber kompliziert, weil Produktions- und Nachfragestrukturen zwischen Ländern unterschiedlich sind. Ausgaben für das Wohnen etwa beanspruchen in reichen Ländern einen erheblichen Teil des Einkommens, während dafür in ärmeren Ländern weniger aufgewendet wird.

Weichen die Inflationsraten zwischen Ländern mit anfangs der Kaufkraftparität entsprechenden Wechselkursen allmählich voneinander ab, ist die Währung des Landes mit der höheren Inflationsrate **überbewertet**, wenn die Wechselkursverhältnisse unverändert bleiben. Entsprechend ist die Währung des Landes mit der niedrigeren Inflationsrate **unterbewertet**. Um diese Verzerrung auszugleichen, müsste die Währung des Landes mit der höheren Inflationsrate abwerten und die andere spiegelbildlich aufwerten. Reagiert der nominale Wechselkurs nicht passend, nimmt die internationale Wettbewerbsfähigkeit des überbewerteten Landes ab – es ist zu teuer. Die Wettbewerbsfähigkeit des unterbewerteten Landes steigt – es ist zu billig.

Als Maß für die **internationale Wettbewerbsfähigkeit** dient der **reale effektive Wechselkurs** (real effective exchange rate, kurz **REER**). Dieser Index setzt sich wie die NEER aus den Wechselkursen mit den Währungen der Handelspartnerländer zusammen, berücksichtigt aber zusätzlich die Inflationsdifferenzen zwischen dem Inland und ihnen. Funktionierten die Devisenmärkte ideal, ergäbe sich permanent für jedes Land eine REER, die alle systematischen Vor- und Nachteile aus den Inflationsdifferenzen ausgliche. Steigt die REER, wertet die Währung real auf und verschlechtert sich die internationale Wettbewerbsfähigkeit des Landes. Fällt sie, ist es umgekehrt.

Es ist schwierig, einen absoluten Maßstab für die aus Sicht des internationalen Handels »richtige« REER zu finden, weil es einen auf alle Facetten des Handels passenden Güterkorb eines Landes gegenüber dem Rest der Welt nicht gibt. In die Berechnung der Kaufkraftparität werden Güter einbezogen, die nicht gehandelt werden, die also für die REER keine Rolle spielen.

Es gibt verschiedene Arten der REER-Berechnung, die sich im Wesentlichen darin unterscheiden, welche Länder einbezogen und welche Inflationsindikatoren (Verbraucherpreise oder Lohnstückkosten) verwendet werden. Die Verfügbarkeit und Verlässlichkeit der erforderlichen Daten spielen ebenso eine Rolle wie sich verändernde Handelsstrukturen. China etwa hatte im vergangenen Jahrhundert eine sehr geringe Bedeutung für den internationalen Handel, heute ist es ein nicht wegzudenkender Akteur auf den Weltmärkten. Entsprechend ist die chinesische Währung Yuan (oder Renminbi) heute Bestandteil der Währungskörbe, die für die Berechnung effektiver Wechselkurse herangezogen werden. In weit zurückreichenden Zeitreihen fehlt der Yuan.

Unternehmen aller Länder auf den Weltmärkten ein »level playing field« haben. Dann konkurrieren sie unter fairen Bedingungen miteinander. Parallel dazu wird auch der Nachteil einer unterbewerteten Währung beim Import (ausländische Güter sind im Durchschnitt vergleichsweise zu teuer) beseitigt.

Wechselkurse, bei denen kein Land systematisch und über längere Zeiträume einen absoluten Wettbewerbsvorteil hat, sind unabdingbar. Ist es nicht so, wird der internationale Handel für die Länder, die wegen Überbewertung absolute Wettbewerbsnachteile haben, auf Dauer vollständig sinnlos. Ein Land mit überbewerteter Währung erleidet massive Schäden an seiner Produktionsstruktur: Es verliert Marktanteile auf den internationalen Märkten und nationalen Märkten und damit Arbeitsplätze. Auf lange Sicht büßt es seine Fähigkeit ein, überhaupt am internationalen Handel teilnehmen zu können, weil es nicht mehr hinreichend exportiert, um damit den Erwerb von Importen finanzieren zu können.

Für Länder mit systematisch unterbewerteter Währung sieht das naturgemäß anders, nämlich spiegelbildlich dazu aus. Spiegelbildlich, weil es Unterbewertung logischerweise nur bei gleichzeitig auftretender Überbewertung der Währungen anderer Länder geben kann. Unterbewertung schafft systematisch und auf Kosten des Rests der Welt Arbeitsplätze im Inland durch den Außenhandel. Einen starken Arbeitsmarkt befürworten verständlicherweise auch die meisten Arbeitskräfte des unterbewerteten Landes, obwohl ihre Reallöhne weniger steigen, als es ohne die Unterbewertung der Fall wäre. Parallel dazu wird das wichtige Schuldenproblem (siehe **Kapitel »Sparen und Verschulden«**) mittels Unterbewertung und daraus entstehenden Handelsüberschüssen auf das Ausland verschoben und damit temporär »gelöst«.

Beides zusammengenommen, eine zunehmende Zahl an Arbeitsplätzen im Inland und eine laufend stärker werdende Gläubigerposition gegenüber dem Ausland, machen die Unterbewertung der eigenen Währung insgeheim zu einer politisch attraktiven Konstellation, solange die Bürger nicht verstehen, dass zu den langfristig negativen Folgen einer unterbewerteten Währung Zuwanderungsdruck, Deflationsgefahren, Niedrigzinsen und Währungskrisen gehören. Die Hauptprofiteure der Unterbewertung sind die Bezieher der Gewinneinkommen aus den systematisch bevorteilten Exporten des unterbewerteten Landes und die Währungsspekulanten. Sie haben kein Interesse daran, dass durch internationale Zusammenarbeit an einer systematischen Lösung der Wechselkursproblematik gearbeitet wird.

Carry Trade:
Teufelskreis der Zins- und Währungsspekulation

Von einer automatisch ausgleichenden Rolle der Wechselkurse zwischen den Währungen kann in der Realität nämlich nicht die Rede sein – die Devisenmärkte erfüllen diese wichtige Aufgabe keineswegs. Daher steht die gesamte Vorstellung von den Vorteilen eines freien internationalen Handels auf tönernen Füßen. Die Tendenz, alles, was frei ist, für effizient zu halten, ist einer der größten Fehler, den man gerade in diesem Bereich machen kann.

Währungen werden seit Langem als Assets behandelt, also als werthaltige Anlagen. Aber eigentlich sollte der Umtausch von einer Währung in eine andere keine Erträge erbringen, da ja nur eine nationale Geldeinheit gegen so und so viele andere nationale Geldeinheiten getauscht wird, was für sich genommen keine produktive Tätigkeit ist, sondern nur eine notwendige Begleiterscheinung des realwirtschaftlichen Außenhandels sein sollte. Würden sich die unterschiedlichen Inflationsraten der Länder in entsprechenden Auf- und Abwertungen ihrer Währungen widerspiegeln, gäbe es an unterschiedlichen Zinsniveaus zwischen Ländern durch Währungsumtausch nichts zu verdienen. Spekulation mit Währungen wäre weitgehend sinnlos und daher nicht existent, was den internationalen Handelsaustausch auf eine wesentlich rationalere Basis als die derzeitige stellen würde.

Tatsächlich dürften Währungen heute mit einem Geschäftsvolumen von fast 7 Billionen US-Dollar pro Tag – das ist auf ein Jahr hochgerechnet das 10- bis 20-Fache des Welt-BIP – quantitativ das größte Spekulationsobjekt für sogenannte Finanzinvestoren sein. Genau das ist der wichtigste Grund, warum der internationale Handel keineswegs den Regeln folgt, die die Grundlage der Freihandelstheorie sind. Mit Währungen wird meist auf folgende Weise spekuliert: Man beobachtet, dass die kurzfristigen Zinsen zweier Länder, die von den Zentralbanken gesetzt werden (siehe **Kapitel »Zinsen«**), relativ gleichmäßig für längere Zeit voneinander abweichen, weil sich die Inflationsraten in den Ländern unterschiedlich entwickeln. Das liegt daran, dass die Zentralbanken vor allem auf die landesinterne Preisentwicklung reagieren. Ein Land mit höherer Inflation hat in der Regel höhere Zinsen als ein Land mit niedrigerer Inflation.

Hedgefonds und Banken nutzen diese Konstellation aus, indem sie sich in den Währungen mit den niedrigsten Zinsen verschulden und das Geld in ein Land mit hohen Zinsen »tragen« (engl. to carry), wo sie es kurzfristig anlegen. Die Zinsdifferenz streichen die als Carry Trader bezeichneten Währungsspekulanten als Gewinn ein, hinter dem keinerlei produktive Leistung dieser Leute steht (siehe Info-Grafik auf der vorhergehenden Seite). Trotzdem müssen die Zinsen erwirtschaftet werden, und zwar letzten Endes von den Arbeitskräften des Landes, an das die Währungsspekulanten Geld verliehen haben. Anders als die neoklassische Theorie mit ihrer Vorstellung von Angebot und Nachfrage behauptet, hat jedoch das zusätzliche, von außen dem Land zur Verfügung gestellte Finanzkapital keine Angleichung der Zinsen zwischen den Ländern zur Folge. Denn die Zinsen sind ein Instrument der Zentralbanken und werden entsprechend von diesen fixiert. Vielmehr führt der Carry Trade in der Regel zu einer Aufwertung der Währung des Landes mit den hohen Zinsen und der hohen Inflation, weil seine Währung von den Spekulanten verstärkt nachgefragt wird. Denn die Carry Trader müssen das Geld, das sie in dem betreffenden Land anlegen wollen, zuerst in dessen Währung umtauschen.

Der Marktmechanismus führt also auf den Devisenmärkten genau zum Gegenteil dessen, was die ökonomische Theorie von ihm erwartet und was realwirtschaftlich gesehen notwendig wäre: statt zu einer Abwertung zu einer Aufwertung der Währung des Landes mit der hohen Inflationsrate. Irgendwann platzt eine solche spekulative Blase zwar und bricht der Wechselkurs der überbewerteten Währung ein. Doch das geschieht normalerweise unter krisenhaften Bedingungen: Meist bricht der Wechselkurs kurzfristig viel stärker ein, als es die aufgelaufenen Inflationsdifferenzen zu den Handelspartnern erforderten. Um diese überschießende Reaktion zu verhindern und die Abwertung in Grenzen zu halten, erhöht die Zentralbank des abwertenden Landes die Zinsen stark, was die Binnenwirtschaft massiv schädigt.

Die Behauptung, spekulative Übertreibungen glichen sich auf Dauer aus und könnten deshalb insgesamt betrachtet keine schädlichen Effekte haben, ist falsch. Denn die beschriebenen Preisverzerrungen während der Bildung spekulativer Blasen sowie während und unmittelbar nach ihrem Platzen beeinflussen die Realwirtschaft enorm.

Die Währungen großer Länder beziehungsweise Wirtschaftsräume sind weniger stark von kurzfristigen Spekulationen betroffen, weil ihre Zentralbanken vergleichsweise große und mächtige Akteure auf den Finanzmärkten sind und das Gewicht der Volkswirt-

Abb. 10.1: Reale effektive Wechselkurse für Japan und die USA

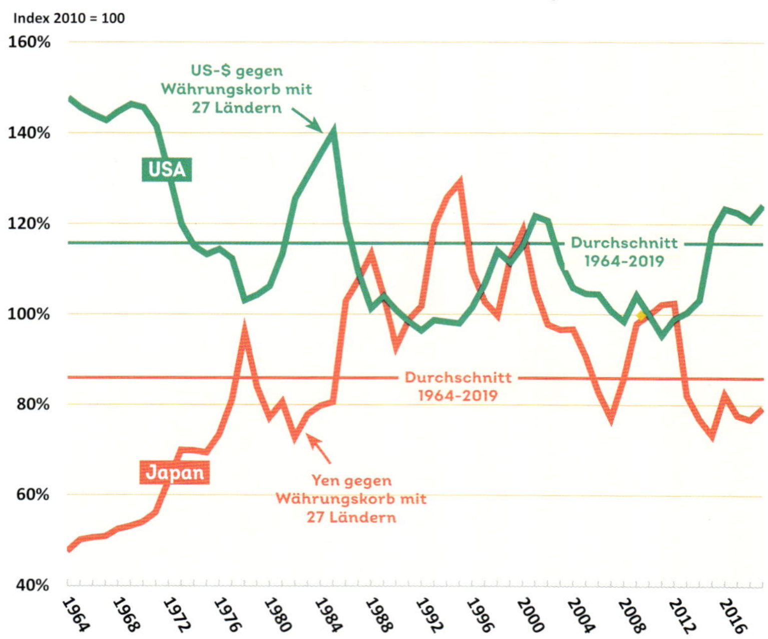

schaften, die sie vertreten, realwirtschaftlich gesehen eben groß ist. Dennoch schwanken ihre realen effektiven Wechselkurse (REER, siehe **Info-Box** auf der vorigen Seite) mittelfristig in beachtlicher Größenordnung und entfernen sich über sehr lange Zeiträume von dem Niveau, das ihren langfristigen Durchschnittswert darstellt.

Japan ist ein besonders auffälliges Beispiel dafür. Daten der Bank für Internationalen Zahlungsausgleich (BIZ) reichen, wenn auch nur für einen recht kleinen Kreis von 27 Ländern, bis in die 1960er-Jahre zurück, so dass man die Entwicklung der REER über fast 60 Jahre hinweg betrachten kann (**Abbildung 10.1**). Japan hat in den vergangenen 20 Jahren deutlich real abgewertet – die REER-Linie ist unter erheblichen Schwankungen seit Mitte der 1990er-Jahre gesunken, während sie zuvor trendmäßig stark anstieg. Offenbar hat ein Ausgleich für die kräftige reale Aufwertung in den vorausgegangenen 30 Jahren stattgefunden. 2019 war der japanische Yen gegenüber dem US-Dollar, gemessen an der Kaufkraftparität, im Jahresdurchschnitt um knapp 7 % unterbewertet.

Die **USA** sehen sich ebenfalls spürbaren Schwankungen ihres realen effektiven Wechselkurses gegenüber. Die Bandbreite dieser Schwankungen liegt seit 30 Jahren bei rund 30 %. Im Vergleich dazu veränderte sich die REER der Länder der **Eurozone** wesentlich weniger (**Abbildung 10.2**). Während des Bretton-Woods-Währungssystems, in dem die Währungsverhältnisse nach dem Zweiten Weltkrieg geregelt wurden, blieb die REER nahezu konstant – es herrschte große monetäre Stabilität für den europäischen Außenhandel. Während der folgenden Phase des Europäischen Währungssystems (EWS) kam es zu realen Auf- und Abwertungen von bis zu 20 %. Mit Beginn der Europäischen Währungsunion (EWU) wertete die neu eingeführte Gemeinschaftswährung relativ schnell real ab – spiegelbildlich dazu legte der US-Dollar zu. Dann setzte bis zur Finanzkrise eine deutliche reale Aufwertung des Euro um über 30 % ein, die sich bis 2019 wieder abbaute.

Für einen Kreis von 60 Ländern, der Volkswirtschaften aus Weltregionen umfasst, die in den vergangenen Jahrzehnten an Bedeutung für den internationalen Handel gewonnen haben wie etwa aus Südostasien, Lateinamerika oder Osteuropa, hat die BIZ reale effektive Wechselkurse rückwirkend bis 1994 berechnet. So liegen inzwischen auch REER-Daten für **China** vor. Sie belegen, dass China den umgekehrten Weg wie Japan gegangen ist: Die in den 1980er- und 1990er-Jahren klar unterbewertete chinesische Währung hat real stark aufgewertet (**Abbildung 10.3**). Die Klagen über chinesisches Preisdumping haben angesichts dessen einiges an Berechtigung verloren.

Insgesamt gesehen schwanken die realen effektiven Wechselkurse der westlichen Industrieländer stärker als die Inflationsraten in den Ländern selbst und auch als die Inflationsdifferenzen zwischen ihnen. Doch verglichen mit dem, was im Rest der Welt passiert, können sich diese Regionen, zumal sie relativ geschlossene Volkswirtschaften sind, nicht beklagen. Zu beklagen ist allerdings, dass sie in internationalen Verhandlungen keinerlei Verständnis aufbringen für die Sorgen und Nöte der kleineren Länder.

Denn die Finanzmärkte gehen mit einigen Ländern geradezu brutal um und behindern deren Entwicklung, statt sie zu fördern – ganz anders als das die Befürworter der internationalen Kapitalverkehrsfreiheit meist versprechen, wenn sie etwa kleineren und wirtschaftlich in der Transformation befindlichen Ländern raten, sich für ausländisches Kapital zu öffnen und den Wechselkurs der eigenen Währung an den »freien« Devisenmärkten zustande kommen zu lassen.

Abb. 10.2: Reale effektive Wechselkurse für die Eurozone und die USA

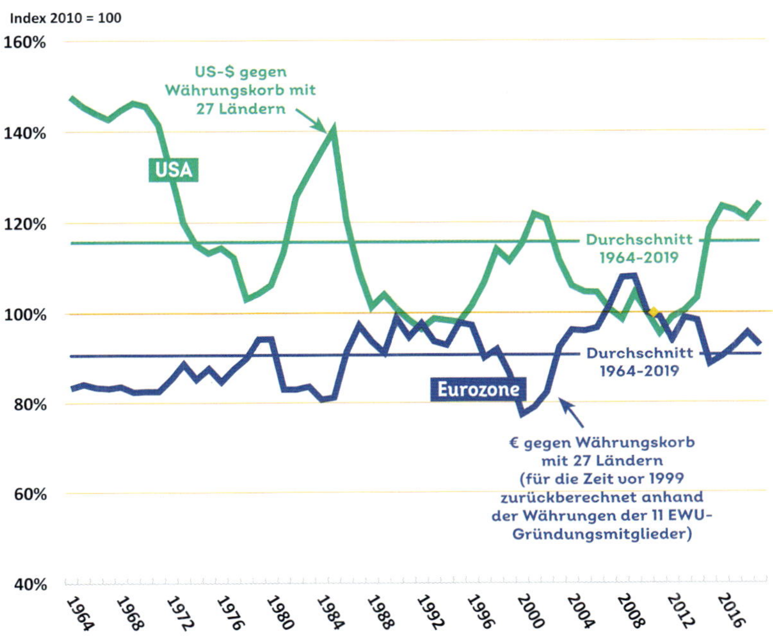

Abb. 10.3: Reale effektive Wechselkurse für China und die USA

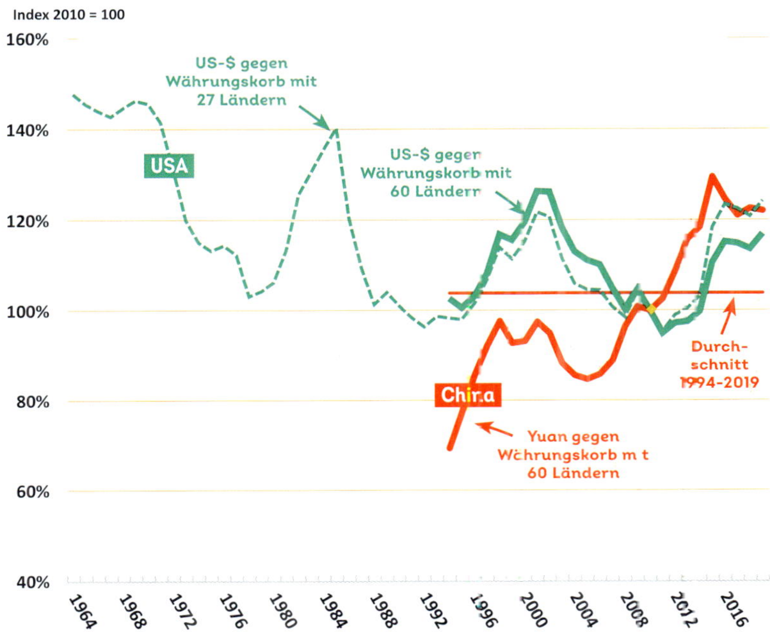

Beispiel **Ungarn**: Wer verstehen will, warum dort Viktor Orban an die Macht kam und in weiten Teilen der Bevölkerung gegenüber westeuropäischer Politik Misstrauen bis hin zu Ablehnung herrscht, sollte sich mit der Entwicklung der ungarischen Währung in den zurückliegenden zwei Jahrzehnten beschäftigen. Im Zuge der großen Spekulationswelle der 2000er-Jahre gab es Carry Trade mit dem ungarischen Forint (**Abbildung 10.4**): Eigentlich hätte der Forint an Wert verlieren müssen, weil die Inflation in Ungarn zwischen 2000 und 2008 ungefähr dreimal so hoch war wie die in der Eurozone und immerhin noch fast doppelt so hoch wie in Polen, also bei den wichtigsten Handelspartnern Ungarns. Doch das Gegenteil geschah: Der nominale effektive Wechselkurs (NEER, blassblaue Linie) stieg ab dem Jahr 2000 sogar noch um 10 %. Innerhalb von acht Jahren wertete der Forint dadurch real um die Hälfte auf, sowohl gemessen an den Verbraucherpreisen als auch an den Lohnstückkosten (dunkelblaue und türkisblaue Linie). Das senkte die internationale Wettbewerbsfähigkeit Ungarns massiv und brachte das Land an den Rand eines wirtschaftlichen Kollapses.

Hinzu kam, dass westliche Banken, darunter deutsche und österreichische, den ungarischen Bürgern – spiegelbildlich zu den Aktivitäten der Carry Trader – empfahlen, Hypothekenkredite in Schweizer Franken, japanischen Yen oder auch Euro aufzunehmen, weil dort die Zinsen niedriger als in Ungarn waren (siehe **Kapitel »Zinsen«**) und diese Währungen bedingt durch den Carry Trade zeitweise gegenüber dem Forint abwerteten. In der Euphorie über die neuen wirtschaftlichen Möglichkeiten nach dem Fall des Eisernen Vorhangs und aufgrund der Unerfahrenheit in Sachen Finanzökonomie vertrauten viele Osteuropäer auf diese skrupellose Beratung und gingen bei der Kreditaufnahme Währungsrisiken ein, die den meisten offenbar nicht bewusst waren. Die Folgen waren verheerend, als im Zuge der globalen Finanzkrise diese Blase platzte und der Forint nominal stark abwertete: Die in Fremdwährung verschuldeten ungarischen Bürger sahen sich einer plötzlich massiv gestiegenen Zins- und Tilgungsbelastung gegenüber, die für manche den wirtschaftlichen Ruin bedeutete.

Zwar kam es auch zu einer realen Abwertung des Forint, so dass sich die Wettbewerbsfähigkeit Ungarns wieder verbesserte: Seit zehn Jahren verzeichnet Ungarn hohe Außenhandelsüberschüsse von im Schnitt 6 % des BIP. Das hatte aber zunächst viel mit dem Dämpfer zu tun, den der private Konsum und damit die Importe erfuhren. Es brauchte viel Zeit, bis sich die Realwirtschaft des Landes von den acht Jahren verzerrter Preisbedingungen auch nur einigermaßen erholte.

Noch dramatischer als in Europa waren die Spekulationswellen in Lateinamerika. **Brasiliens** Währung Real wurde zum Lieblingsobjekt internationaler Spekulanten, weil das Land permanent unter Inflationssorgen litt und die Zentralbank die Zinsen sehr hoch hielt. **Abbildung 10.5** zeigt, wie der Real in der großen Währungskrise Anfang des Jahrhunderts gegenüber dem US-Dollar innerhalb von drei Jahren um fast 70 % (gestrichelte Linie) und gegenüber einer Gruppe von 60 Ländern um immerhin fast 40 % (hellgrüne Linie) abstürzte und damit so stark, dass es bis 2003 auch zu einer realen Abwertung kam (dunkelgrüne Linie). Auf der Basis dieser Verbesserung seiner Wettbewerbsfähigkeit hatte das Land eine Chance, seine Industrie zu entwickeln.

Das war auch die Zeit, in der mit Lula da Silva ein Präsident an die Macht kam, der durchgreifend reformieren und das Land so-

Abb. 10.4: Wert des ungarischen Forint

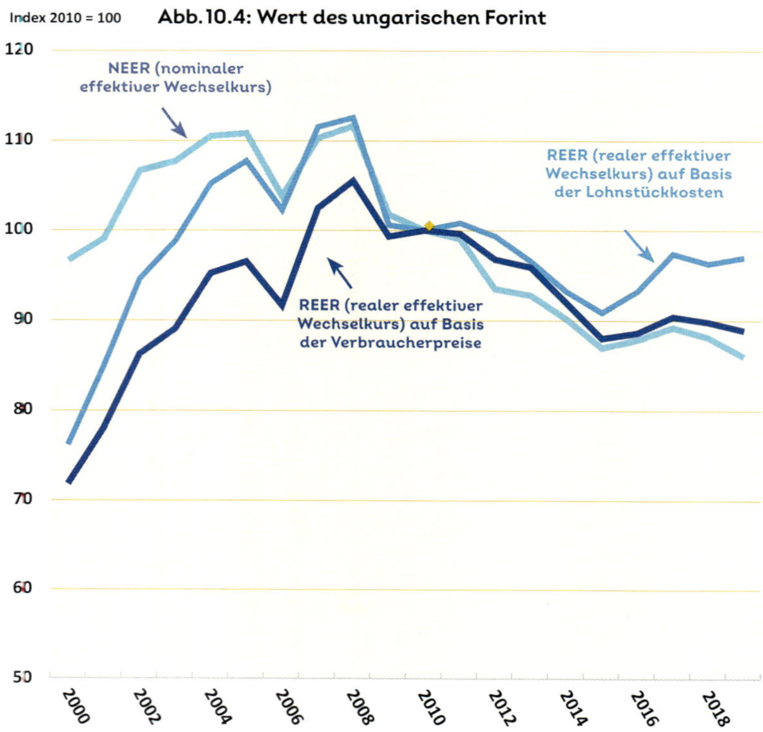

Abb. 10.5: Wert des brasilianischen Real

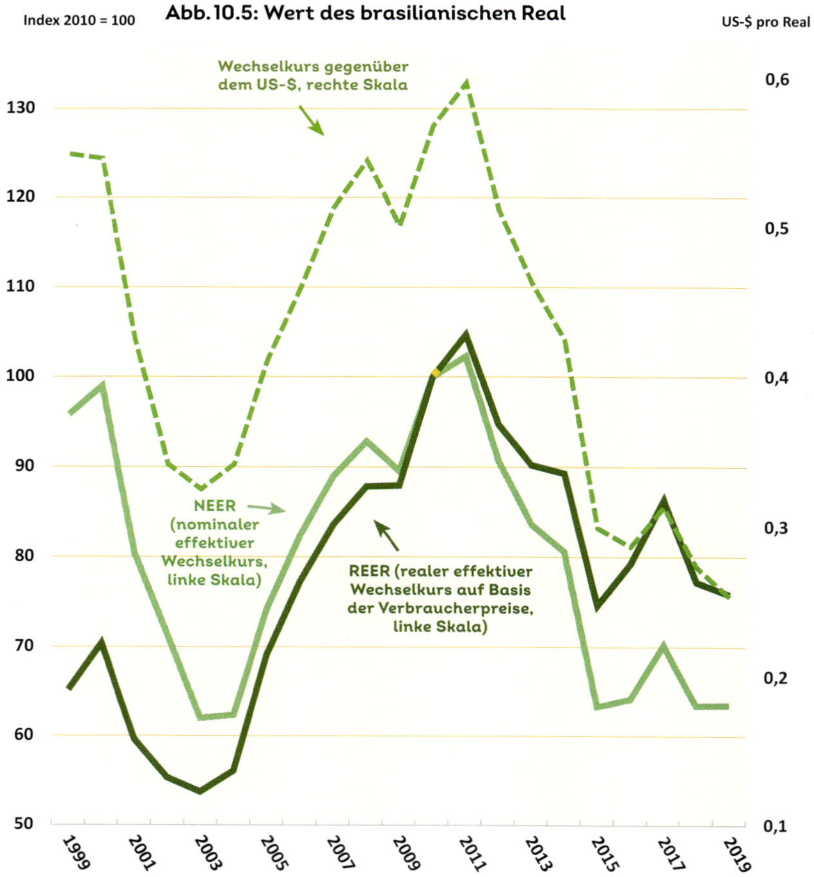

zialer gestalten wollte. Doch mit dem Beginn seiner Amtszeit kam es zu Carry Trades und einer enormen realen Aufwertung der brasilianischen Währung, die alle Chancen auf eine tragfähige wirtschaftliche Erholung vernichtete: Innerhalb von acht Jahren stieg der Wechselkurs gegenüber dem US-Dollar um das 1,8-Fache, gegenüber einem Währungskorb von 60 Ländern um immerhin das 1,6-Fache, während gleichzeitig die Verbraucherpreise in Brasilien im Schnitt doppelt so rasch wuchsen wie in den USA. Auf diese Weise wertete die brasilianische Währung um fast das Doppelte real auf – die dunkelgrüne Linie in der Abbildung steigt steil an.

Lula da Silva hatte nicht den Mut, sich klar gegen das Establishment der Finanzmärkte (und gegen die amerikanische Regierung) zu stellen und eine so brutale Aufwertung durch Interventionen seiner Zentralbank zu unterbinden (wie es beispielsweise die Schweiz zum Schutz ihrer Wettbewerbsfähigkeit tat). Dem heutigen Präsidenten Bolsonaro war es dadurch ein Leichtes, die Wirtschaftspolitik seiner Vorgänger Lula da Silva und Dilma Rousseff als katastrophal zu brandmarken und an die Macht zu gelangen. Der Preis, den nicht nur Brasilien, sondern die ganze Weltgemeinschaft für die Nichtexistenz einer verantwortungsvollen internationalen Währungspolitik zahlt, ist enorm hoch. Denn die rücksichtslose Abholzung der brasilianischen Regenwälder (siehe **Kapitel »Klimawandel«**), die Bolsonaro vorantreibt, ist auch eine verzweifelte Reaktion auf die unzureichende wirtschaftliche Entwicklung der letzten beiden Jahrzehnte.

Auch **Argentinien** ist in Währungsfragen viele Male durchs Feuer gegangen. Der Versuch, den Peso in den 1990er-Jahren mit einem festen Wechselkurs von 1:1 an den US-Dollar zu binden, führte zu Spekulationswellen und am Ende zu einer dramatischen Abwertung der Währung: 2002 wurde an den Devisenmärkten für einen Peso weniger als ein Drittel eines US-Dollars gezahlt – die gestrichelte Kurve in Abbildung 10.6 fällt rasant ab.

Abb. 10.6: Wert des argentinischen Peso

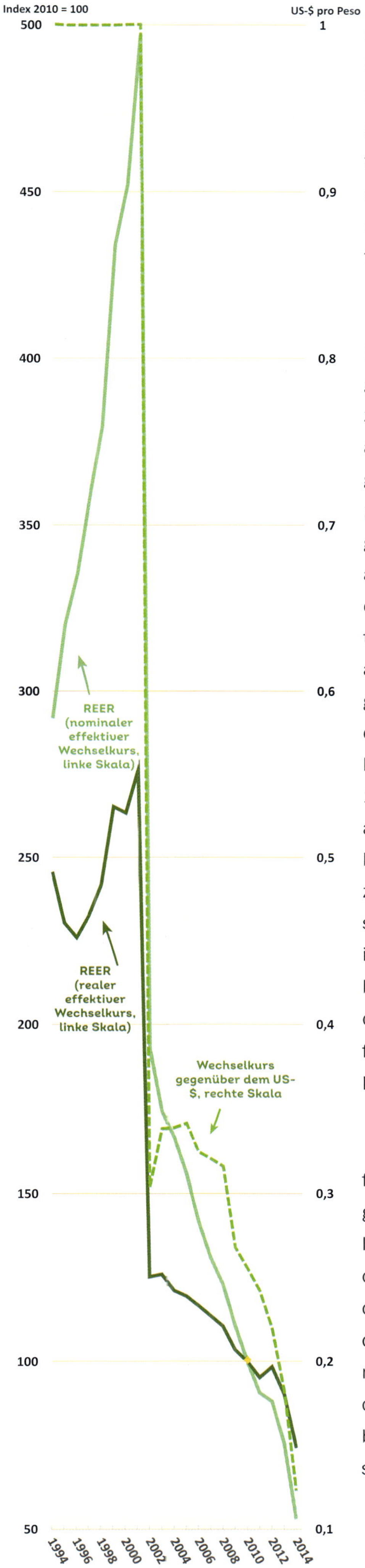

Die gewaltige nominale Abwertung ging mit einer kräftigen realen Abwertung einher (dunkelgrüne Linie, ebenfalls fallend), was zu einer Verbesserung der Wettbewerbsfähigkeit des Landes führte. Doch blieben die Inflationsraten in den folgenden zehn Jahren – den offiziellen Angaben zufolge mit durchschnittlich 9 % – hoch. Weitere nominale Abwertungen folgten.

Für die Jahre 2014 bis 2016 macht der IWF in seiner Preisstatistik keine Angaben zu Argentinien. Für 2017 bis 2019 liegen Werte zwischen 25 % und 53 % vor. Die Qualität der amtlichen nationalen Daten steht hier in Frage: Es wird vermutet, dass die verschiedenen peronistischen Regierungen die offiziell ausgewiesenen Inflationsraten in der einen oder anderen Weise nach unten manipulierten. Anders wäre kaum zu erklären, weshalb die Zentralbank den Leitzins seit 2014 auf 30 % und ab 2018 sogar auf Niveaus um die 70 % angehoben hat (siehe Kapitel »Zinsen«) und sich die Spekulationen trotzdem nicht nachhaltig legten. Der Peso dürfte während der letzten 15 Jahre real aufgewertet haben – also ganz anders, als das die dunkelgrüne Linie in Abbildung 10.6 anzeigt, die auf den mutmaßlich zu niedrigen amtlichen Inflationsdaten basiert. Argentiniens Wirtschaft hat eindeutig an internationaler Wettbewerbsfähigkeit eingebüßt und kommt unter dem Damoklesschwert der Währungsspekulanten in kein investitionsfreundliches Fahrwasser (siehe Info-Grafik zu Beginn des Kapitels).

Nachdem der IWF Argentiniens Schulden für nicht tragfähig erklärte, verhandelte die argentinische Regierung im April 2020 mit ausländischen Gläubigern über eine Aussetzung der Zinszahlungen und einen teilweisen Schuldenschnitt. Eine wirklich nachhaltige Lösung der Probleme bedarf einer stringenten Zusammenarbeit der Zentralbanken zur Abschreckung von Spekulanten und muss gleichzeitig bei einer ausgewogenen Lohnentwicklung ansetzen (siehe **Kapitel »Löhne«**).

Warum brauchen wir Lohnpolitik?

Löhne sind unverzichtbarer Schlüssel zu erfolgreicher Wirtschaftsentwicklung

Löhne und Gehälter sind in allen hoch entwickelten Volkswirtschaften der wichtigste Teil des Einkommens, weil wir in einer Welt der Arbeitsteilung leben. Und ein wesentlicher Teil der Arbeitsteilung findet innerhalb von Unternehmen statt, die Menschen gegen Lohn beschäftigen. Lohnunterschiede spiegeln die ungleichen ökonomischen Verhältnisse zwischen den Ländern dieser Welt, soweit Daten vorhanden sind, mindestens so deutlich wider wie das Bruttoinlandsprodukt (BIP) pro Kopf. Das liegt in erster Linie daran, dass die Ausstattung mit Maschinen, Infrastruktur, Know-how und allem, was man zum privaten und öffentlichen Kapitalstock zählt, auf so unterschiedlich hohem Niveau ist, und die durchschnittliche Arbeitsproduktivität in den verschiedenen Ländern entsprechend stark voneinander abweicht.

Die in einer Volkswirtschaft insgesamt geleistete Arbeit kann auf realwirtschaftlicher Ebene höchstens mit dem entlohnt werden, was produziert wird. Unterhalb dieser Obergrenze sind aber vor allem die Machtverhältnisse zwischen den abhängig Beschäftigten und den Arbeitgebern für die Verteilung des erwirtschafteten »Kuchens« von Bedeutung. Die Verteilung der Ergebnisse des gemeinsam in einer Volkswirtschaft Erarbeiteten hat erheblichen Einfluss auf die Entwicklung der Wirtschaft – nur in einem ganz anderen Sinn, als es viele meinen. Die Vorstellung, hohe Löhne schmälerten die Gewinne der Unternehmen, seien daher ein Investitionshindernis und blockierten die Steigerung der Arbeitsproduktivität, niedrige oder sinkende Löhne hingegen seien ein probates Mittel zur Investitionsanregung und damit zur Bekämpfung von Arbeitslosigkeit, ist so weit verbreitet wie falsch.

Dass es anders ist und welche Rolle genau die Löhne in einer Marktwirtschaft spielen, soll in diesem Kapitel gezeigt werden. Wir beginnen mit einem Blick auf die Nominallöhne (siehe **Info-Box**) in verschiedenen Ländern, die in Kaufkraftparitäten (PPP-Dollar) ausgedrückt werden, um eine gewisse internationale Vergleichbarkeit zu ermöglichen. Die Datenlücken bei den geringer industrialisierten, ärmeren Ländern führen dazu, dass wir dort meist nicht auf die beiden Jahre 2000 und 2019 zurückgreifen können wie in anderen Kapiteln. Deshalb kann eine möglicherweise vorhandene Dynamik nicht (ausreichend) erfasst sein.

Was versteht man unter Lohn, Arbeitsproduktivität und Lohnstückkosten?

Arbeitskosten im weitesten Sinne sind alle Zahlungen, die im Zusammenhang mit der Erbringung von Arbeitsleistung entstehen. Sie umfassen die Sozialbeiträge von Arbeitnehmern und Arbeitgebern, die je nach Ausgestaltung der Sozialversicherungssysteme eines Landes unterschiedlich hoch ausfallen. Mit dem Begriff **Lohn** wird recht Verschiedenes bezeichnet: Ein Arbeitnehmer meint damit das, was für seine Arbeitsleistung pro Monat nach Abzug der Sozialbeiträge und Steuern auf seinem Konto als Arbeitseinkommen landet (Nettolohn); ein Arbeitgeber rechnet mit einem Stundenlohn, in den er alle Sozialabgaben, Urlaubsgelder, Überstundenzuschläge und Ähnliches mit einrechnet (Arbeitnehmerentgelt pro Stunde).

Auf welche Größe man zurückgreifen sollte, hängt von der Fragestellung ab, für die man sich interessiert. Wir konzentrieren uns hier auf internationale gesamtwirtschaftliche Zusammenhänge und deshalb auf einen möglichst umfassenden Begriff von Arbeitskosten, der die internationale Vergleichbarkeit der zur Verfügung stehenden Daten erhöht. Unter dem jährlichen **Nominallohn** verstehen wir die Arbeitnehmerentgelte je abhängig Beschäftigten pro Jahr. (Auf die eigentlich wichtigen nominalen *Stunden*löhne kann wegen sehr lückenhafter internationaler Angaben zu den geleisteten Arbeitsstunden der Beschäftigten nicht zurückgegriffen werden.) Sie werden in PPP-Dollar umgerechnet, um länderübergreifend vergleichen zu können.

Zur Berechnung der Entwicklung der **Reallöhne** wird die jährliche Zuwachsrate der Nominallöhne in Landeswährung um die Steigerungsrate der Verbraucherpreise des Landes bereinigt.

Die gesamtwirtschaftliche **Arbeitsproduktivität** ist definiert als das reale, also preisbereinigte BIP je Erwerbstätigen. Zu den Erwerbstätigen zählen die abhängig Beschäftigten und die Selbständigen. Auch bei der Produktivität wäre eigentlich eine Stundenbetrachtung wünschenswert, entfällt aber mangels international vergleichbarer Daten. Werden Arbeitsplätze durch Sachinvestitionen produktiver, kann pro Beschäftigten oder pro Arbeitsstunde mehr produziert werden.

Als **Lohnstückkosten** bezeichnet man eine Größe, die den Lohn zur Produktivität ins Verhältnis setzt und, vereinfacht ausgedrückt, die Frage beantwortet, wieviel Lohn pro hergestelltem Stück bezahlt wird: Arbeitnehmerentgelt pro Beschäftigten geteilt durch reales Bruttoinlandsprodukt pro Erwerbstätigen. Da das BIP selbst, auch wenn es preisbereinigt berechnet wird, in Geldeinheiten ausgedrückt werden muss, weil man sozusagen Fahrräder und Brotlaibe (und was sonst alles produziert wird) anderenfalls nicht zusammenzählen könnte, werden die Lohnstückkosten nur als Index angegeben. Steigen die Nominallöhne schneller als die Arbeitsproduktivität, nehmen die Lohnstückkosten zu. Wachsen sie langsamer, nehmen die Lohnstückkosten ab.

Abb. 11.1: Nominallöhne 2019 in verschiedenen Ländern

pro Beschäftigten und Jahr in 1.000 PPP-$

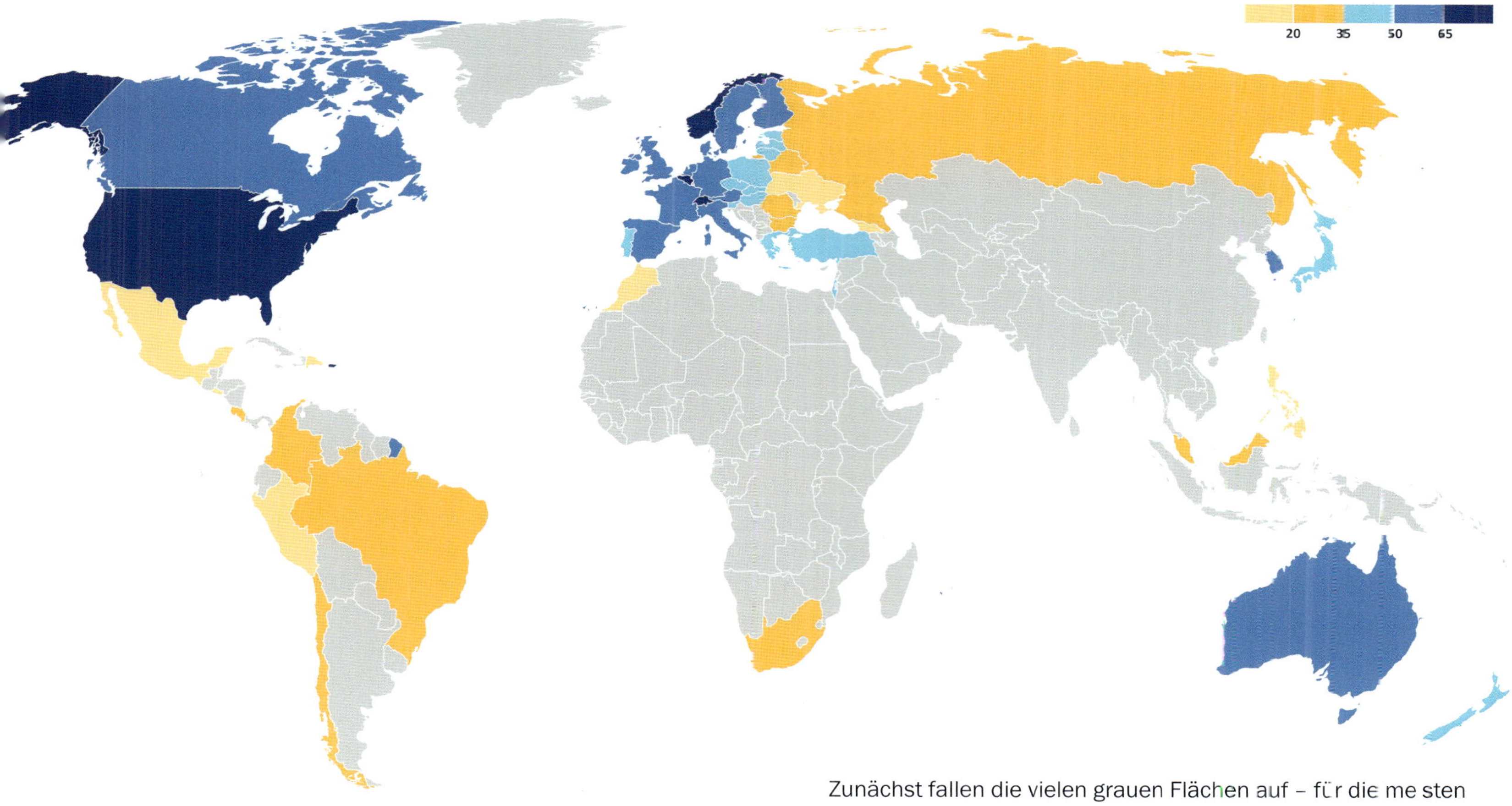

In **Abbildung 11.1** wird das Niveau der in Kaufkraftparitäten (PPP-Dollar) ausgedrückten Nominallöhne des Jahres 2019 (oder bei Datenlücken des letztverfügbaren Jahres) durch eine Farbskala wiedergegeben. Die blau gefärbten Flächen zeigen einen Nominallohn von mindestens 35.000 PPP-Dollar pro Jahr an. Je dunkler das Blau, desto höher der Lohn. Die gelblich gefärbten Flächen stehen für einen durchschnittlichen Mindestlohn unter 35.000 PPP-Dollar pro Jahr, je heller die Fläche, desto niedriger der Lohn.

Zunächst fallen die vielen grauen Flächen auf – für die meisten Länder Afrikas liegen keine verlässlichen Lohndaten vor. Auch in Lateinamerika zeigen sich große Lücken. Ähnlich sieht es für viele asiatische Länder aus – leider auch für Indien und China. Letzteres ist besonders schade, weil es interessant wäre, den dortigen Aufholprozess mit der Lohnentwicklung zu vergleichen.

Insgesamt zeigt sich, wie nicht anders zu erwarten, dass in den reichen Industrieländern wesentlich höhere Nominallöhne gezahlt werden, weil dort die Produktivität viel höher ist als in anderen Teilen der Welt.

Vom Lohn zu den Lohnstückkosten

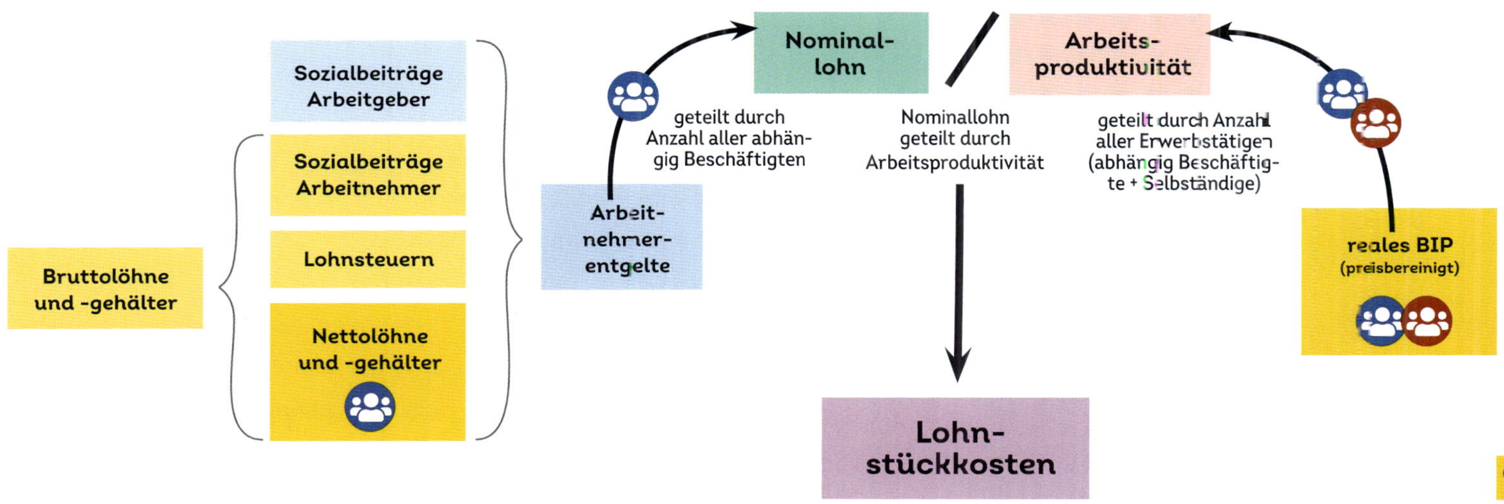

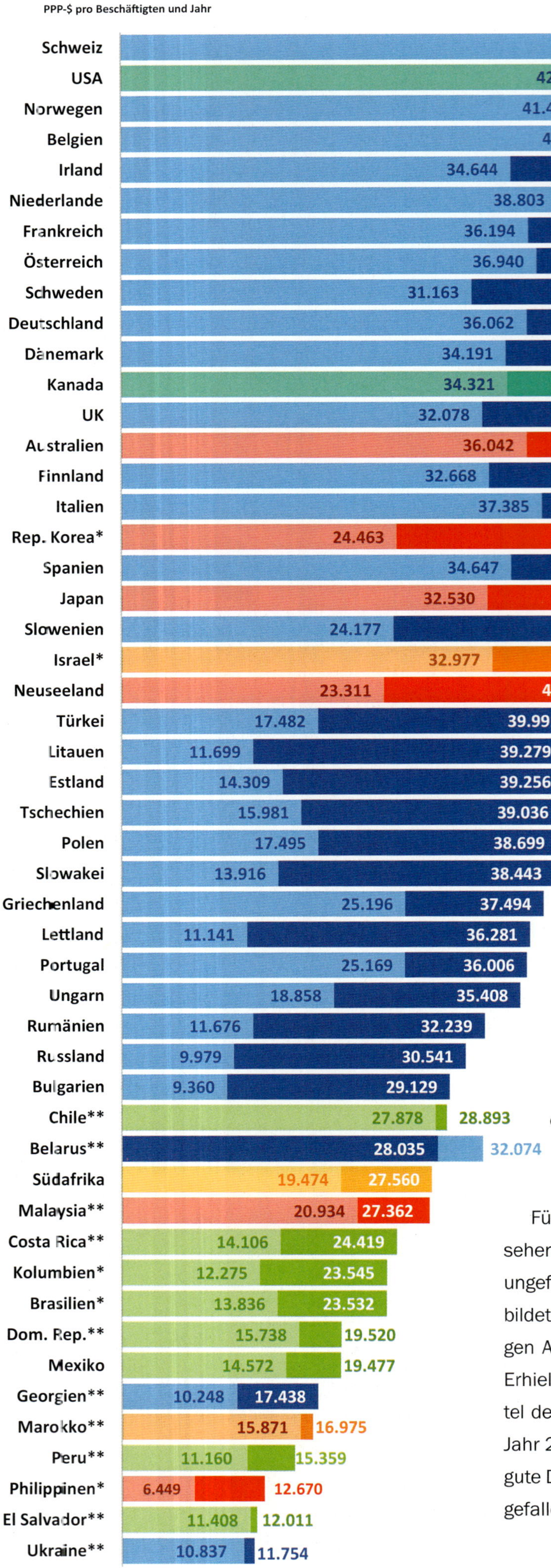

Nominallöhne im Vergleich

2000 und 2019

2000 2019

Abb. 11.2: Nominallöhne in verschiedenen Ländern der Welt 2000 und 2019

Am besten verdienen Arbeitnehmer heute wie vor 20 Jahren in der Schweiz (**Abbildung 11.2**). Deutschland liegt unter den 50 hier vorgestellten Ländern auf Platz 10 und damit einen Rang tiefer als im Jahr 2000. Deutlich zurückgefallen ist Italien von Platz 6 auf Platz 16 unter den hier aufgeführten Ländern, und auch Spanien ist relativ abgestiegen und knapp hinter die aufholende Republik Korea gerutscht. Schweden ist den umgekehrten Weg gegangen und konnte sich vom 20. auf den 9. Platz verbessern. Eine Erfolgsgeschichte hat Russland vorzuweisen: Es stieg im Rang von Platz 48 auf Platz 34 und holte gemessen am Arbeitseinkommen eines deutschen Arbeitnehmers von gut einem Viertel auf über die Hälfte auf. Ähnliches gilt für Bulgarien, Rumänien und die baltischen Staaten.

Für die Länder mit geringerer Wirtschaftskraft (am unteren Ende der Grafik zu sehen) gibt es wie gesagt nur spärliche Daten, so dass die Angaben dort nur eine ungefähre Information über das herrschende Lohnniveau liefern. Eine Ausnahme bildet Mexiko, für das vollständige Daten zur Lohnberechnung vorliegen. Die dortigen Arbeitnehmer sind gemessen an dem großen Nachbarn USA zurückgefallen: Erhielten sie in Kaufkraftparitäten gemessen im Jahr 2000 noch ungefähr ein Drittel dessen, was ein US-amerikanischer Beschäftigter verdiente, ist dieser Wert im Jahr 2019 auf etwas mehr als ein Viertel gesunken. Auch für Südafrika gibt es eine gute Datengrundlage. Auch dieses Land ist in Hinblick auf die Nominallöhne zurückgefallen: gemessen am US-amerikanischen Lohnniveau von 46 % auf 37 %.

In Abb. 11.2 und 11.3 gilt: Mit * bzw. ** sind Länder bezeichnet, für die geringfügig bzw. stärker vom Zeitraum 2000-2019 abweichende Daten vorliegen. Nähere Erläuterungen dazu siehe Quellenverzeichnis.

Reallohnwachstum und Inflation

zwischen 2000 und 2019

Arbeitnehmer stellen sich die Frage, ob sie am Wachstum der Wirtschaft angemessen beteiligt werden. Lohnsteigerungen werden durch die Zunahme der Verbraucherpreise aufgezehrt. Daher interessiert die Zunahme der um die Inflation bereinigten Löhne, also das Wachstum der Reallöhne. Stellt man Reallöhne und Inflationsraten in den Ländern, für die Daten vorliegen, einander gegenüber, erhält man folgendes Bild (**Abbildung 11.3**):

In der Grafik sind die Länder nach der Höhe der zwischen 2000 und 2019 durchschnittlich herrschenden jährlichen Inflationsraten angeordnet. Die roten Balken stellen den jahresdurchschnittlichen Reallohnzuwachs im gleichen Zeitraum dar. (Die Datenlücken beim Reallohn sind bei den Inflationsraten entsprechend berücksichtigt, so dass die in jedem Land abgedeckten Zeiträume für beide Indikatoren identisch sind.) Man erkennt, dass die Reallöhne nicht generell in den Ländern am stärksten auf Dauer zulegen, in denen eine besonders niedrige Inflationsrate vorherrscht: Am oberen Ende der Skala, wo die Länder mit extrem geringen Preissteigerungsraten stehen, sind die roten Balken eher klein, weiter unten steigen sie, wenn auch keineswegs kontinuierlich. Sieht man von Russland, Rumänien und Costa Rica ab (wo die Datenbasis eingeschränkt ist), fallen die durchschnittlichen Reallohnsteigerungen am unteren Ende der Skala, also dort, wo die Länder mit den sehr hohen Inflationsraten stehen wie etwa die Türkei, Brasilien oder Südafrika, tendenziell wieder ab.

Ausnahmen wie Australien (etwas höhere Inflation und sehr geringes Reallohnwachstum) und auf der anderen Seite Schweden oder Irland (relativ niedrige Inflation und etwas stärkeres Reallohnwachstum) zeigen, dass in diesem Zusammenhang auch länderspezifische Faktoren eine Rolle spielen können. Man denke nur an die von Steueroptimierung getriebene Ansiedlung der Zentralen von Großkonzernen in Irland, die das dortige Lohnniveau befeuert hat. Das Mittelfeld bei Inflation und Reallohnwachstum bilden zum großen Teil nord- und osteuropäische Transformationsländer, aber auch Staaten wie Malaysia, der Republik Korea, die Philippinen oder Peru. Deutschland gehört unter den hier dargestellten Ländern zur Gruppe der Staaten, die ein sehr schwaches Reallohnwachstum und eine sehr niedrige Inflationsrate aufweisen.

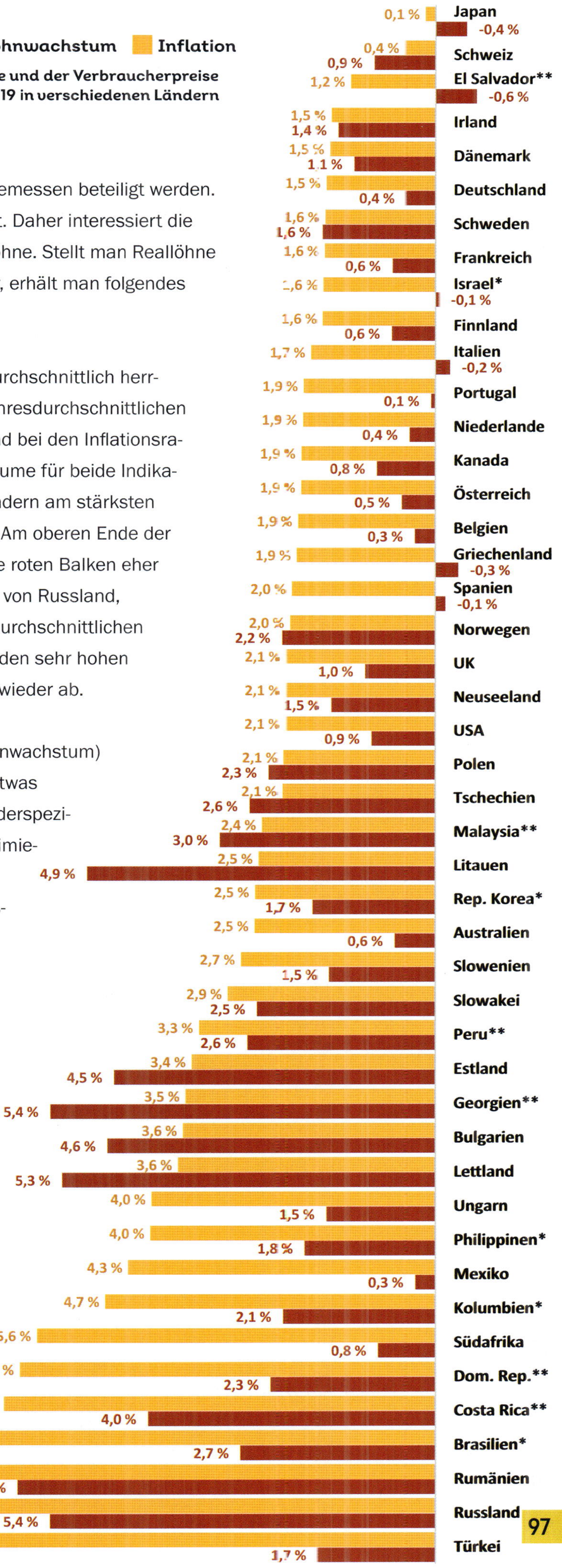

Abb. 11.3: jahresdurchschnittliches Wachstum der Reallöhne und der Verbraucherpreise für den Zeitraum 2000 bis 2019 in verschiedenen Ländern

Der Befund, dass extrem niedrige Inflationsraten nicht quasi automatisch mit hohem Reallohnwachstum einhergehen, mag diejenigen erstaunen, die Preissteigerungen generell für schädlich halten, weil sie die Währung und damit den Nominallohn entwerten. Offenbar sind die Zusammenhänge komplexer: Rein rechnerisch ergeben sich die Reallohnzuwächse zwar aus der Differenz von Nominallohnwachstum und Inflation, was auf den ersten Blick eine möglichst niedrige Inflationsrate aus Arbeitnehmersicht attraktiv erscheinen lässt. Aber die Inflation ist kein vom Rest der Realwirtschaft losgelöster Faktor, sondern eine Größe, bei der es auf ein ausgewogenes Mittelmaß ankommt (siehe **Info-Box** im **Kapitel »Preise«**).

Ein Exkurs, wie sich der empirische Befund theoretisch erklären lässt, liefert den Schlüssel zur Beantwortung der Frage, die über diesem Kapitel steht. Löhne und Gehälter haben in jeder Volkswirtschaft eine überragende Bedeutung, weil sie die Quelle der Konsumnachfrage sind und damit der Größe, die darüber entscheidet, ob sich eine Volkswirtschaft dynamisch entwickelt oder nicht: Ist die Kapazitätsauslastung aufgrund boomender Nachfrage hoch, herrscht ein positives Investitionsklima. Dann steigt die Produktivität, und es entstehen neue Arbeitsplätze. Entwickelt sich die Nachfrage insgesamt schleppend, halten sich Investoren tendenziell zurück. Die Produktivität steigt folglich langsamer, und es entstehen keine neuen Arbeitsplätze. Stattdessen drohen Entlassungen in der Investitionsgüterindustrie, etwa im Maschinenbau – mit negativen Konsequenzen für den Rest der Wirtschaft.

Löhne und Gehälter sind zugleich die Größe, die den wesentlichen Teil der gesamtwirtschaftlichen Produktionskosten darstellt. Denn alle Vorleistungen, die ein Unternehmen für seine Produktion zusätzlich zur Arbeitsleistung seiner Mitarbeiter benötigt, beruhen letzten Endes auf der Arbeit, die bei den Vorleistungslieferanten geleistet worden ist (erster Teil der **Info-Grafik links** unten). Daher bestimmt gesamtwirtschaftlich gesehen die Entwicklung der inländischen Arbeitskosten (bis auf die Kosten für importierte Vorleistungen) die Entwicklung der Produktionskosten.

Teilt man die Produktionskosten, die den Unternehmen bei der Herstellung ihres Angebots entstehen, durch die Stückzahlen der produzierten Güter, ergeben sich die Stückkosten. Die Kalkulation der Preise, zu denen die Unternehmen ihre Güter anbieten, ba-

Zusammenhang zwischen Lohnstückkosten und Inflation

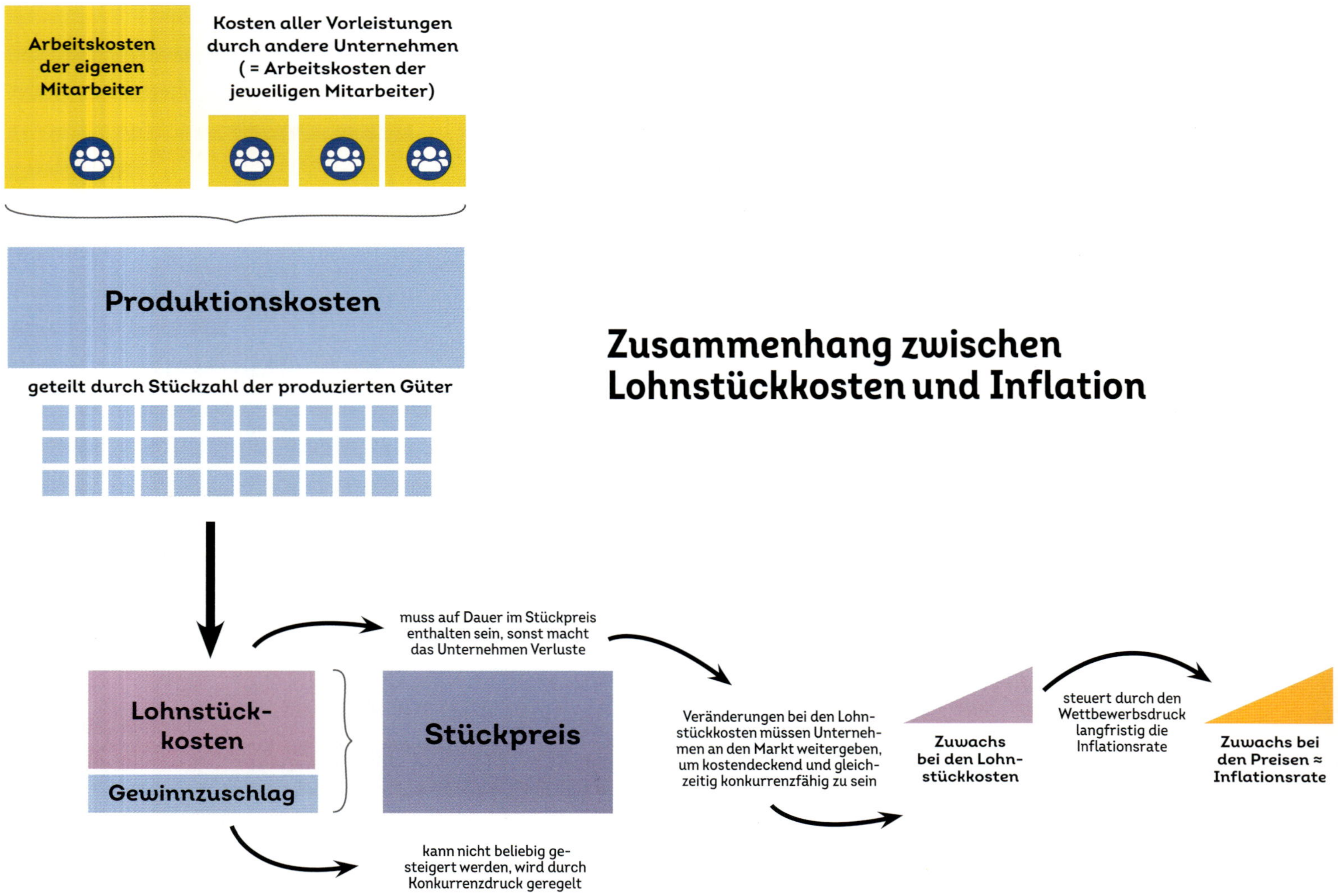

siert auf diesen Stückkosten und enthält normalerweise einen Zuschlag, den sogenannten Stückgewinn. Steigt die Arbeitsproduktivität schneller als der Nominallohn, sinken die Stückkosten. Steigt der Nominallohn schneller als die Arbeitsproduktivität, nehmen die Stückkosten zu.

Aus gesamtwirtschaftlicher Perspektive ist vor allem die Veränderung von Stückkosten und Preisen interessant (rechter Teil der Info-Grafik links unten). Die Unternehmen können nämlich einerseits Kostensteigerungen bei der Herstellung ihrer Produkte nicht auf Dauer durch eine Reduktion ihres Gewinnzuschlags auffangen, sondern müssen sie irgendwann in Preissteigerungen weitergeben. Umgekehrt kann ein Unternehmen keine beliebigen, also von der Kostensituation losgelösten Preissteigerungen vornehmen, wenn an seinem Markt eine gewisse Konkurrenz unter den Anbietern herrscht. Die Wettbewerber würden dem »zu teuren« Anbieter auf Dauer Marktanteile abjagen und ihn letzten Endes vom Markt verdrängen, wenn er seine Preise nicht an die der Konkurrenten anpasst.

Dieser Mechanismus führt dazu, dass die Inflationsrate in einer Marktwirtschaft langfristig mit der Entwicklung der Lohnstückkosten eng übereinstimmt. Zwar können in einem Jahr die Preise stärker zulegen als die Lohnstückkosten und in einem anderen Jahr ist es umgekehrt. Aber im Lauf der Zeit entwickeln sich beide Größen sehr ähnlich. Und die Kausalrichtung, welche Größe von welcher auf Dauer abhängt, ist in einer Marktwirtschaft eindeutig: Das gesamtwirtschaftliche Lohnstückkostenwachstum bestimmt die Inflation. Denn die Unternehmen werden durch den Wettbewerb dazu gezwungen, die Kostenentwicklung in den Preisen ihres Güterangebots weiterzugeben.

Dieser Zusammenhang legt nahe, dass die Entwicklung der durchschnittlichen Nominallöhne großen Einfluss auf die Inflationsrate eines Landes hat. Die darauf basierende »goldene Lohnregel« (**Info-Grafik rechts**) wird weiter unten noch erläutert.

Goldene Lohnregel

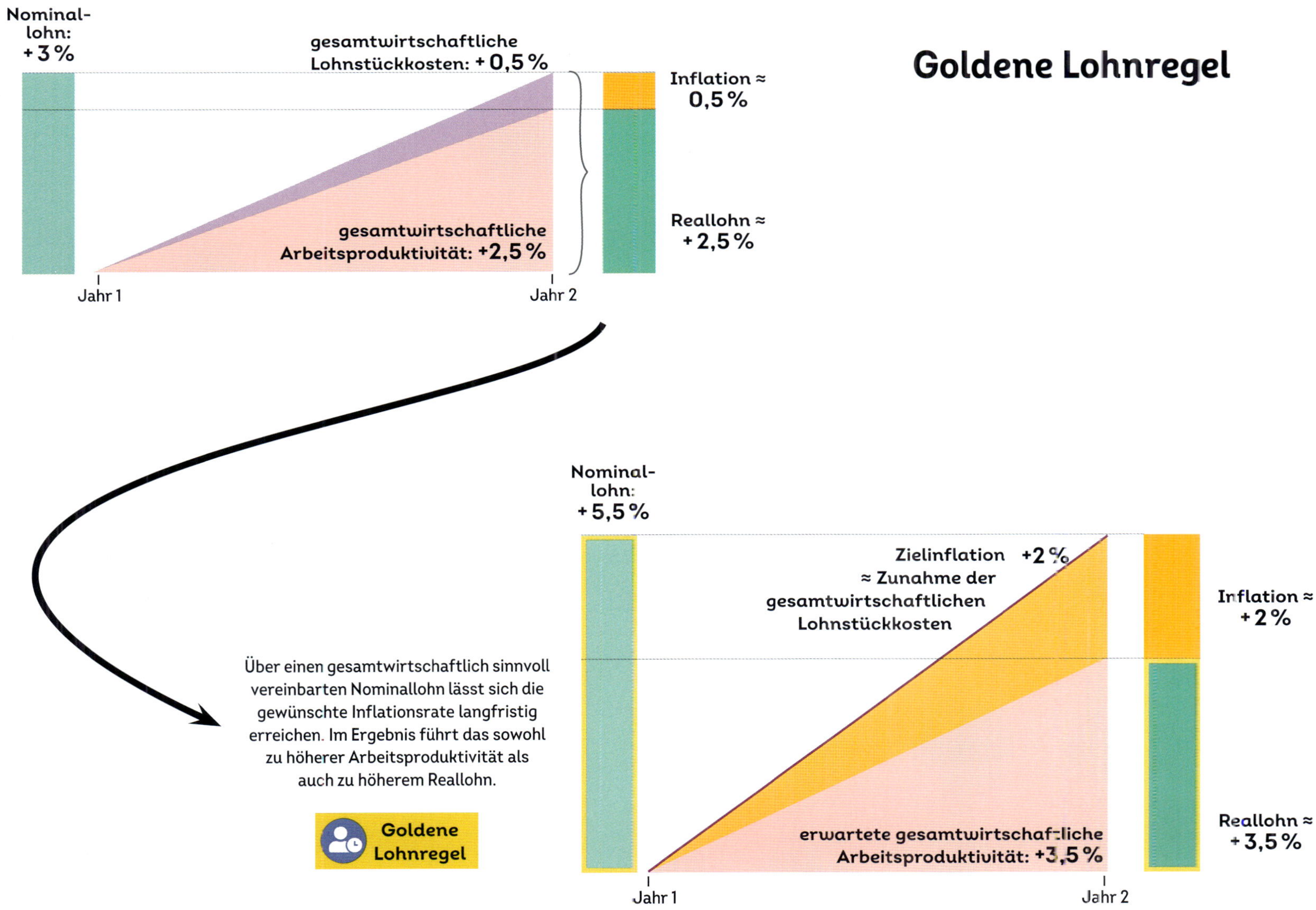

Hängen Lohnstückkosten und Inflation wie theoretisch erklärt zusammen, muss sich das in den Daten wiederfinden, die wir in diesem Kapitel, im **Kapitel »Preise«** und im **Kapitel »Bruttoinlandsprodukt«** für viele Länder referieren. Dass das der Fall ist, wird in den folgenden vier Abbildungen gezeigt. Dort wird auf der waagrechten Achse die Inflation als Veränderungsrate der Verbraucherpreise angegeben und auf der senkrechten Achse die Veränderungsrate der Lohnstückkosten. Ein Punkt in diesen Grafiken markiert also ein Zahlenpaar, von dem die eine Zahl die Inflationsrate und die andere die Wachstumsrate der Lohnstückkosten eines Landes darstellt. Eine Gerade, auf der die Zahlenpaare mit den jeweils gleichen zwei Zahlen liegen (in den Abbildungen die rosafarbene Gerade), gibt eine Übereinstimmung von Inflationsrate und Wachstumsrate der Lohnstückkosten an.

In den ersten beiden Grafiken werden die durchschnittlichen jährlichen Inflationsraten und die durchschnittlichen jährlichen Wachstumsraten der Lohnstückkosten für eine Reihe westlicher Industrieländer abgebildet. In **Abbildung 11.4** geht es um 19 Länder und den Zeitraum von 1970 bis 1990, in **Abbildung 11.5** um die gleichen 19 Länder und noch zwei weitere (die Schweiz und Island) und den Zeitraum von 1990 bis 2019. So bedeutet beispielsweise in Abbildung 11.4 der Punkt rechts oben etwas unterhalb der Linie, der mit »Portugal« bezeichnet ist, dass Portugal im Zeitraum zwischen 1970 und 1990 im Schnitt eine jährliche Inflationsrate von 17,6 % und ein jährliches Lohnstückkostenwachstum von 14,7 % hatte.

Die aus den Datenpunkten errechnete gestrichelte Trendlinie verdeutlicht, wie der empirische Zusammenhang zwischen Inflation und Lohnstückkostenentwicklung für die hier gezeigten Länder verläuft: Länder mit hohem Lohnstückkostenwachstum haben eine hohe Inflationsrate. Länder mit geringem Lohnstückkostenwachstum haben eine niedrige Inflationsrate. Die Datenpunkte streuen relativ wenig um die Trendlinie herum, das heißt, der Zusammenhang beider Indikatoren ist empirisch eng.

Auffällig ist, wie sich die Position ausnahmslos aller Länder zwischen dem ersten und zweiten Zeitraum nach links unten verschiebt, also in Richtung niedrige Inflation bis hin zu Deflation.

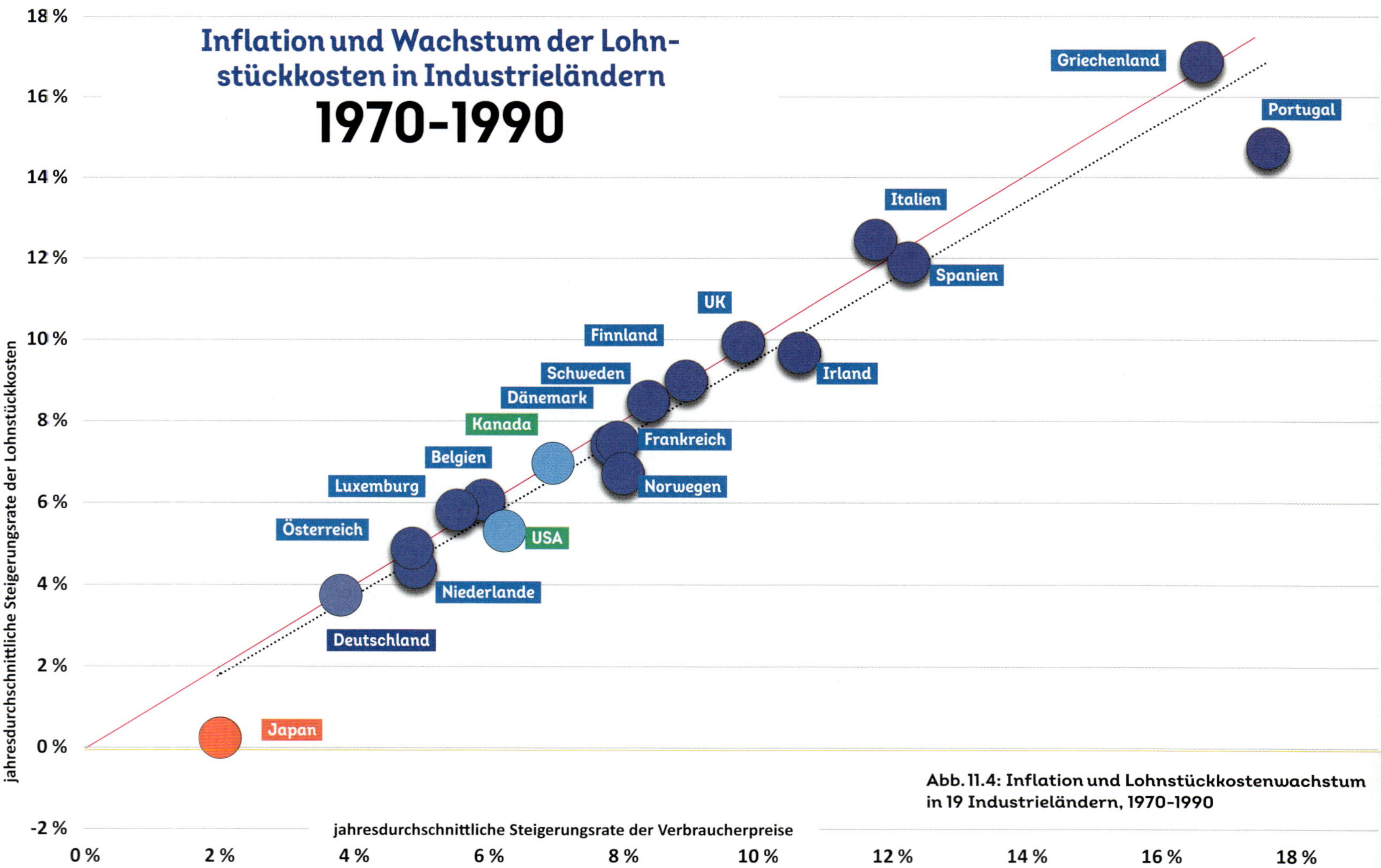

Abb. 11.4: Inflation und Lohnstückkostenwachstum in 19 Industrieländern, 1970-1990

Deutschland etwa wandert von fast 4 % in Abbildung 11.4 auf weniger als 2 % in Abbildung 11.5. Italiens Position sinkt von fast 12 % auf 2,4 %. Das entspricht der Tendenz, die im Kapitel »Preise« für die westlichen Industrieländer beschrieben ist. Hat sich durch jahrelang unzureichendes Lohnwachstum unterhalb von zu erwartendem Produktivitätszuwachs und Zielrate der Inflation eine deflationäre Tendenz etabliert, kann die Geldpolitik sogar mit Negativzinsen nichts mehr zur Anregung der Konjunktur ausrichten. Vor diesem Problem steht die Europäische Währungsunion seit mehreren Jahren, Japan schon viel länger.

Wie wenig man sich auf internationaler Ebene für den Zusammenhang von Inflation und Löhnen interessiert, lässt sich an nichts besser erkennen als an den Daten, die Institutionen wie der IWF, die UN oder die OECD der Öffentlichkeit in ihren Datenbanken zur Verfügung stellen und auf die wir uns in diesem Heft auch großenteils stützen. Die Zahl der Indikatoren, die sich etwa in der International Financial Statistics des IWF um Positionen aus den Staatshaushalten der Länder, um Schuldenkennziffern und Vermögensbestände, öffentliche Defizite und Überschüsse bis hin zu den Goldbeständen der Zentralbanken drehen, liegt im oberen dreistelligen Bereich. Für sehr viele Länder werden Daten zu diesen Indikatoren geliefert.

Drei der gesamtwirtschaftlich wirklich zentralen Zeitreihen, nämlich die Arbeitnehmerentgelte, die Zahl der Beschäftigten und die Zahl der Erwerbstätigen, sucht man für den überwiegenden Teil der weniger entwickelten Länder hingegen vergeblich. Liegen doch einmal Daten – gelegentlich auch nur für einzelne Stichjahre – vor, stößt man mit Plausibilitätsprüfungen immer wieder auf Widersprüche bis hin zu gravierenden Fehlern. Für Hongkongs Arbeitnehmerentgelte wird vom IWF eine Zeitreihe mit negativen Werten angeboten. Für Neuseeland ist die entsprechende Zeitreihe um ein Jahr nach vorn verschoben, also falsch »einsortiert«. Brasiliens Arbeitnehmerentgelte liegen in einer Größenordnung von 0,01 % des Bruttoinlandsprodukts. Die ILO bemüht sich immerhin intensiv um das Themenfeld Arbeitsmarkt. Aber es ist leichter, in ihrer Datenbank Umfragedaten zum Frauenanteil in Managementpositionen in Angola im Jahr 2014 zu finden als eine wenigstens über zehn Jahre reichende vollständige Zeitreihe für die Anzahl Beschäftigter dieses Landes.

Manchmal findet man Beschäftigtendaten, aber keine Arbeitseinkommen. Das andere Mal ist es umgekehrt – es werden Arbeitnehmerentgelte ausgewiesen, aber keine Beschäftigtendaten, so dass sich keine Löhne berechnen lassen. Wie parallel dazu für die gleichen Länder Erwerbstätigenzahlen in den Datenbanken vorliegen können, die sich bekanntlich aus der Summe der Zahl der Beschäftigten und der – wesentlich schwieriger zu ermittelnden – Zahl der Selbständigen ergeben, bleibt das Geheimnis der staatlichen Statistikämter rund um den Globus und der weltweiten öffentlichen Institutionen, die diese Daten sammeln und zusammenfassen. Zudem fallen Abweichungen zwischen den vom IWF veröffentlichten Statistiken und denen etwa der OECD oder der ILO auf, die nicht mit unterschiedlichem Aktualitätsgrad der Datenbanken erklärt werden können. Man fragt sich, auf welchen empirischen Informationen die Ratschläge beruhen, die Mitarbeiter der Weltbank oder des IWF ebenso wie Diplomaten auf internationalen Wirtschaftskonferenzen den Ländern erteilen, die etwa wegen drohender Zahlungsunfähigkeit um einen Schuldenschnitt bitten.

Trotz dieser statistischen Hindernisse wird hier der Versuch unternommen, das Thema Löhne über den Kreis der statistisch gut erfassten Industrieländer hinaus empirisch zu beleuchten, weil es unserer Ansicht nach zentral ist für die Beantwortung der

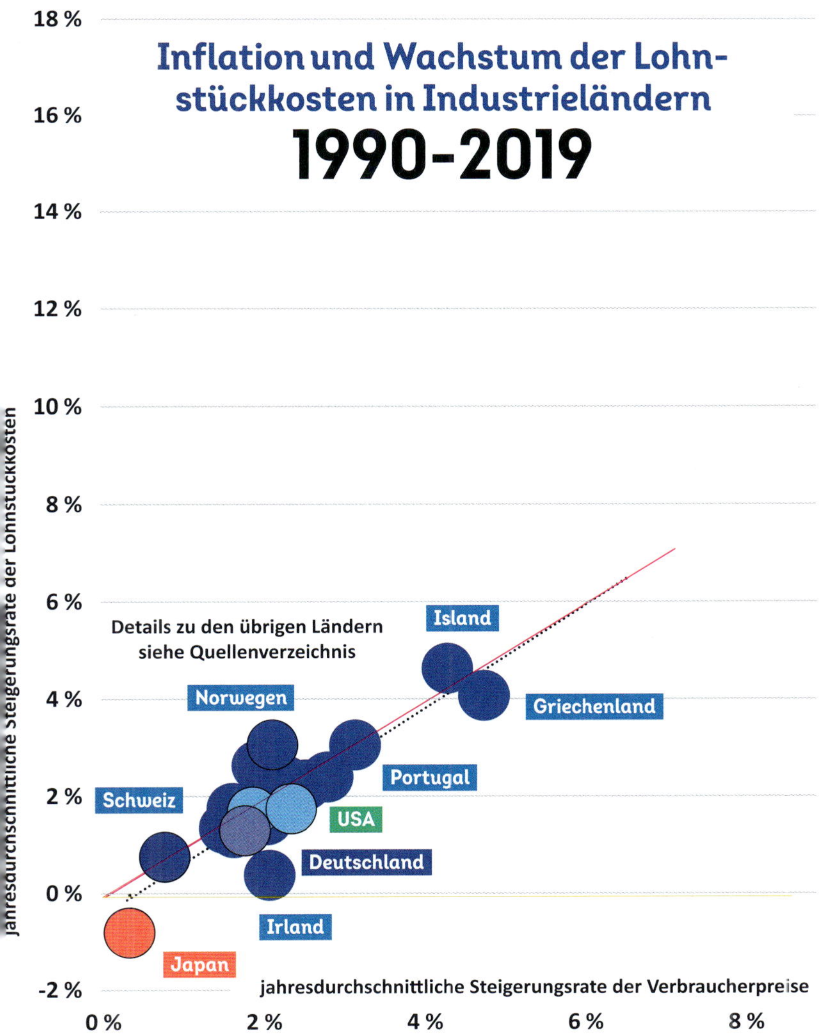

Abb. 11.5: Inflation und Lohnstückkostenwachstum in 21 Industrieländern, 1990-2019

Frage, wie Millionen von Menschen auf dieser Erde bessere Lebenschancen erhalten können.

In **Abbildung 11.6** sind neben Russland und der Türkei zehn osteuropäische Staaten dargestellt, die ihre Wirtschaft seit dem Fall des Eisernen Vorhangs von einer Zentralverwaltungs- in eine Marktwirtschaft transformiert haben. Für sie gilt der oben festgestellte Zusammenhang trotz des Umbaus der Wirtschaft und des kürzeren Beobachtungszeitraums, über den hinweg die Durchschnittsbildung erfolgt, ebenso: Je höher das Lohnstückkostenwachstum, desto höher auch die Inflation. Sieht man von Russland und der Türkei ab, die beide sehr hohe und stark schwankende Inflationsraten aufweisen (siehe **Kapitel »Preise«**), streuen die Daten wie bei den Industrieländern auch nicht sehr stark um die Trendlinie herum – der Zusammenhang beider Indikatoren ist also auch hier empirisch gut bestätigt. Kein Land in der hier dargestellten Gruppe hatte jedoch in den beiden zurückliegenden Jahrzehnten so geringe Inflationsraten wie Deutschland.

Für die USA und weitere 15 außereuropäische Länder, für die Daten aus dem Zeitraum 2000 bis 2019 vorliegen, ergibt die gleiche Berechnung von durchschnittlichem Lohnstückkostenwachstum und durchschnittlicher Inflation ein ähnliches Bild, obwohl teilweise nur wenige Jahre statistisch für die Durchschnittsbildung zur Verfügung stehen (**Abbildung 11.7**). Die geringere Datenbasis dürfte der Grund sein, weshalb die Daten etwas stärker um die Trendlinie streuen als in den vorigen Abbildungen: Der Zusammenhang von Lohnstückkostenwachstum und Inflation stellt sich nicht in jedem Jahr eins zu eins ein, kurzfristig kann es durchaus zu Abweichungen kommen. Der Wettbewerb zwischen Unternehmen sorgt eben nur auf Dauer für den Gleichlauf der Kosten und der Preise. Dennoch wird auch für die hier gezeigte außereuropäische Ländergruppe der behauptete Zusammenhang empirisch deutlich. Die USA weisen im Vergleich zu den meisten anderen der gezeigten Länder eine hohe Preisstabilität auf. Brasilien oder Costa Rica bewegen sich hingegen auf einem relativ hohen Niveau.

Damit lässt sich nicht nur für die westlichen Industrieländer, sondern auch für viele andere Länder auf der Welt die These untermauern, dass die Inflationsrate einer Volkswirtschaft von der durchschnittlichen Nominallohnentwicklung in Verbindung mit der durchschnittlichen Produktivitätsentwicklung abhängt. Erstere kommt in der Regel durch Lohnverhandlungen zwischen Arbeit-

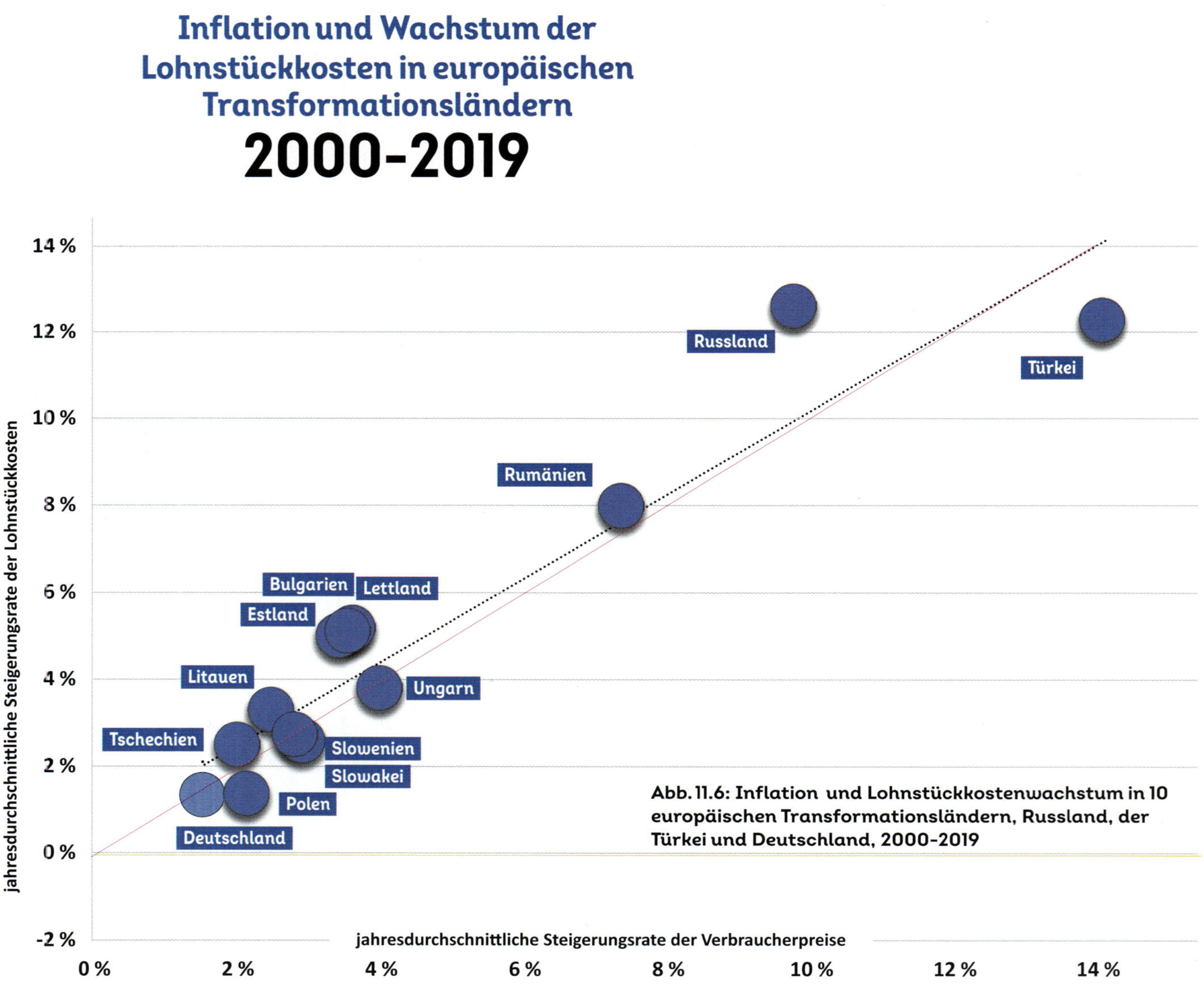

Abb. 11.6: Inflation und Lohnstückkostenwachstum in 10 europäischen Transformationsländern, Russland, der Türkei und Deutschland, 2000-2019

gebern und Arbeitnehmern zustande, letztere ergibt sich aus der Investitionstätigkeit. Denn auf ihr beruht die Entwicklung des Kapitalstocks, mit dem die Arbeitskräfte produzieren.

Zugleich aber hängt die Investitionsbereitschaft wesentlich von der Inflation selbst ab (**Info-Box** im **Kapitel »Preise«**): Steigen die Preise aufgrund übertrieben hoher Lohnabschlüsse im Durchschnitt schnell und erratisch, können Investoren ihre Investitions- und späteren Produktionskosten nur schwer planen und sind in Bezug auf Absatzpreise und -mengen bei ihrem eigenen Güterangebot unsicher. In der Folge zögern sie zu investieren. Dann nimmt die Arbeitsproduktivität kaum oder gar nicht zu.

Das andere Extrem, stagnierende oder gar fallende Preise aufgrund schwach steigender oder gar fallender Nominallöhne, fördert die Investitionsbereitschaft ebenso wenig. Denn hinter deflationären Tendenzen verbirgt sich Nachfrageschwäche, die die Auslastung vorhandener Kapazitäten senkt und so Investoren abschreckt. Das Ergebnis ist wiederum eine schwache Entwicklung der Arbeitsproduktivität (siehe **Info-Grafik** auf der nächsten Seite).

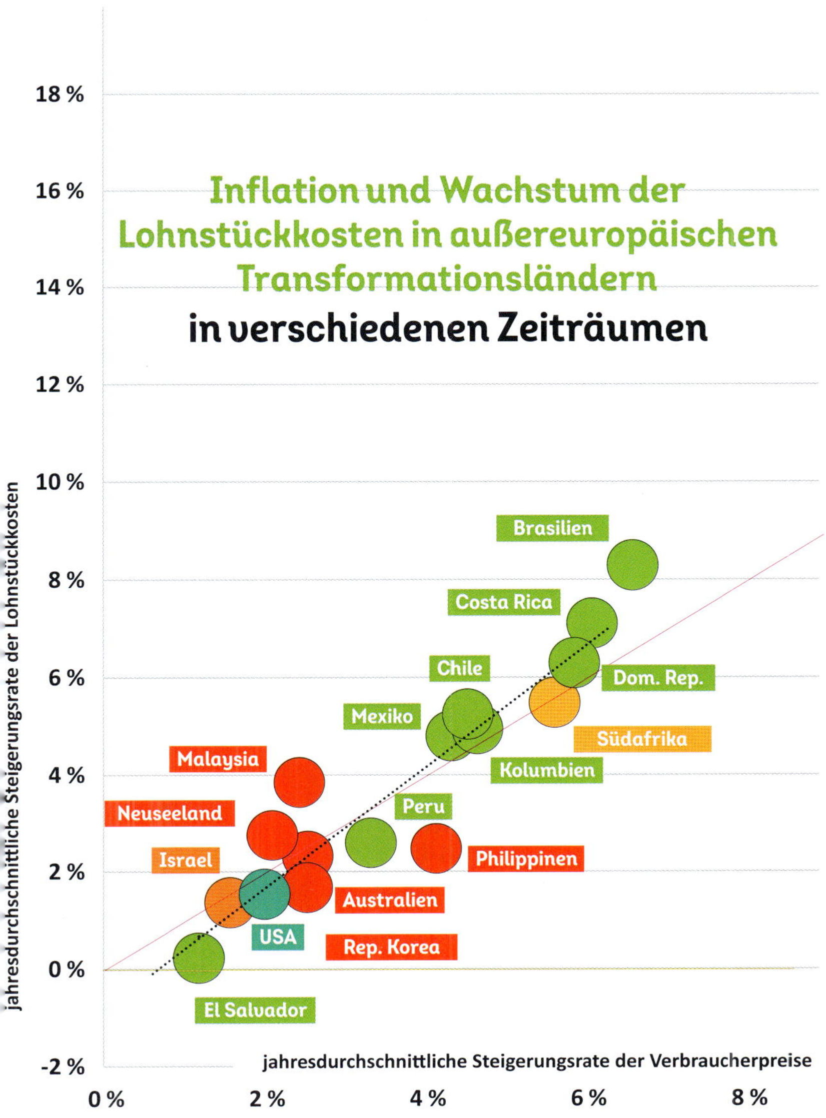

Lohnentwicklung und Investitionsdynamik bedingen sich daher gegenseitig. Was das für die Reallöhne bedeutet, ist leicht abzuleiten. Für die Reallöhne ergibt sich nämlich aus der beschriebenen langfristigen Übereinstimmung von Lohnstückkostenwachstum und Inflation sozusagen automatisch, dass sie sich auf Dauer so entwickeln wie die Arbeitsproduktivität

Und damit lässt sich der Befund von **Abbildung 11.3** erklären: Eine zu hohe wie eine extrem niedrige Inflationsrate verhindert Investitionen und dadurch Produktivitätssteigerungen, was dem Reallohnwachstum schadet. Eine gleichmäßige und niedrige, aber nicht zu niedrige Preissteigerungsrate hingegen fördert die Investitionstätigkeit und kommt über diesen Umweg den Reallöhnen zugute. Daher sind deflationäre Tendenzen genauso wenig im Interesse der Arbeitnehmer wie hohe Inflationsraten. Vielmehr stimmen die Interessen von Arbeitnehmern und Sachinvestoren hinsichtlich einer optimalen Inflationsrate auf Dauer überein. Die Frage ist somit, wie es in einem Land gelingt, die durchschnittlichen Lohnabschlüsse auf die erwartete gesamtwirtschaftliche Produktivitätsentwicklung so abzustimmen, dass es weder zu einer hohen und stark schwankenden Inflation noch zu deflationären Tendenzen kommt, sondern zu einer positiven Investitionsdynamik. Der erste Schritt in die richtige Richtung besteht darin, dass die Verantwortung der Lohnpolitik für die Inflationsrate überhaupt verstanden wird.

Jedes Land muss eine vernünftige Lohnpolitik betreiben, die dem eingangs geschilderten Doppelcharakter der Löhne, einerseits als Einkommensfaktor Nachfrageimpulse zu setzen und als Kostenfaktor die Güterpreise zu beeinflussen, gerecht wird. Es gilt, eine Gratwanderung zu meistern zwischen erwünscht guter Nachfragedynamik und unerwünscht hoher Preisdynamik.
Richtschnur für diese Gratwanderung ist die sogenannte goldene Lohnregel (siehe Info-Grafik weiter oben): Die Wachstumsrate des durchschnittlichen Nominallohns muss in einer Volkswirtschaft die erwartete trendmäßige Produktivitätszunahme um die Zielinflationsrate des Landes übersteigen. Dann stellt sich nämlich aufgrund der geschilderten marktwirtschaftlichen Zusammenhänge auf Dauer eine Inflationsrate in Höhe der erwünschten Zielrate ein.

Zudem kann der Produktivitätstrend mittelfristig steigen, wenn das gegenseitige Vertrauen zwischen Tarifparteien und Zentralbank wächst. Kann sich die Zentralbank nämlich langfristig dar-

Abb. 11.7: Inflation und Lohnstückkostenwachstum in 16 außereuropäischen Ländern in verschiedenen Zeiträumen

auf verlassen, dass die Arbeitnehmerseite im Zuge einer starken Investitionskonjunktur keine übermäßigen Lohnforderungen durchsetzt, welche die Inflationsrate auf ein unerwünschtes Niveau anheben würden, kann sie eine Politik relativ niedriger Zinsen länger durchhalten und so die konjunkturellen Aufschwungphasen verlängern. Dann besteht tatsächlich eine Chance, Arbeitslosigkeit nachhaltig abzubauen, und zwar nicht vorrangig mit Jobs im Niedriglohnsektor, sondern mit gut bezahlten Arbeitsstellen.

Aus all dem folgt, dass sich die Bremsspuren vermeiden lassen, welche die Geldpolitik in der Realwirtschaft in Form von Wachstumseinbußen und Arbeitslosigkeit hinterlässt, wenn sie die Aufgabe der Inflationssteuerung übernimmt (siehe **Kapitel »Zinsen«**). Aus Sorge, die Bürger könnten das Vertrauen in die Währung verlieren, sieht sich jede Zentralbank veranlasst, gegen eine hohe und stark schwankende Inflationsrate mit Zinserhöhungen vorzugehen. Dadurch würgt sie die Investitionsdynamik ab, erhöht die Arbeitslosigkeit und senkt die Kapazitätsauslastung. Über den so erzeugten Mangel an Nachfrage wird anhaltend star-

Sinnvolles Zusammenwirken von Geld- und Lohnpolitik

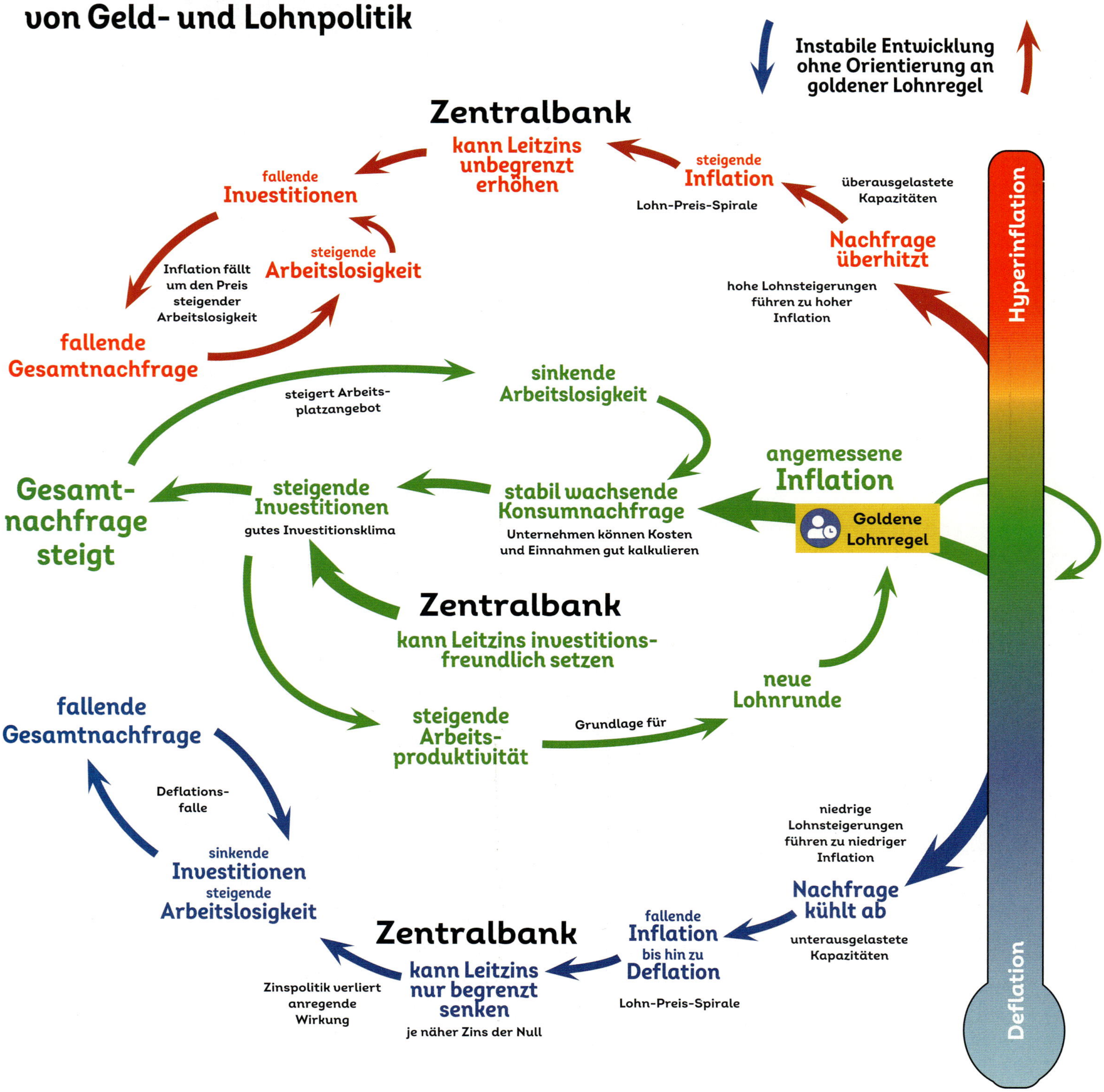

ken Preiserhöhungen der Boden entzogen – die Zentralbank kann damit der ihr zugewiesenen Aufgabe kurzfristig gerecht werden. Aber diese Art der Inflationsbekämpfung schädigt zwangsläufig die Binnenwirtschaft und lädt obendrein wegen des hohen Zinsniveaus zu Währungsspekulation ein (siehe **Info-Grafik** im **Kapitel »Wechselkurse«**). Die kann so weit gehen, dass die Geldpolitik mittelfristig doch versagt, weil sie den Teufelskreis aus Währungsspekulation anheizenden Zinssteigerungen und durch Wechselkursstürze importierter Inflation nicht allein lösen kann.

Symmetrisch zur Logik, die Geldpolitik mit der Aufgabe der Inflationseindämmung zu beauftragen, wird üblicherweise von der Geldpolitik auch verlangt, bei zu niedrigen Inflationsraten durch Zinssenkungen die Wirtschaft anzuregen. Das gelingt ihr zumindest in Europa ausweislich der deflationären Tendenzen und der Investitionsschwäche seit Jahren nicht. Grund dafür ist die europäische und namentlich die deutsche Lohnpolitik, welche die Zentralbank seit Langem im Stich lässt, das heißt, Lohnabschlüsse tätigt, bei denen die Zuwachsrate der Nominallöhne unterhalb des zu erwartenden Produktivitätswachstums plus der Zielinflationsrate von 2 % liegt. Dass dem schlechten deutschen Beispiel inzwischen viele Partnerländer in der Europäischen Währungsunion zwangsweise gefolgt sind und ebenfalls eine deflationäre Lohnpolitik betreiben, liegt in der Natur der Sache: Die Länder konkurrieren sich gegenseitig nach unten, weil sich mangels eigener Währung kein Unionsmitglied dem von einigen Mitgliedern durch Lohndumping ausgeübten Wettbewerbsdruck mittels Abwertung eigenständig entziehen kann. Die Corona-Krise dürfte dieser gefährlichen Abwärtsspirale noch Vorschub leisten (siehe **Sonderteil »Corona-Schock«**).

Doch warum wird der Weg der goldenen Lohnregel ausweislich der Preisturbulenzen in vielen weniger entwickelten Ländern und ausweislich der Deflationstendenzen in vielen industrialisierten Ländern nicht eingeschlagen? Vermutlich, weil das dem seit Jahrzehnten propagierten Marktdogma widerspricht, demzufolge sich auch auf dem gesamtwirtschaftlichen Arbeitsmarkt wie auf jedem kleinen Gemüsemarkt durch das Aufeinandertreffen von Angebot und Nachfrage ein markträumender Preis von allein einstellt. Aus diesem Marktdogma ergibt sich die Vorstellung, dass Arbeitslosigkeit auf zu hohen Löhnen beruht und daher mit Lohnsenkung oder zumindest Lohnzurückhaltung bekämpft werden muss. Und dass dies am besten im Rahmen von Verhandlungen zwischen Arbeitnehmern und Arbeitgebern ohne Einmischung des Staates gelingt, völlig gleichgültig, was ein sich gegenseitig in Grund und Boden Konkurrieren für alle zusammen an deflationärem Schaden anrichtet oder welche schädliche Preisspirale bei bereits hoher Inflation und entsprechend hohen Lohnabschlüssen weiter befeuert wird. Den Menschen in den Industrieländern schadet das Marktdogma massiv. Die Ansicht, Arbeitslosigkeit grundsätzlich mit Lohnzurückhaltung bekämpfen zu können, hat der westlichen Welt deflationäre Tendenzen, Nullzinsen und Investitionsschwäche beschert, die die Arbeitslosigkeit zementieren. Mindestens ebenso schadet das Marktdogma den Menschen in weniger entwickelten Staaten mit hoher Inflation. Denn jeder Gedanke an staatliche Einmischung in Lohnabschlüsse oder gar staatlich koordinierte Lohnpolitik wird von vornherein tabuisiert. Die Geldpolitik ist aber regelmäßig mit der Inflationsbekämpfung überfordert.

Das gleiche Marktdogma verhindert auch, das Problem der Währungsspekulation anzugehen, weil man auf die »Freiheit« der Devisenmärkte und die untrügliche Urteilsfähigkeit internationaler Finanzanleger setzt, was die Entwicklungsmöglichkeiten eines Landes betrifft. Die naheliegende Möglichkeit, dass diese Finanzanleger Herdenmitläufer in einer spekulativen Blase sein und einfach nur an ihrer persönlichen Rendite und keineswegs an der realwirtschaftlichen Entwicklung eines ärmeren Landes Interesse haben könnten, wird ignoriert.

Dynamische Prozesse zwischen Einkommenserwartungen, sich verändernder Kapazitätsauslastung und Investitionsplanung laufen in einer modernen, arbeitsteiligen, monetären Wirtschaft interdependent und damit vollständig anders ab als die ökonomischen Vorgänge auf einem Gemüsemarkt. Deshalb eignet der sich nicht als Modell für so zentrale gesamtwirtschaftliche Größen wie den durchschnittlichen Nominallohn und seine Zuwachsrate, den Zinssatz oder den Wechselkurs eines Landes.

Im Ergebnis bedeutet das, dass es nur mit einer aktiven Lohnpolitik, die Verantwortung für eine angemessene gesamtwirtschaftliche Inflationsrate übernimmt, gelingen kann, einen nachhaltigen Entwicklungsprozess in den ärmeren Ländern dieser Welt zugunsten der dort lebenden Menschen auf die Beine zu stellen. Viele Länder Afrikas, Zentralasiens oder Lateinamerikas schlagen sich mit stark schwankender und häufig hoher Inflation, teilweise Hyperinflation herum. Die meist empfohlene Rosskur dagegen, nämlich hohe Zentralbankzinsen, zementiert Arbeitslosigkeit und Armut.

Die Perspektivlosigkeit, die grundlegend auf dem Ablehnen einer gesamtwirtschaftlichen Lohnpolitik durch Wirtschaftswissenschaft und Wirtschaftspolitik beruht, wird den Wanderungsdruck aus den armen Ländern dieser Erde in die reicheren erhöhen. Von den ärmeren Ländern ein Engagement bei der Bekämpfung der Klimakrise zu erwarten oder gar zu verlangen, ohne das Lohn- und das Wechselkursproblem auch nur zu adressieren geschweige denn zu lösen, ist illusorisch.

Wächst die Erdbevölkerung auf über 10 Milliarden Menschen?

Die demografischen Perspektiven der Welt sind besorgniserregend

Die Weltbevölkerung hat sich seit 1950 verdreifacht. Aus 2,5 Milliarden Menschen im Jahr 1950 sind bis heute 7,8 Milliarden geworden. Wie geht es mit dieser Entwicklung weiter? Weil mehr und mehr Menschen die Ressourcen unseres Planeten in Anspruch nehmen, ist diese Frage von großer Wichtigkeit. Das gilt nicht zuletzt im HInblick auf den Klimawandel.

Modellrechnungen der UN zur weiteren Entwicklung des Umfangs der Weltbevölkerung ergeben in ihrer mittleren oder wahrscheinlichsten Variante, dass die Weltbevölkerung bis zum Jahr 2100 etwa 11 Milliarden Menschen erreichen wird (**Abbildung 12.1**). Bis dahin schwächt sich das Bevölkerungswachstum gemäß dieser Prognose immer mehr ab und kommt schließlich zum Stillstand. Eine solche Verlangsamung nennt man »demografischer Übergang« (siehe **Info-Box**).

Die Abbildung enthält außerdem eine Variante mit geringerem Wachstum, in der 2054 ein Maximum der Weltbevölkerung von »nur« 8,9 Milliarden Menschen erreicht wird. Bis 2100 geht die Bevölkerung in dieser Variante auf 7,3 Milliarden zurück. Dem steht die pessimistische oder hohe Berechnungsvariante gegenüber, in der sich das Wachstum der Weltbevölkerung nur langsam abschwächt. In diesem Fall wird 2100 ein Umfang der Weltbevölkerung von 15,6 Milliarden Menschen erreicht.

Von Beginn unserer Zeitrechnung bis 1500 ist die Weltbevölkerung pro Jahr im Mittel um weniger als 0,1 % gewachsen, von 1500 bis 1900 um 0,3 %. Die hohen Wachstumsraten im 20. Jahrhundert und insbesondere nach dem Zweiten Weltkrieg gehen inzwischen Jahr für Jahr zurück. In Kürze, etwa ab 2023, wird die Weltbevölkerung mit einer Rate von weniger als 1 % zunehmen. Bis 2100, so erwartet man, geht dieser Wert auf null.

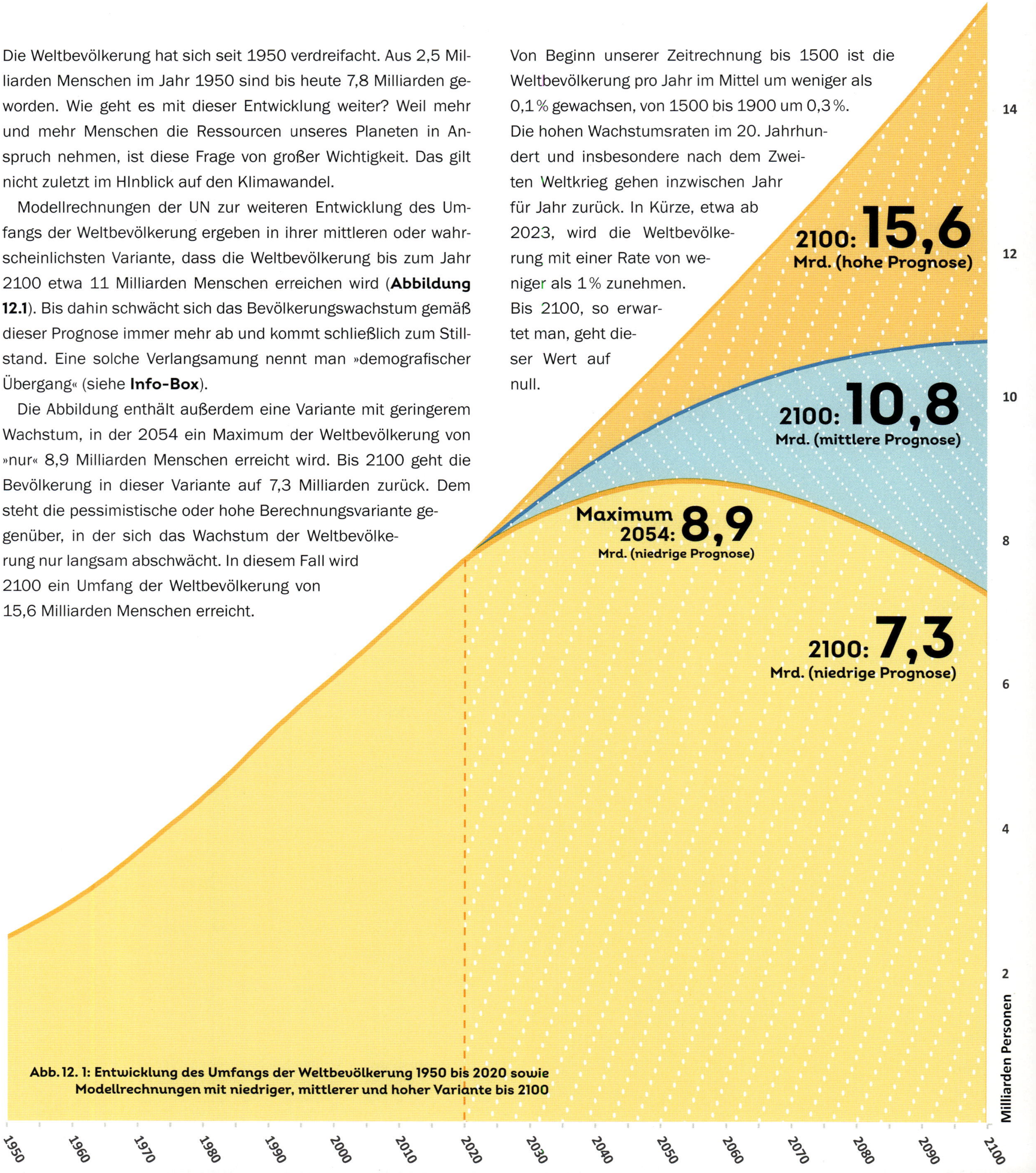

Abb. 12. 1: Entwicklung des Umfangs der Weltbevölkerung 1950 bis 2020 sowie Modellrechnungen mit niedriger, mittlerer und hoher Variante bis 2100

Abb. 12.2: Die fünf Stadien des demografischen Übergangs

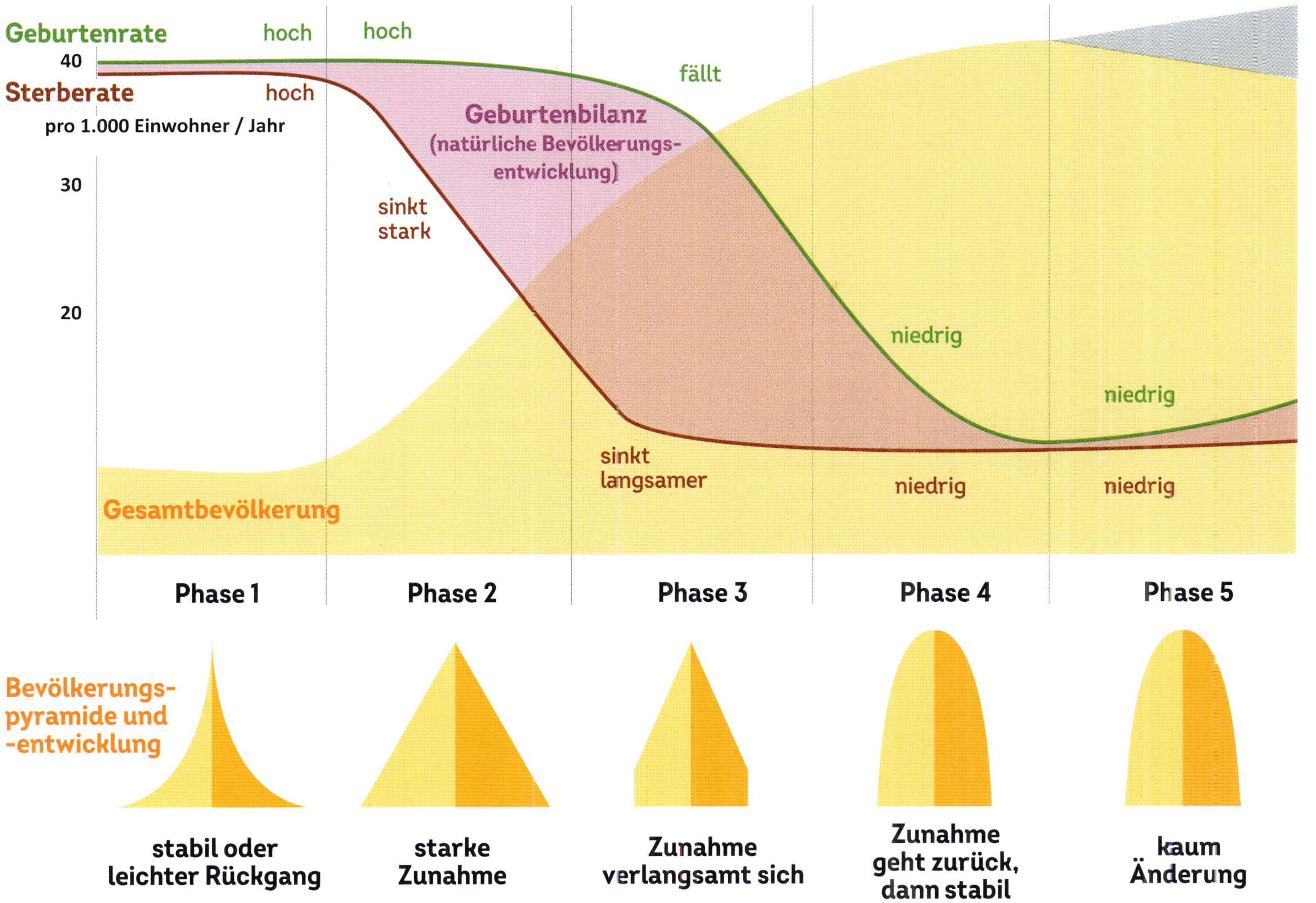

Was bedeutet »demografischer Übergang«?

Seit Langem wurde in vielen Ländern und zu verschiedenen Zeitpunkten beobachtet, dass die Wachstumsrate ihrer Bevölkerung zunächst stieg, um einige Jahrzehnte später wieder zu sinken und nahe null zu verbleiben. Dieses Phänomen tritt nicht zufällig auf, sondern gehorcht bestimmten Regeln. Man nennt es »demografischer Übergang«.

Abbildung 12.2 zeigt in fünf Phasen, wie dieser Prozess idealtypisch verläuft. In **Phase 1** ist der Umfang der Bevölkerung stabil. Relativ hohe Geburtenraten und relativ hohe Sterberaten gleichen sich aus. In **Phase 2** steigt die Lebenserwartung. Die dafür verantwortlichen Faktoren haben mit dem zunehmenden Wohlstand der Gesellschaft zu tun. Eine bessere Nahrungsversorgung durch technischen Fortschritt in der Landwirtschaft und bessere Hygiene sind wichtige Treiber des Rückgangs der Sterblichkeit. Dadurch nimmt der Umfang der Bevölkerung bei zunächst kaum veränderten Geburtenzahlen zu. In **Phase 3** geht die Geburtenrate zurück. Die Arbeitsteilung wird intensiviert, die agrarische Subsistenzwirtschaft, die zur Sicherung des eigenen Überlebens mit wenig Überschüssen betrieben wird, nimmt ab, Löhne und Bildungsniveau steigen. Dieser letzte Punkt betrifft vor allem Kinder und Frauen. Die Notwendigkeit, zur Überlebenssicherung viele Kinder zu haben, nimmt ab. Dieser Prozess kommt in **Phase 4** zum Abschluss. Geburten- und Sterberaten nähern sich einander an. Beim Übergang zu **Phase 5** sind beide Raten auf niedrigerem Niveau wieder gleich. Der Umfang der Bevölkerung bleibt in etwa unverändert, aber auch Entwicklungen mit einem Bevölkerungsrückgang oder einer leichten Zunahme sind möglich.

Zu Beginn des 20. Jahrhunderts befand sich Deutschland in Phase 2. Zentral für die Verbesserung der hygienischen Situation vor allem in dicht besiedelten Gebieten war ab Ende des 19. Jahrhunderts der Bau von Wasserleitungen, Abwasserkanälen und Klärwerken. Hinzu kamen behördliche Eingriffsmöglichkeiten bei übertragbaren Krankheiten bis hin zu Quarantäneanordnungen, für die das Reichsseuchengesetz im Jahr 1900 die rechtlichen Grundlagen schuf. In zweiter Linie lieferten auch Änderungen in der medizinischen Versorgung einen Beitrag in diesem Prozess, einschließlich der Entdeckung neuer und besserer Behandlungsmöglichkeiten von Krankheiten und Impfungen.

Abb. 12.3: Entwicklung der regionalen Verteilung der Weltbevölkerung von 1960 bis 2020 und Prognose bis 2050

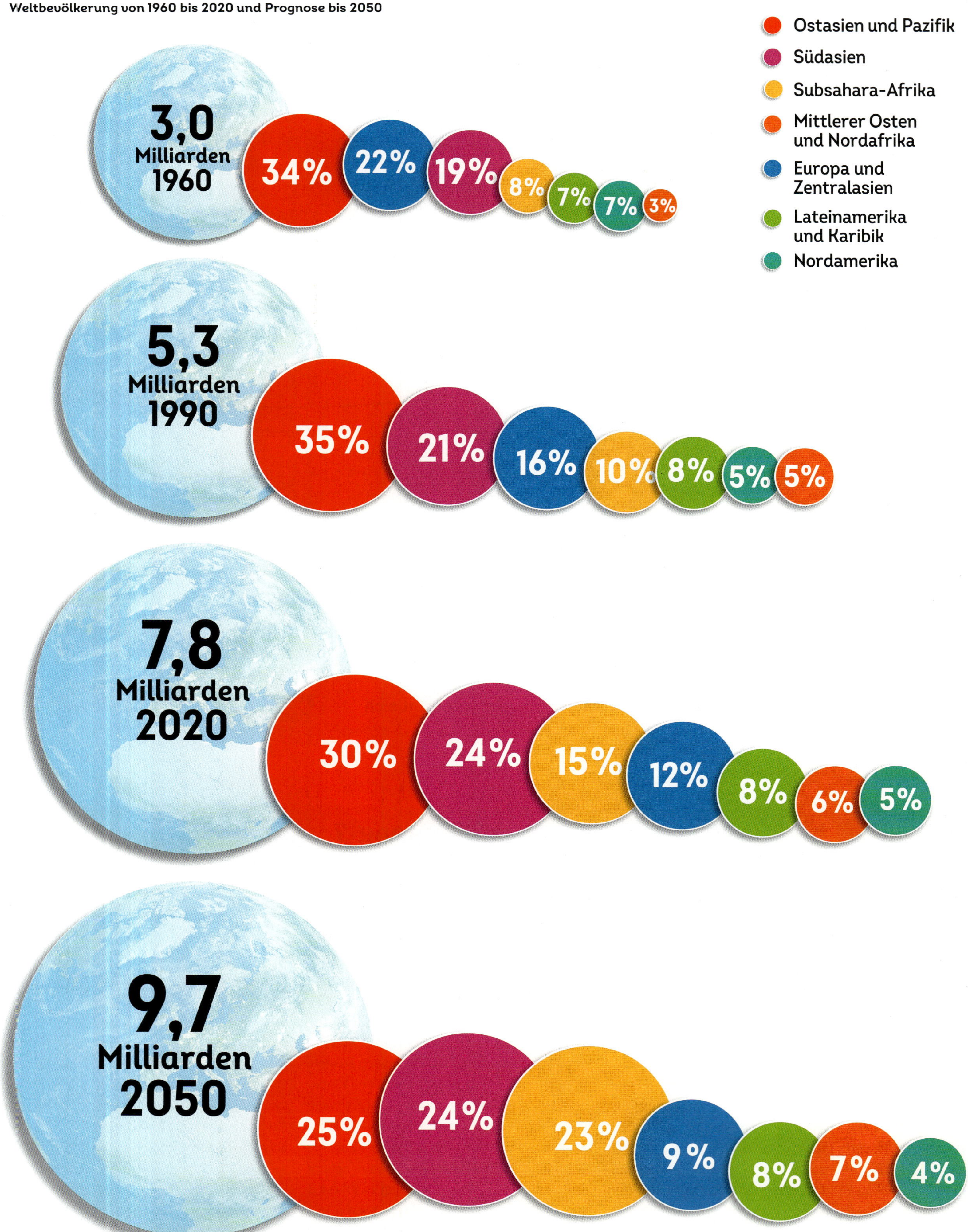

Das Bevölkerungswachstum ist regional unterschiedlich, und das beschriebene Phänomen des demografischen Übergangs steht manchen Ländern noch bevor. Aus diesem Grund hat sich die regionale Verteilung der Menschen auf der Welt seit 1960 fühlbar verschoben und wird das weiter tun (**Abbildung 12.3**).

Zwischen 1960 und 2020 ist der Anteil Europas und Zentralasiens an der Weltbevölkerung von 22 % auf 12 % gesunken. Diese deutliche relative Verringerung hat stattgefunden, obgleich die Region im betrachteten Zeitraum absolut um 254 Millionen Menschen gewachsen ist. Das liegt daran, dass andere Regionen sehr viel stärker zulegten. Die Bevölkerung Subsahara-Afrikas nahm im gleichen Zeitraum um 909 Millionen zu, so dass der Anteil dieser Region an der Weltbevölkerung von 8 % auf 15 % gestiegen ist.

Die drei Regionen Ostasien und Pazifik, Südasien und Subsahara-Afrika zusammen umfassten 1960 etwas weniger als zwei Drittel der Weltbevölkerung (61 %). Bis 2050 wird sich ihr Anteil auf fast drei Viertel (71 %) erhöhen. Im gleichen Zeitraum fällt laut den Vorausberechnungen der Anteil Europas und Zentralasiens von 22 % auf 9 %, und auch die relative Bevölkerungsstärke Nordamerikas geht von 7 % auf 4 % zurück.

Abbildung 12.4 zeigt, dass die von der UN prognostizierte Wachstumsrate der Weltbevölkerung von derzeit gut 1 % jährlich bis 2050 auf etwa 0,5 % absinken wird. Die farbigen Flächen innerhalb der Wachstumsbalken geben darüber Auskunft, aus welchen Ländern oder Regionen sich die Bevölkerungszunahme speist. Fast ein Fünftel trägt Indien zurzeit jedes Jahr zum Bevölkerungswachstum der Welt bei. Im bevölkerungsstärksten Land auf dem afrikanischen Kontinent, Nigeria, werden zurzeit 5,2 Kinder pro Frau geboren. Damit entfällt allein auf dieses Land fast ein Zehntel der derzeitigen Wachstumsrate der Weltbevölkerung. In der Region Subsahara-Afrika, zu der Nigeria gehört, werden zurzeit etwa 4,6 Kinder je Frau geboren. Der erhebliche Überschuss der Geburten über die Sterbefälle in dieser Region ist für fast ein Drittel des Wachstums der Weltbevölkerung verantwortlich. Die Grafik zeigt, dass zwischen heute und 2050 keine Verringerung dieser Dynamik in Afrika zu erwarten ist.

Dies gilt, obwohl in den hier vorgestellten Bevölkerungsmodellen angenommen wird, dass die Geburtenzahl je Frau in Subsahara-Afrika bis 2050 auf 3,1 zurückgeht. Gerade mit Blick auf den Klimawandel und die Grenzen, die die Menschheit beim weiteren CO_2-Ausstoß beachten sollte, wäre ein schnellerer Rückgang dieser Geburten- und Wachstumsdynamik in Subsahara-Afrika, in Südasien und in weiteren Regionen der Welt ausgesprochen wünschenswert, damit sich das Wachstum der Weltbevölkerung verlangsamt und möglichst bald null oder negativ wird. Im eigenen Interesse sollte der reiche Norden, der den Klimawandel größtenteils verursacht hat, die ärmeren Länder des Südens bei der wünschenswerten Beschleunigung des demografischen Übergangs finanziell und technisch unterstützen.

Der Wachstumsbeitrag der Gruppe »Restliche Welt« in Abbildung 12.4 wird bis 2050 insgesamt immer kleiner und verschwindet dann. In dieser heterogenen Gruppe sind auch Länder und Regionen enthalten, die 2050 voraussichtlich ein deutlich negatives jährliches Bevölkerungswachstum aufweisen werden (beispielsweise Ostasien und Pazifik mit -12 % pro Jahr, darin enthalten China mit -15 %). Auch die Weltregion Mittlerer Osten und Nordafrika ist in dieser Abbildung Teil der »Restlichen Welt«. Sie wird 2050 für sich genommen voraussichtlich ein Bevölkerungswachstum von +11 % pro Jahr aufweisen.

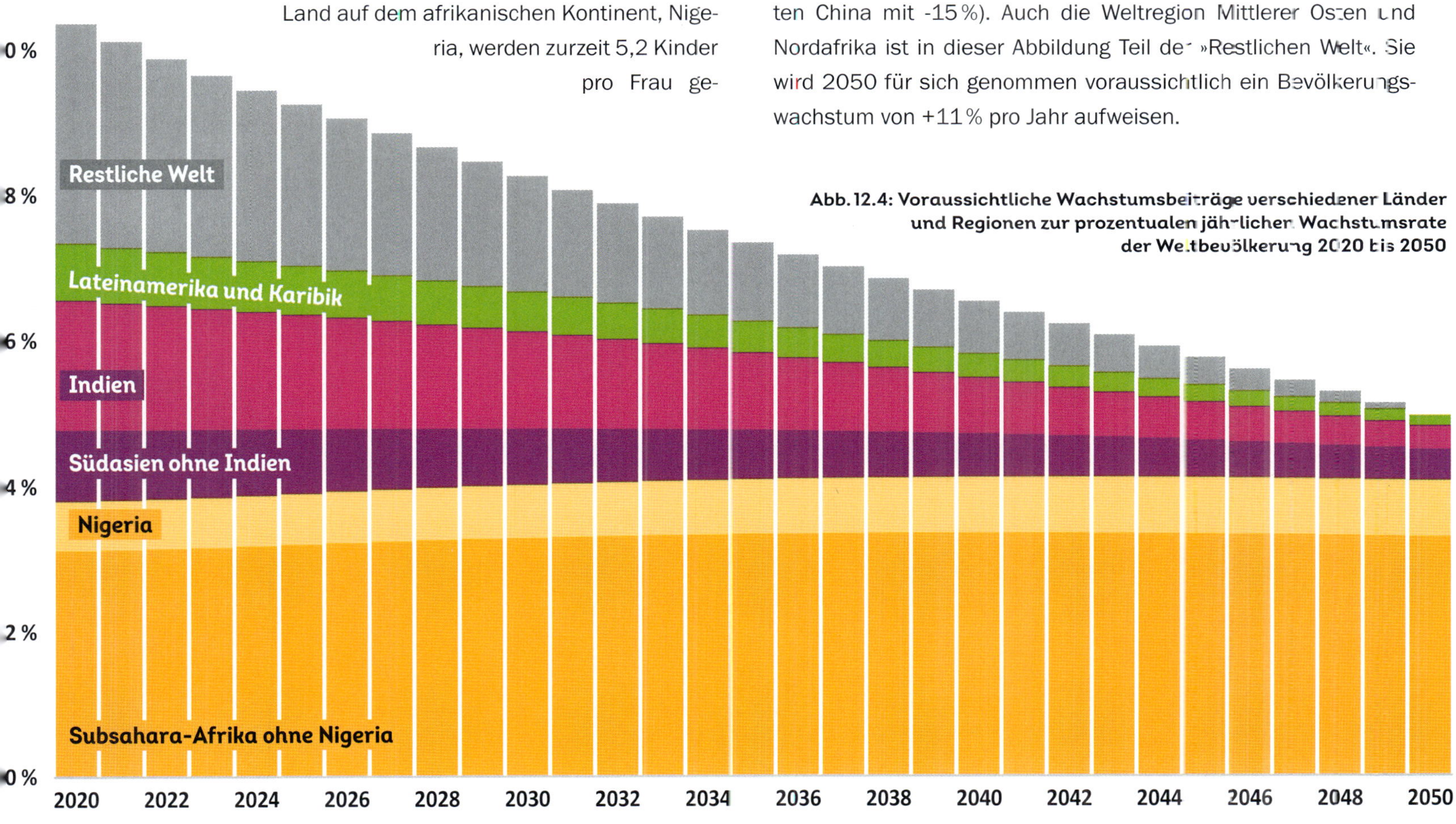

Abb. 12.4: Voraussichtliche Wachstumsbeiträge verschiedener Länder und Regionen zur prozentualen jährlichen Wachstumsrate der Weltbevölkerung 2020 bis 2050

Bevölkerung Subsahara-Afrika

1990: 491 Millionen
2020: 1.094 Millionen
2050: 2.118 Millionen
(mittlere Prognose)

Im Laufe der erwarteten Wachstumsprozesse wird die Bevölkerungspyramide für Subsahara-Afrika von heute bis 2050 immer breiter (**Abbildung 12.5**). Zugleich verschiebt sich die Bevölkerungsstruktur. Die Sterblichkeit geht zurück, und die Breite der Pyramide im Bereich der oberen Altersgruppen nimmt zu. Der Anteil der Menschen ab 60 Jahren wird sich von 4,8 % (2020) auf 7,5 % (2050) erhöhen.

Auch die Bevölkerung Deutschlands wird von 1990 bis 2050 immer älter (**Abbildung 12.6**). Die Pyramide hat 1990 ihren schmalsten Bereich bei den jungen Menschen, und aufgrund der niedrigen Geburtenzahlen nimmt dieser Effekt zu. Die älteste Gruppe in der Darstellung, welche die Menschen ab 80 Jahren zusammenfasst, wird bis 2050 erheblich größer.

Abb. 12.5: Bevölkerung Subsahara-Afrikas 1990, 2020 und Prognose 2050 nach Geschlecht und Altersgruppen in Millionen Menschen

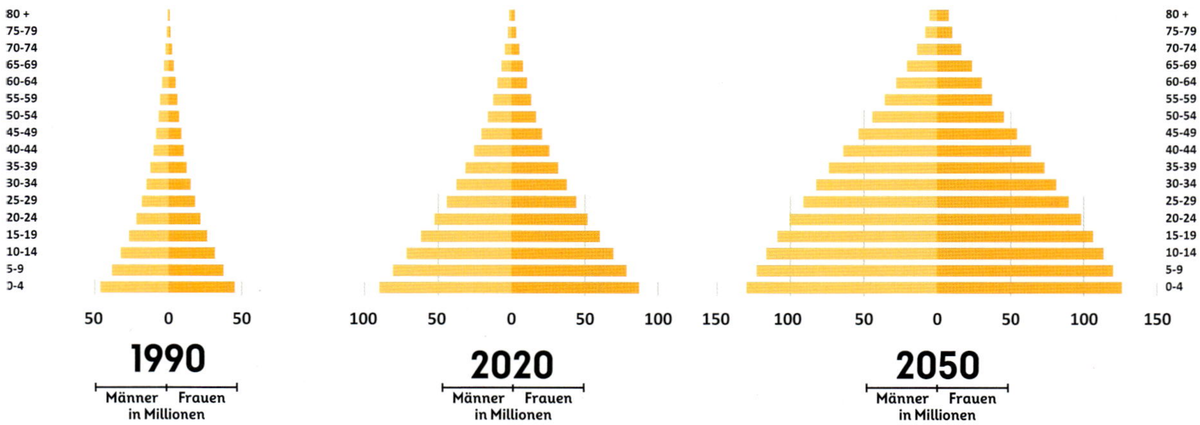

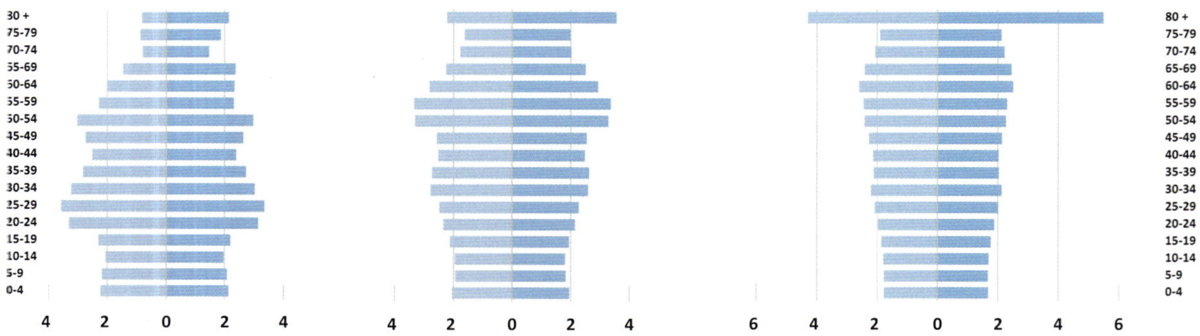

Abb. 12.6: Bevölkerung Deutschlands 1990, 2020 und Prognose 2050 nach Geschlecht und Altersgruppen in Millionen Menschen

Bevölkerung Deutschland

1990: 79 Millionen
2020: 83 Millionen
2050: 76 Millionen
(mittlere Prognose)

Ein Drittel der Weltbevölkerung lebt in China oder Indien

China und Indien sind – mit großem Abstand vor den USA auf Platz 3 – die einwohnerstärksten Länder der Welt (**Abbildung 12.7**). In der Volksrepublik China lebt zurzeit jeder fünfte Mensch auf der Welt, etwa 1,44 Milliarden Menschen. Die Bevölkerungspyramide Chinas – hier dargestellt für das Jahr 2019 – verläuft unregelmäßig. Beispielsweise ist die Gruppe der 58-Jährigen besonders klein. Das sind Menschen, die 1961 geboren wurden. In dieser Zeit Anfang der 1960er-Jahre führten Klimaereignisse und vor allem das gescheiterte Wirtschaftsprogramm »Großer Sprung nach vorn« zu einer Hungerkatastrophe, die ungefähr 30 Millionen Menschen das Leben kostete und einen Einbruch der Geburtenzahl nach sich zog. Insgesamt steht heute in China eine relativ kleine Zahl von Kindern und Jugendlichen zwischen 0 und 20 Jahren größeren Altersjahrgängen der Erwachsenen zwischen 21 und 56 Jahren gegenüber. Chinas »Ein-Kind-Politik« in der Zeit zwischen 1980 und 2015 hat zu dieser Entwicklung beigetragen. Danach sollte im Regelfall pro Familie nur ein Kind geboren werden. Dieses Ziel konnte die Regierung allerdings nicht flächendeckend durchsetzen. Seit 2016 gilt eine Zwei-Kind-Politik.

Indien hat mit zurzeit 1,38 Milliarden Einwohnern eine fast ebenso große Bevölkerung wie China und weist in seiner Bevölkerungspyramide eine gleichmäßigere Altersstruktur auf. Statistisch werden dort zurzeit 2,2 Kinder pro Frau geboren. Das ist ein höherer Wert als in China mit 1,7 Kindern je Frau. Als Konsequenz wird Indien China bei der Bevölkerungszahl in wenigen Jahren übertreffen und dann das bevölkerungsreichste Land der Erde sein.

In den Bevölkerungspyramiden Chinas und Indiens ist für die Altersgruppen bis etwa 20 Jahre das Geschlechterverhältnis männlich zu weiblich deutlich ungleich. In Indien beträgt es etwa 113 zu 100, und in China bis zu 118 zu 100. Das ist deutlich höher als das ansonsten im weltweiten Durchschnitt beobachtete Geschlechterverhältnis, das bei etwa 106 männlichen zu 100 weiblichen Geburten liegt. In der Forschung wird die Frage diskutiert, ob in China und Indien sowie weiteren Ländern geschlechtsselektive Abtreibungen stattfinden, weil manche Eltern einen Jungen anstelle einer Tochter bevorzugen. Dabei könnten in Indien wirtschaftliche Gründe eine Rolle spielen, wenn Eltern befürchten, dass sie bei der späteren Hochzeit ihrer Tochter eine landesübliche hohe Mitgift oder »Aussteuer« bezahlen müssen. Die zugunsten der geborenen Jungen verzerrten Geschlechterverhältnisse werden wie gesagt seit etwa 20 Jahren beobachtet. Zugleich ist bekannt, dass etwa seit dem Jahr 2000 Ultraschallgeräte zur Geschlechtsbestimmung flächendeckend und preiswert zur Verfügung stehen.

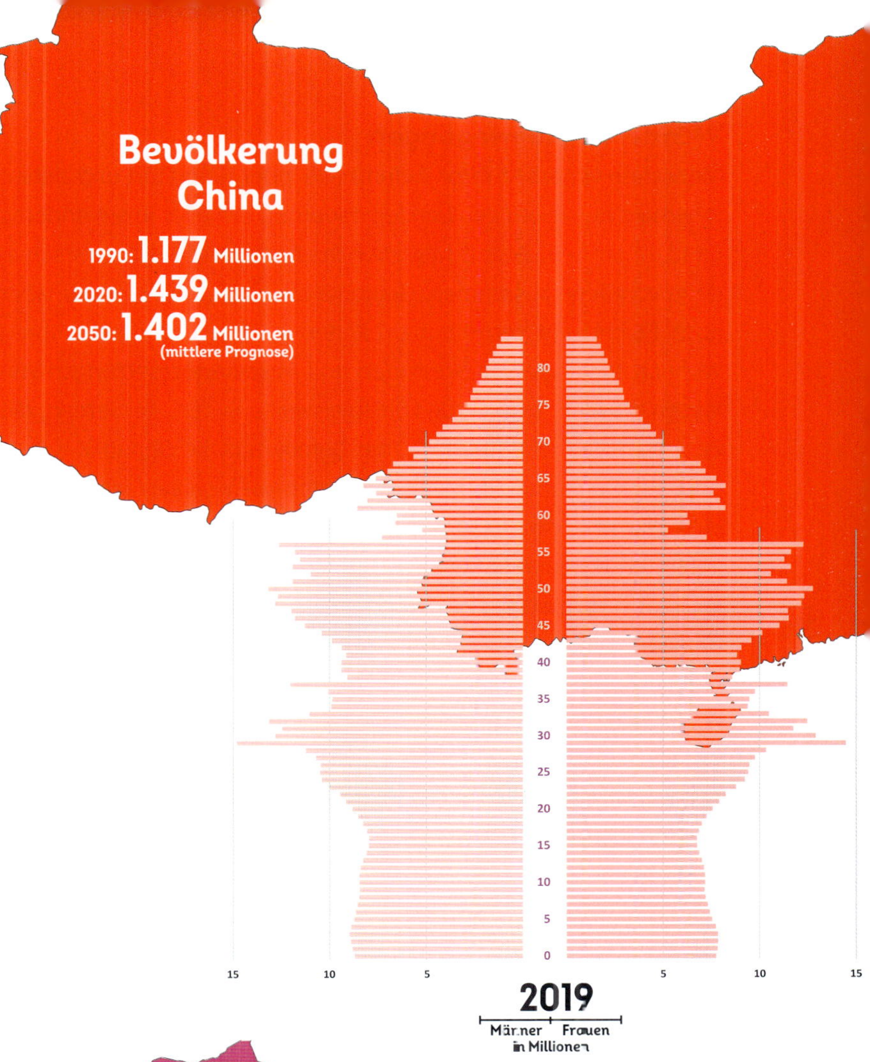

Abb. 12.7: Bevölkerungspyramiden 2019 China (oben) und Indien (unten)

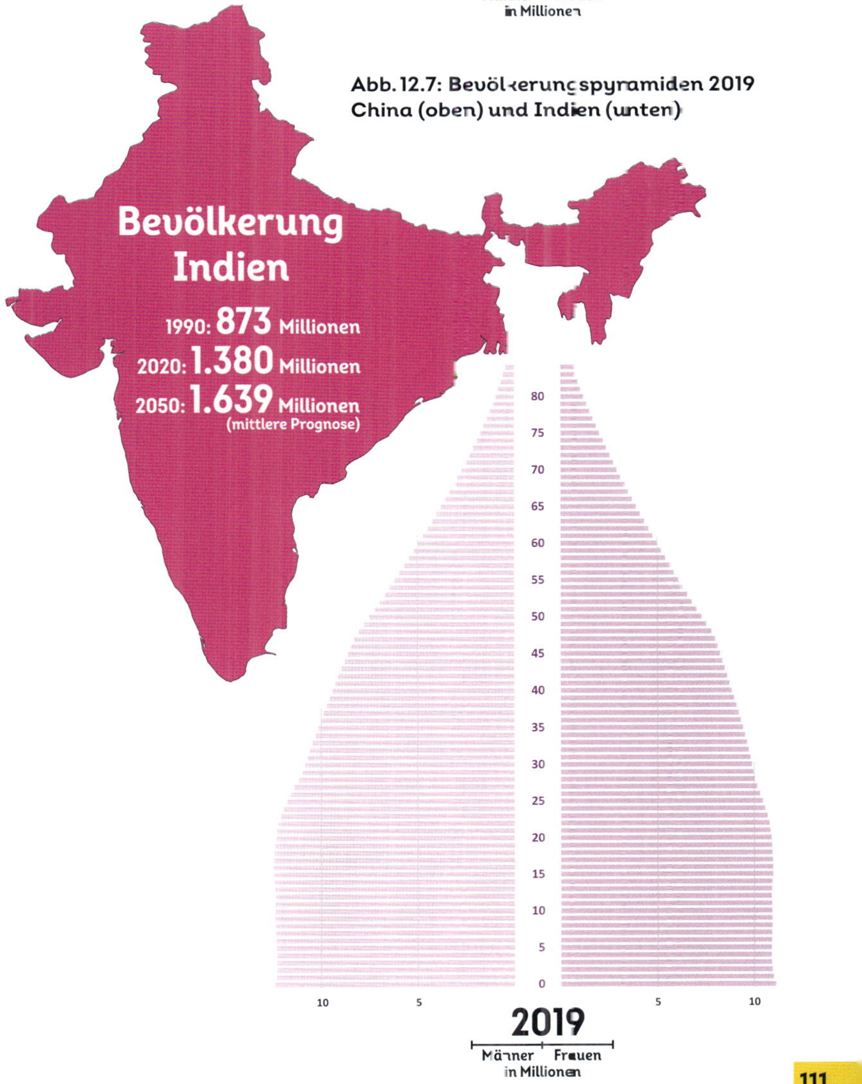

Wanderungsbewegungen

Menschen verlassen ihren Aufenthalts- oder Heimatort und ziehen innerhalb des jeweiligen Landes dauerhaft um oder in ein anderes Land. Unter dem Begriff Migration fasst man dabei ganz verschiedene Vorgänge zusammen: Geplante Umzüge gehören dazu, aber auch Flucht und Vertreibung. Länder, in denen Menschen ihren Wohnort als Folge von Konflikten und Auseinandersetzungen verlassen müssen, sind aktuell beispielsweise Syrien, der Jemen, die Zentralafrikanische Republik, die Demokratische Republik Kongo oder der Südsudan. In Myanmar lebten vor wenigen Jahren etwa eine Million Rohingya, von denen viele aufgrund der 2017 aufgeflammten Auseinandersetzungen nach Bangladesch fliehen mussten oder vertrieben wurden. Migration kann außerdem durch Klimaereignisse ausgelöst werden, beispielsweise Überschwemmungen oder Dürren, sowie durch wirtschaftliche und innenpolitische Krisen, wofür Venezuela ein aktuelles Beispiel liefert.

Diese Prozesse wirken sich fühlbar auf die betroffenen Länder aus. Das **Kapitel »Arbeitslosigkeit«** in diesem Atlas nennt Nordafrika als eines von vielen Beispielen dafür: Wenn der Westen im Zusammenhang mit dem Arabischen Frühling Versuche, eine erfolgreichere Wirtschaftspolitik zu installieren, blockiert, bekommt er in Form eines andauernden Einwanderungsdrucks nach Europa die Konsequenzen zu spüren.

Migration als Arbeitsmigration hat in vielen Fällen eine erhebliche wirtschaftliche Bedeutung für die Herkunftsländer der Migranten und ihrer Familien dort. Zu nennen sind dabei vor allem die Rücküberweisungen, deren Höhe nicht exakt zu messen ist. Der IWF schätzt, dass über 500 Milliarden US-Dollar pro Jahr auf diese Weise übertragen werden.

Die Zahl der Menschen, die als Arbeitsmigranten, zum Studieren oder als Flüchtlinge nicht im Land ihrer Herkunft leben, beträgt mit Stand 2019 etwa 272 Millionen, das sind 3,5 % der Weltbevölkerung. Dieser Anteil ist in den letzten Jahrzehnten leicht gestiegen. 1970 lag er noch bei 2,3 %.

Davon zu unterscheiden ist der Umfang der Migrations*bewegungen* innerhalb eines Jahres, also der Zahl an Menschen, die ihren Aufenthaltsort grenzüberschreitend ändern. Hier ist die weltweite Datenlage deutlich unvollständiger. Für eine genaue Erfassung müssten beispielsweise Einreisen und Ausreisen in gleicher Weise gemessen werden, was in vielen Ländern nicht geschieht. Man geht davon aus, dass im Jahr 2016 – ohne Berücksichtigung der Ausreisen – etwa sieben Millionen Menschen als Migranten in ein Mitgliedsland der OECD gezogen sind, davon etwa 1,7 Millionen nach Deutschland und etwa 1,2 Millionen in die USA. In dieser Zahl sind alle Zuzüge enthalten, also beispielsweise auch ausländische Pflegekräfte, die in ein Land kommen, um zu arbeiten, oder ausländische Studierende. Weniger als die Hälfte der 2016 nach Deutschland eingereisten 1,7 Millionen Menschen, nämlich 746.000, waren Flüchtlinge, die Asyl suchten – eine Zahl, die in den Folgejahren ab 2017 auf Werte unter 200.000 beziehungsweise unter 100.000 zurückgegangen ist.

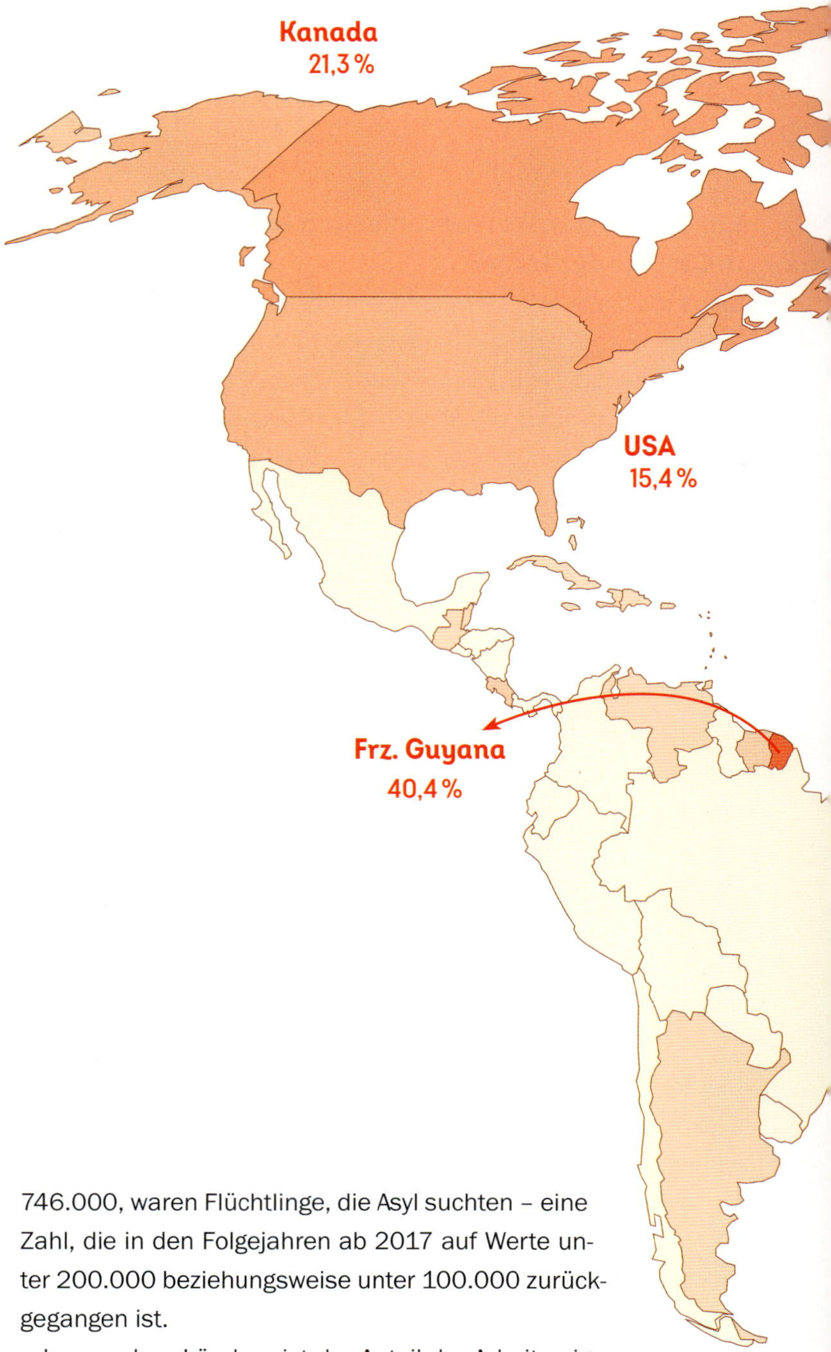

In manchen Ländern ist der Anteil der Arbeitsmigranten an der Bevölkerung sehr hoch (**Abbildung 12.8**), beispielsweise in Katar (78,7%). Das erhöht die Zahl der insgesamt in fremden Ländern lebenden Menschen stark: Arbeitsmigranten machen fast zwei Drittel davon aus.

Die Zahl der Flüchtlinge, die in einem fremden Land leben, ist in den genannten 272 Millionen Migranten enthalten. Mit Stand 2018 sind dies nach Schätzungen der Vereinten Nationen 25,9 Millionen Menschen. 20 Jahre zuvor lag die Zahl der Flüchtlinge noch bei 14 Millionen.

Zu den Ländern mit der größten absoluten Zahlen an Flüchtlingen gehören die Türkei, Jordanien und Palästina (**Abbildung 12.9**). Deutschland steht hier mit 1,4 Millionen an fünfter Stelle. Gemessen am Anteil der Flüchtlinge an der Bevölkerung liegt Deutschland mit 1,7 % allerdings nur auf Platz 9. Länder wie beispielsweise der Sudan, Tschad oder Schweden weisen deutlich höhere Anteile auf, ganz zu schweigen vom Libanon (22,8 %).

Abb. 12.8: Anteil internationaler Migranten an der Bevölkerung 2019

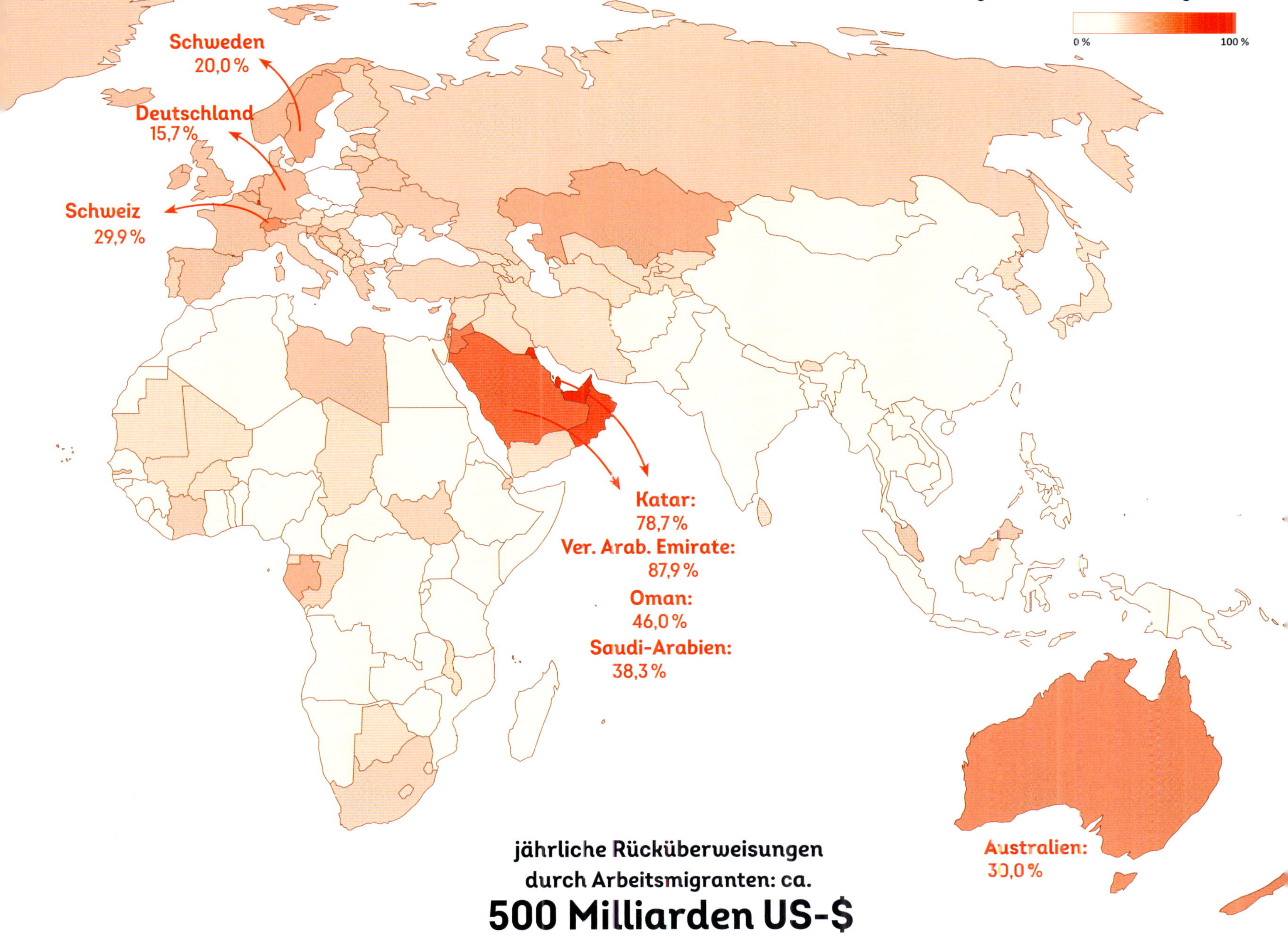

jährliche Rücküberweisungen durch Arbeitsmigranten: ca.

500 Milliarden US-$

272 Millionen Menschen leben nicht in ihrem Herkunftsland

davon rund **26** Millionen Flüchtlinge

entspricht **3,5 %** der Weltbevölkerung

Abb. 12.9: Flüchtlinge in 1.000 nach Ländern sowie Anteil der Flüchtlinge an der Einwohnerzahl 2017

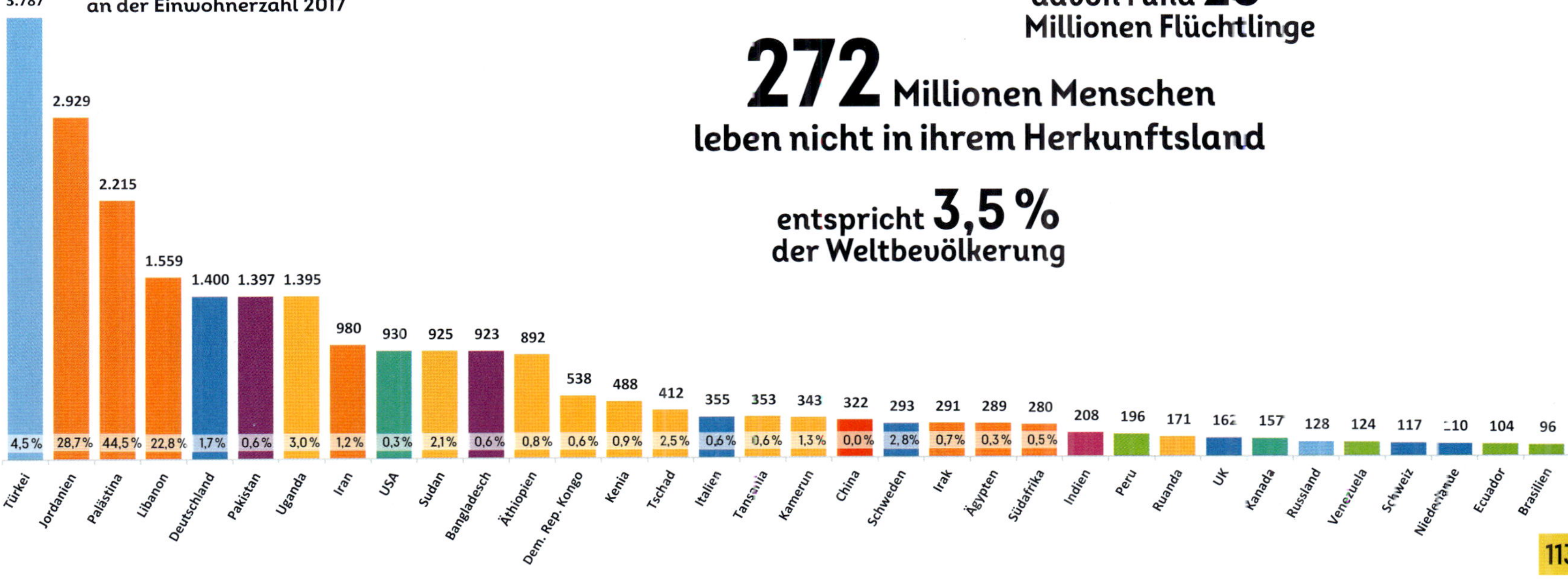

Können wir die Erwärmung der Erde aufhalten?

Kohle, Öl und Erdgas müssen überall auf der Welt im Boden bleiben

Auf der Welt wird es beständig wärmer. Seit dem Beginn der Industrialisierung bis heute ist die Welt-Durchschnittstemperatur um etwa ein Grad gestiegen (**Abbildung 13.1**). Schon jetzt und auch in Zukunft wird das eine Zunahme extremer Wetterereignisse wie Überflutungen, Dürren, Stürme und Hitzewellen zur Folge haben. Der Meeresspiegel steigt, der Anbau von Nahrungsmitteln wird erschwert, und das Gleichgewicht des Wasserhaushalts verschiebt sich. »Die Welt ist auf einem untragbaren Weg«, sagt selbst das Management von BP, einer der weltweit größten Öl- und Gasfirmen. Die Klimaforschung lässt keinen Zweifel daran, dass der Mensch für den Anstieg der durchschnittlichen Temperaturen auf der Welt verantwortlich ist. Er wird wesentlich durch die Emission von Treibhausgasen beeinflusst. Die beiden wichtigsten Treibhausgase sind Kohlenstoffdioxid (CO_2) und Methan (CH_4).

Kohlenstoffdioxid

Die Freisetzung von CO_2 treibt den Temperaturanstieg auf der Erde mehr als jede andere Aktivität des Menschen an. Dies geschieht insbesondere durch den zunehmenden Verbrauch fossiler Brennstoffe seit Beginn der Industriellen Revolution. Der CO_2-Gehalt in der Atmosphäre war während der letzten 2000 Jahre weitgehend stabil. Erst ab etwa 1850 lässt sich ein deutlicher, unnatürlicher Anstieg feststellen (**Abbildung 13.2**). CO_2-Messwerte aus Eisbohrkernen, die bis zu 800.000 Jahre zurückgehen, weisen lange Wellen mit Schwankungen des CO_2-Gehalts zwischen 175 ppm und 275 ppm auf. Doch was sich seit Mitte des letzten Jahrhunderts abspielt, hat es so zuvor noch nie gegeben: Der Anstieg vollzieht sich immer schneller und hat seit 2015 die Marke von 400 ppm überschritten. Dabei steht die Einheit »ppm« für »parts per million« (Teile pro Million Teile).

Neben dem Verbrauch fossiler Brennstoffe sind Änderungen in der Landnutzung und die Herstellung von Zement für die zunehmende Erderwärmung verantwortlich (**Abbildung 13.3**). Änderungen in der Landnutzung sind als Treiber des Klimawandels erst in letzter Zeit in das Bewusstsein gerückt. Die Bearbeitung von Waldboden oder Grünland für die landwirtschaftliche Nutzung wirkt sich fühlbar auf das Gleichgewicht zwischen Kohlenstofffreisetzung und Kohlenstoffspeicherung aus. Vor allem die Rodung von Wäldern hat einen erheblichen negativen Effekt.

Abb. 13.1: Weltweite Temperaturabweichung vom Durchschnitt 1961–1990 in Grad Celsius

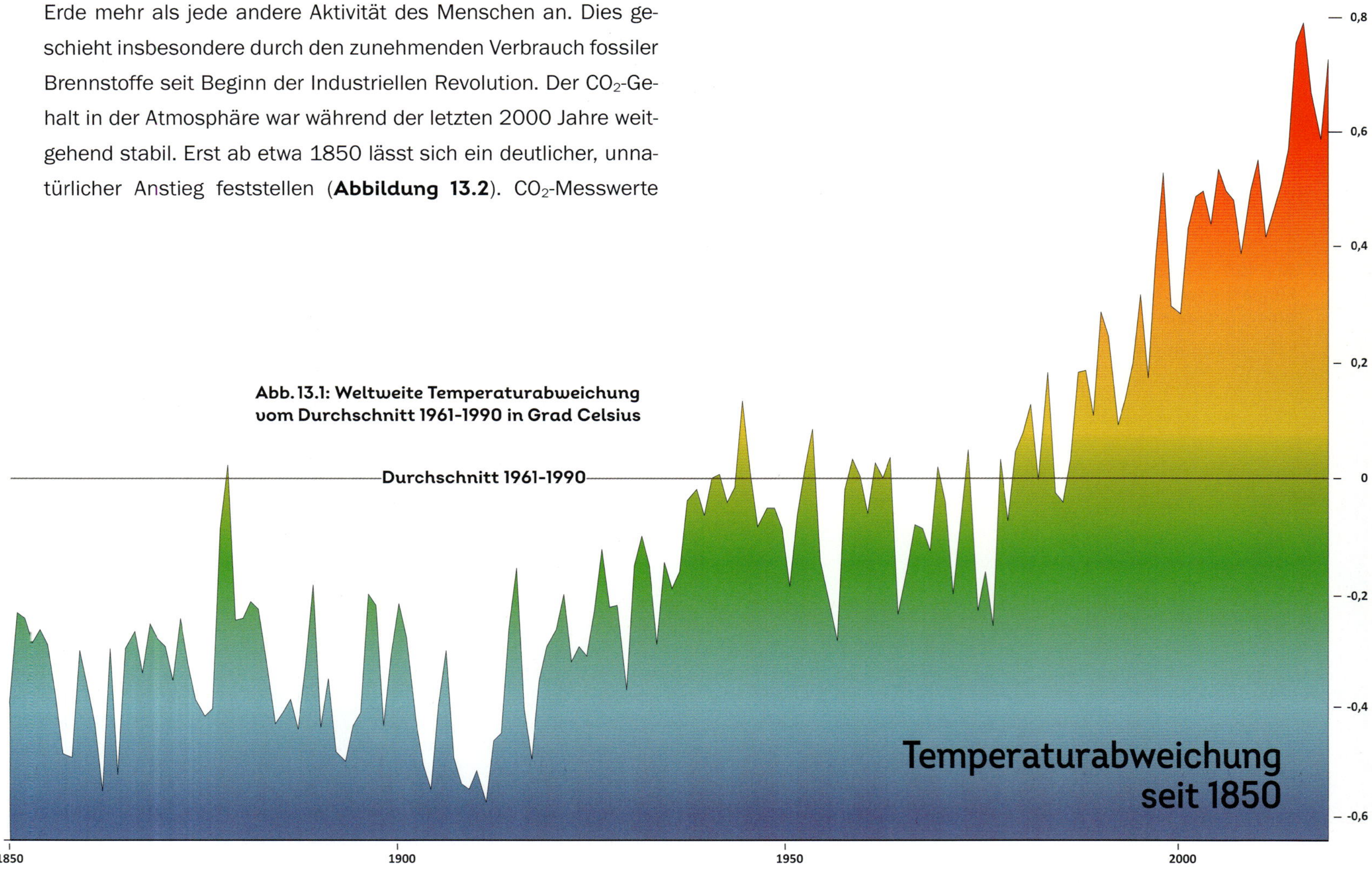

Die Zementherstellung erscheint in der Liste der Hauptverursacher von CO_2-Emissionen in der Welt an fünfter Stelle. Knapp 4 % des jährlichen CO_2-Ausstoßes entsteht durch die Produktion von Zement, für die Kalkstein benötigt wird. Durch das erforderliche Aufheizen von Brennöfen auf über 1.400 Grad entsteht je nach verwendeter Heiztechnologie viel CO_2. Hinzu kommt, dass beim Brennvorgang das im Kalk gebundene CO_2 freigesetzt wird.

Seit Mitte des 18. Jahrhunderts ist die weltweit pro Jahr ausgestoßene CO_2-Menge exponentiell gestiegen. Weil pro Jahr immer größere Mengen freigesetzt werden, entfällt die Hälfte der von Menschen induzierten CO_2-Emissionen seit Beginn der Industrialisierung auf die letzten 26 Jahre (**Abbildung 13.4**). Im langjährigen Mittel nahm der CO_2-Ausstoß um 3,1 % pro Jahr zu. Kurzzeitige Einbrüche dieser Wachstumsrate gab es in den Jahren der Weltwirtschaftskrise 1930 bis 1932, als Rückgänge von bis zu -10,7 % gegenüber dem jeweiligen Vorjahr gemessen wurden. Ebenfalls deutliche Einschnitte gab es 1945 nach Ende des Zweiten Weltkriegs (-16,1 %), 1981 im Zuge der zweiten Ölpreiskrise (-3,1 %) und 2009 im Zusammenhang mit der Finanzkrise (-2,6 %).

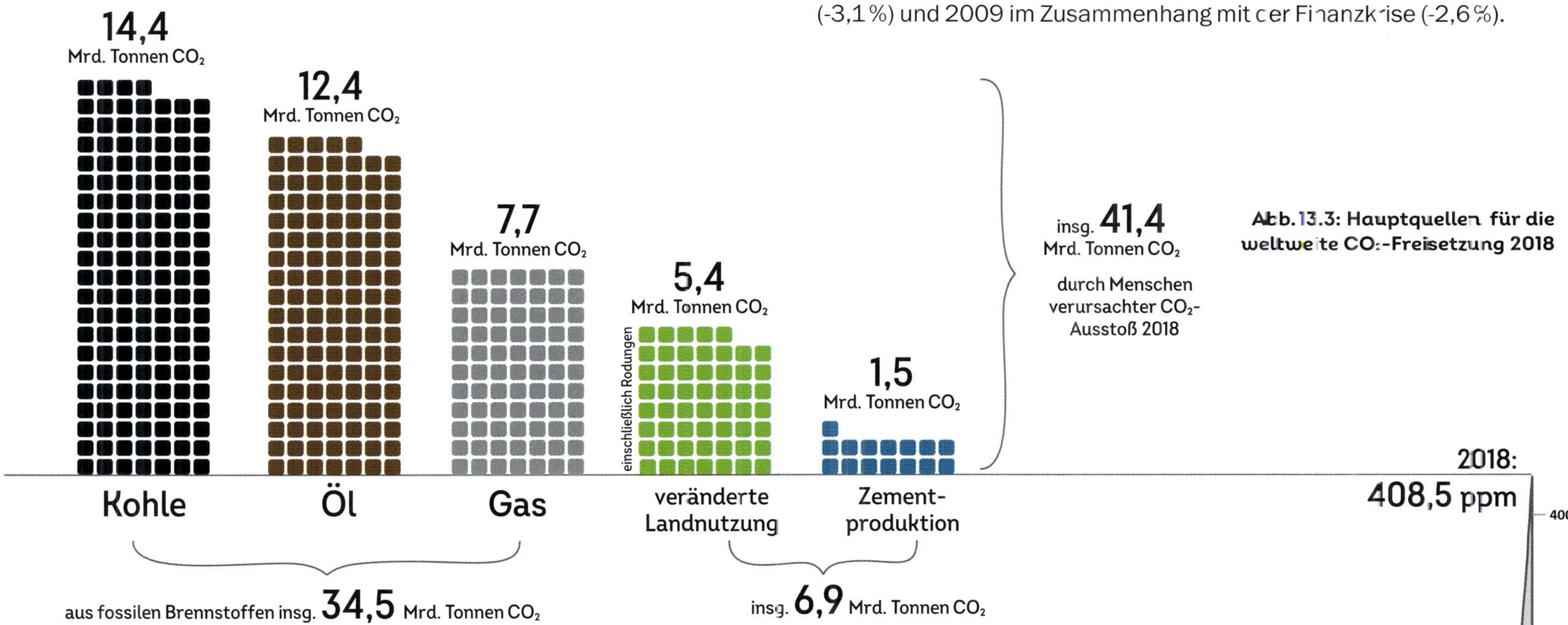

Abb. 13.3: Hauptquellen für die weltweite CO_2-Freisetzung 2018

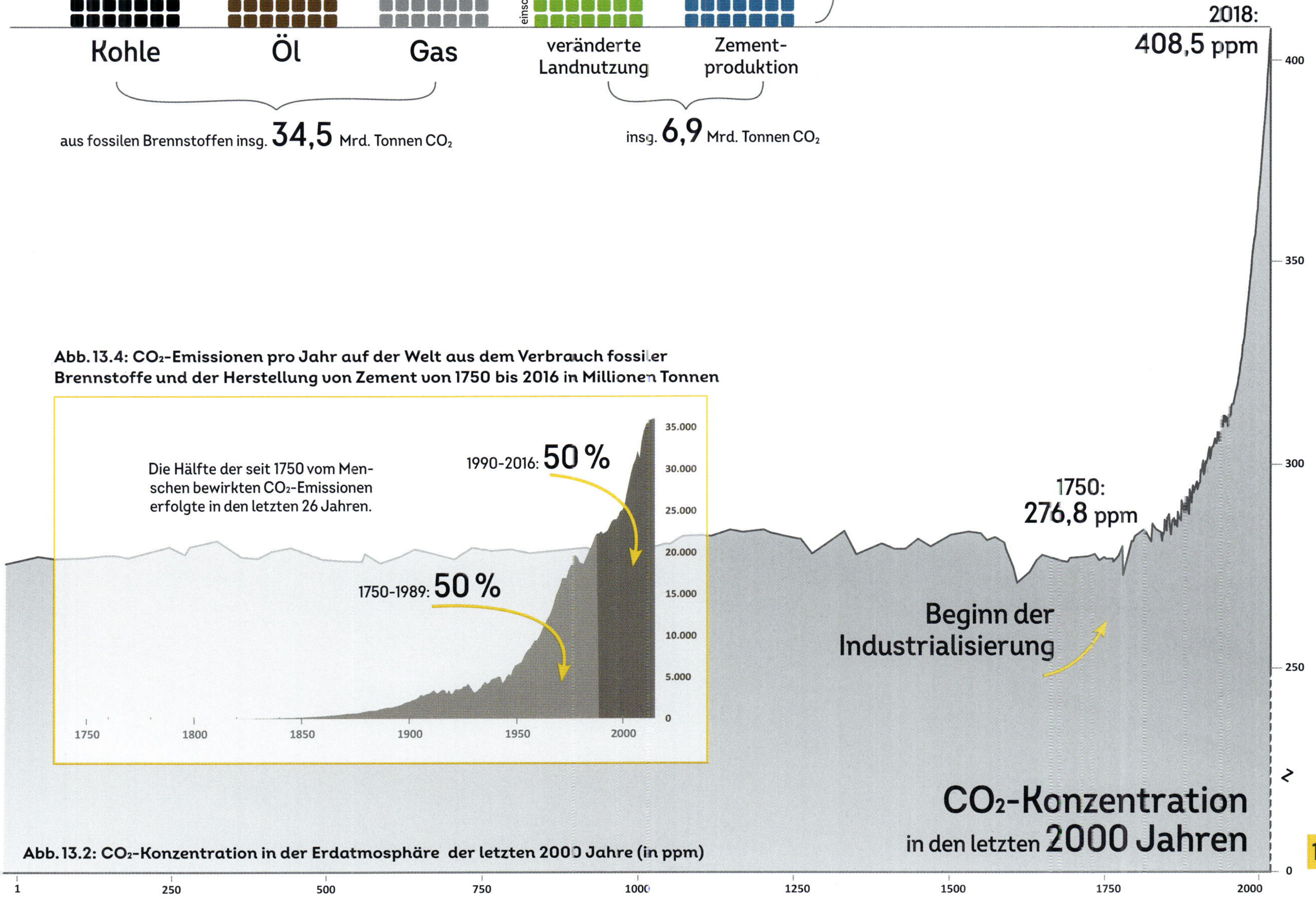

Abb. 13.4: CO_2-Emissionen pro Jahr auf der Welt aus dem Verbrauch fossiler Brennstoffe und der Herstellung von Zement von 1750 bis 2016 in Millionen Tonnen

Abb. 13.2: CO_2-Konzentration in der Erdatmosphäre der letzten 2000 Jahre (in ppm)

Auch das Jahr 2020 wird ein Jahr mit einem Rückgang der weltweit ausgestoßenen CO_2-Menge sein. Auslöser ist die Verbreitung des Corona-Virus (siehe **Sonderteil »Corona-Schock«**). Rund um den Globus hat die Corona-Pandemie gravierende wirtschaftliche Auswirkungen. Geparkte Flugzeuge in großer Zahl auf den Flughäfen illustrierten vor allem in der ersten Jahreshälfte den Rückgang der Reisetätigkeit. Ein gesamtwirtschaftlicher Nachfrageeinbruch führte in vielen Ländern zu Produktionsstill-legungen. Hinzu kamen Betriebsschließungen, die auf staatliche Anordnungen oder die Störung von Lieferketten zurückgingen. Der CO_2-Ausstoß nahm dadurch ab. Auswertungen von weltweiten Industrie- und Verkehrsdaten zeigen einen Rückgang des CO_2-Ausstoßes im ersten Halbjahr 2020 um -8,8 % gegenüber dem ersten Halbjahr 2019. Absolut entspricht das einer Verminderung um -1,55 Gigatonnen CO_2. Das ist in absoluten Zahlen der stärkste Rückgang, der weltweit seit dem Jahr 1900 je gemessen wurde. Besonders ausgeprägt war der Unterschied zwischen April 2020 und April 2019 (-16,9 %).

Ein Vergleich des weltweiten Wirtschaftswachstums (rote Kurve in **Abbildung 13.5**) und des weltweiten CO_2-Ausstoßes (gelbe Fläche) ergibt, dass zwar beide Kurven langfristig steigen, aber nicht im gleichen Tempo. Die CO_2-Emissionen nehmen seit der ersten Ölpreiskrise Mitte der 1970er-Jahre langsamer zu als die Güterproduktion. Eine Entkoppelung von Wirtschaftswachstum und CO_2-Ausstoß ist offenbar zumindest teilweise möglich. Alternative Technologien, die ohne fossile Brennstoffe auskommen, stehen zur Verfügung.

Methan

An zweiter Stelle der klimaschädlichen Gase steht Methan (CH_4). Zwar wird deutlich weniger Methan freigesetzt als CO_2, aber Methan ist über einen Zeithorizont von 100 Jahren etwa um den Faktor 28 klimaschädlicher als CO_2. 35 % bis 50 % des Methans in der Atmosphäre entstehen auf natürliche Weise, zum Beispiel in Sümpfen und Wäldern oder durch Termiten. Der restliche und damit größere Teil des Methan-Ausstoßes geht auf menschliche Aktivitäten zurück. Das sind insbesondere die Haltung von Wiederkäuern zur Nahrungsmittelproduktion, die Extraktion und der Verbrauch fossiler Brennstoffe (Entstehung von Grubengas), der Reisanbau und der Methan-Ausstoß von Deponien, speziell Müllhalden.

Abb. 13.5: weltweiter CO_2-Ausstoß (Index 1950 = 100 und absolute Menge) und reales BIP (Index 1950 = 100) sowie durchschnittliche jährliche Veränderungsraten getrennt nach Episoden des CO_2-Wachstums und -Rückgangs

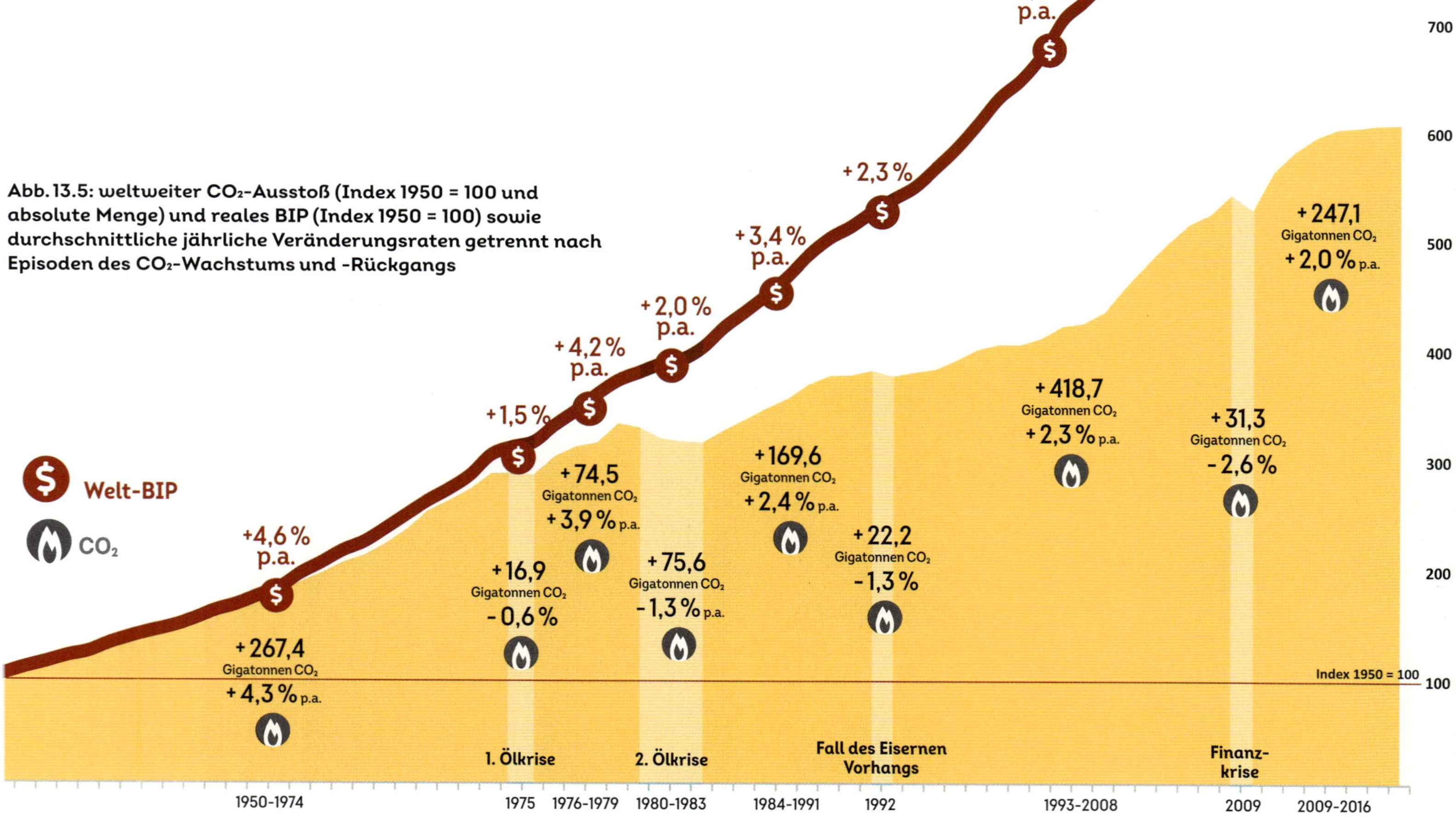

Notwendige Maßnahmen zur Erreichung des 1,5-Grad-Ziels

Die Brisanz der seit über 200 Jahren exponentiell wachsenden weltweiten CO_2-Emissionskurve liegt darin, dass zur Begrenzung der globalen Erwärmung nicht nur keine weitere Zunahme, sondern vielmehr ein absoluter Rückgang des jährlichen Ausstoßes von Treibhausgasen dringend erforderlich ist. Der zu beobachtende Trend, dass der jährliche Ausstoß von klimaschädlichen Gasen in der Welt fast durchgehend zunimmt, müsste gebrochen werden.

Das auch als Weltklimarat bezeichnete Intergovernmental Panel on Climate Change (IPCC) des Umweltprogramms der UN und der Weltorganisation für Meteorologie hat 2018 einen sogenannten 1,5-Grad-Bericht vorgelegt. Darin werden die erwarteten Folgen eines Anstiegs der Durchschnittstemperatur auf der Erde um 1,5 Grad Celsius über das Niveau von vor der Industrialisierung dargelegt sowie die erforderlichen Einschränkungen beim Ausstoß von Treibhausgasen, damit diese Temperaturzunahme von 1,5 Grad nicht überschritten wird.

Der Anstieg der Weltdurchschnittstemperatur um 1,0 Grad seit 1750 entfällt zu drei Vierteln auf die Zeit seit 1960. Der Temperaturanstieg verläuft linear zum messbaren Anstieg des Gehalts von CO_2 und anderer Treibhausgase in der Atmosphäre. Dieser Zusammenhang führt zum Konzept eines CO_2-Budgets, dessen Ausschöpfung die Welt immer näher kommt. Soll der maximale Anstieg der Temperatur auf 1,5 Grad begrenzt werden, so darf das CO_2-Budget nicht überschritten werden. Dazu muss der bisher beobachtete stetige Zuwachs an CO_2 gebremst und in den nächsten Jahren auf ein Netto-Wachstum von null heruntergefahren werden.

Ein *Netto*-Wachstum von null beim CO_2-Ausstoß lässt Raum für ein gewisses Maß an CO_2-freisetzenden Aktivitäten, wenn durch CO_2-Absorption an anderer Stelle sichergestellt ist, dass der CO_2-Gehalt der Atmosphäre insgesamt nicht mehr steigt.

Die **Abbildungen 13.6** und **13.7** aus dem 1,5-Grad-Bericht des IPCC illustrieren den notwendigen Rückgang der jährlichen CO_2-Emissionen auf der Welt in den nächsten Jahren. Je früher der jährliche Ausstoß auf Netto-Null sinkt, desto höher ist die Wahrscheinlichkeit, dass das 1,5-Grad-Ziel eingehalten werden kann.

Angekündigte Austritte der USA oder Brasiliens aus dem 2015 abgeschlossenen Pariser Abkommen haben einen ambitionierten und weltweiten Rückgang des CO_2-Ausstoßes bis 2040 oder 2055 auf Netto-Null durch konkrete und geeignete Maßnahmen nicht wahrscheinlicher gemacht.

Klimaereignisse und Wanderungsdruck

Die Aufheizung der Atmosphäre wird nach Berechnungen des *Institute for Economics & Peace* in den nächsten Jahrzehnten erhebliche ökologische Beeinträchtigungen in Ländern Afrikas, Südasiens und im Mittleren Osten nach sich ziehen. Küstengebiete, die nur knapp über dem Meeresspiegel liegen, werden von einem steigenden Spiegel der Weltmeere bedroht. Dazu gehören Teile Indiens, Chinas, Bangladesch, Vietnam, Indonesien und Thailand, aber auch Großstädte wie Alexandria in Ägypten und Den Haag in den Niederlanden. Hinzu kommen Bedrohungen auch in anderen Teilen der Welt durch extreme Wetterereignisse mit Überflutungen, Dürre und Stürmen. Vielfach sind diese Länder technisch und wirtschaftlich viel weniger als Europa und Nordamerika in der Lage, diese Bedrohungen ihrer Ernährungslage und Wasserversorgung aufzufangen. Konflikte und Kriege werden wahrscheinlicher, wenn eine geeignete globale Kooperation dem nicht entgegenwirkt. In Verbindung mit dem Bevölkerungswachstum dieser Länder baut sich hier ein Szenario von zunehmender Fluchtursachen und Wanderungsdruck auf, mit dem vor allem Europa konfrontiert sein wird.

Abb. 13.6: Erforderlicher Rückgang des CO_2-Ausstoßes in Milliarden Tonnen CO_2 pro Jahr bis 2040 oder 2050 auf Netto-Null

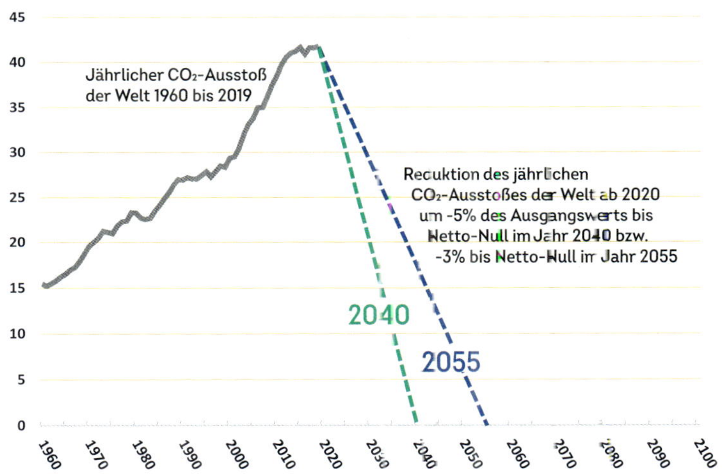

Abb. 13.7: Kumulierter CO_2-Ausstoß der Welt in Milliarden Tonnen CO_2 in Abhängigkeit vom Reduktionspfad bis 2040 oder bis 2055

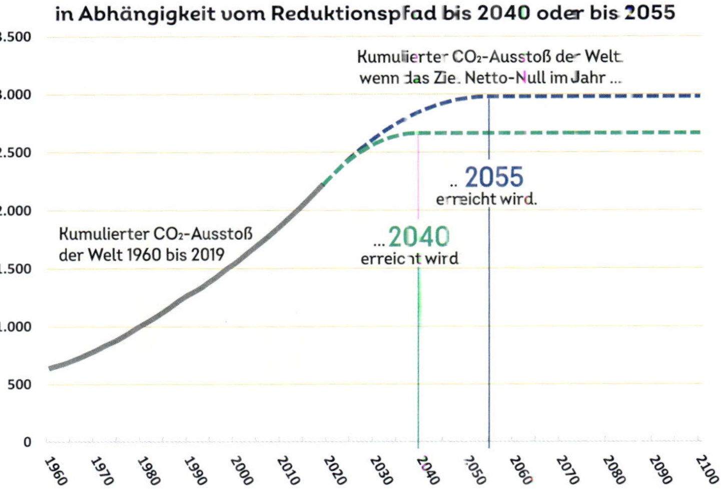

Die Rolle der Umweltpolitik

Ein Umsteuern in Richtung klimafreundlicher Produktion und klimafreundlichem Konsum (Dekarbonisierung) ist nicht kostenlos zu haben. Im deutschen Kohleausstiegsgesetz von 2020 wird dies deutlich: Die Abschaltung der Braunkohle- und Steinkohlekraftwerke in Deutschland bis 2038 wird erreicht, indem die Betreiber und die betroffenen Bundesländer hohe Entschädigungen erhalten. Die Politik kann außerdem versuchen, umweltfreundliche Energiequellen zu verbilligen und/oder die Umweltbelastung zu verteuern. Verschiedene Maßnahmen haben in Deutschland dazu geführt, dass der Anteil der Energiequellen Biomasse, Windkraft, Wasserkraft, Geothermie und Photovoltaik an der Bruttostromerzeugung von 6,4 % (2000) auf 39,9 % (2019) gestiegen ist (**Abbildung 13.8**). Korrespondierend dazu ist der Anteil, den Braunkohle, Steinkohle, Gase, Mineralöle und Kernkraft an der Bruttostromerzeugung haben, von 89,4 % (2000) auf 56,0 % (2019) zurückgegangen.

In Deutschland hat die Bundesregierung 2010 beschlossen, die Treibhausgasemissionen bis 2050 im Vergleich zum Stand von 1990 einen Wert zwischen 80 % und 95 % zu vermindern. Das Ausgangsjahr 1990 ist dabei aus deutscher Sicht wichtig, da es den Einbezug der umwelttechnisch rückständigen Anlagen der ehemaligen DDR mit ihren hohen Emissionen in das Basisjahr erlaubt. Trotz dieser vorteilhaften Ausgangssituation sind die deutschen Treibhausgas-Emissionen von 1990 bis 2019 im Durchschnitt (geometrisches Mittel) nur um 1,5 % zurückgegangen. Gemessen wird der Rückgang der Treibhausgasemissionen, indem man die verschiedenen klimaschädlichen Gase vergleichbar macht und dann addiert. Weil zum Beispiel ein Kilogramm Methan über einen Zeithorizont von 100 Jahren etwa 28-mal so stark zum Treibhauseffekt beiträgt wie ein Kilogramm CO_2, wird dieses Treibhausgas mit dem Faktor 28 in ein CO_2-Äquivalent umgerechnet. Entsprechend verfährt man mit allen Treibhausgasen und kann dann die Wirkungen addieren.

Würden die deutschen Emissionen 2020 Corona-bedingt um 7 % zurückgehen, was möglich ist, und danach ab 2021 jedes Jahr um dieselben 1,5 % wie bisher, so wäre 2050 in Deutschland ein Ausstoß von 474 Millionen Tonnen CO_2-Äquivalente erreicht, also ein Rückgang auf 38 % des Niveaus von 1990 beziehungsweise. 59 % des Niveaus von 2019. Das wäre nicht ausreichend. Es bleibt abzuwarten, ob die Maßnahmen des Klimaschutzprogramms 2030, das das Bundeskabinett im September 2019 auf den Weg gebracht hat, den Rückgang beschleunigen können. Erreicht werden soll 2030 laut Bundesregierung ein Emissionsniveau, das mindestens 55 % unter dem Wert von 1990 liegt und bis 2050 fast auf Null sinkt (**Abbildung 13.9**).

Dazu sieht das Klimaschutzprogramm 2030 neben anderen Maßnahmen zunächst eine feste Bepreisung von CO_2-Emissionen bei der Wärmeerzeugung und im Verkehr vor, die 2021 bis 2025 von 10 Euro je Tonne CO_2 auf 35 Euro je Tonne CO_2 steigt.

Eine wichtige Motivation für die ergriffenen Maßnahmen ist die Vorstellung, Deutschland könne und müsse international eine Vorbildrolle übernehmen. Denn wenn eine hochentwickelte Indus-

Abb. 13.8: Bruttostromerzeugung in Deutschland nach Energieträgern in Terawattstunden (TWh)

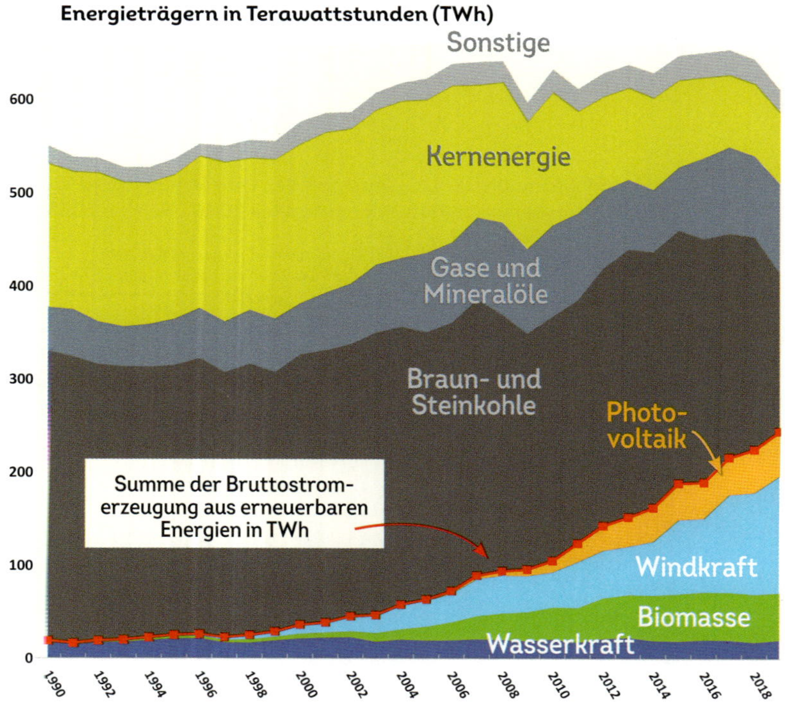

Abb. 13.9: Treibhausgas-Emissionen in Deutschland seit 1990 nach Verursachern in Millionen Tonnen CO_2-Äquivalenten

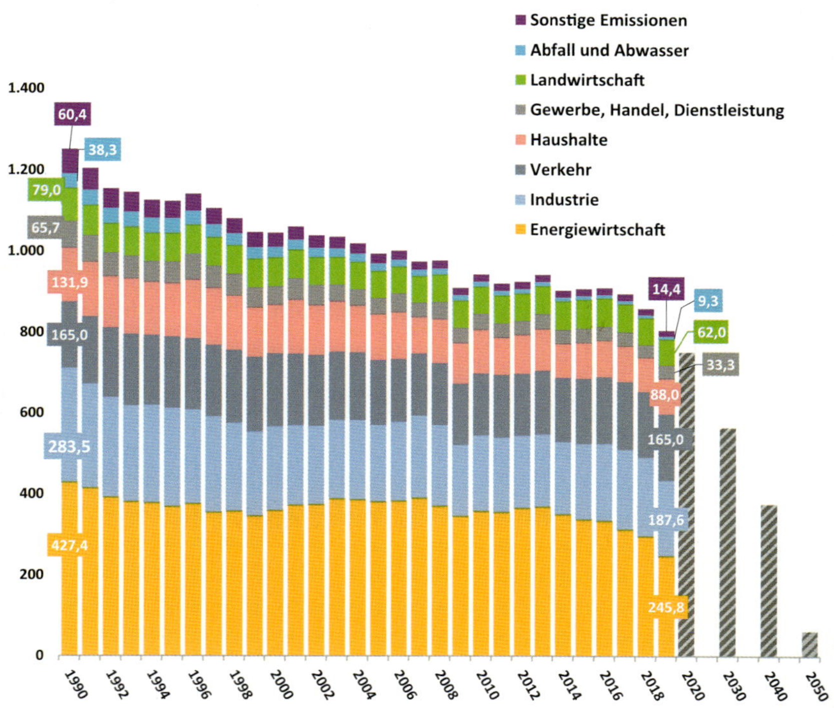

trienation wie Deutschland den schwierigen Spagat zwischen klimaneutralen Produktionsweisen und hohem Wohlstand erst einmal gemeistert hat, dann müssten sich andere Länder nur ähnlich verhalten, um ebenfalls positiv auf das Weltklima einzuwirken.

Und so versucht die deutsche Politik, die Dinge auf nationaler Ebene in die richtigen Bahnen zu leiten. Der Streit um den Bericht der Kohlekommission hat exemplarisch gezeigt, wie hart hier Interessen aufeinandertreffen und wie mühsam sich die Kompromissfindung gestaltet. Es geht einerseits um Fragen des Strukturwandels und seiner Abfederung in den betroffenen Regionen, andererseits um Überlegungen hinsichtlich der möglichen negativen Auswirkungen einer klimafreundlichen Energiepolitik auf die Wettbewerbsfähigkeit der deutschen Industrie. Die Politik muss für Maßnahmen zum Klimaschutz Mehrheiten finden – und das ist keine leichte Aufgabe.

Unerlässliche internationale Zusammenarbeit

Nur steht der Aufwand, mit dem das austarierte Bündel an Vorschlägen zum Kohleausstieg bis 2038 erstellt worden ist, in einem sehr schlechtem Verhältnis zu seiner tatsächlichen Wirkung für den Klimaschutz. **Abbildung 13.10** lässt sich entnehmen, dass allein der jährliche Zuwachs an Kohleverbrauch in China in den meisten Jahren zwischen 2002 und 2014 höher gewesen ist als der jährliche Kohleverbrauch insgesamt in Deutschland. Daraus folgt, dass eine international koordinierte Rückführung der CO_2-Emissionen im weltweiten Maßstab an erster Stelle stehen muss. Entscheidend ist, Angebot und Verbrauch fossiler Brennstoffe zu reduzieren, so dass Öl, Kohle und Gas im Boden bleiben.

Der Hebel dazu besteht zweifellos in der stetigen und zügigen weltweiten Verteuerung fossiler Brennstoffe. Der politische Wille, ein solches System rund um den Globus zu etablieren, ist jedoch praktisch nirgendwo zu erkennen.

Dabei sollten immerhin die drei großen Wirtschaftsakteure dieser Welt, Europa, die USA und China, ein hohes Eigeninteresse haben, den Klimaschutz spürbar und nicht nur symbolisch voranzubringen: Sie sind zunehmend selbst von extremen Wetterereignissen betroffen, der Zuwanderungsdruck zumindest auf Europa, teilweise auch auf die USA nimmt zu, und in China bedroht der Smog in den Großstädten die Gesundheit der Bürger. Verständigen sich die drei Akteure auf einen "Preisfahrplan", kann jedes einzelne Land nach nationalen Lösungen suchen, wie es seine Wirtschaft an diesen Fahrplan am besten anpasst, um die Folgen sozial ausgewogen zu verteilen.

Für die ärmeren Länder der Welt, die am meisten unter dem Klimawandel leiden, aber bislang noch kein Mindestmaß an Wohlstand für große Teile ihrer Bevölkerung erreichen konnten, ist es nur dann zumutbar und attraktiv, beim Klimaschutz mitzumachen, wenn die reichen Länder sie vor ausbeuterischem Handel und Währungsspekulation schützen und beim Aufbau eines produktiven Kapitalstocks, der auf Nachhaltigkeit ausgerichtet ist, unterstützen. Geschieht das nicht, wird es beim klimaschädigenden Verhalten wie der Abholzung von Wäldern und der Gewinnung und Verbrennung fossiler Brennstoffe dort bleiben.

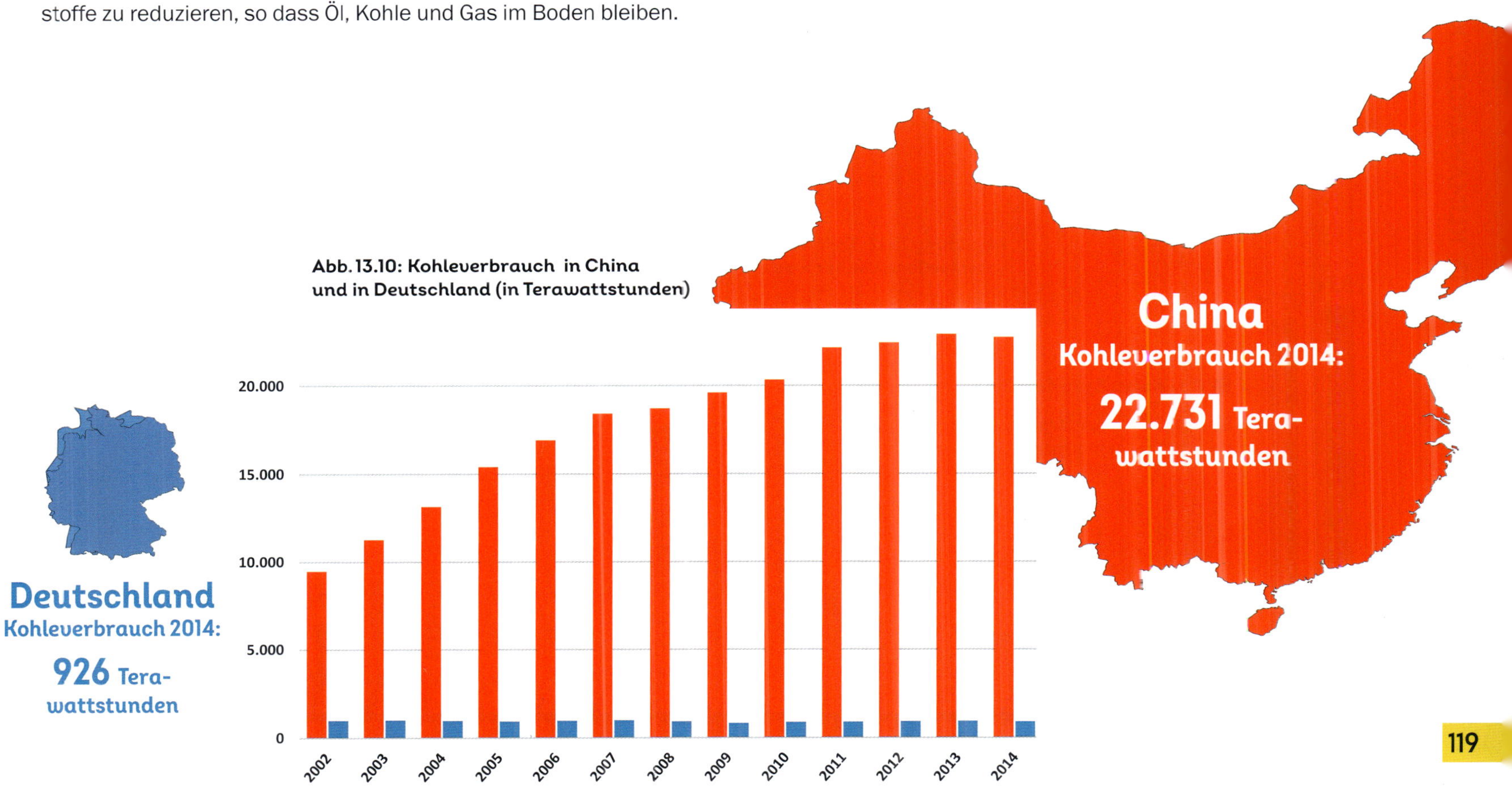

Abb. 13.10: Kohleverbrauch in China und in Deutschland (in Terawattstunden)

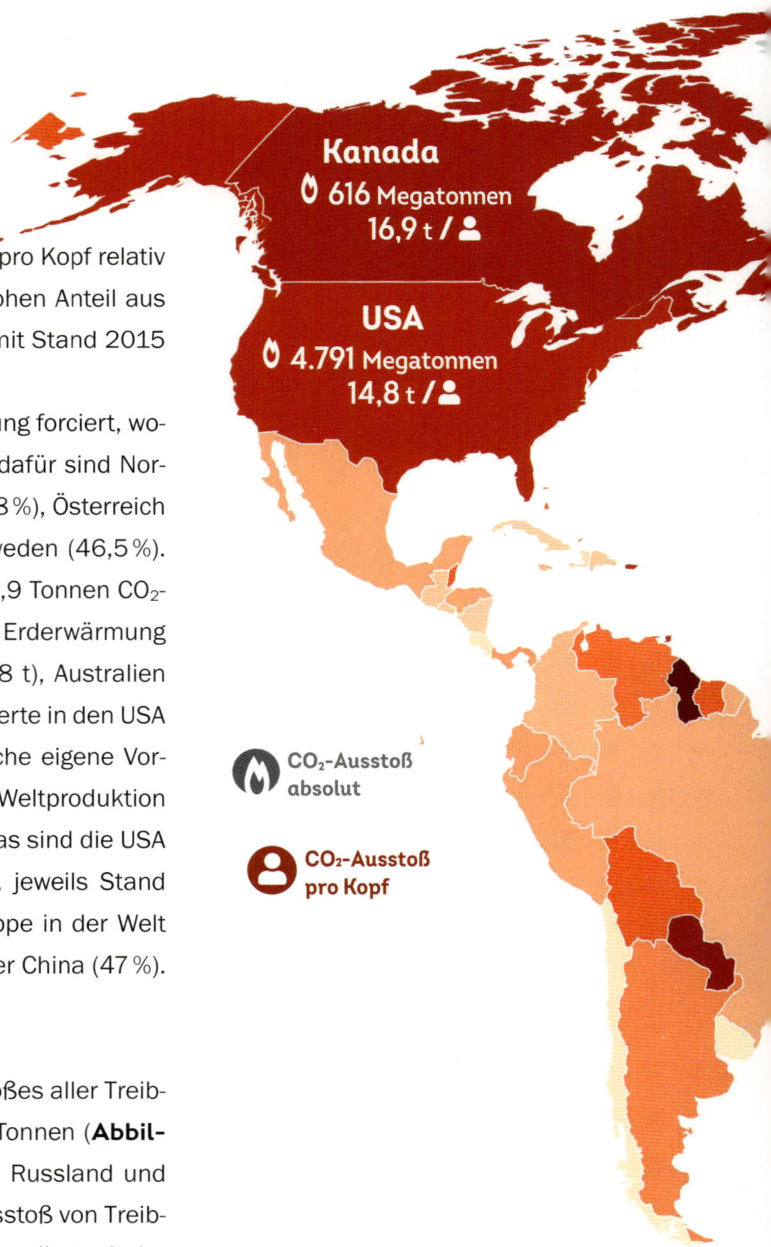

CO_2-Ausstoß pro Kopf

Der CO_2-Ausstoß pro Kopf weist erhebliche Unterschiede in den verschiedenen Länder der Welt auf. Das zeigt die Karte (**Abbildung 13.11**) auf diese Seite mit ihren unterschiedlichen Farbtönen: je dunkler das Rot, desto größer der Pro-Kopf-CO_2-Ausstoß. Einige Länder weisen beim CO_2-Ausstoß pro Kopf relativ niedrige Werte aus, verfügen aber in der Energieerzeugung über einen hohen Anteil aus Kernkraft. Ein extremes Beispiel aus dieser Kategorie ist Frankreich, das mit Stand 2015 einen Kernkraftanteil von 77 % hatte.

Bestimmte Länder haben den Einsatz von Wasserkraft zur Stromerzeugung forciert, wobei das entsprechende geografische Bedingungen voraussetzt. Beispiele dafür sind Norwegen (Anteil der Stromerzeugung aus Wasserkraft 95,8 %), Brasilien (61,8 %), Österreich (60 %), die Schweiz (57,9 %), Kanada (56,7 %), Angola (53,2 %) und Schweden (46,5 %). Trotz der genannten hohen Wasserkraftquote gehört Kanada 2017 mit 16,9 Tonnen CO_2-Ausstoß pro Kopf der Bevölkerung zu den Ländern, die besonders stark zur Erderwärmung beitragen. Noch höhere Werte weisen Kasachstan (13,3 t), die USA (14,8 t), Australien (13,4 t), Saudi-Arabien (17,1 t) und einige kleinere Länder auf. Die hohen Werte in den USA werden zum Teil sicherlich dadurch forciert, dass das Land über erhebliche eigene Vorkommen fossiler Brennstoffe verfügt. Die USA waren 2014 mit 15,1 % der Weltproduktion der größte Erdölförderer der Welt, noch vor Saudi-Arabien. Auch beim Erdgas sind die USA der größte Produzent (20,6 % der Weltförderung) vor Russland (17,0 %), jeweils Stand 2014. Bei der Kohleförderung gehören die USA ebenfalls zur Spitzengruppe in der Welt (9 % der Weltproduktion, Stand 2018), allerdings mit weitem Abstand hinter China (47 %).

Klimaschädliche Gase insgesamt

China liegt bei der auf CO_2-Äquivalente umgerechneten Summe des Ausstoßes aller Treibhausgase mit 11,6 Milliarden Tonnen auf Platz 1. Pro Kopf sind das 8,2 Tonnen (**Abbildung 13.12**). Zusammen produzieren die fünf Länder China, USA, Indien, Russland und Indonesien mehr als die Hälfte der weltweiten Klimagase. Der Pro-Kopf-Ausstoß von Treibhausgasen in China ist mehr als dreimal so groß wie in Indien. Das korrespondiert mit der wirtschaftlichen Leistungsfähigkeit Chinas, die pro Kopf mehr als doppelt so hoch ist wie in Indien (Tabelle 1.1, **Kapitel »Bruttoinlandsprodukt«**). Wenn Indien in Zukunft stark wachsen sollte und das Land beim Wohlstand relativ zum Rest der Welt ähnlich aufholt,

Abbildung 13.12: Treibhausgas-Ausstoß in CO_2-Äquivalenten für verschiedene Länder insgesamt (Megatonnen) und in Tonnen pro Kopf

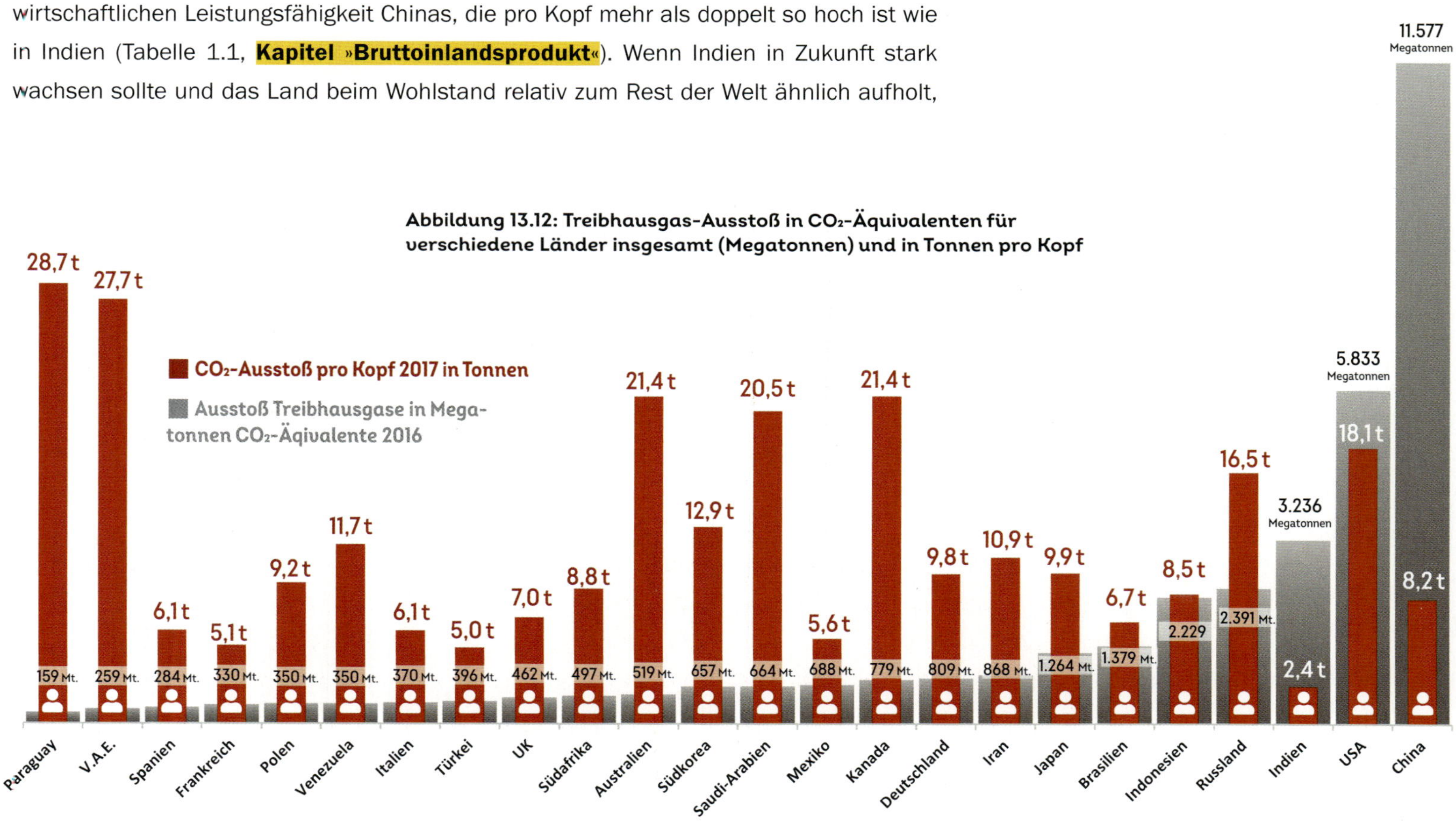

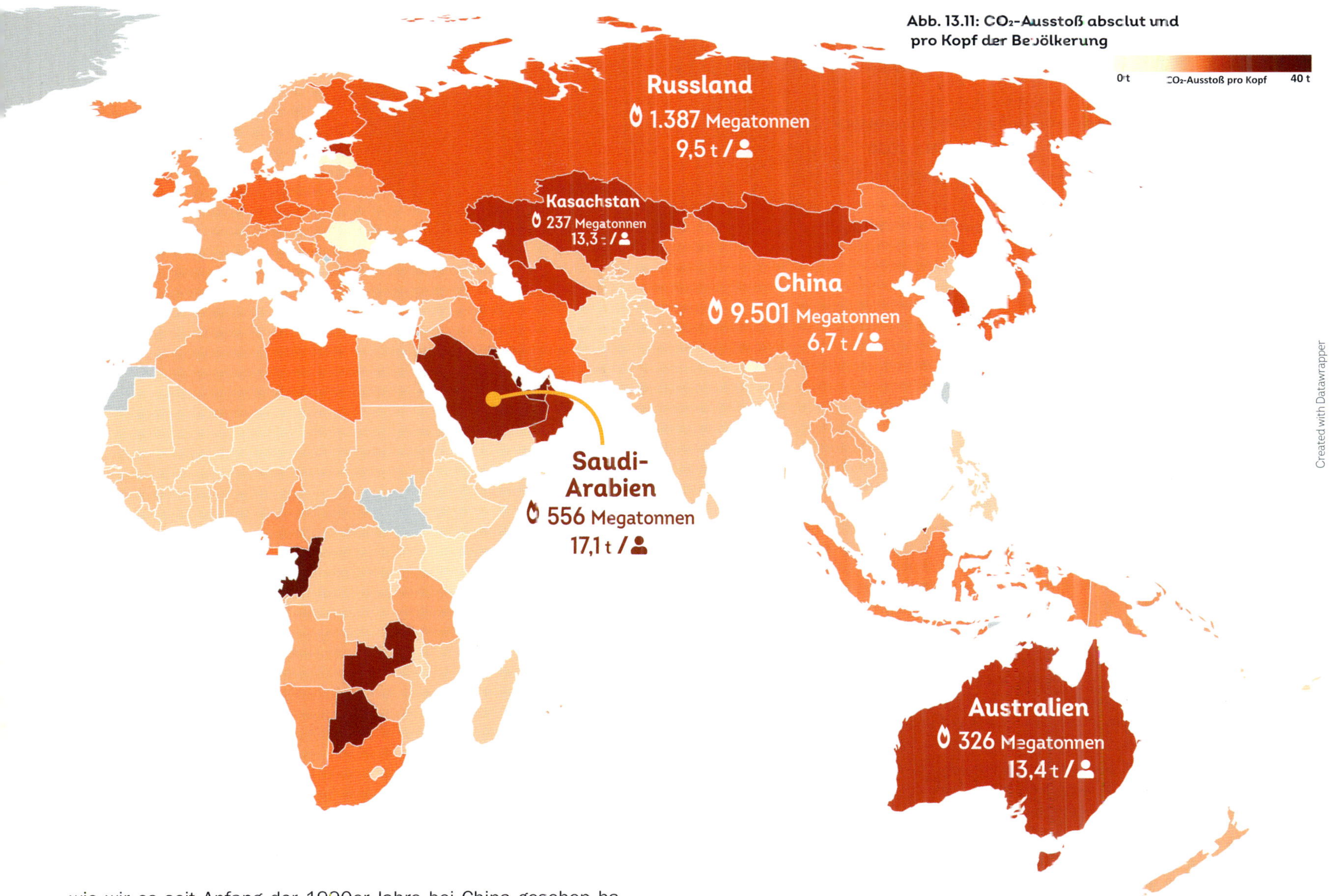

wie wir es seit Anfang der 1990er-Jahre bei China gesehen haben, muss die Weltgemeinschaft ein hohes Interesse daran haben, dass der Pro-Kopf-Ausstoß von Treibhausgasen nicht in gleicher Weise zunimmt – und natürlich in den USA, in China und in vielen anderen Ländern deutlich reduziert wird.

Klimakiller Reichtum

Die Weltkarte des Pro-Kopf-CO_2-Ausstoßes zeigt, dass reiche Länder mehr CO_2 freisetzen als arme Länder. Ein Forschungsprojekt, das von der weltweit tätigen OXFAM-Entwicklungshilfe-Organisation zusammen mit dem Stockholm Environment Institute durchgeführt wurde, hat diese Frage genauer untersucht (**Abbildung 13.13**). Danach verursachen die reichsten 10 % der Menschen auf der Welt durch ihren Konsum und ihre Lebensweise etwa 50 % der Welt-CO_2-Emissionen. Dieser Anteil ist von 1990 bis 2015 in etwa stabil geblieben. Absolut ist der CO_2-Ausstoß dieser Gruppe von 11,2 (1990) über 16,4 (2010) auf 17,2 Gigatonnen CO_2 (2015) gestiegen. Auf die 40 % der Weltbevölkerung, die in der Studie als mittlere Einkommensgruppe abgegrenzt werden, entfallen etwas über 40 % der Welt-CO_2-Emissionen mit leicht steigender Tendenz. Die einkommensmäßig ärmere Hälfte der Weltbevölkerung, also die »unteren« 50 %, hat seit 1990 einen Anteil zwischen 7 % und 8 % an den Welt-CO_2-Emissionen verursacht. Über die betrachteten 25 Jahre bleibt das Verhältnis konstant, dass die Gruppe der 10 % reichsten Menschen auf der Welt pro Kopf mehr als vier Mal so viel CO_2-Ausstoß verursacht als die mittleren 40 %. Im Vergleich zu den ärmsten 50 % sind es mehr als 30-mal so viel.

Abb. 13.13: Ungleichheit im Anteil am CO_2-Ausstoß entsprechend der Einkommensverteilung auf der Welt

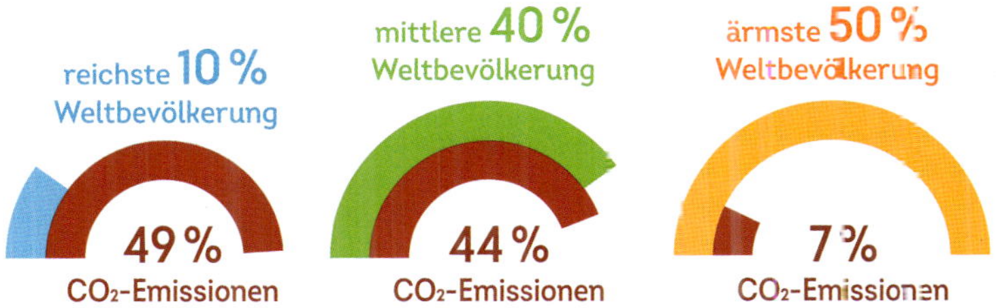

Die Einkommensgrenze, ab der man zu den reichsten 10 % der Weltbevölkerung gehört, liegt für 2015 bei 38.000 US-Dollar pro Jahr. Um Vergleichbarkeit zwischen Ländern herzustellen, wird dieser Wert mit Hilfe von Kaufkraftparitäten (PPP) berechnet und ist hier in konstanten PPP-Dollar für die Basis 2011 angegeben. Die Hälfte der Menschen auf der Welt, die zu dieser Gruppe der reichsten 10 % gehören, lebt in Europa und Nordamerika.

QUELLEN- UND ABBILDUNGSVERZEICHNIS

Q1: imf.org, World Economic Outlook April 2020 und Oktober 2019
Q2: ec.europa.eu, AMECO Datenbank, Stand Mai 2020
Q3: imf.org, System of National Accounts Statistics (SNA)
Q4: stats.bis.org
Q5: imf.org, International Financial Statistics (IFS)
Q6: ec.europa.eu/eurostat
Q7: stats.oecd.org, Quarterly National Accounts
Q8: statistik.arbeitsagentur.de
Q9: destatis.de
Q10: unstats.un.org, National Accounts
Q11: sdw.ecb.europa.eu
Q12: ilo.org/global/statistics-and-databases

Weltkarte S. 2-3: Die Länder der Welt
Datenbasis für regionale Zuordnung: data.worldbank.org/country
Gestaltung unter Verwendung von »World with Countries«, © Free Vector Maps. Umrisse einzelner Länder und Weltregionen im Heft basieren ebenfalls auf diesem Kartenmaterial.

1 BRUTTOINLANDSPRODUKT Seite 4

Abb. 1.1: Anteile der Weltregionen am Welt-BIP 2000 und 2019
Anteil des nominalen BIP in PPP-$ der Region bzw. des Landes am weltweiten BIP in PPP-$; 2000 ohne Afghanistan und Somalia; 2019 ohne Syrien; → Q1
Abb. 1.2: BIP pro Kopf in den großen Wirtschaftsnationen und der Eurozone
Nominales BIP in PPP-$ pro Kopf der Bevölkerung von 2000 bis 2019; → Q1, eigene Berechnungen
Abb. 1.3: BIP pro Kopf im Verhältnis zu den USA
Nominales BIP in PPP-$ pro Kopf der Bevölkerung des jeweiligen Landes bezogen auf den entsprechenden Wert der USA von 2000 bis 2019; → Q1, eigene Berechnungen
Abb. 1.4: Arbeitsstunden pro Erwerbstätigen und Jahr in den USA, der Eurozone und Deutschland
Anzahl der jährlich im Durchschnitt geleisteten Arbeitsstunden pro Erwerbstätigen von 2000 bis 2019; → Q2
S. 6/9: Angaben in den Länderumrissen:
Nominales BIP und nominales BIP in PPP-$ pro Kopf der Bevölkerung 2019; Eurozone: 19 Mitgliedstaaten; → Q1
Abb. 1.5: BIP pro Kopf in PPP-$ und Zunahme von 2000 bis 2019 in %
Nominales BIP in PPP-$ pro Kopf der Bevölkerung 2000 und 2019; 2000 ohne Afghanistan und Somalia; 2019 ohne Syrien; Zuwachsrate über den gesamten Zeitraum; → Q1, eigene Berechnungen
Tab. 1.1: BIP in Wirtschaftsregionen und einzelnen Ländern 2000 bis 2019
Geometrisches Mittel der realen Wachstumsraten des jeweils genannten Zeitraums berechnet aus preisbereinigtem BIP in Landeswährung; regionale Zusammenfassungen berechnet aus BIP in konstanten PPP-$ des Basisjahres 2011 und realen Wachstumsraten der einzelnen Länder; Afghanistan ab 2003, Kosovo und Liberia ab 2001, Somalia ab 2012; Syrien bis 2010;
nominales BIP und nominales BIP pro Kopf 2019 in PPP-$; 2019 ohne Syrien; → Q1, eigene Berechnungn

2 KONSUM Seite 10

Abb. 2.1: Anteile der Weltregionen am privaten und öffentlichen Konsum 2000 und 2019
Anteil des nominalen privaten Konsums (Ausgabenkonzept) der jeweiligen Region bzw. des jeweiligen Landes in PPP-$ am weltweiten privaten Konsum; 2000 ohne Afghanistan, Irak, Kosovo, Libyen und Venezuela; 2019 ohne Libyen, Syrien und Venezuela;
Anteil des nominalen öffentlichen Verbrauchs (Ausgabenkonzept) der jeweiligen Region bzw. des jeweiligen Landes in PPP-$ am weltweiten öffentlichen Verbrauch; 2000 ohne Afghanistan, Irak, Kosovo, Libyen, Venezuela und Simbabwe; 2019 ohne Libyen, Syrien und Venezuela; → Q3, am aktuellen Rand ergänzt mit Angaben → Q1 und → Q2, eigene Berechnungen
Abb. 2.2: privater Konsum und öffentlicher Verbrauch pro Kopf nach Weltregionen
Nominaler privater Konsum (Ausgabenkonzept) in PPP-$ pro Kopf der Bevölkerung 2000 und 2019; 2000 ohne Afghanistan, Irak, Kosovo, Libyen und Venezuela; 2019 ohne Libyen, Syrien und Venezuela;
Nominaler öffentlicher Verbrauch (Ausgabenkonzept) in PPP-$ pro Kopf der Bevölkerung 2000 und 2019; 2000 ohne Afghanistan, Irak, Kosovo, Libyen, Venezuela und Simbabwe; 2019 ohne Libyen, Syrien und Venezuela; → Q3, am aktuellen Rand ergänzt mit Angaben → Q1 und → Q2, eigene Berechnungen
Abb. 2.3: privater Konsum und öffentlicher Verbrauch pro Kopf in einzelnen Ländern
Nominaler privater bzw. öffentlicher Konsum (Ausgabenkonzept) in PPP-$ pro Kopf der Bevölkerung 2000 und 2019; → Q3, am aktuellen Rand ergänzt mit Angaben → Q1 und → Q2, eigene Berechnungen
Tab. 2.1: reales Wachstum des Konsums 2000-2010 und 2010-2019
Reale Wachstumsraten als geometrisches Mittel des jeweils genannten Zeitraums berechnet aus preisbereinigtem Konsum jeweils in Landeswährung, insgesamt und pro Kopf der Bevölkerung; regionale Zusammenfassungen berechnet aus Konsum in konstanten PPP-$ des Basisjahres 2011 und dessen realen Wachstumsraten in den einzelnen Ländern; wegen Datenlücken entfällt Berechnung der Regionen Zentralasien sowie Mittlerer Osten und Nordafrika und daher der Welt insgesamt; alle Regionen außer EU 28 und Eurozone: zweiter Zeitraum nur bis 2018; Europa und Nicht-EU-Europa: einschließlich Russland, ohne Türkei; Lateinamerika ohne Venezuela; für folgende Länder bezieht sich die Berechnung nur auf den Zeitraum bis 2018: Russland, Saudi-Arabien, China, Indien, Indonesien, Brasilien und Nigeria; → Q3, am aktuellen Rand ergänzt mit Angaben → Q1 und → Q2, eigene Berechnungen
Abb. 2.4: Konsumquoten weltweit 2000 und 2019 (privater Konsum und öffentlicher Verbrauch in % des BIP)
Nominaler Konsum in % des nominalen BIP, jeweils in Landeswährung; regionale Zusammenfassungen in PPP-$; Pfeillänge entspricht Quotenänderung; nach innen gerichtete graue Pfeile zeigen Rückgang der Quote 2019 gegenüber 2000 an; Lateinamerika ohne Venezuela; Mittlerer Osten und Nordafrika ohne Irak (2000), Libyen (2000, 2019) und Syrien (2019); Subsahara-Afrika ohne Zimbabwe (2000); Südasien ohne Afghanistan (2000); Welt entsprechend; → Q3, am aktuellen Rand ergänzt mit Angaben → Q1 und → Q2, eigene Berechnungen

3 INVESTITIONEN Seite 14

Abb. 3.1: Anteile der Weltregionen an den weltweiten Investitionen 2000 und 2019
Anteil der nominalen Bruttoinvestitionen in US-$ der jeweiligen Region an den weltweiten nominalen Bruttoinvestitionen in US-$; ohne Venezuela, Tunesien, Somalia, Mosambik, Türkei, Turkmenistan, Simbabwe, Usbekistan (2000), Kosovo (2000); → Q5, am aktuellen Rand ergänzt mit Informationen → Q1 und → Q2, eigene Berechnungen

Abb. 3.2: Investitionen in % des jeweiligen BIP in verschiedenen Ländern und Regionen 2000 und 2019
Nominale Bruttoinvestitionen in % des nominalen BIP in Landeswährung; regionale Zusammenfassungen auf US-$-Basis; ohne Venezuela, Tunesien, Somalia, Mosambik, Türkei, Turkmenistan, Simbabwe, Usbekistan (2000), Kosovo (2000); → Q5, am aktuellen Rand ergänzt mit Informationen → Q1 und → Q2, eigene Berechnungen

Abb. 3.3: Investitionen in den großen Wirtschaftsnationen und der Eurozone in Mrd. US-$ 2000 bis 2019
Nominale Bruttoinvestitionen in Mrd. US-$; → Q5, am aktuellen Rand ergänzt mit Informationen → Q1 und → Q2, eigene Berechnungen

Abb. 3.4: Investitionsquoten in Deutschland, Frankreich und UK
Nominale Bruttoinvestitionen in % des nominalen BIP in €; → Q5

Abb. 3.5: Investitionsquoten in Südeuropa
Nominale Bruttoinvestitionen in % des nominalen BIP in €; → Q5

Abb. 3.6: Investitionsquoten in Osteuropa
Nominale Bruttoinvestitionen in % des nominalen BIP in Landeswährung; → Q5

Abb. 3.7: Investitionsquoten in Amerika
Nominale Bruttoinvestitionen in % des nominalen BIP in Landeswährung; → Q5, am aktuellen Rand ergänzt → Q1 und → Q2, eigene Berechnungen

Abb. 3.8: Investitionsquoten in Asien
Nominale Bruttoinvestitionen in % des nominalen BIP in Landeswährung; → Q5, am aktuellen Rand ergänzt → Q1 und → Q2, eigene Berechnungen

Abb. 3.9: Investitionsquoten im Westen Afrikas
Nominale Bruttoinvestitionen in % des nominalen BIP in Landeswährung; → Q5, am aktuellen Rand ergänzt → Q1 und → Q2, eigene Berechnungen

Abb. 3.10: Investitionsquoten im Süden Afrikas
Nominale Bruttoinvestitionen in % des nominalen BIP in Landeswährung; → Q5, am aktuellen Rand ergänzt → Q1 und → Q2, eigene Berechnungen

Abb. 3.11: Investitionsquoten im Norden Afrikas
Nominale Bruttoinvestitionen in % des nominalen BIP in Landeswährung; → Q5, am aktuellen Rand ergänzt → Q1 und → Q2, eigene Berechnungen

Abb. 3.12: Investitionsquoten im Osten Afrikas
Nominale Bruttoinvestitionen in % des nominalen BIP in Landeswährung; → Q5, am aktuellen Rand ergänzt → Q1 und → Q2, eigene Berechnungen

Abb. 3.13: Investitionsquoten in Zentralafrika
Nominale Bruttoinvestitionen in % des nominalen BIP in Landeswährung; → Q5, am aktuellen Rand ergänzt → Q1 und → Q2, eigene Berechnungen

4 AUSSENHANDEL Seite 22

Abb. 4.1: Exporte, Importe und Leistungsbilanzsaldo in % des BIP 2019
Ex- und Importe von Waren und Dienstleistungen sowie Leistungsbilanzsaldo in % des BIP in Landeswährung; einzelne Länder: Leistungsbilanzsalden → Q1, Exporte, Importe und BIP → Q3, am aktuellen Rand ergänzt → Q2; Eurozone → Q11

Abb. 4.2: Exporte in % des BIP in den USA, China, Japan und der Eurozone von 2000 bis 2019
Exporte und BIP in Landeswährung; China, Japan und USA → Q3; 2019: USA und Japan → Q2, Eurozone → Q11

Abb 4.3: Exporte, Importe und Leistungsbilanzsaldo in % des BIP 2019
Ex- und Importe von Waren und Dienstleistungen sowie Leistungsbilanzsaldo in % des BIP in Landeswährung; Leistungsbilanzsalden → Q1, Exporte, Importe und BIP → Q3

Abb. 4.4: Exporte in % des BIP in Deutschland, Spanien, Italien und Frankreich von 2000 bis 2019
Exporte von Waren und Dienstleistungen und BIP in €, → Q3

Abb. 4.5: Außenbeitrag in US-$ pro Erwerbstätigen (Flächen) sowie in Mrd. US-$ (Linien) in den USA, China, Japan und der Eurozone
Erwerbstätige für Japan und China → Q5, für USA und Eurozone → Q2, aktueller Rand für Japan ergänzt → Q2; Außenbeitrag für USA, Japan und China → Q3, aktueller Rand ergänzt → Q2; Eurozone → Q11

Abb. 4.6: Außenbeitrag verschiedener Länder 2018
Von 2019 abweichende Stichjahre sind bei den jeweiligen Ländern angegeben. → Q3; Daten für Venezuela extrem widersprüchlich zu Angaben der Leistungsbilanzsalden, daher nicht aufgeführt

Abb. 4.7: Leistungsbilanzsaldo in % des BIP 2019
→ Q1; Daten für Venezuela extrem widersprüchlich zu Angaben des Außenbeitrags, daher nicht aufgeführt
Weltkarte erstellt mit DataWrapper

5 WERTSCHÖPFUNG Seite 28

Abb. 5.1: Anteil der Regionen an der in US-Dollar gemessenen Wertschöpfung der Welt 2000 und 2018
Anteil der nominalen, in US-$ berechneten Bruttowertschöpfung der jeweiligen Region an der weltweiten nominalen Bruttowertschöpfung; 2000 ohne Sudan; → Q10

Abb. 5.2: Umfang und Anteil der drei Sektoren an der weltweiten Wertschöpfung 2018
Nominale Bruttowertschöpfung des jeweiligen Sektors in US-$ und Anteil der nominalen Bruttowertschöpfung des jeweiligen Sektors an der weltweiten nominalen Bruttowertschöpfung; 2000 ohne Sudan; → Q10

Abb. 5.3: Wertschöpfung im Primärsektor: Anteile der Weltregionen 2000 und 2018
Anteil der nominalen, in US-$ berechneten Bruttowertschöpfung des Primärsektors der jeweiligen Region bzw. des jeweiligen Landes an der weltweiten nominalen Bruttowertschöpfung des Primärsektors; 2000 ohne Sudan; → Q10

Abb. 5.4: Nominale jährliche Wertschöpfung in US-$ pro Kopf im Primärsektor 2000 und 2018 und durchschnittliche jährliche Zuwachsrate
Nominale, in US-$ berechnete Bruttowertschöpfung des Primärsektors pro Kopf der Bevölkerung der jeweiligen Region bzw. des jeweiligen Landes; geometrisches Mittel der Zuwachsrate im Zeitraum 2000 bis 2018; 2000 ohne Sudan; → Q10; Bevölkerungsdaten → Q1

Abb. 5.5: Anteil des Primärsektors an der Wertschöpfung eines Landes oder einer Region
Anteil der nominalen Bruttowertschöpfung des Primärsektors an der gesamten nominalen Bruttowertschöpfung der jeweiligen Region bzw. des jeweiligen Landes; 2000 ohne Sudan; → Q10

Abb. 5.6: Wertschöpfung im Sekundärsektor: Anteile der Weltregionen 2000 und 2018
Anteil der nominalen, in US-$ berechneten Bruttowertschöpfung des Sekundärsektors der jeweiligen Region bzw. des jeweiligen Landes an der weltweiten nominalen Bruttowertschöpfung des Sekundärsektors; 2000 ohne Sudan; → Q10

Abb. 5.7: Nominale jährliche Wertschöpfung in US-$ pro Kopf im Sekundärsektor 2000 und 2018 und durchschnittliche jährliche Zuwachsrate
Nominale, in US-$ berechnete Bruttowertschöpfung des Sekundärsektors pro Kopf der Bevölkerung der jeweiligen Region bzw. des jeweiligen Landes; geometrisches Mittel der Zuwachsrate im Zeitraum 2000 bis 2018; 2000 ohne Sudan; → Q10; Bevölkerungsdaten → Q1

Abb. 5.8: Anteil des Sekundärsektors an der gesamten Wertschöpfung eines Landes oder einer Region
Anteil der nominalen Bruttowertschöpfung des Sekundärsektors an der gesamten nominalen Bruttowertschöpfung der jeweiligen Region bzw. des jeweiligen Landes; 2000 ohne Sudan; → Q10

Abb. 5.9: Wertschöpfung im Tertiärsektor: Anteile der Weltregionen 2000 und 2018
Anteil der nominalen, in US-$ berechneten Bruttowertschöpfung des Tertiärsektors der jeweiligen Region bzw. des jeweiligen Landes an der weltweiten nominalen Bruttowertschöpfung des Tertiärsektors; 2000 ohne Sudan; → Q10

Abb. 5.10: Nominale jährliche Wertschöpfung in US-$ pro Kopf im Tertiärsektor 2000 und 2018 und durchschnittliche jährliche Zuwachsrate
Nominale, in US-$ berechnete Bruttowertschöpfung des Tertiärsektors pro Kopf der Bevölkerung der jeweiligen Region bzw. des jeweiligen Landes; geometrisches Mittel der Zuwachsrate im Zeitraum 2000 bis 2018; 2000 ohne Sudan; → Q10; Bevölkerungsdaten → Q1

Abb. 5.11: Anteil des Tertiärsektors an der gesamten Wertschöpfung eines Landes oder einer Region
Anteil der nominalen Bruttowertschöpfung des Tertiärsektors an der gesamten nominalen Bruttowertschöpfung der jeweiligen Region bzw. des jeweiligen Landes; 2000 ohne Sudan; → Q10

6 ARBEITSLOSIGKEIT Seite 36

Abb. 6.1: Arbeitslosenquote in den großen Wirtschaftsnationen und der EU
Arbeitslose in % der Erwerbspersonen; für USA, Japan, Deutschland und EU 27 harmonisierte Arbeitslosenquoten → Q2; China → Q1

Abb. 6.2: Arbeitslosenquoten europäischer und zentralasiatischer Länder 2000 bis 2019
Arbeitslose in % der Erwerbspersonen; europäische Länder einschließlich Türkei → Q2; zentralasiatische Länder einschließlich Russland → Q1

Abb. 6.3: Arbeitslosenquoten nord- und südamerikanischer Länder 2000 bis 2019
Arbeitslose in % der Erwerbspersonen; für USA und Kanada harmonisierte Arbeitslosenquoten → Q2; übrige → Q1

Abb. 6.4: Arbeitslosenquoten südostasiatischer und pazifischer Länder 2000 bis 2019
Arbeitslose in % der Erwerbspersonen; Japan, Republik Korea, Australien und Neuseeland → Q2, Neuseeland: Wert für 2019 → Q1; Indien: Quote der Arbeitslosen und Unterbeschäftigten (15 Jahre und älter), Modellschätzung der ILO → Q12; übrige → Q1

Abb. 6.5: Arbeitslosenquoten nordafrikanischer Länder und von Ländern des Mittleren Ostens 2000 bis 2019
Arbeitslose in % der Erwerbspersonen; → Q1

Abb. 6.6: Arbeitslosenquoten von Ländern Subsahara-Afrikas 2000 bis 2019
Arbeitslose in % der Erwerbspersonen; → Q1

SONDERTEIL DER CORONA-SCHOCK UND DIE WELTWIRTSCHAFT Seite 44

S. 44/45: Angaben zur Corona-Inzidenz und -Sterblichkeit
ourworldindata.org/coronavirus, ecdc.europa.eu/en/covid-19-pandemic und www.who.int/emergencies/diseases/novel-coronavirus-2019/situation-reports

Abb. C.1: Veränderungsrate des preis- und saisonbereinigten BIP im 2. Quartal 2020 gegenüber dem 1. Quartal 2020 in % in verschiedenen Ländern
europäische Staaten: Vierteljährliche Volkswirtschaftliche Gesamtrechnungen (ESVG 2010) → Q6; Slowakei, Türkei, Russland und alle außereuropäischen Länder: Quarterly National Accounts → Q7

Abb. C.2: BIP in großen Wirtschaftsnationen und der EU 2007-2020 (preis-, kalender- und saisonbereinigt)
Index 2015 = 100; Werte für China: Umrechnung der saisonbereinigten vierteljährlichen Wachstumsraten gegen Vorquartal auf Index 2015 = 100; Eurozone → Q6; USA, Japan, China aus Quarterly National Accounts → Q7

Abb. C.3: BIP in ausgewählten Ländern 2007-2020 (preis-, kalender- und saisonbereinigt)
Index 2015 = 100; europäische Staaten: Vierteljährliche Volkswirtschaftliche Gesamtrechnungen (ESVG 2010) → Q6; Slowakei, Türkei, Russland und alle außereuropäischen Länder: Quarterly National Accounts → Q7

Abb. C.4: Industrieproduktion und BIP in Frankreich
Volumenindex der Industrieproduktion (2015 = 100) und Index des preisbereinigten BIP (2015 = 100); kalender- und saisonbereinigt; → Q7

Abb. C.5: Industrieproduktion und BIP in Italien
Volumenindex der Industrieproduktion (2015 = 100) und Index des preisbereinigten BIP (2015 = 100); kalender- und saisonbereinigt; → Q7

Abb. C.6: Industrieproduktion und BIP in Spanien
Volumenindex der Industrieproduktion (2015 = 100) und Index des preisbereinigten BIP (2015 = 100); kalender- und saisonbereinigt; → Q7

Abb. C.7: Industrieproduktion und BIP im Vereinigten Königreich
Volumenindex der Industrieproduktion (2015 = 100) und Index des preisbereinigten BIP (2015 = 100); kalender- und saisonbereinigt; → Q7

Abb. C.8: Industrieproduktion und BIP in Schweden
Volumenindex der Industrieproduktion (2015 = 100) und Index des preisbereinigten BIP (2015 = 100); kalender- und saisonbereinigt; → Q7

Abb. C.9: Industrieproduktion und BIP in der Türkei
Volumenindex der Industrieproduktion (2015 = 100) und Index des preisbereinigten BIP (2015 = 100); kalender- und saisonbereinigt; → Q7

Abb. C.10: Industrieproduktion und BIP in Tschechien
Volumenindex der Industrieproduktion (2015 = 100) und Index des preisbereinigten BIP (2015 = 100); kalender- und saisonbereinigt; → Q7

Abb. C.11: Industrieproduktion und BIP in Brasilien
Volumenindex der Industrieproduktion (2015 = 100) und Index des preisbereinigten BIP (2015 = 100); kalender- und saisonbereinigt; → Q7

Abb. C.12: Industrieproduktion und BIP in der Republik Korea
Volumenindex der Industrieproduktion (2015 = 100) und Index des preisbereinigten BIP (2015 = 100); kalender- und saisonbereinigt; → Q7

Abb. C.13: reales BIP, reale Industrieproduktion (Index 2015 = 100) und Arbeitslosigkeit in den USA und Deutschland (saisonbereinigt)
Volumenindex der Industrieproduktion (2015 = 100) und Index des preisbereinigten BIP (2015 = 100); Arbeitslose in Prozent der Erwerbspersonen, harmonisierte Quoten; kalender- und saisonbereinigt; → Q7; Arbeitslosenquote einschließlich vollzeitäquivalenter Kurzarbeit für Deutschland → Q8 und eigenen Berechnungen

Abb. C.14: Realisierte konjunkturelle Kurzarbeit in Deutschland (saisonbereinigt)
→ Q8; August 2020: eigene Berechnungen und Schätzung des durchschnittlichen Arbeitsausfalls der Kurzarbeitenden entsprechend fallendem Trend seit Frühsommer 2020 auf 35%

Abb. C.15: Arbeitslosigkeit in großen Wirtschaftsnationen und der EU
harmonisierte Arbeitslosenquoten; → Q6; gestrichelte Linie: Summe der Zahl der Arbeitslosen und der von der BfA auf Vollzeitstellen umgerechneter Zahl Kurzarbeiter der in Relation zur Summe der Zahl der Erwerbstätigen (die die Kurzarbeiter bereits enthält) und der Arbeitslosen, saisonbereinigte Werte, Umrechnung auf das Niveau der harmonisierten Arbeitslosenquote; → Q8 und eigene Berechnungen wie für Abb. C.14 angegeben

Abb. C.16: Industrieproduktion in den USA, Japan und der EU (preis-, kalender- und saisonbereinigt)
Volumenindex der Industrieproduktion (2015 = 100) und Index des preisbereinigten BIP (2015 = 100); → Q7

Abb. C.17: Auftragseingang im Verarbeitenden Gewerbe in Deutschland (preis-, kalender- und saisonbereinigt)
Volumenindex 2015 = 100; → Q9

Abb. C.18: Einzelhandelsumsatz in den USA, Japan und der EU (preis-, kalender- und saisonbereinigt)
Volumenindex 2015 = 100; → Q7

Abb. C.19: Einzelhandelsumsatz in großen Ländern der EU (preis-, kalender- und saisonbereinigt)
Volumenindex 2015 = 100; → Q6

Abb. C.20: Verbrauchervertrauen in den großen Wirtschaftsnationen und der Eurozone (saisonbereinigt)
Consumer Confidence Indicator (CCI) der OECD, Index standardisiert auf langjährigen Durchschnitt = 100; → Q7

Abb. C.21: Geschäftsklima in den großen Wirtschaftsnationen und der Eurozone (saisonbereinigt)
Business Confidence Indicator (BCI) der OECD; Index standardisiert auf langjährigen Durchschnitt = 100; → Q7

7 SPAREN UND VERSCHULDEN Seite 60

In allen Grafiken zu den Finanzierungssalden gilt: Finanzierungssaldo = verfügbares Einkommen – Konsumausgaben – Nettovermögenstransfers – Nettoinvestitionen.
Sektor private Haushalte: einschließlich Organisationen ohne Erwerbszweck; Sektor Unternehmen: nicht-finanzielle und finanzielle Unternehmen;

Abb. 7.1: Finanzierungssalden und reales BIP in Westdeutschland 1960 bis 1989
Salden: in % des Bruttosozialprodukts (BSP), Daten des Bundesfinanzministeriums (BMF) und der Deutschen Bundesbank, zugrunde liegende Einkommensdaten stützen sich auf das Inländerkonzept; Wachstumsrate des preisbereinigten BIP gegenüber Vorjahr in %; → Q2

Abb. 7.2: Finanzierungssalden und reales BIP in Deutschland 1991 bis 2019
Salden in % des BIP; 1995: Umbuchung von geschätzten 100 Mrd. Euro Schulden der Treuhandanstalt vom Staats- auf den Unternehmenssektor (funktionale statt kameralistische Abgrenzung); 2000: Umbuchung der UMTS-Lizenzeinnahmen des Staates in Höhe von 50,8 Mrd. Euro auf den Unternehmenssektor (funktionale statt kameralistische Abgrenzung); Wachstumsrate des preisbereinigten BIP gegenüber Vorjahr in %; → Q2, eigene Berechnungen

Abb. 7.3: Finanzierungssalden und reales BIP in Frankreich 1960 bis 2019
Salden in % des BIP, Wachstumsrate des preisbereinigten BIP gegenüber Vorjahr in %; → Q2

Abb. 7.4: Finanzierungssalden und reales BIP in Italien 1960 bis 2019
Salden in % des BIP, Wachstumsrate des preisbereinigten BIP gegenüber Vorjahr in %; → Q2, eigene Berechnungen

Abb. 7.5: Finanzierungssalden und reales BIP in Spanien 1961 bis 2019
Salden in % des BIP, Wachstumsrate des preisbereinigten BIP gegenüber Vorjahr in %; → Q2

Abb. 7.6: Finanzierungssalden und reales BIP in Portugal 1961 bis 2019
Salden in % des BIP, Wachstumsrate des preisbereinigten BIP gegenüber Vorjahr in %; → Q2

Abb. 7.7: Finanzierungssalden und reales BIP in den Niederlanden 1961 bis 2019
Salden in % des BIP, Wachstumsrate des preisbereinigten BIP gegenüber Vorjahr in %; → Q2, eigene Berechnungen

Abb. 7.8: Finanzierungssalden und reales BIP in Polen 1991 bis 2019
Salden in % des BIP, Wachstumsrate des preisbereinigten BIP gegenüber Vorjahr in %; → Q2, eigene Berechnungen

Abb. 7.9: Finanzierungssalden und reales BIP in Bulgarien 1991 bis 2019
Salden in % des BIP, Wachstumsrate des preisbereinigten BIP gegenüber Vorjahr in %; → Q2

Abb. 7.10: Finanzierungssalden und reales BIP im Baltikum 1994 bis 2019
Summe der Salden und des BIP für Estland, Lettland und Litauen in Euro; Salden in % des BIP, Wachstumsrate des preisbereinigten BIP gegenüber Vorjahr in %; → Q2, eigene Berechnungen

Abb. 7.11: Finanzierungssalden und reales BIP in den USA 1960 bis 2019
Salden in % des BIP, Wachstumsrate des preisbereinigten BIP gegenüber Vorjahr in %; → Q2

Abb. 7.12: Finanzierungssalden und reales BIP in Japan 1960 bis 2019
Salden in % des BIP, Wachstumsrate des preisbereinigten BIP gegenüber Vorjahr in %; → Q2, eigene Berechnungen

Abb. 7.13: Staatsschuldenquote in verschiedenen Ländern 2000 und 2019
Konsolidierte Verschuldung des Staates (Excessive deficit procedure auf Basis von ESA 2010) in % des nominalen BIP; Serbien: erster Wert für das Jahr 2001 statt 2000; → Q2

Abb. 7.14: Staatsschuldenquote in Griechenland, Portugal, Österreich, den Niederlanden, Deutschland, Frankreich, Italien, in osteuropäischen Ländern und im Baltikum 2000 und 2019
Konsolidierte Verschuldung des Staates (Excessive deficit procedure auf Basis von ESA 2010) in % des nominalen BIP; → Q2

8 PREISE Seite 72

Abb. 8.1: Inflationsraten 2010-2019 weltweit
Geometrisches Mittel der jährlichen Veränderungsraten der Verbraucherpreise zwischen 2010 und 2019; Höhe gemäß Farbskala; → Q1, eigene Berechnungen
Weltkarte erstellt mit DataWrapper

Abb. 8.2: Inflationsraten in den westlichen Industrieländern 2000-2019
jährliche Veränderungsraten der Verbraucherpreise; → Q1

Abb. 8.3: Inflationsraten in verschiedenen Ländern Afrikas 2000-2019
jährliche Veränderungsraten der Verbraucherpreise; → Q1

Abb. 8.4: Inflationsraten in Europa und Zentralasien 2000-2019
jährliche Veränderungsraten der Verbraucherpreise; geometrisches Mittel für die Jahre 2000 bis 2010 und 2010 bis 2019; → Q1

Abb. 8.5: Inflationsraten im Mittleren Osten und Nordafrika 2000-2019
jährliche Veränderungsraten der Verbraucherpreise; geometrisches Mittel für die Jahre 2000 bis 2010 und 2010 bis 2019; → Q1

Abb. 8.6: Inflationsraten in Subsahara-Afrika 2000-2019
jährliche Veränderungsraten der Verbraucherpreise; geometrisches Mittel für die Jahre 2000 bis 2010 und 2010 bis 2019; → Q1

Abb. 8.7: Inflationsraten in Südostasien und Pazifik 2000-2019
jährliche Veränderungsraten der Verbraucherpreise; geometrisches Mittel für die Jahre 2000 bis 2010 und 2010 bis 2019; → Q1
Abb. 8.8: Inflationsraten in Nord- und Südamerika 2000-2019
jährliche Veränderungsraten der Verbraucherpreise; geometrisches Mittel für die Jahre 2000 bis 2010 und 2010 bis 2019; → Q1

9 ZINSEN Seite 80

Abb. 9.1: Verschiedene Zinsen in der Eurozone und Deutschland nominal
Zentralbankzinssätze: Monatswerte umgerechnet in Jahresdurchschnittswerte; → Q4; kurzfristige Zinssätze: 3-Monats-Interbanken-Rate; → Q2; Zinssatz 10-jähriger Staatsanleihen; → Q2; Werte für die Eurozone: BIP-gewichtetes Mittel der Zinssätze der 19 Länder der Eurozone, 2000 und 2001 nur EWU 12
Abb. 9.2: Verschiedene Zinsen in den USA nominal
Zentralbankzinssätze: Monatswerte umgerechnet in Jahresdurchschnittswerte; → Q4; kurzfristige Zinssätze: 3-Monats-Interbanken-Rate; → Q2; Zinssatz 10-jähriger Staatsanleihen; → Q2
Abb. 9.3: Leitzinsen der Zentralbanken in China (PBC), in den USA (FED), der Eurozone (EZB) sowie Japan (BoJ) nominal
Monatswerte des Referenz-Jahreszinssatzes der jeweiligen Zentralbank; → Q4
Abb. 9.4: Leitzinsen der Zentralbanken in China (PBC), in den USA (FED), der Eurozone (EZB) sowie Japan (BoJ) real
Monatswerte des Referenz-Jahreszinssatzes der jeweiligen Zentralbank deflationiert mit dem Verbraucherpreisindex des Landes; → Q4
Abb. 9.5: Kurzfristige Zinsen in den USA, Japan und Europa nominal
3-Monats-Interbanken-Referenzzinssatz; → Q2
Abb. 9.6: Kurzfristige Zinsen in den USA, Japan und Europa real
3-Monats-Interbanken-Referenzzinssatz, deflationiert mit dem Deflator des privaten Verbrauchs; → Q2
Abb. 9.7: Langfristige Zinsen in den USA, Japan und Europa nominal
Zinssatz 10-jähriger Staatsanleihen; für 2000 und 2001 statt EU 27 Werte der EU 15 und statt EWU 19 Werte der EWU 12; → Q2
Abb. 9.8: Langfristige Zinsen in den USA, Japan und Europa real
Zinssatz 10-jähriger Staatsanleihen, deflationiert mit dem Deflator des privaten Verbrauchs; für 2000 und 2001 statt EU 27 Werte der EU 15 und statt EWU 19 Werte der EWU 12; → Q2
Abb. 9.9: Kurzfristige Zinsen in der Schweiz, UK und der Eurozone nominal
für UK und Eurozone 3-Monats-Interbanken-Referenzzinssatz; → Q2; für die Schweiz Leitzins der Zentralbank, da 2013 bis 2019 keine Daten zum 3-Monats-Interbanken-Referenzzinssatz verfügbar, Monatswerte umgerechnet auf Jahresdurchschnitte; → Q4
Abb. 9.10: kurzfristige Zinsen in Nordeuropa und der Eurozone nominal
für Eurozone, Dänemark und Schweden 3-Monats-Interbanken-Referenzzinssatz; → Q2; für Norwegen Leitzins der Zentralbank, da 2013 bis 2019 keine Daten zum 3-Monats-Interbanken-Referenzzinssatz verfügbar, Monatswerte umgerechnet in Jahresdurchschnittswerte; → Q4
Abb. 9.11 Kurzfristige Zinsen in der Eurozone, in Osteuropa und Zentralasien nominal
Monetary Policy-Related Interest Rate, Jahresdurchschnittswerte; → Q5
Abb. 9.12: Kurzfristige Zinsen in Lettland, Ungarn und der Eurozone nominal
3-Monats-Interbanken-Referenzzinssatz; → Q2
Abb. 9.13: Langfristige Zinsen in Lettland, Ungarn und der Eurozone nominal
Zinssatz 10-jähriger Staatsanleihen; für 2000 und 2001 statt EUW 19 Werte der EWU 12; → Q2
Abb. 9.14: Kurzfristige Zinsen in Südasien, Ostasien und im pazifischen Raum nominal
Monetary Policy-Related Interest Rate, Jahresdurchschnittswerte; → Q5
Abb. 9.15: Leitzinsen der Zentralbanken von Argentinien (BCAR), Brasilien (BCB) und USA (FED)
Monatswerte des Referenz-Jahreszinssatzes der jeweiligen Zentralbank, Jahresdurchschnittswerte; → Q4
Abb. 9.16: Kurzfristige Zinsen in Nord- und Südamerika nominal
Monetary Policy-Related Interest Rate, Jahresdurchschnittswerte; → Q5
Abb. 9.17: Kurzfristige Zinsen in Afrika und dem Mittleren Osten nominal
Monetary Policy-Related Interest Rate, Jahresdurchschnittswerte; → Q5

10 WECHSELKURSE Seite 88

Abb. 10.1: Reale effektive Wechselkurse für Japan und die USA
REER auf Basis der Verbraucherpreise, Währungskorb von 27 Ländern; → Q4
Abb. 10.2: Reale effektive Wechselkurse für die Eurozone und die USA
REER auf Basis der Verbraucherpreise, Währungskorb von 27 Ländern; die Werte für die Eurozone wurden von der BIZ für die Zeit vor der EWU für den Kreis der 11 Gründungsmitglieder bis 1964 zurück berechnet unter Heranziehung der jeweiligen nationalen Währungen wie D-Mark, Franc oder Lira; → Q4
Abb. 10.3: Reale effektive Wechselkurse für China und die USA
Für die USA REER auf Basis der Verbraucherpreise, Währungskorb von 27 und von 60 Ländern; für China REER auf Basis der Verbraucherpreise, Währungskorb von 60 Ländern; → Q4
Abb. 10.4: Wert des ungarischen Forint
NEER mit Währungskorb von 60 Ländern; REER mit Währungskorb von 60 Ländern auf Basis der Verbraucherpreise; → Q4; REER mit Währungskorb von 37 Ländern auf Basis der Lohnstückkosten; → Q2
Abb. 10.5: Wert des brasilianischen Real
NEER mit Währungskorb von 60 Ländern; REER mit Währungskorb von 60 Ländern auf Basis der Verbraucherpreise; Wechselkurs gegenüber dem US-Dollar: Jahresdurchschnittswerte; → Q4
Abb. 10.6: Wert des argentinischen Peso
NEER mit Währungskorb von 60 Ländern; REER mit Währungskorb von 60 Ländern auf Basis der Verbraucherpreise; Wechselkurs gegenüber dem US-Dollar: Jahresdurchschnittswerte; → Q4

11 LÖHNE Seite 94

Abb. 11.1: Nominallöhne 2019 in verschiedenen Ländern

Arbeitnehmerentgelt je abhängig Beschäftigten umgerechnet in PPP-$;
europäische Länder einschließlich Türkei und Russland sowie USA, Kanada, Mexiko, El Salvador, Australien, Neuseeland, Japan, Südafrika: Werte für 2019;
davon abweichendes Stichjahr:
Belarus 2015, Georgien 2018, Ukraine 2012, Israel 2018, Marokko 2011, Republik Korea 2018, Philippinen 2017, Malaysia 2015, Brasilien 2017, Kolumbien 2018, Chile 2015, Costa Rica 2016, Peru 2014, Dominikanische Republik 2013
Weltkarte erstellt mit DataWrapper

Abb. 11.2: Nominallöhne in verschiedenen Ländern der Welt 2000 und 2019

Arbeitnehmerentgelt je abhängig Beschäftigten umgerechnet in PPP-$;
europäische Länder einschließlich Türkei und Russland sowie USA, Kanada, Mexiko, Australien, Neuseeland, Japan, Südafrika: Werte 2000 und 2019;
davon abweichende Stichjahre:
* Israel 2000/2018, Republik Korea 2000/2018, Philippinen 2001/2017, Brasilien 2001/2017, Kolumbien 2001/2018
** Belarus 2013/2015, Georgien 2009/2018, Ukraine 2011/2012, Marokko 2010/2011, Malaysia 2010/2015, Chile 2013/2015, Costa Rica 2005/2016, Peru 2007/2014, Dominikanische Republik 2007/2013, El Salvador 2009/2019

Abb. 11.3: jahresdurchschnittliches Wachstum der Reallöhne und der Verbraucherpreise für den Zeitraum 2000 bis 2019 in verschiedenen Ländern

geometrisches Mittel der Wachstumsraten des mit Verbraucherpreisen deflationierten Arbeitnehmerentgelts je abhängig Beschäftigten über den Zeitraum, für den jeweils Daten vorliegen, sowie geometrisches Mittel der Wachstumsraten der Verbraucherpreise im jeweils gleichen Zeitraum;
europäische Länder einschließlich Türkei und Russland sowie USA, Kanada, Mexiko, Australien, Neuseeland, Japan, Südafrika: Werte 2000 und 2019;
davon abweichende Zeiträume:
* Israel 2000-2018, Republik Korea 2000-2018, Philippinen 2001-2017, Brasilien 2001-2017, Kolumbien 2001-2018
** Belarus 2013-2015, Georgien 2009-2018, Ukraine 2011-2012, Marokko 2010-2011, Malaysia 2010-2015, Chile 2013-2015, Costa Rica 2005-2016, Peru 2007-2014, Dominikanische Republik 2007-2013, El Salvador 2009-2019

Abb. 11.4: Inflation und Lohnstückkostenwachstum in 19 Industrieländern, 1970-1990

geometrisches Mittel der Wachstumsraten der Verbraucherpreise und geometrisches Mittel der Wachstumsraten der Lohnstückkosten jeweils über den Zeitraum 1970 bis 1990;
Lohnstückkosten: Arbeitnehmerentgelt je abhängig Beschäftigten in Relation zu preisbereinigtem BIP je Erwerbstätigen;
Belgien, Dänemark, Deutschland, Finnland, Frankreich, Griechenland, Irland, Italien, Japan, Kanada, Luxemburg, Niederlande, Norwegen, Österreich, Portugal, Schweden, Spanien, UK, USA; → Q2

Abb. 11.5: Inflation und Lohnstückkostenwachstum in 21 Industrieländern, 1990-2019

geometrisches Mittel der Wachstumsraten der Verbraucherpreise und geometrisches Mittel der Wachstumsraten der Lohnstückkosten jeweils über den Zeitraum 1970 bis 1990;
Lohnstückkosten: Arbeitnehmerentgelt je abhängig Beschäftigten in Relation zu preisbereinigtem BIP je Erwerbstätigen;
Belgien, Dänemark, Deutschland, Finnland, Frankreich, Griechenland, Irland, Island, Italien, Japan, Kanada, Luxemburg, Niederlande, Norwegen, Österreich, Portugal, Schweden, Schweiz, Spanien, UK, USA; → Q2

Abb. 11.6: Inflation und Lohnstückkostenwachstum in 10 europäischen Transformationsländern, Russland, der Türkei und Deutschland, 2000-2019

geometrisches Mittel der Wachstumsraten der Verbraucherpreise und geometrisches Mittel der Wachstumsraten der Lohnstückkosten jeweils über den Zeitraum 1970 bis 1990;
Lohnstückkosten: Arbeitnehmerentgelt je abhängig Beschäftigten in Relation zu preisbereinigtem BIP je Erwerbstätigen;
Bulgarien, Deutschland, Estland,Lettland, Litauen, Polen, Rumänien, Russland, Slowakei, Slowenien, Tschechien, Türkei, Ungarn; → Q2

Abb. 11.7: Inflation und Lohnstückkostenwachstum in 16 außereuropäischen Ländern in verschiedenen Zeiträumen

geometrisches Mittel der Wachstumsraten der Verbraucherpreise und geometrisches Mittel der Wachstumsraten der Lohnstückkosten jeweils über den Zeitraum 1970 bis 1990;
Lohnstückkosten: Arbeitnehmerentgelt je abhängig Beschäftigten in Relation zu preisbereinigtem BIP je Erwerbstätigen;
Australien (2000-2019), Brasilien (2001-2017), Chile (2013-2015), Costa Rica (2005-2016), Dominikanische Republik (2007-2013), El Salvador (2009-2019), Israel (2000-2018), Kolumbien (2001-2018), Malaysia (2010-2015), Mexiko (2000-2019), Neuseeland (2000-2019), Peru (2007-2014), Philippinen (2001-2017), Republik Korea (2000-2018), Südafrika (2000-2019), USA (2000-2019)

Quellen zu den in Kapitel 11 verwendeten Daten:
die verwendeten Kaufkraftparitäten (PPP-$) für alle Länder → **Q1**;
Arbeitnehmerentgelte, Beschäftigtendaten, Verbraucherpreise, Arbeitsproduktivität für alle europäischen Länder einschließlich Türkei → Q2;
Australien: Arbeitnehmerentgelte, Beschäftigtendaten, Verbraucherpreise, Arbeitsproduktivität → Q2
Belarus: Arbeitnehmerentgelte → **Q5**, Beschäftigtendaten → **Q12**, Verbraucherpreise → **Q1**, Arbeitsproduktivität → **Q5**
Brasilien: Arbeitnehmerentgelte → **Q7**, Beschäftigtendaten → **Q7**, Verbraucherpreise → **Q1**, Arbeitsproduktivität → **Q5**
Chile: Arbeitnehmerentgelte → **Q7**, Beschäftigtendaten → **Q7**, Verbraucherpreise → **Q1**, Arbeitsproduktivität → **Q5**
Costa Rica: Arbeitnehmerentgelte → **Q7**, Beschäftigtendaten → **Q7** und 12, Verbraucherpreise → **Q1**, Arbeitsproduktivität → **Q5**
Dominik.Rep.: Arbeitnehmerentgelte, Beschäftigtendaten → **Q12**, Verbraucherpreise → **Q1**, Arbeitsproduktivität → **Q5**
El Salvador: Arbeitnehmerentgelte, Beschäftigtendaten → **Q12**, Verbraucherpreise → **Q1**, Arbeitsproduktivität → **Q5**
Georgien: Arbeitnehmerentgelte → **Q5**, Beschäftigtendaten → **Q12**, Verbraucherpreise → **Q1**, Arbeitsproduktivität → **Q5**
Israel: Arbeitnehmerentgelte → **Q7**, Beschäftigtendaten → **Q7**, Verbraucherpreise → **Q1**, Arbeitsproduktivität → **Q5**
Japan: Arbeitnehmerentgelte, Beschäftigtendaten, Verbraucherpreise, Arbeitsproduktivität → Q2
Kanada: Arbeitnehmerentgelte, Beschäftigtendaten, Verbraucherpreise, Arbeitsproduktivität → Q2
Kolumbien: Arbeitnehmerentgelte → **Q7**, Beschäftigtendaten → **Q7**, Verbraucherpreise → **Q1**, Arbeitsproduktivität → **Q5**
Malaysia: Arbeitnehmerentgelte, Beschäftigtendaten → **Q12**, Verbraucherpreise → **Q1**, Arbeitsproduktivität → **Q5**
Marokko: Arbeitnehmerentgelte → **Q7**, Beschäftigtendaten → **Q12**, Verbraucherpreise → **Q1**, Arbeitsproduktivität → **Q5**
Mexiko: Arbeitnehmerentgelte, Beschäftigtendaten, Verbraucherpreise, Arbeitsproduktivität → Q2
Neuseeland: Arbeitnehmerentgelte, Beschäftigtendaten, Verbraucherpreise, Arbeitsproduktivität → Q2
Peru: Arbeitnehmerentgelte → **Q7**, Beschäftigtendaten → **Q12**, Verbraucherpreise → **Q1**, Arbeitsproduktivität → **Q5**
Philippinen: Arbeitnehmerentgelte, Beschäftigtendaten → **Q12**, Verbraucherpreise → **Q1**, Arbeitsproduktivität → **Q5**
Republik Korea: Arbeitnehmerentgelte, Beschäftigtendaten, Verbraucherpreise, Arbeitsproduktivität → Q2; Arbeitnehmerentgelt 2018 → **Q5**
Russland: Arbeitnehmerentgelte → **Q7**, Beschäftigtendaten → **Q7**, Verbraucherpreise → **Q1**, Arbeitsproduktivität → **Q5** und → **Q1**
Südafrika: Arbeitnehmerentgelte → **Q7**, Beschäftigtendaten → **Q12**, Verbraucherpreise → **Q1**, Arbeitsproduktivität → **Q5**
Ukraine: Arbeitnehmerentgelte → **Q5**, Beschäftigtendaten, Verbraucherpreise → **Q1**, Arbeitsproduktivität → **Q5**
USA: Arbeitnehmerentgelte, Beschäftigtendaten, Verbraucherpreise, Arbeitsproduktivität → Q2.
sowie eigene Berechnungen

12 BEVÖLKERUNG Seite 106

Abb. 12.1: Entwicklung des Umfangs der Weltbevölkerung 1950 bis 2020 sowie Modellrechnungen mit niedriger, mittlerer und hoher Variante bis 2100
un.org, Department of Economic and Social Affairs, Population Division
Abb. 12.2: Die fünf Stadien des demografischen Übergangs
ourworldindata.org, Themenbereich »World Population Growth«
Abb. 12.3: Entwicklung der regionalen Verteilung der Weltbevölkerung von 1960 bis 2020 und Prognose bis 2050
datacatalog.worldbank.org
Abb. 12.4: Voraussichtliche Beiträge verschiedener Länder und Regionen zur jährlichen Wachstumsrate der Weltbevölkerung 2020 bis 2050 in Prozentpunkten
datacatalog.worldbank.org und eigene Berechnungen
Abb. 12.5: Bevölkerung Subsahara-Afrikas 1990, 2020 und Prognose 2050 nach Geschlecht und Altersgruppen in Millionen Menschen
datacatalog.worldbank.org
Abb. 12.6: Bevölkerung Deutschlands 1990, 2020 und Prognose 2050 nach Geschlecht und Altersgruppen in Millionen Menschen
datacatalog.worldbank.org
Abb. 12.7: Bevölkerungspyramiden 2019 China und Indien
census.gov, International database.
Abb. 12.8: Anteil internationaler Migranten an der Bevölkerung 2019
un.org, Department of Economic and Social Affairs, Population Division
Weltkarte gestaltet unter Verwendung von »World with Countries«, © Free Vector Maps
Abb. 12.9: Flüchtlinge in 1.000 nach Ländern sowie Anteil der Flüchtlinge an der Einwohnerzahl 2017
un.org, Department of Economic and Social Affairs, Population Division, und publications.iom.int

13 KLIMAWANDEL Seite 114

Abb. 13.1: Weltweite Temperaturabweichung vom Durchschnitt 1961-1990 in Grad Celsius
ourworldindata.org, Themenbereich »CO_2 and greenhouse gas emissions«
Abb. 13.2: Durchschnittliche CO_2-Konzentration in der Erdatmosphäre der letzten 2000 Jahre (in ppm)
ourworldindata.org, Themenbereich »CO_2 and greenhouse gas emissions«
Abb. 13.3: Hauptquellen für die weltweite CO_2-Freisetzung 2018
globalcarbonatlas.org
Abb. 13.4: CO_2-Emissionen pro Jahr auf der Welt aus dem Verbrauch fossiler Brennstoffe und der Herstellung von Zement von 1751 bis 2016 in Millionen Tonnen
ourworldindata.org, Themenbereich »CO_2 and greenhouse gas emissions«
S. 116, Abschnitt zum Rückgang des CO_2-Ausstoßes im ersten Halbjahr 2020
Liu Z, Schellnhuber HJ et al. 2020: Near-real-time monitoring of global CO_2 emissions reveals the effects of the COVID-19 pandemic. Nature Communications 11:5172. doi:10.1038/s41467-020-18922-7
Abb. 13.5: weltweiter CO_2-Ausstoß (Index 1950 = 100 und absolute Menge) und reales BIP (Index 1950 = 100) sowie durchschnittliche jährliche Veränderungsraten getrennt nach Episoden des CO_2-Wachstums und -Rückgangs
rug.nl, Historische BIP-Statistiken, Maddison Project Database 2018, in Verbindung mit energy.appstate.edu, CDIAC-Datenbank, eigene Berechnungen
Abb. 13.6: Erforderlicher Rückgang des CO_2-Ausstoßes in Milliarden Tonnen CO_2 pro Jahr bis 2040 oder 2050 auf Netto-Null
ipcc.ch, 1,5-Grad-Bericht
Abb. 13.7: Kumulierter CO_2-Ausstoß der Welt in Milliarden Tonnen CO_2 in Abhängigkeit vom Reduktionspfad bis 2040 oder bis 2055
ipcc.ch, 1,5-Grad-Bericht
Abb. 13.8: Bruttostromerzeugung in Deutschland nach Energieträgern
bmwi.de, Zeitreihen zur Entwicklung der erneuerbaren Energien in Deutschland / erneuerbare-energien.de
Abb. 13.9: Treibhausgas-Emissionen in Deutschland seit 1990 nach Verursachern in Millionen Tonnen CO_2-Äquivalenten
umweltbundesamt.de
Abb. 13.10: Kohleverbrauch in China und in Deutschland (in Terawattstunden)
ourworldindata.org, Tabelle »Coal consumption«.
Abb. 13.11: CO_2-Ausstoß pro Kopf für die Länder der Welt
ourworldindata.org, Themenbereich »CO_2 and greenhouse gas emissions«
Weltkarte erstellt mit DataWrapper
Abb. 13.12: Treibhausgas-Ausstoß in CO_2-Äquivalenten für verschiedene Länder insgesamt (Megatonnen) und in Tonnen pro Kopf
ourworldindata.org, Themenbereich »CO_2 and greenhouse gas emissions«
Abb. 13.13: Ungleichheit im Anteil am CO_2-Ausstoß entsprechend der Einkommensverteilung auf der Welt
oxfam.de / oxfam.org.uk, Bericht »Confronting carbon inequality«